Western Strategy
and The Art of War

吴　琼——著

西方战略与《孙子兵法》

中华书局

图书在版编目(CIP)数据

西方战略与《孙子兵法》/吴琼著. —北京:中华书局,2022.1
(2023.2 重印)
ISBN 978-7-101-15372-9

Ⅰ.西…　Ⅱ.吴…　Ⅲ.①军事战略-战略思想-西方国家②
《孙子兵法》-研究　Ⅳ.①E895②E892.25

中国版本图书馆 CIP 数据核字(2021)第 195572 号

书　　名	西方战略与《孙子兵法》	
著　　者	吴　琼	
责任编辑	傅　可	
责任印制	陈丽娜	
出版发行	中华书局	
	(北京市丰台区太平桥西里 38 号　100073)	
	http://www.zhbc.com.cn	
	E-mail:zhbc@zhbc.com.cn	
印　　刷	三河市博文印刷有限公司	
版　　次	2022 年 1 月第 1 版	
	2023 年 2 月第 2 次印刷	
规　　格	开本/920×1250 毫米　1/32	
	印张 18⅛　插页 2　字数 350 千字	
印　　数	5001-8000 册	
国际书号	ISBN 978-7-101-15372-9	
定　　价	50.00 元	

目　录

图表目录

序

摆在读者面前的《西方战略与〈孙子兵法〉》一书，是我国军事理论和战略理论家吴琼先生最新推出的一部论述中国古代和西方近、现代战略理论的重要学术著作。在该书出版之前，吴琼邀请我给这本书写一篇序，使我有幸成为该书的第一位读者。

一

为写好这篇序，从拿到书稿的那一天起，我用了一个月的时间，认真审阅这部著作，反复地翻阅、思索，还是觉得理解不够透彻，故迟迟不能动笔。因为这部著作涉及的内容、所跨越的多学科领域，已经超出平时我对《孙子兵法》和西方战略理论的了解和知识储备。于是，我便从阅读新书稿，扩展到翻阅一些中国和西方的军事战略理论著作，并且追踪、研究吴琼以前已经出版的四部战略理论著作，即1992年由山西人民出版社出版的《〈战争论〉研究》，2001年由华文出版社出版的《〈战争论〉诠释》，2014年由清华大学出版社出版的《统帅的艺术：战略》，以及2020年也是由清华大学出版社出版的《孙子兵法新诠》。

研究了吴琼以上四部著作，再加上摆在我案头的《西方战略与〈孙子兵法〉》这部洋洋洒洒40万字左右的新书稿，我很惊讶，发现他对中国和西方战略理论的研究又上升到了一新境界，这一新境界是他以深厚的学术功力，用剥茧抽丝、铢积寸累的方法，以细致地梳理西方三位杰出战略学家的四部世界名著（即近代德国克劳塞维茨的《战争论》、现代英国利德尔·哈特的《战略论》、当代美国保罗·肯尼迪的《大国的兴衰》和《战争与和平的大战略》）以及被世人尊称为中国兵学"鼻祖"和"东方兵圣"孙武的世界兵学"第一经典"《孙子兵法》的内容为主轴，融通中西学术，所展开的中西战略理论比较研究的宏大理论叙述。

根据我的理解，《西方战略与〈孙子兵法〉》所阐发的主题是：西方战略理论究竟是怎样形成和发展起来的？与西方战略理论相比较，《孙子兵法》又有哪些特色？《孙子兵法》十三篇到底讲的是哪些内容？我们今天怎样才能从逻辑与历史一致的角度、从整个中西战略理论的历史发展中掌握战略学的基础理论和科学的战略方法，以便应对我国当前和今后的现实的战略挑战？——为了回答好这些问题，达到这样的研究目标，吴琼苦心孤诣地做了一次古今中外战略理论研究的长途跋涉、历史的"旅行"。正如他在《作者自序》中说的，他使用了"中西比较"的方法，而且打破了"先中后西"的常规路子，而"先讲西方战略，后讲《孙子兵法》"，引导读者首先了解西方战略理论形成、发展的来龙去脉，在分清其中的精华和糟粕、掌握"真正的战略科学和艺术"的前提以后，再去研读《孙子兵法》，以便洞察《孙子兵法》的战争和战略的"理论真相"。所谓"理论真相"，吴琼指的是在《孙子兵法》与西方战略理论会通的历史链接和相互比较中，所凸显出来的一个以"国家战略"为龙头、为核心的，包括有"国家战略""军事战略"和"战术专题"三个部分组成的战略理论体系及其现代价值。

吴琼强调说，如果不了解这一点，如果不是站在现代"国家战略"的高度审视和研读《孙子兵法》，如果按照旧的传统把《孙子兵法》只是看作一部"军事"著作，用"单纯军事观点"看待它　，就不可能真正读懂《孙子兵法》，也很难从古今中外战略思想的融会贯通中掌握"真正的战略科学和艺术"。所以，《西方战略与〈孙子兵法〉》仍然属于中国哲学和文化的研究范畴，可是，它又与单纯的国学研究不同，而是用世界的眼光撰写的一部中西战略文化比较学的学术力作，在这部高水平的专著中贯穿着一种现代学术精神。吴琼通过撰写这部著作，实际上是试图用中西战略理论比较的方法，揭示中国传统文化中的一些本源的东西和核心价值观。

二

《西方战略与〈孙子兵法〉》分为《上编》《下编》两大部分。在《上编》，吴琼首先按照历史时间的先后顺序，对西方几部最有代表性和典型性的战争和战略理论著作的内容和特点，做了比较分析，勾画出一个西方战略理论形成和发展的简史，以及在这个简史中，所包涵的一系列战略学基本概念、范畴和它们的历史演变，鉴别了其中的精华和糟粕，从而，为进一步比较和重新认识中国古代《孙子兵法》的内容、特点和价值，提供了一个参照系统，以便挖掘出《孙子兵法》里潜存的丰富战略思想资源。

吴琼用大量令人信服的材料证明，西方战略理论的形成和发展分为三个阶段。第一阶段以19世纪30年代克劳塞维茨《战争论》的产生为标志，这是西方战略学的形成期、奠基期。克劳塞维茨的历史贡献，主要是在人类历史上首次给"战争"和"战略"下了清晰而比较科学的定义，界定了"战略"的外延和内涵，并且辨析清楚了战略学里许多重要的概念、范畴及它们之间的关系。例如"狭义的战争"（只是发生在战争时期、战场上的暴力战争）和"广义的战争"（即包括和平时期"战争准备的活动"和战争时期"战争本身的活动"这两种活动都在内的"大战争"）；"狭义的战争艺术"（只是在战争时期、在战场上作战的"作战方法"，即"击剑术"）和"广义的战争艺术"（即包括和平时期建设和训练军队准备打仗的"筑剑术"和在战争时期打仗的"击剑术"这两种艺术都在内的"大战略"）；打仗的"直接路线"和"间接路线"；战争所特有的矛盾和运动形式"防御"和"进攻"，以及"战略"和"战术"……吴琼发现，克劳塞维茨在《战争论》中创建了一种系统、庞大、深邃的，在战争时期和战场上怎样作战的"作战战略"理论，而且在《战争论》中，还包含有"军事战略"理论的"萌芽"和"国家战略"理论的"雏形"。吴琼高度评价了克劳塞维茨对战略学作出的历史贡献，认为克劳塞维茨是第一个把战争的实质定义为"战争无非是政治通过另一种手段（即

暴力）的继续"之真理的人；也是第一个把战略定义为"为了
达到战争目的运用（暴力）战斗"的人——以上两个定义对后
世的影响甚大而深远，已经为以后西方战略学家们进一步提出
"大战略""军事战略""国家战略"直至"国际战略""全球
战略"等理论，奠定了雄厚的理论基础。

如果说，克劳塞维茨的战争和战略理论是对西方自亚历
山大、汉尼拨、凯撒等名将指导战争以来，直到近代法军统帅
拿破仑指导战争的经验概括和总结，那么，必须看到，克劳塞
维茨战略理论也有历史的局限性和片面性。吴琼认为，这种
历史的局限性、片面性主要表现在，克劳塞维茨只重视"狭义
的战争""狭义的战争艺术""作战战略"和作战的"直接路
线"，力主在战争时期和战场上使用军事暴力手段多多地"消
灭敌人军队"，最后取胜于敌。然而，却忽视一个国家在和平
时期用种种非暴力的手段同敌国斗争，对于赢得战争胜利的
重要作用。而随着时代的发展、战争实践和特点的变化，以及
西方人对战争和战略的认识更加全面、深入，克劳塞维茨战略
理论的片面性终究会被克服。西方战略学的发展于是便进入
了第二阶段。

第二阶段以1946年英国战略学家利德尔·哈特《战略论》
的发表为标志。那时，继"一战"以后的第二次世界大战已经
结束，世界上出现了以美、英为首的资本主义国家和以苏联为
首的社会主义国家两大对立的阵营，原子弹已经发明，并且在
"二战"即将结束时使用。怎样既能够战胜以苏联为首的社
会主义国家，又能够减少甚至避免在战争中使用暴力，特别

是避免使用破坏力极大的热核武器，成为西方大国领导人苦心冥想、力图加以解决的一个大难题——利德尔·哈特的《战略论》正是在这样的时代背景下产生的。因为总结了两次世界大战的经验教训，还因为吸收了中国古代《孙子兵法》中含有的朴素的"大战争""大战略"的思想资料，利德尔·哈特才撰写出《战略论》，他严厉批评了克劳塞维茨的"作战战略"理论，反对把赢得战争胜利的重点只是放在战争时期和战场上、放在只使用军事暴力手段的"直接路线"上，认为两次世界大战之所以死伤了那么多军人和老百姓，给参战国的经济财富造成惊人的损失，其中一个重要原因，就是各参战国在战争中推行了克劳塞维茨以"作战战略"为主要内容的"直接路线"战略的结果。吴琼认为利德尔·哈特对战略学作出了两大历史贡献：一是针对克劳塞维茨在《战争论》中提出的以"作战战略"为主要内容的"直接路线"战略理论，在《战略论》中提出了一种以"大战略"为主要内容的"间接路线"战略理论。利德尔·哈特认为战争决不只是战争时期和战场上的事情，真正正确的指导战争即战略方法应该是：首先在和平时期使用非军事暴力的政治、经济、外交、军事、文化等手段，削弱敌国的国家实力和军事实力；如果敌国不屈服，再进入战争时期，用军事暴力的手段战胜敌人。二是利德尔·哈特在《战略论》中，还在理论上构建起了一个"战略思想的新大厦"，提出了一个崭新的、以"国家战略"为龙头的、包括有"国家战略""军事战略""作战战略"和"战术"在内的、多层次的战略结构理论。

利德尔·哈特在《战略论》中给"大战略"下了一个定义。吴琼把这个定义与克劳塞维茨给"作战战略"下的定义进行比较，一一辨析清楚了利德尔·哈特"大战略"的战略主体、任务、外延、内涵、手段、方法、功能、性质、目标和原则——这是吴琼在其新著的《上编》为读者奉献的最精彩的部分。吴琼还深刻指出，利德尔·哈特的"大战略"理论实际上吸收并发展了中国古代《孙子兵法》中"不战而屈人之兵"的思想，力主把战争和战略的重点从战争时期转移到和平时期，非常强调在和平时期用非军事暴力的政治、经济、外交、军事、文化等手段同敌国斗争，对于赢得战争胜利的重要作用；而苏联这个庞大帝国之所以于20世纪90年代初分崩离析，从外因方面看，就是美、英等西方国家在"冷战"时期对苏联长期实施"大战争""大战略"即进行"和平演变"的结果；现在，西方霸权主义国家又用这种"大战略"集中对付中国，力图遏制中国的复兴大业。我们必须对西方的"大战略"进行认真研究，采取有力的措施加以对付……

吴琼认为西方战略理论发展的第三阶段，以美国当代战略学家保罗·肯尼迪于20世纪80年代末出版的《大国的兴衰》、90年代初出版的《战争与和平的大战略》为标志。在这两部世界名著中，保罗·肯尼迪阐述了一种"真正的大战略"实际上也就是一种"国家战略"理论。这种战略理论产生的时代背景是：自"二战"结束后，美、苏两个"超级大国"在世界上不断进行军事扩张和军备竞赛，野心勃勃地争当全球唯一的强权霸主。由于把国家实力过多地投入军事领域，美、苏两国"国家战略"的无限膨胀的"政治目的"和有限的国家战略"手段"严重失衡,不但影响了自己国家的发展,也使得世界上其他国家不得安宁。为了解决世界大国把国家实力投入军事领域过少会影响国家安全,而投入军事领域过多又会影响国家的发展,同样会造成国家不安全的世界性难题,保罗·肯尼迪从"全球战略"的高度,总结了自公元1500年到2000年五个世纪以来世界大国兴衰的原因和普遍规律。保罗·肯尼迪强调:①科学技术和经济的发展、政治组织形式的有益变革是一个国家发展的基础;②经济实力是一个国家军事实力的后盾,打仗实际上打的是国家综合实力;③大国之兴,兴于科学技术、经济的发展和政治组织形式的有益变革,而大国之衰,沦为一个小国、弱国,衰于国际生产力重心的转移,本国生产力与其他国家相比的相对落后和发展速度减弱;④所以,要想始终成为一个世界大国、强国,关键在于国家领导人治国的智慧和经验,必须处理好"国家发展战略"和"国家安全战略"、"经济战略"和"军事战略"的关系,具体地说,必须把国家创造的经济财富这种国家战略的"手段","适度"投入军事领域,投入过多或过少,都会影响国家的安全和发展,使得国家不能成为大国、强国——这就是500年来世界大国兴衰之不可抗拒的历史规律!在《大国的兴衰》里,保罗·肯尼迪还立足于丰富的材料,预言美、苏两国衰落的大趋势难以扭转;21世纪将是太平洋地区的繁荣时期;而因为中国所制定和实施的是以"和平发展"为核心的国家战略,所以,中国在21世纪必将成为一个领先世界的大国、强国。

　　吴琼对保罗·肯尼迪创建的这种"国家战略"理论的内容、特点和逻辑框架（其外延、内涵、手段、主体、目的、方法等）都作了详实分析和中肯评价，特别指出，保罗·肯尼迪的战略理论已经扭转了克劳塞维茨"作战战略"和利德尔·哈特"大战略"理论只是追求战争胜利的方向，其中包含有不少积极、健康的战略成分或因素。例如，保罗·肯尼迪反对世界大国争夺全球霸主地位，主张各个国家要致力于本国的发展，必须要有一个"欣欣向荣的经济基础"。吴琼认为保罗·肯尼迪的国家战略理论如果得以推行，有助于促进世界和平。

三

　　人类对于世界上任何事物的认识，其实都要自觉或不自觉地进行比较，只有与其他事物进行比较，才能清楚地认识到一个事物的全部内容、性质和特点。所以，吴琼在其新著的《上编》论述了西方战略理论以后，便在《下编》使用中西比较的方法，对《孙子兵法》的内容、性质和特点进行全面、系统、深入的诠释，带领读者进入了一个重新审视和理解《孙子兵法》的大视野。

　　《孙子兵法》是中国古代兵家和兵学的代表作，是中国优秀传统文化的重要组成部分，也是一部举世公认的具有中国智慧和哲理思维的战略理论著作。它总结的是中国春秋时期以前，包括春秋时期至战国初期的治国和战争经验，在中国和世界上产生过广泛而深远的历史影响。吴琼用中西比较方法诠释《孙子兵法》的突出特点是有世界眼光和现代精神，他在诠释时虽然吸收了历代注释、研究《孙子兵法》的成果，但是，对以往的成果和所作结论并不盲从，而是能够坚持自己独立思考后得出的学术见解和实事求是的治学精神。读者可以发现，他所引用的资料、论证问题的方式、得出的许多结论都很新颖，具体地说，无论在研究方法、对《孙子兵法》十三篇内容的解读和对孙子全书整体特点的分析、概括，还是在诠释的体例和诠释方式方面，吴琼的这部著作都颇具创新性：

1、首先在研究方法上有创新。吴琼在其新著中始终用的是"中西会通""中西比较""古今比较""中西互释"的方法，这种比较方法能够深入到《孙子兵法》和西方战略理论的各个部分和许多概念、范畴的底里，从而避免在进行中西比较时滞留在问题的表面，得出片面结论。我国自近代以来，也有许多人曾经用中西比较的方法研究《孙子兵法》，但是存在三个方面缺陷：一是只比较《孙子兵法》和西方古代、近代特别是《战争论》中的思想，忽略西方军事和战略思想还在发展变化，因而没有进一步把《孙子兵法》和西方现代的《战略论》甚至当代的《大国的兴衰》《战争与和平的大战略》进行比较，所以，用这种比较方法所得结论往往是片面的，不能令人信服；二是只比较《孙子兵法》和西方战略名著中的"军事"思想，这是一个比较严重的缺陷！因为从基础理论方面来讲，在战争和战略理论中"国家战略"（政治）是全局，"军事战略"和"军事"只是国家战略中的一个局部；而《孙子兵法》乃是一部典型的以"国家战略"为龙头、为核心的战争和战略理论著作，所以，以往只把《孙子兵法》视为一部"军事"著作，只是用"单纯军事观点"把《孙子兵法》和西方战争和战略著作中的军事思想进行比较，就不可能洞察到《孙子兵法》的全部理论真相。三是使用中西比较的方法研究《孙子兵法》的目的不明确。有些学者不了解这种比较研究的目的是为了发扬《孙子兵法》中特有的中国传统文化，创建有中国特色的战略学和军事学，为中国复兴大业服务。吴琼则认为，《孙子兵法》《战争论》《战略论》《大国的兴衰》《战争与和平的大战略》五部世界战争和战略名著虽然产生在不同的时代和国家地域，可是，它们所讨论的问题却有共同性，都是讨论人类社会里的战争与和平问题，都是试图解决国家如何更加强盛的问题。因此，只有把这五部世界战略名著会通起来，看作是一个有机的系统、整体，全面而细致地比较其间的同异，才能够找到人类社会中战略学发生和发展的脉络和客观规律，构建起真正的战略科学。吴琼的新著也正是因为抱有这样的研究目的、使用这样的一种比较方法，才为读者打开了对古老的《孙子兵法》进行现代认识的窗口，建立起一个新的研究平台。

2、吴琼对《孙子兵法》的整体特点和性质概括得比较新颖、准确。孙武及其门徒在《孙子兵法》中建构起来的究竟是一种什么样的逻辑结构和理论体系？怎样正确地理解《孙子兵法》的整体特点和性质，得出符合客观实际的结论？——这是历代孙子学学者一直不断地讨论和思考，还没得到解决的重要问题。这个问题之所以重要，是因为它涉及战略学这门学科最初是怎样发生的、它和其他学科是什么关系。我国著名哲学家和中国哲学史家张岱年先生在1992年《孙子学刊》的创刊号中曾经发表文章指出"在先秦典籍中，辩证思维最丰富的三部书，一是《周易》，二是《老子》，三是《孙子兵法》"，"时至二十世纪末，《孙子兵法》仍能发放璀璨的光泽，至今读之，犹能启人深思，沁人神智，确是中国古代的一部文化宝典。"在中国哲学和文化史中，《周易》的要旨是讲"适变之道"，《老子》的要旨是讲"道之本体"，孙子在《孙子兵法》中则承继了《易》《老》的思维传统，把朴素的唯物论和原始辩证法运用到治国和战争与和平的领域，创建了人类历史上第一个具有中国特色的战略学理论体系。而吴琼在《西方战略与〈孙子兵法〉》中深刻地指出：从中西战略学的整个发生、发展的历史过程考察，《孙子兵法》还处于战略学的"萌芽"时期或"胚胎"期，它既具有中国古代哲学"天人合一"的整体有机性、模糊性和"趋时适变"的辩证性，同时又有战争和战略的理论层次"高"（它立足于"国家战略"的高度）和内容"全"（它包括有"国家战略""军事战略""作战战略"和"战术"战略学中的各个组成部分）之两大特点。所以，吴琼把《孙子兵法》的学术性质和地位确定为"它不仅是中国历史上，也是世界历史上一部产生最早、整体质量最好、地位最高的战争和战略理论经典著作"，"一部战略哲学和军事哲学著作"——我认为吴琼对《孙子兵法》的整体特点、性质和学术地位的概括是新颖的，也是比较准确的。

3、就诠释《孙子兵法》的体例和具体的方式方法而言，吴琼的新著也有创新性。自宋本《十一家注孙子》刊行以来，考证、训诂、翻译、注释、解说、批校者多达千家，各家诠释不但涉及对《孙子兵法》内容的宏观把握，也涉及对孙子十三篇中每一篇内容和篇与篇之间关系的微观理解。但令人遗憾的是，以往《孙子兵法》的注本多而不精，使用的往往是"顺藤摸瓜"的方法，依照《孙子兵法》原书原篇的自然顺序死板地诠释，拘泥于一篇一句话的直译，缺乏高屋建瓴的综合分析，很多注本"只见树木，不见森林"，偏离了孙子在《孙子兵法》中所阐发的"大战争""大战略"理论的宗旨。吴琼的新著力图突破旧的诠释体例，花一定的篇幅首先概述《孙子兵法》的整体特点、学术地位和性质；然后，按照从"整体"到"部分"再到"要素"的《孙子兵法》原有的逻辑次序进行解说，特别注意揭示《孙子兵法》全书与孙子十三篇篇与篇之间内容的内在联系。他在解说每一篇时，也摒弃了一句一字的咬文嚼字的直译方法，设计出了首先概述全篇主题——引述"原文"——"述评"并进行"中西比较"——最后归纳全篇"内容提要"的新格式。再者，因为《孙子兵法》有"文略而意深""言简而意丰"的中国古代哲学著作的特点，孙子说的许多话"明晰不足而暗示有余"，往往有"言外之意"，所以吴琼在诠释《孙子兵法》每一段话时，并没有采用直译的方式，使用的是"述评"即"意译"的方式，我认为这种"意译"的方式也很新颖，可以做到更加全面而准确地表达出孙子说话的本意。

四

从吴琼《西方战略与〈孙子兵法〉》一书的全部内容，我们可以发现，战略学是一门内容相当复杂也非常重要的大学问，这正像《孙子兵法》的开头第一句话所言："兵者，国之大事，死生之地，存亡之道，不可不察也。"吴琼的著作能够熔古今中西的战略理论为一炉，援古论今，援西入中，打开了对中西战略理论进行现代解读的大门，为读者深入理解《孙子兵法》的理论真相及其现代价值，提供了一部材料详实、分析细密、见解新颖、立论公允的学术力作。我认为总的来看，他在这部著作中重点论述的是：正确地制定和实施"国家战略"乃是一个国家生存和发展的最大问题，因此，我们一定要高度重视对战略学、尤其是对国家战略学的研究！

吴琼的新著把相隔两千五百年、处于不同时代和国家地域的孙子和几位西方最著名的战略学家们联系到了一起，认真探讨他们在战略思想上的长短得失，进行中西古今战争和战略理论的比较分析，这种研究其实是一种难度较大的学术思考和思想磨砺的过程，历史跨度很大，复杂程度很高，需要作者对好几部世界战略名著的内容非常熟悉，要有敏锐的学术眼光和贯通中西的文化视野，以及较高的综合判断能力，当然，还需要作者有较规范的学术训练和多年的专业学术积累。我认为吴琼先生因为具备了上述条件，所以，才在一定程度上改进了研究、诠释《孙子兵法》的旧传统和旧方法，创建了研究和诠释《孙子兵法》的新方式，对过去一系列的成说定论进行了大胆反思、修正，把对《孙子兵法》的研究工作局面提高到了一个新阶段、新境界。

作为吴琼在大学本科和研究生院时的同窗学友，我对他的学术经历比较了解。吴琼1968年毕业于北京大学哲学系，在校学习时，对马克思主义哲学、中西哲学都有较为系统的专业训练和知识积累。本科生毕业后，他在地方从事教育工作，曾经以通信的方式师从北京大学的西方哲学史专家朱德生教授，专门钻研黑格尔哲学。1978年国家恢复研究生招生制度，他以中国哲学史专业考生第一名的好成绩考回母校，师从张岱年、邓艾民等教授，专修中国哲学。1981年研究生毕业，他被分配到大连海军政治学院任教，曾经担任哲学教研室主任、该院学术委员会副主任、全军政治理论教材编审委员会委员，从此，他和"兵学"结下了不解之缘，边教学，边潜心研究军事学和战略学。十年后（1992年）他出版了论文集《〈战争论〉研究》；又十年（2001年）他出版了成名作《〈战争论〉诠释》；十多年后（2014年）他出版了理论分量更厚重的《统帅的艺术：战略》；第四个十年（2020年），他出版了中国哲学与文化的"归宗"之作《孙子兵法新诠》——现在读者见到的《西方战略与〈孙子兵法〉》，是他自研究战略学四十多年以来的第四个十年所出版的第二部著作。尽管在吴琼的这部新著里还有一些可商榷之处，而且因为该著是在讲稿的基础上撰写的，有内容重复之处，但是，从吴琼四十余年来孜孜不倦"十年磨一剑"的研究历程可以看出，他是一个好学深思、心无旁骛、把自己的精力和智慧毫无保留地献给自己祖国"国家战略"理论建设事业的学者。我认为以吴琼先生的功力,可以期待他进一步汇总和提炼已出版的几部专著内容中的精华,撰写出一部真正具有现代中国特色的《战略学》。

北京大学哲学系教授、博士生导师

中国哲学暨文化研究所所长

《儒藏》编纂与研究中心学术委员会副主任

李中华

2021年3月于北京大学

作者自序

从2002年5月到2019年7月，在这十七年间，我应北京大学哲学系李中华教授和冀建中教授的邀请，在北京大学"中国哲学暨文化研究所"的"文科教室"和"乾元国学教室"举办了30余次"西方战略与《孙子兵法》"的讲座，每次讲座大约用两三天的时间。目的是希望听课的学员们不仅能够了解中国古代《孙子兵法》的战略理论真相，而且能够了解西方近、现代战略理论形成和发展的基本过程，从而准确地掌握战略学的基础理论和科学的战略方法论。

考虑到《孙子兵法》是一部产生于两千五百多年前的中国古代兵书，这部兵书中虽然潜存巨大的理论价值，但是，又有轻本体而重方法的特点，其中一些重要的概念、范畴和原理的含义模糊不清，不容易为现代人所理解、掌握，而西方近现代的战争和战略理论著作中的概念、范畴和原理阐述得比较清楚、明白，所以，我在讲课时，不是按照历史的自然逻辑顺序首先讲《孙子兵法》，然后讲西方战略，而是首先讲西方战略，然后再讲《孙子兵法》。30余次讲座的实践证明，这种使用中西比较的方法，首先讲西方战略而后讲《孙子兵法》的讲课顺序是正确且成功的。"西方战略与《孙子兵法》"的讲座受到学员们的一致好评。

现在，我便把经过整理的讲稿奉献给读者，希望读者阅读本书以后，不但能够了解《孙子兵法》十三篇的理论真相和西方战略理论形成和发展的来龙去脉，而且能够把握战略学的基础理论和科学的战略方法论。

本书分上、下两编。上编主要论述西方战略理论的形成和发展，向读者介绍了近代德国克劳塞维茨《战争论》中的军事战略理论、现代英国利德尔·哈特《战略论》中的"大战略"理论、当代美国保罗·肯尼迪《大国的兴衰》中的国家战略理论，同时，考察中国的《孙子兵法》在清代流传到西方以后，对西方战略理论的发展演变所起到的积极作用；下编通过与西方战略理论的比较，系统地讲解《孙子兵法》十三篇的特点和内容，揭示《孙子兵法》的战略理论真相。我相信，读者读了本书之后会有所收益。

吴　琼

2019年夏于北京胜古家园

上　编

西方战略理论的形成和发展

《孙子兵法》是我国古代兵家和兵学的代表作，也是中国优秀传统文化的重要组成部分。这部世界上最早产生的战略学和军事学名著，不但在中国有很高的学术地位，而且它自我国清代流传到西方以后，对整个西方战略理论的发展演变也产生了重要的影响和积极作用。

现在，我们正处于一个全球化的新时代，不能再用封闭的方法，而应当用开放的方法、世界的眼光研究《孙子兵法》。所以，我们这次举办"西方战略与《孙子兵法》"讲座，就使用中西战略理论比较的方法，首先介绍西方战略理论形成和发展的过程，同时，考察《孙子兵法》从中国传到西方以后，对西方战略理论的发展演变所起到的积极作用；然后再讲解《孙子兵法》，系统地讲解《孙子兵法》的特点和其中所包含的丰富而深刻的内容。

希望这个讲座对于大家了解《孙子兵法》、西方战略和战略学的基础理论，都会有所帮助。

第一章　西方战略理论导论

在第一章"西方战略理论导论"里,我想首先概略地介绍一下西方战略理论形成和发展的来龙去脉;然后说明我们今天研读《孙子兵法》时,为什么必须以了解西方的战略理论为前提;最后简要地讲一讲掌握好战略学基础理论的重要意义。

第一节　搞清西方"战略"理论形成和发展的来龙去脉

在西方,"战略"这个概念(英文是strategy)从词源上讲,可以上溯到古希腊文"诡诈"(strategem)[①]。1世纪,古罗马的政治家兼军事家弗龙蒂努斯写了一本军事教科书,书名就叫作《诡诈》(strategems);到6世纪,东罗马(拜占庭)帝国把全国分成几个军区,每个军区都设一个兼管民事的军事指挥官,被人们称为"统帅"(strategos);公元580年,东罗马的皇帝毛莱斯(也有人说是其他人借用毛莱斯的名义)也写了一本军事教科书,书名叫作《统帅的艺术》(strategicon)。而现在西方人所说的"战略"(strategy),就是从"诡诈"(strategem)、"统帅"(strategos)和"统帅的艺术"

[①] "战略这个名称来源于'诡诈'这个词。"见克劳塞维茨著,军事科学院译:《战争论》,第216页,商务印书馆1978年版。

(strategicon) 一路衍生来的。总之，在西方，"战略"这个概念的产生本来和"诡诈""统帅""统帅的艺术"，也就是和一个统帅带领军队打仗有密切的关系。

1777年，即恰好在中国的《孙子兵法》第一个法文译本在巴黎出版之后的第五年，也就是在1789年法国大革命爆发的前夕，有一个名叫梅齐乐（Maizeroy）的法国人，写了一部军事著作《战争理论》。在这部著作中，梅其乐在西方军事科学史上第一次使用了"战略"（strategy）和"战术"（tactics）这两个特殊的学术概念。但是，当时他使用这两个概念时，并没有把"战略"的含义解释清楚，更谈不上当时的西方有什么"战略理论"，这正像美国现代战略学家约翰·柯林斯在他撰写的《大战略》一书中所说的那样，在19世纪以前，在西方一些论述战争和战略的历史著作中"只隐含着一鳞半爪的战略学知识"[1]。一直到1799—1815年欧洲发生了规模宏大、震惊世界的拿破仑战争，在拿破仑战争中，西方人才开始使用"战略"这个概念——可是，法军统帅拿破仑本人从来没有使用过"战略"这个概念，当时，使用这个概念的人很少，只有一些讲法语和德语的职业军人使用。

那么，西方"战略"作为一种比较科学和系统的理论，是从什么时候才开始形成和发展起来的呢？那是在整个拿破仑战争结束以后。西方战略理论的形成和发展，大体上经历了三个阶段。

---

[1]约翰·柯林斯著，军事科学院译：《大战略》，第5页，军事科学出版社1978年版。

　　第一阶段是在拿破仑战争结束以后的19世纪30年代初，西方战略理论初步形成。形成的标志是德国近代著名的军事理论家克劳塞维茨《战争论》的出版（《战争论》三卷出版于1832—1834年），当时在《战争论》中所形成的，主要是一种"作战战略"或者叫作"军事战略"理论（即一个军事统帅在战争时期和战场上怎样带领军队打仗的理论）。

　　第二阶段是在两次世界大战结束之后的20世纪40年代，西方的战略理论发生了一次质变，或者叫作大变化。发生质变、大变化的标志，就是英国现代著名的战略学家利德尔·哈特《战略论》的出版（《战略论》出版于1946年）。利德尔·哈特在《战略论》中批评了克劳塞维茨的"作战战略"理论，吸收了中国古代《孙子兵法》中朴素的"大战争"思想，总结了两次世界大战的经验教训，提出了一种"大战略"理论（即一个国家的领导人和政府为了战胜敌国，必须在和平时期就想方设法削弱敌国的综合国力；如果敌国不屈服，再进入战争时期使用军事暴力的手段打垮敌人）。

　　第三阶段是以美国和苏联为首的东西方"冷战"即将结束、苏联解体和东欧国家发生剧变的20世纪80年代末至90年代初，西方战略理论从"作战战略""大战略"理论发展升级到了"国家战略"理论，已经开始探讨"国家发展战略"与"国家安全战略"之间的关系问题。这种"国家战略"理论形成的标志，是当代美国著名历史学家和战略学家保罗·肯尼迪《大国的兴衰》和《战争与和平的大战略》的出版（《大国的兴衰》出版于1987年，《战争与和平的大战略》出版于1991年）。

应该指出的是，近200年来，在以上西方战略理论形成和发展的同时，整个战略理论也一直朝着进一步分化和整体化的辩证方向发展，向着多领域、多层次的方向扩展和蔓延。目前，无论在国外还是在我国国内，战略理论或者叫作"战略学"已经形成一个庞大的理论体系，在这个理论体系中，包括许多不同种类、不同级别、不同性质的大大小小"战略"。它们几乎涉及人类社会生活实践中的各个领域，它们的外延、内涵和社会功能也是多种多样、千差万别的。例如"全球战略""国际战略""国家战略""国家发展战略""国家安全战略"，政治、经济、外交、军事、科技、文化、教育的"战略"，以及"企业发展战略""研发战略""销售战略"……

回顾西方战略理论形成和发展的三个阶段，以及战略学理论朝着分化和整体化的辩证方向发展，我们可以看到，"战略"不但是人类社会里出现的一个比较新的学科，而且，也是一种发展得比较快、使用范围相当广泛的学科。这种情形正像美国《大战略》一书的作者约翰·柯林斯所说的那样："战略这个词的原意是'统帅的艺术'，但是现在这个词的含义却远远超出了这个范围。战略不再单纯地指军事，也不仅仅限于武装斗争。目前，不但有军人，而且有非军人在国家一级研究战略问题。"①

可是，虽然现在国内外各行各业的人们都在讲"战略"、用"战略"，但真正了解"战略"、会正确使用战略方法的人却

①约翰·柯林斯著，军事科学院译：《大战略》，第46页，军事科学出版社1978年版。

很少。法国现代战略学家安德烈·博福尔在他撰写的《战略入门》中说过一段著名的话，他说："战略这个词现在仍然常被使用，不过其意义已被曲解或误解，而真正的战略科学和艺术，却早已像腓特烈大帝的鼻烟壶或拿破仑的帽子一样，变成了博物馆的陈列品。"①

今天，我们在讲解中国的《孙子兵法》以前，之所以首先要了解西方的战略理论，搞清西方战略理论形成和发展的来龙去脉，目的就是为了分清西方战略理论中的精华和糟粕，掌握其中"真正的战略科学和艺术"。因为只有掌握西方战略理论中"真正的战略科学和艺术"，才能够进一步洞察中国《孙子兵法》的战略理论真相，以便做到洋为中用、古为今用，用科学的战略理论和战略方法解决我们当前面临的许多现实问题。

第二节　批判地吸收西方战略理论中有价值的东西

在这一节里，我想着重讲一讲为什么在研读《孙子兵法》以前，我们必须要首先了解西方战略理论形成和发展的过程。

中国古代的军事思想和战略思想很深刻，中国古代的军事著作和战略著作也很多，远胜过同一历史时期的西方世界。这种情况和我国古代战争频发、中国人的战争经验非常丰富有关系。据史料记载，从公元前26世纪"神农氏伐斧燧部落"之战

①安德烈·博福尔著，军事科学院外国军事研究部译：《战略入门》，"引言"，第1—2页，军事科学出版社1989年版。

起，到1911年辛亥革命推翻清王朝，我国一共发生过大大小小的战争6000多起，约占同一历史时期世界上发生战争总数的1/3。而且，中国人很注意总结战争经验，现存有兵书目录3380余种、23503卷，留下的兵书达2308种、18567卷。其中，《孙子兵法》就是我国兵书的杰出代表，一直得到世界各国军事学家和战略学家们的好评，例如，英国现代战略学家利德尔·哈特在《孙子兵法》英译本"序言"中这样说："《孙子兵法》是一部研究战争的最早的军事名著。后来的军事著作无论在内容的丰富程度上，还是在对问题分析的深度上都未能超过它。这本著作堪称兵法之精华。在过去所有军事思想家中，唯有克劳塞维茨可以与孙子相提并论。然而，克劳塞维茨著书立说的时间虽比孙子晚二千余年，但他在观点上却比孙子落后，而且有些观点已经过时。相比之下，孙子看问题更加敏锐，更加深刻，他的学说具有不朽的生命力。"[①]

作为中国人，知道外国人对《孙子兵法》有如此高的评价当然会很高兴。可是，我们必须要看到，中西的军事、战略著作各有所长，也各有所短。《孙子兵法》有它的长处，也有它的短处。

那么，《孙子兵法》的长处是什么呢？

与同一历史时期西方古代的军事著作相比较，《孙子兵法》有"言简意赅""词约意丰"的特点，它的哲理性很强，有很强的整体性思维和辩证思维。《孙子兵法》全书只有中文6000字左右，但它却以这样小的篇幅，总结了中国古代社会里

①利德尔·哈特：格里菲斯《孙子兵法》英译本"序言"，学苑出版社2003年版。

非常丰富的战争经验，从中提炼出许多正确的战争规律和战争指导规律，例如"百战百胜，非善之善者也；不战而屈人之兵，善之善者也""十则围之，五则攻之""知彼知己者，百战不殆"，等等。这些战争指导规律在今天看来也是正确的，对于指导现代战争仍然有科学意义。而与《孙子兵法》处于同一历史时期的西方古代军事著作的哲理性就比较弱，如《伯罗奔尼撒战争史》《长征记》等，这些西方古代的军事著作只是以记述战争过程的方式，间接地反映西方古代军事思想和战争指导规律，简单地记述打仗的方法和一些军事技术知识，理论性不强。

而《孙子兵法》的短处又是什么呢？

大家知道，《孙子兵法》毕竟产生于中国从奴隶社会向封建社会转变的历史时期，如果把它与产生于欧洲从封建社会向资本主义社会转变时期的西方近代和现代资本主义社会中的军事著作、战略著作，例如《战争论》和《战略论》相比较，那么，可以发现，《孙子兵法》的哲理性虽然很强，有很强的整体性思维和辩证思维，但是，其中有许多关键性的概念、范畴和原理，又具有"混沌性""模糊性""比喻性"和"猜测性"的缺点。《孙子兵法》中的分析思维、逻辑推理少，而"象术推理"多，不像西方近现代的《战争论》和《战略论》那样概念明确、范畴清晰，逻辑推理比较严密。

例如，《孙子兵法》中的"兵"字，就是一个含义模糊、混沌、有整体性的大范畴、大概念。在《孙子兵法》中，一个"兵"字既可以指兵器、武器、武装（weapen），又可以指士兵、军人、军队、军事 (soldier,soldiery,military affairs)；既可以指"兵法"即西方人所说的"战争艺术"（art of war），还可以指"战争"（war）甚至"大战争"（grand war）。像《孙子兵法》中第一篇《计》里所说的"兵者，国之大事"的"兵"，指的就是"战争"；可是，在同一篇《计》中所说的"兵者，诡道也"的"兵"，指的就是"兵法"或西方人所说的"战争艺术"。《孙子兵法》中这种关键性的概念、范畴和原理模糊、混沌、有整体性的情形，给《孙子兵法》的研读者带来不少困难，也是使历代《孙子兵法》研究者产生种种学术意见分歧的重要原因之一。而这种情形在西方军事著作和战略著作中就很少见，我在以后讲克劳塞维茨《战争论》和利德尔·哈特《战略论》时，大家会了解到，西方近现代的军事著作和战略著作里的概念、范畴和原理就被表达得清清楚楚、明明白白，条分缕析，推理严密，与《孙子兵法》大不相同，不容易让人产生误解。

再者，与一些概念、范畴和原理具有整体性、模糊性、混沌性的特点有关系，《孙子兵法》由于产生的年代很早，在当时那样的历史条件下，它对一些战争原理和战争指导规律还不可能作出科学的分析、解释和说明，所以，只能借助一些自然现象作比喻，进行所谓的"象术推理"。

例如，孙子在《孙子兵法》的第六篇《虚实》中说"夫兵形象水。水之形，避高而趋下；兵之形，避实而击虚"。孙子在第五篇《势》中说"任势者，其转木石"。在这两段话里，孙子的本意是想用"虚"和"实"这一对概念，说明统兵之将在同敌人作战时，必须集中自己一方的兵力，以强大的"实"有兵力，去攻击敌人的"虚"弱兵力，而不可以在自己兵力"虚"弱的情况下去攻击敌人，就像"水"总是"避高而趋下"那样。同时，孙子又用"任势"来说明统兵之将必须把自己已有的兵力，与发挥自己的主观能动性结合起来，像"转木石"那样主动、灵活地对付敌人，最后战胜敌人。可是，因为在孙子所处的那个历史时代，军事学术界还没有"集中兵力"和"发挥主观能动性"这样的科学概念，所以，孙子只能借助"水之形，避高而趋下"和"转木石"作比喻，用"象术推理"来表述有关的作战方法和战争指导规律。

总而言之，正如毛泽东在《矛盾论》中说的那样："古代的辩证法带有自发的朴素的性质，根据当时的社会历史条件，还不可能有完备的理论。"①我国学术界早已达成一种共识，即《孙子兵法》从哲学的角度考察，还属于古代朴素唯物主义和原始的辩证法阶段，其内容总的看来还不是完备的军事理论和战略理论。我个人认为，整个人类的战争和战略理论的产生和发展，其实要经过一个相当漫长的历史过程，起初就像一个孕育在母腹中的胎儿，脱离母体以后才能成长为一个成熟的人体。如果把西方近现代的战争和战略理论看作是一个比较成熟、已经长大成人的"人体"的话，那么，两千多年前的《孙子兵法》里的内容，就像是还孕育在母体中的一个"胎儿"。在这个"胚胎"中，人体的各个器官都存在，可是，都不

---

①《毛泽东选集》第一卷，第303页，人民出版社1991年版。

像已经脱离了母腹以后长大成人那样，人体的各个器官、人体的各个部分都分化得很清楚，发育得很完整、很成熟……所以，我认为，中国古代《孙子兵法》和西方近现代军事著作中的战争和战略理论的区别，不仅是中西之别，也是古今之别。

中国古代《孙子兵法》和西方近现代军事著作中的战争和战略理论之区别，很像西方古代的希腊哲学和欧洲17—18世纪近代形而上学哲学之间的区别，各有各的优势和缺点。恩格斯在他撰写的《自然辩证法》中，曾经深刻地论述过古代希腊哲学和近代欧洲形而上学哲学各自的优势和缺点。

恩格斯说："希腊哲学。在这里辩证的思维还以天然的纯朴的形式出现……在希腊人那里——正因为他们还没有进步到对自然界的解剖、分析——自然界还被当作一个整体而从总的方面来观察。自然现象的总联系还没有在细节方面得到证明，这种联系对希腊人来说是直接的直观的结果。这里就存在着希腊哲学的缺陷，由于这些缺陷，它在以后就必须屈服于另一种观点。但是在这里，也存在着它胜过它以后的一切形而上学敌手的优点。如果说，在细节上形而上学比希腊人要正确些，那末，总的说来希腊人就比形而上学要正确些。"[1]

在我所引用的上面这段话中，恩格斯的意思是：古代的希腊哲学和近代欧洲的形而上学哲学各有各的优点，也各有各的缺陷。因为希腊哲学是希腊人对自然界整体进行"直接

---

[1]《马克思恩格斯选集》第三卷，第515页，人民出版社1966年版。

的直观的结果"，"自然界还被当作一个整体而从总的方面来观察"，所以，希腊哲学的优点是有"整体性"和"辩证性"，"辩证的思维还以天然的纯朴的形式出现"，能够反映"自然现象的总联系"和自然界中的辩证关系，这是希腊哲学胜过欧洲近代形而上学哲学的地方。可是，与此同时，因为希腊人只是局限于对自然整体进行"直接的直观"，"还没有进步到对自然界的解剖、分析"，有重整体而轻细节的问题，所以，在观察和考察自然界中的"细节"方面又不如欧洲近代的形而上学哲学，这是希腊哲学的缺陷。也正因为如此，随着历史的发展和人类认识的进步和深入，希腊哲学必须让位于欧洲近代的形而上学哲学。然而，后来的欧洲近代形而上学哲学虽然注重对自然界进行解剖、分析，在对自然界的"细节"理解上比希腊哲学要正确些，这是欧洲近代形而上学哲学的优点，可与此同时，欧洲近代形而上学哲学又有轻自然界的整体联系的缺陷，陷入了另一种片面性，不像希腊哲学那样具备整体思维和辩证思维。

与恩格斯所论述的希腊哲学与欧洲近代形而上学的优点和缺点相类似，我们应该看到，中国古代的《孙子兵法》和西方近现代的战争和战略理论也各有各的优点和缺陷。《孙子兵法》的优点是"言简意赅""词约意丰"，哲理性强，有很强的整体性思维和辩证思维；它的缺点则是许多概念、范畴和原理有混沌性、模糊性和比喻性，而不像西方近现代军事著作和战略著作中的概念、范畴和原理那样分化得比较清楚、明白，逻辑推理严密。而西方近现代的战争和战略著作如《战争论》

和《战略论》恰恰相反，虽然《战争论》和《战略论》等西方近现代战争和战略著作中的概念、范畴和原理比较清楚、明白，逻辑推理严密，在理论的细节方面优于《孙子兵法》，可是，在反映战争和战略的整体和辩证关系上又有片面性的缺陷，不如《孙子兵法》全面、正确。也正因为如此，我们今天才有必要用中西比较的方法研究西方战略与《孙子兵法》，在比较中考察西方战略理论和《孙子兵法》各有什么长处、各有什么短处，从而，一方面发扬其中的精华，另一方面摒弃其中的糟粕，提取其中科学的战争和战略理论，以便为我们当前要解决的现实问题服务。

具体说来，用中西比较的方法研读西方战略著作与《孙子兵法》，大体上应当采取以下几个步骤：

第一步，必须首先把西方近现代的战争和战略理论的形成和发展过程搞清楚，因为西方近现代的战争和战略理论中的概念、范畴和原理清楚明白，逻辑推理严密，在理论的细节上胜过中国的《孙子兵法》，不像《孙子兵法》那样有理论模糊的缺陷。

第二步，用西方战争和战略理论中最具有典型代表性的《战争论》《战略论》和《大国的兴衰》中的有关理论，来和《孙子兵法》中的有关内容进行比较，辨析西方战略理论与《孙子兵法》之间的异同，考察两者之间有哪些大体相同之处和不同之处。

第三步，只有一方面立足于西方战略理论，比较《孙子兵法》中的内容，另一方面又立足于《孙子兵法》比较《战争论》

《战略论》和《大国的兴衰》中的相关内容，我们才能够深入到西方战略理论和《孙子兵法》战略理论的底里，把握西方战略理论和《孙子兵法》战略理论的一致之处和本质区别，从而对西方战略理论和《孙子兵法》都作出符合客观实际情况的、准确和科学的评价，进而总结出整个战略学发展的规律。

　　讲到这里，我想强调这样一个问题，应当引起大家注意，那就是至少从近代以来，我们中国人学习、研究和使用战略理论，固然是立足于中国的传统兵学，但是，更多地是从学习和接受西方人的战略理论开始的。

　　具体地说，虽然在中国古代的文献中早就有"战""略"二字，但是，长期以来，"战""略"这两个字在中国一直没有联系起来使用过。在讲到我们今天所说的"战略"意思时，中国古人通常用"兵略""韬略""方略"等词语来表达。这种情形直到3世纪西晋时期一个名叫司马彪的人，才第一次把"战"和"略"两个字连起来使用，写了一本名叫《战略》的书。但很可惜，司马彪《战略》这本书已经失传，其中的零星内容只见于《三国志》和《太平御览》等文献中。

　　到了清朝末年，就像日本人把西方的"philosophy"引进我国，取了一个中文名称叫"哲学"一样，他们也把西方的"strategy"这个概念翻译成中文"战略"，把西方近代的战略理论引进了我国。自从1908年起，我国当时的陆军预备大学堂开设了《战略学》课程，课程的内容就是西方的战略理论，讲的主要内容是德国近代克劳塞维茨的《战争论》，而不是中国古代的《孙子兵法》。这种情况说明，从近代以来，西方的战略理论已经在中国军事学术界处于主导地位。

在我国第一次革命战争和抗日战争中，毛泽东分别在1936年底和1938年5月发表了《中国革命战争的战略问题》和《论持久战》等名著，系统地论述了战争和战略问题。毛泽东战争和战略理论的思想资料来源有三个，其一是马克思主义的战略理论（斯大林在他的一些著作中论述过战略问题），其二就是西方近代资产阶级军事理论家克劳塞维茨的《战争论》，其三才是中国古代的《孙子兵法》。毛泽东曾经多次研读过克劳塞维茨的《战争论》，尤其是中国工农红军经过长征到达陕北后，毛泽东还组织过学习、研究《战争论》的小组，和一些红军的高级将领和学者们一起研究、讨论《战争论》[①]。毛泽东在写《中国革命战争的战略问题》和《论持久战》等著作时，曾经批判地吸收了《战争论》中"战争无非是政治通过另一种手段的继续"理论；指导战争必须遵循"概然性的规律"理论；"消灭敌人军队和保存自己军队"的理论；精神力量和物质力量在战争中"相互作用"的理论；集中兵力打击敌人整体所依赖的"重心"理论，特别是"向本国腹地退却"（诱敌深入）的理论和"人民战争"的理论。这种情形正如《克劳塞维茨传》一书的作者德国施拉姆所说的："毛泽东作为列宁主义

---

① 见龚育之等：《毛泽东的读书生活》，第122页，生活·读书·新知三联书店1986年版。

者也是一位谙熟克劳塞维茨的人和其军事哲学的爱好者。"①
日本学者伊藤皓文甚至认为："如果问毛泽东的战争论是近乎
孙子还是近乎克劳塞维茨？那可以毫不犹豫地说是近乎克劳
塞维茨。"②

　　毛泽东是非常重视研究战争和战略问题的。他曾经在
1938年11月发表的《战争和战略问题》中说："两军敌对的
一切问题依靠战争去解决，中国的存亡系于战争的胜负。
因此，研究军事的理论，研究战略和战术，研究军队政治
工作，不可或缓。……而战争和战略的理论，则是一切的骨
干。"③

　　可是，令人遗憾的是，自从新中国成立以后，由于多种复
杂的原因，我国学术界很少有人研究战略学基础理论，特别是
很少有人研究西方战略理论。从新中国成立，直到"文化大革
命"时期，很少有人讲"战略"，人们经常讲的是"路线"问题，
讲"路线斗争"的重要性——其实，所谓的"路线"问题，"路
线斗争"的重要性，也就是"战略"问题、"战略斗争"的重要
性。我们党和国家领导人在党的历届代表大会上所作的报告、
在人大会议上所作的"政府工作报告"和"五年计划报告"，
实际上讲的都是党和国家在一段历史时期的"战略"报告。

　　这种情况一直到了1978年改革开放时期，在新的形势下，

①威廉·冯·施拉姆著，王庆余等译：《克劳塞维茨传》，第490页，商务印书馆1984
　年版。
②伊藤皓文：《毛泽东战争论——和克劳塞维茨〈战争论〉的比较》，见《外国军事
　学术》增刊第22期，第17页。
③《毛泽东选集》第二卷，第554页，人民出版社1991年版。

我国学术界才开始重视对西方战略理论和战略学基础理论的学习和研究。从20世纪末到21世纪初，我国陆续出版了一些战略学专著。2002年11月，"战略"二字第一次出现在党的"十六大"报告中。但是，由于改革开放后我国重新开始研究战略学的时间不长，军内外学者们在战略学基础理论的一些问题上还有分歧意见。解决这些分歧意见，除了从战争与战略的历史中总结经验教训外，还要靠深入研究以《孙子兵法》为代表的中国传统兵学文化和西方战略文化，其中，批判地吸收西方战略理论中有价值的东西是一条必不可少的途径。

第三节　掌握一种高层次的方法论武器

学习和研究中国的《孙子兵法》和西方的战争、战略理论的目的，归根结底是为了掌握科学的战略理论，服务于实践，以便处理好我们当前和今后所要解决的国内外重大的现实问题。

战略学从学科的性质上讲，属于人类的"行为科学"范畴和"方法论"的范畴，其本质是一种"带全局性的实践方法"。[1]说得通俗一点儿，所谓"战略"，就是一种从事物的全局角度和长远角度处理问题，通过有计划的行动而达到预定目标的方法。战略方法讲究的是"深谋远虑"和达到预定目标的高效率。一个单位、一个人假如既能够掌握科学的战略理

---

[1]参见《论战略学研究的对象问题》，见吴琼著：《统帅的艺术：战略——克劳塞维茨〈战争论〉十讲》，第401—425页，清华大学出版社2014年版。

论,又会联系具体实际艺术地使用战略方法,就等于掌握了一种高层次的方法论武器。

毛泽东在《论持久战》中说过,"战略"和"战术"都属于"方法"的范畴,乃是"一套特殊方法"。①他还在《中国革命战争的战略问题》中说,一方面"战略问题是研究战争全局的规律的东西",另一方面,战争"全局"和"局部"的划分又不是绝对的、死板的,而是具有辩证的相对性和层次性。②正是从这个角度看,目前我国的政治、经济、外交、军事、科技、文化和教育等各个领域,甚至各个部门和单位,都有各自需要解决的全局性、长远性的问题,即"战略"问题,而问题的关键是,不同领域、不同的部门和单位都有各自不同的工作内容、性质和特点,必须了解这些不同的内容、性质和特点,掌握住不同"战略"的具体性质和特点,才能采用正确的战略手段和方法解决问题,最后达到预期的战略目的。

下面,我在介绍西方战略理论形成和发展的过程中,也要同时论述一下所有的"战略"所共同具有的结构、要素、特点、性质、规律和正确的使用原则,以及不同的"战略"达到目标的具体方法和合理的适用范围,以便大家能够较好地掌握这种高层次的方法论武器。

---

① 《毛泽东选集》第二卷,第480页,人民出版社1991年版。
② 《毛泽东选集》第一卷,第175页,人民出版社1991年版。

第二章　近代西方战略理论的形成

——克劳塞维茨《战争论》中的"作战战略"理论

从这一章开始，我就讲述西方战略理论形成和发展的具体过程，同时，在相关的章节里，还要讲一讲《孙子兵法》在西方战略理论发展演变中起到的积极作用。

我在前面讲课时曾经提到，法国人梅齐乐于1777年在他撰写的一部《战争理论》中，首次在西方军事学术史上使用了"战略"和"战术"这两个概念。可是，"战略"这个概念产生以后，由于种种原因，一直没有形成一种像样的理论，直到19世纪初拿破仑战争结束以后，西方战略理论才初步形成。当时，所形成的是一种以"作战战略"为主要内容的"直接路线"战略理论，形成的标志是1832—1834年德国近代军事理论家克劳塞维茨（1780—1831）《战争论》三卷的发表。

西方战略理论之所以能够在19世纪初形成，归根结底是因为时代的发展和要求，是因为西方国家的社会、战争和指导战争的方法发生了巨大变化。英国工业革命以后，1789年法国发生了资产阶级革命，这场革命不仅推翻了法国国内的封建专制制度和落后的生产关系，解放了新的生产力的代表——法国的资产阶级和农民，而且还威胁着欧洲其他国家的封建贵族统治。当时，英国、俄国、奥地利和普鲁士等国的封建势力相互勾结起来，先后组织了七次围剿法国革命的战争，企图用武装干涉的办法扑灭法国革命。而法军统帅拿破仑，正是凭借法国革命前后巨大的社会变革所带来的、崭新的军事组织和作战方法，才一次又一次地统率法国军队战胜了欧洲各国的封建军队。在拿破仑战争中，战争的规模、形态、性质和特点发生了很大的变化：封建主义的"赌博"战争观和旧的作战方法遭到破产；战争的胜负关系到一个国家和民族的生死存亡；大规模的"主力会战"和军队的数量多寡对于战争的胜负起到决定作用；拿破仑的作战目标是大量地"消灭敌人军队"，最后"打垮敌人"……

1815年，由拿破仑率领的法国军队在比利时的滑铁卢战役中遭到惨败，拿破仑本人也在政治上垮了台。拿破仑战争结束后，欧洲各国的政治界、军事界人士惊魂未定，人们普遍要求清楚地解释战争现象，说明战争现象的实质和运动规律，以及今后如何对战争实施正确的谋划和战略指导，取得战争的胜利。就在这时，亲身参加了拿破仑战争、具有丰富的战争经验，并且吸收了德国哲学革命积极成果的克劳塞维茨，在晚年花费12年时间，系统地总结了欧洲战史经验，特别是总结了拿破仑时代的丰富战争经验，写出了世界军事和战略名著《战争论》[1]。

仅从战略学基础理论的角度考察，克劳塞维茨在《战争论》中，不但在西方第一次建构起一种以"作战战略"为主要内容的"直接路线"的战略理论，系统地论述了"防御"和"进

---

[1] 参见吴琼：《统帅的艺术：战略》第一讲第一节"克劳塞维茨的生平"，第1—5页，清华大学出版社2014年版。

攻"这两种作战形式,而且其中还包含"军事战略"的思想萌芽,特别值得注意的是,他在《战争论》中还提出了一个"政治"制约战争、"国家战略"制约"作战战略"的理论雏形。

下面,我就对克劳塞维茨战略理论的特点和内容,分六个小专题加以介绍。

第一节 两种战争、两种"战争艺术" 和"战略""战术"的区分

为了建构一种系统的战略理论,克劳塞维茨除了要拥有丰富的战争经验,并且掌握德国古典哲学这种有力的理论分析武器以外,还必须吸收前人有益的战略思想资料。在克劳塞维茨以前,有三位欧洲早期资产阶级军事思想家,在拿破仑战争中已经先后研究过战略问题,而且给"战略"和"战术"下过定义,他们就是德国人标洛(1757—1807)、瑞士人若米尼(1779—1869)和奥地利人卡尔大公(1771—1847)。

在西方,德国的早期资产阶级军事家标洛最早给"战略"和"战术"下了定义,他说:"战略是关于在视界和火炮射程之外进行军事行动的科学;而战术是关于在上述范围以内进行军事行动的科学。"[1]

标洛给"战略"和"战术"下的上述定义,还带有朴素、直观的性质,显然是不科学的。但是,我们应该注意到,标洛认

---

[1]米尔施泰因等:《论资产阶级军事科学》,第30页,军事科学出版社1985年版。

为无论是"战略"还是"战术"，都属于"军事行动的科学"范畴，也就是都属于人类"行为科学"的范畴，都同人类的军事实践活动有关；只不过，"战略"这种人类的军事实践活动涉及的时间较长和空间范围较大，而"战术"这种人类在战争中的军事活动涉及的时间较短和空间范围较小，而且，标洛所说的"战略"和"战术"，在时间上都不超过战争时期，在空间上都没有超过战场的范围。

瑞士早期资产阶级军事思想家、著名的《战争艺术概论》一书的作者若米尼，也给"战略"和"战术"下过定义，他说："战略是在地图上进行战争的艺术，是研究整个战争区的艺术"，"凡涉及整个战争区的问题，均属于战略范围"；"战术是在发生冲突的现地作战和根据当地条件配置兵力的艺术，是在战场各点使用兵力的艺术"，"即军队在战场上的机动，和投入冲突的各种部署"[①]。

若米尼给"战略"和"战术"下的上述定义，虽然也没有反映出战略和战术的本质内容，但是，我们应该注意到，若米尼所说的"战略"，其时间范围虽然没有超出战争时期，但是，空间的范围却明确到了"整个战争区"。而他给"战术"下的定义，则增添了"配置""部署""使用兵力"和"现地作战"等指导作战的比较具体的内容。

克劳塞维茨在建构自己系统的战略理论时，充分吸收了标洛和若米尼合理的战略、战术思想，但是，一方面，克劳塞

①若米尼：《战争艺术概论》，第86—87页，解放军出版社1986年版。

维茨对于"战争"和"战争艺术"这两个重要概念的理解要比标洛和若米尼的视野更加开阔,其内容也更加合理、深刻;但另一方面,他的"战争艺术的区分"(德文版《战争论》原著用的德文词组是"Einteilung der kriegkunt")理论,又包含相当严重的理论缺陷、片面性甚至是错误。与此有关的问题,可以分为以下四个要点加以介绍。

第一,在西方战争理论发展史上,克劳塞维茨首次区分出了"广义的战争"和"狭义的战争",实际上就是提出了"大战争"的思想。

与标洛和若米尼不同,克劳塞维茨首先从战争"本体论"的角度,把"战争的活动"区分为两大类别,他说:"属于战争的活动可以分成两大类:仅仅属于战争准备的活动和战争本身的活动。理论也必须作出与此相应的分类。"①

克劳塞维茨的上述这种说法,特别值得我们注意。因为大家知道,"仅仅属于战争准备的活动",就是战争暴力还没有发生时的那些活动;这些活动并不是发生在战争时期,而是发生在战争还没有爆发之前的长期的和平时期。而克劳塞维茨却认为,"属于战争的活动"既包括战争时期的"战争本身的活动",同时也包括一个国家在和平时期那些"战争准备的活动"。这样一来,他所说的"战争"的概念就相当大了,战争的外延就相当宽泛了:从时间上讲,他所说的"战争",既包括战争时期,还包括一个国家准备战争的长期和平时期;而从空

---

① 克劳塞维茨著,军事科学院译:《战争论》,第109页,商务印书馆1978年版。

间上讲,他所说的"战争"的外延,就远远超出了标洛和若米尼所说的"战场"和"战争区"的范围,也就是延伸到一个国家准备进行战争的各个领域,即延伸到了一个国家的政治、经济、外交、军事、文化等各条战线上。

所以,我们应该注意,从为西方的战争和战略理论奠定基础的克劳塞维茨及其《战争论》开始,西方人所说的"战争"就有"狭义的战争"和"广义的战争"之区别:"狭义的战争"指的是"战争本身的活动",也就是军事统帅和军队在战争时期、战场上的作战活动;而"广义的战争"指的则是"战争准备的活动"和"战争本身的活动"之总和。"广义的战争"不仅包括军事统帅和军队在战争时期、战场上的作战活动,还包括一个国家在长期的和平时期里为准备战争进行的所有政治、经济、外交、军事、文化等各个领域中的实践活动——而这种"广义的战争",实际上就一个"大战争"的概念!"大战争"是西方军事界的一个很流行的军事学术用语,以后,在第一次世界大战中,德国的鲁登道夫提出的军国主义的"总体战"思想,就是从"大战争"的理论演化而来的。

第二,在西方战略理论发展史上,克劳塞维茨还首次区分出了"广义的战争艺术"和"狭义的战争艺术",实际上就是提出了"大战略"的思想。

与把"战争"区分为"狭义的战争"和"广义的战争"一致,克劳塞维茨把运筹、指导战争的方法,也就是所谓的"战争艺术"也区分为"狭义的战争艺术"和"广义的战争艺术"两个部分。他认为,"狭义的战争艺术"就是已经征募好、装备好、训练好的军队，在战争时期、战场上怎样作战，就是"作战方法"；有时，他还把"作战方法"形象地称为"击剑术"①。而"广义的战争艺术"，他认为不仅包括"狭义的战争艺术"即"作战方法"，而且还包括一个国家的政府和军事统帅在暴力战争发生以前的长期和平时期里，怎样征募兵员、装备军队和训练军队，也就是我们今天所说的怎样建设一支能征善战的军队；有时，他还把这种征募兵员、装备军队和训练军队的方法，形象地称为"铸剑术"②。于是，他便把一个国家的政府和军事统帅在和平时期怎样建设一支军队的方法（"铸剑术"）和一支军队在战争时期、战场上怎样作战（"击剑术"）合并起来，称为"广义的战争艺术"。克劳塞维茨在《战争论》中的原话是这样说的："狭义的战争艺术就是在战争中运用现成手段〔指'军队'〕的艺术，称为作战方法最为恰当；广义的战争艺术当然还包括一切为战争而存在的活动，也就是包括建立军队的全部工作——征募兵员、装备军队和训练军队。"③

由此可见，同克劳塞维茨所说的"战争"一样，他所说的"战争艺术"，也是一个外延相当宽泛、内涵相当复杂的大概念。所谓"战争艺术"，既包括一个国家在长期的和平时期里怎样建设军队（"铸剑术"），又包括一个军事统帅在战争时期、战场上指导军队作战的"作战方法"（"击剑术"即"狭义的战争艺术"），二者合并起来，叫作"广义的战争艺术"。而

---

①克劳塞维茨著，军事科学院译：《战争论》，第111页，商务印书馆1978年版。
②克劳塞维茨著，军事科学院译：《战争论》，第111页，商务印书馆1978年版。
③克劳塞维茨著，军事科学院译：《战争论》，第102页，商务印书馆1978年版。（引文中方括号内的文字，为本书作者添加，下同）

且，克劳塞维茨还认为，在一个国家和平时期准备战争的军队建设活动和战争时期军队的作战活动之间，还存在着相当密切的内在联系和相互作用，二者合并起来作为"战争活动"的一个整体，都会对战争的胜负产生作用和影响。也正因为如此，克劳塞维茨在《战争论》中有一句名言："战争与和平在根本上是两个不能划分阶段的概念。"①

克劳塞维茨所提出的这种"大战争"（"广义的战争"）和"大战争艺术"（"广义的战争艺术"）的理论，对以后的西方军事界、战略界产生了相当深远的历史影响。它们已经为德国近代的鲁登道夫提出"总体战"、英国现代的利德尔·哈特提出"大战略"、美国当代的保罗·肯尼迪提出"真正的大战略"理论，奠定了雄厚的理论基础。

克劳塞维茨关于两种"战争"和两种"战争艺术"的理论，如以下图表1所示。

图表1　克劳塞维茨关于两种"战争"和两种"战争艺术"的理论

广义的战争（大战争）	战争准备的活动	铸剑术	一个国家准备战争的长期和平时期		广义的战争艺术（铸剑术＋击剑术）
			征募兵员、装备军队、训练军队的方法活动（涉及一个国家的政治、经济、外交、军事、文化等等社会生活的各个领域）		
	战争本身的活动（狭义的战争）		在战争时期、战争区内	狭义的战争艺术，作战方法（击剑术）	
			军事统帅带领征募好、装备好、训练好的军队怎样作战		

---

① 克劳塞维茨著，军事科学院译：《战争论》，第892页，商务印书馆1978年版。

第三，克劳塞维茨在《战争论》里所讲的"战略"，却并不涉及"战争准备的活动"，而只是一种外延狭小、层次较低的"作战战略"。

可是，克劳塞维茨关于"战争艺术的区分"理论，又包含有严重的缺陷和片面性。由于种种原因，他比较轻视"战争准备的活动"对"战争本身的活动"、对于战争胜负的影响。他非常错误地把一个国家在和平时期的军队建设、武器装备的建设和军队给养准备的活动，基本上（而不是全部）排除在了他的"战略"研究工作的视野之外。克劳塞维茨在《战争论》中明确说过，他这样做的理由是："战争理论则研究使用训练好了的手段〔指训练好了的军队〕来达到战争的目的。它〔指'狭义的战争艺术'〕只需要上述知识和技能的结论，也就是说，只需要了解它的主要结果，我们把这种理论叫作狭义的战争艺术。"[1]

他在《战争论》中甚至更加明确地这样说："在今天，各国军队在武器、装备和训练方面都很接近，以致最好的军队和最差的军队在这方面已经没有十分显著的差别了。当然，科学水平可能还有显著的差别，但在大多数情况下这种差别只表现为一些国家先发明和运用军事上较好的成就，而另一些国家模仿它们并很快地赶上它们。"[2]

因此，克劳塞维茨便得出了以下一个片面的结论："配备武器和装备本质上不在斗争〔即'战争'〕这个概念之内。"[3]

---

[1]克劳塞维茨著，军事科学院译：《战争论》，第109页，商务印书馆1978年版。
[2]克劳塞维茨著，军事科学院译：《战争论》，第363—364页，商务印书馆1978年版。
[3]克劳塞维茨著，军事科学院译：《战争论》，第101页，商务印书馆1978年版。

克劳塞维茨的上述说法，实际上等于说一个国家在和平时期"战争准备的活动"，对于军事统帅和军队在战争时期"战争本身的活动"也就是对于战争的胜负没有多大的影响；和平时期的军队建设、武器装备的建设和后勤建设等，对于战争时期的军队作战活动来说，总是一种既成的、不再变化发展的事实；作为从事战争的主体，装备好和训练好的军队在战争中似乎只有数量方面和精神方面的差别，而无需计较作战双方在物质方面，即在双方武器装备方面的差距。也正因为在克劳塞维茨关于"战争艺术区分"的理论中，存在这样严重的片面性，即他轻"物质"而重"精神"，所以，他在《战争论》中，总是强调军队的数量和军人的精神状态对于战争胜负起决定作用，却几乎看不到物质资料的生产方式、人类社会中的经济活动、一个国家包括武器装备生产在内的"战争准备的活动"，对于"战争本身的活动"也就是对于"作战活动""作战方法"所起到的基础性作用和根本性的变革作用。

也正是基于以上这些片面性的考虑，克劳塞维茨在区分出两种"战争"和两种"战争艺术"以后，就把"广义的战争"（"大战争"）和"广义的战争艺术"（"大战略"）问题抛开，搁置在了一边，置于他的战争和战略理论的研究范围之外，不再理会，而只是从"狭义的战争"、战争时期和战场上的"狭义的战争艺术"（军事统帅和军队的"作战方法"即"击剑术"）中，进一步区分出了"作战战略"和"战术"。

第四，克劳塞维茨在《战争论》中所讲的"战略"只是"作战战略"，并不是"军事战略"，更不是"国家战略"。

克劳塞维茨认为，由于大规模战争一般是由一系列大大小小、同时发生或者前后相继发生的许多"战斗"或者"会战"组成的，所以，在战争时期和战场上，军队中的各级指挥官怎样具体地部署和指挥"战斗"、怎样在"战斗"中使用军队的作战方法，就叫作"战术"；而军事统帅、最高指挥官怎样综合地安排和使用这些"战斗"或者"会战"的作战方法，则叫作"战略"。他的原话如下：

"作战方法就是部署和实施斗争〔指'战争'〕。如果斗争〔战争〕是一次单个的行动，那就没有什么理由再把它作进一步的区分了。可是，斗争〔战争〕是由若干本身完整的单个行动组成的。……我们把这些行动称为战斗，它们是斗争〔战争〕的单位。于是就产生了两种完全不同的活动，那就是这些战斗本身的部署和实施，以及为了达到战争的目的对这些战斗的运用。前者是战术，后者是战略"[1]；"战术是在战斗中使用军队的学问，战略是为了达到战争目的运用战斗的学问"[2]，"前者研究战斗的方式，后者研究战斗的运用"[3]；"战术和战略是在空间上和时间上相互交错、但在性质上又不相同的两种活动"[4]；"就战略的性质来说，战略活动的范围比战术活动范围较宽广，活动的时间也较长"[5]。

---

[1]克劳塞维茨著, 军事科学院译：《战争论》, 第102—103页, 商务印书馆1978年版。
[2]克劳塞维茨著, 军事科学院译：《战争论》, 第103页, 商务印书馆1978年版。
[3]克劳塞维茨著, 军事科学院译：《战争论》, 第109页, 商务印书馆1978年版。
[4]克劳塞维茨著, 军事科学院译：《战争论》, 第110页, 商务印书馆1978年版。
[5]克劳塞维茨著, 军事科学院译：《战争论》, 第389页, 商务印书馆1978年版。

克劳塞维茨关于战略、战术、战斗区分的理论，如图表2所示。

图表2　克劳塞维茨关于战略、战术、战斗区分的理论

广义的战争（大战争）	战争准备的活动	（铸剑术）	一个国家准备战争的长期和平时期			广义的战争艺术（铸剑术＋击剑术）
	战争本身的活动		在战争时期、战争区内		狭义的战争艺术，作战方法（击剑术）	
			战术	**战略**		
			军队低级指挥官：部署实施战斗，使用军队的作战方法	军队统帅：为了达到战争目的对战斗、会战的运用		

由此可见，克劳塞维茨虽然在军事科学史上首次提出了“广义的战争”（“大战争”）和“广义的战争艺术”（“大战略”）思想，可是，他在《战争论》中所讲的“战略”，却只属于“狭义的战争艺术”，即战争时期、战场上的“作战方法”（“击剑术”）的范畴，仅仅意味着一个军事统帅在战争时期、战场上怎样“使用军队”和“运用战斗”。换句话说，这种“战略”并不涉及一个国家在和平时期建设军队等“战争准备的活动”，更不涉及一个国家在和平时期所进行的其他种种对敌国的斗争。所以，今天我们只能把他在《战争论》中所说的战略称为“作战战略”。这种“作战战略”严格说来，还称不上是我们今天所说的“军事战略”，当然，更不是我们今天所

说的"国家战略"。这是克劳塞维茨战略理论的一个显著特点，也是其战略理论中的一个严重的理论缺陷。

在介绍了克劳塞维茨关于两种战争、两种"战争艺术"和"战略""战术"的区分理论之后，我想在这里强调，《孙子兵法》与克劳塞维茨的战争和战略理念有重大的区别。

与克劳塞维茨在《战争论》中只研究战争时期、战场上的"狭义的战争"和军事统帅在战争时期、战场上的"狭义的战争艺术"（"作战方法"）不同，中国古代的孙子在《孙子兵法》中所研究的对象不仅仅是"狭义的战争"和"狭义的战争艺术"（"作战方法"），而是包括"狭义的战争"和"狭义的战争艺术"在内的"广义的战争"和"广义的战争艺术"，《孙子兵法》研究的对象是"大战争"和"大战略"！换句话说，在孙子的心目中，所谓"战争"的概念很大，"战争"既包括和平时期，也包括战争时期；孙子的"战略"的概念也很大，孙子的"战争艺术"既包括一个国家在和平时期使用非暴力的"伐谋""伐交""伐兵"，也包括战争时期的"伐兵""攻城"等暴力手段。孙子实际上主张战争要分两个阶段进行，第一阶段，要用非暴力的"伐谋""伐交""伐兵"的手段争取达到"不战而屈人之兵"的目的；如果达不到这个目的，再使用"伐兵""攻城"的"军事"暴力手段"百战百胜"、打垮敌人。也正因为如此，孙子在《孙子兵法》的第三篇《谋攻》中，系统地提出了"上兵伐谋，其次伐交，其次伐兵，其下攻城"，而且他还明确地指出对敌国必须进行"全争"——所谓"全争"，实际上就是西方近现代战争和战略理论中所说的"大战争"和"大战略"。与此有关的问题，我将在本书的下编"《孙子兵法》的战略理论真相"中详加论述。

第二节　"战略"的核心内容是制定 战争计划并且实施战争计划

这是克劳塞维茨战略理论中的一部分很有特色的内容，同时，也是克劳塞维茨对战略学基础理论建设做出的重大历史贡献。

在克劳塞维茨的《战争论》出版之前，欧洲的另一位著名资产阶级军事思想家、在拿破仑战争中曾经和拿破仑作战杀过平手而未分胜负的、奥地利的卡尔大公，也曾经把"战争艺术"划分为"战略"和"战术"两个部分。他的战略思想的深刻之处在于，他是从制定"战争计划"和实施"战争计划"的特殊角度来确定"战略""战术"之内涵的。

卡尔大公认为，"战略"就是为整个战争制定出"战争计划"，确定整个军事行动的进程，"战略"是最高统帅的科学；而"战术"就是实施"战争计划"，是最高统帅以下各级军事指挥官的科学，"战略和战术相互之间有密切的联系，而战术则从属于战略"[1]。

卡尔大公的上述战略、战术思想是很有价值的。因为在拿破仑战争以前，欧洲封建社会中发生的战争，大多数只不过是

---

[1]米尔施泰因等著，黄良羽等译：《论资产阶级军事科学》，第35页，军事科学出版社1985年版。

封建君主、国王和贵族们的一些"赌博"或"游戏"。正如克劳塞维茨在《战争论》中所揭露的："它们有时只是为了庆祝女皇的诞辰（霍赫基尔希会战），有时只是为了争取军人的荣誉（库勒斯多夫会战），有时只是为了满足统帅的虚荣心（弗赖贝克会战）。"[1]那时，欧洲封建社会中的许多战争本身还缺乏整体性、必然性和规律性，所以，欧洲许多从事战争的将帅们并不重视制定和实施战争计划，他们往往只是凭借个人以往的战争经验，自发地指挥战争。可是，这种只是凭借个人以往的战争经验自发地指挥战争的作战方法，到了拿破仑战争时代就行不通了。也正如克劳塞维茨在《战争论》中所论述的那样："现代战争是由重大的民族利益引起的。"[2]由于拿破仑时代战争所要达到的"政治目的"，与交战国双方人民和军队的切身利益以及"国家利益"有着紧密的联系，拿破仑时代的战争已经具有了非常明显的整体性、必然性和规律性，整体性和必然性已经在拿破仑战争及其以后的战争中居于主导地位。这时，欧洲将帅们再不重视制定和实施战争计划，而只是凭借个人以往的战争经验自发地指挥战争，就很难在战争中获胜了。这是因为，战争的计划性与按照战争的客观必然性的规律指导战争有关系，也与统帅和军队在战争中发挥自觉的主观能动性有关系。毛泽东曾经指出："计划性……是为了争取主动权"[3]；"战略计划，是基于战争双方总的情况而

①克劳塞维茨著，军事科学院译：《战争论》，第245页，商务印书馆1978年版。
②克劳塞维茨著，军事科学院译：《战争论》，第249页，商务印书馆1978年版。
③《毛泽东选集》第二卷，第488页，人民出版社1991年版。

来的"①，而为了制定好战争计划，必须"研究带全局性的战争指导规律，是战略学的任务"②。因此，卡尔大公认为，"战略"就是制定战争计划而"战术"就是实施战争计划，他实际上就是反对军事统帅和各级指挥官在战场上自发地作战，而提倡通过制定和实施战争计划，以便找出"带全局性的战争规律"，要求指挥官们主动而自觉地按照客观规律指导战争。由此看来，卡尔大公对"战略""战术"的阐述，其实已经触及"战略""战术"这两个概念的内涵。

克劳塞维茨充分吸收了卡尔大公的"战略""战术"思想，但是，克劳塞维茨对于"战略"也就是为整个战争制定和实施战争计划的问题，论述得更加细致、深刻而全面。在人类战略理论发展史上，克劳塞维茨首次比较正确地阐明了什么是"战略"，"战略"的外延有多大，其内涵是什么，"战略"的内部逻辑结构是由哪几个最基本的要素或环节组成的，以及"战略"有哪几个基本特点，"战略"所特有的内部规律是什么，等等。这些内容充分体现在克劳塞维茨在《战争论》中，给"战略"所下的一个比较完整的定义之中，他是这样说的："战略是为了达到战争〔政治〕目的而对战斗的运用，因此，战略必须为整个军事行动规定一个适应战争目的的〔军事〕目标，也就是拟制战争计划；并且必须把达到这一目标的一系列行动同这个目标联系起来，也就是拟制各个战局的方案和部署其中的战斗。所有这一切，大多只能根据那些与实际并不完全相符的预想来

---

① 《毛泽东选集》第二卷，第495页，人民出版社1991年版。
② 《毛泽东选集》第二卷，第175页，人民出版社1991年版。

确定,而许多涉及细节的规定根本不能在事先作好。因此很明显,战略也必须到战场上去,以便在现地处理各种问题,并且不断对总的计划作必要的修改。所以,战略在任何时刻都不能停止工作。"[1]

从克劳塞维茨给"战略"下的上述定义看,他已经相当清楚地回答了战略学的以下几个方面的基础理论问题:

第一,什么是"战略"?"战略"的内部逻辑结构是怎样的?它包括有哪几个最基本的要素或环节?

克劳塞维茨说"战略是为了达到战争〔政治〕目的而对战斗的运用"。这也就是说,战略就是军事统帅在战争中运用战斗的"作战方法",战略属于哲学上所说的"方法论"的范畴。这种"作战方法"除了操作战略的主体即军事统帅之外,是由战略的"目的"("为了达到战争目的")、战略的"手段"("战斗")和战略的"方法"("对战斗的运用")这三个最基本的要素或环节组成的。战略的"目的""手段""方法"缺一不可,三者共同组成了战略的内部逻辑结构。克劳塞维茨给战略及其内部逻辑结构所作的这些规定,从此便构成了西方"战略"概念的理论基础。例如,美国的《军事战略》一书指出:"马克斯韦尔·泰勒上将1981年访问美国陆军军事学院时说:'战略总是由目标、方法和手段几个方面组成的。我们可以用一个公式来表示这一概念:战略=目的(追求的目标)+途径(行动方案)+手段(实施某些目标的工具)。我们可以

---

[1] 克劳塞维茨著,军事科学院译:《战争论》,第175页,商务印书馆1978年版。

根据这个总的概念来制订各种战略,如军事、政治、经济等战略。'"①

第二,"战略"的外延有多大?

克劳塞维茨说:"战略必须为整个军事行动规定一个适应战争〔政治〕目的的〔军事〕目标……战略也必须到战场上去。"这也就是说,克劳塞维茨在这里说的"战略",指的只是战争时期、战场上的"作战战略",这种"作战战略"涉及战争时期的"整个军事行动"。"战场"有多大、"整个军事行动"进行到哪里,"作战战略"就有多大,"作战战略"的范围也就延伸到哪里。克劳塞维茨所说的"作战战略"的外延,同"战场"和"整个军事行动"区即"战争区"的外延相当。

第三,"战略"的内涵,也就是"战略"的核心内容或实质性内容是什么?

克劳塞维茨一方面强调:"战略必须为整个军事行动规定一个适应战争〔政治〕目的的〔军事〕目标,也就是拟制战争计划。"另一方面又强调:"战略也必须到战场上去,以便在现地处理问题。"这也就是说,"战略"的内涵或者"战略"的核心内容、本质内容,包括缺一不可的两方面:其一是在战争发生以前,必须按照战争的规律制定战争计划;其二是在战争发生以后,还必须实施战争计划,按照战争计划采取军事行动,以便达到战争预定的军事目标和政治目的。因为,战略属于人类的"行为"科学,属于"实践方法""实践艺术"的范畴,不

---

① 美国陆军军事学院编,军事科学院外国军事研究部译:《军事战略》,第3—4页,军事科学出版社1986年版。

制定战争计划而自发地指挥战争，当然谈不上是"战略"；但是，如果只是制定了战争计划，军事统帅却不在战争实践中贯彻、落实，看不到主观见之于客观的结果，那也称不上是"战略"。军事统帅只有从战争的实际情况出发，既制定出符合战争实际情况的战争计划，又把这个战争计划通过人的主观能动性在战争实践中加以贯彻实施，确实达到预期的军事目标和政治目的，获得了实实在在的胜利结果，那才叫作"战略"。换句话说，"战略"指的是人们既制定出战争计划、又按照战争计划指导战争实践的全过程。

第四，"战略"有目标性、计划性、概然性三个最基本的特点。

克劳塞维茨既强调"战略必须为整个军事行动规定一个适应战争〔政治〕目的的〔军事〕目标"，又强调战略必须"拟制战争计划"，还强调在拟制战争计划时"许多涉及细节的规定根本不能在事先做好"，在实施战争计划的过程中要"不断对总的计划作必要的修改"。这就意味着战略有"目标性""计划性""概然性"三个最基本的特点。也就是说，凡是"战略"都必须有一个"目的"或者"目标"，必须有实现这个"目的"或"目标"的"手段"和"方法"的计划方案。而人们所制定的任何计划都只能是大略的、粗略的，不可能预测到战争发展变化中的所有细节，而且，在实施战争计划的过程中，还要不断地根据战争的发展变化对原有的战争计划作必要的修改，无论是拟制战争计划还是实施战争计划都有"概然性"。

由于制定战争计划并且实施战争计划是"战略"的核心内

容、本质内容，所以，克劳塞维茨在《战争论》中又给"战争计划"下了一个完整的定义，他这样说："战争计划总括整个军事行动，并使它成为具有一个最终目的（一切特殊目的都归结在最终目的之中）的统一行动。人们如果不知道用战争要达到什么以及在战争中要达到什么（前者是'目的'，后者是'目标'），那么就不能开始战争，或者就不应该开始战争。这个主要思想规定了作战的一切方针，确定了使用手段的范围和所用力量的大小，而且一直影响到军事行动的最小环节。"[1]

从克劳塞维茨给"战争计划"下的这个完整的定义看，他又进一步论述了"战略"理论中的以下几个重要问题：

第五，在组成"战略"内部逻辑结构中的战略"目的（目标）"、战略"手段"、战略"方法（方案）"中，战略的"目的（目标）"是重点，是龙头和关键。这也就是说，一个国家想用战争这种暴力手段达到什么最终的政治"目的"，一个军事统帅想要在战争中最终达到什么样的军事"目标"，不但决定了战争中大大小小"战斗"的特殊目的和目标，而且还决定着"作战的一切方针""使用手段的范围和所用力量的大小"。正因为如此，克劳塞维茨在《战争论》中说过这样一句著名的话："在战略上，一切主要的东西都产生于双方的最终意图，即产生于一切思考活动的最高出发点。"[2]

第六，战争计划中的最终政治"目的"、最终军事"目标"之具体的数量大小，又是"战略"中龙头中的龙头、重点中的

①克劳塞维茨著，军事科学院译：《战争论》，第854页，商务印书馆1978年版。
②克劳塞维茨著，军事科学院译：《战争论》，第720页，商务印书馆1978年版。

重点、关键中的关键。它们不但从数量上具体地"规定了作战的一切方针,确定了使用手段的范围和所用力量的大小,而且一直影响到军事行动的最小环节"。

第七,在组成"战略"内部逻辑结构的"目的(目标)""手段""方法(方案)"之间,还隐藏着一个战略所特有的内部规律,那就是:战略的"目的(目标)""手段""方法(方案)"三者之间必须协调一致、相互匹配,彼此之间能够相互满足。换句话说,人们所制定的"目的(目标)"如果过大,"手段"的力量不够,或者"方法(方案)"不得当,那么,原来所制定的"目的(目标)"则肯定实现不了。这是制定任何战争计划和实施任何战争计划必须遵守的一条最基本的客观规律,任何种类、任何性质的"战略"、任何人都违背不了这条客观规律!

总而言之,克劳塞维茨关于战略的核心内容、实质性内容就是制定战争计划并且实施战争计划之理论的诞生,标志着人类科学的战略观和方法论已经初步形成。显然,这种战略观和方法论具有唯物主义和辩证法的性质,是值得我们肯定并且给予高度评价的。

当然,由于时代和个人认识上的局限性,在克劳塞维茨的战略观中不免存在一些片面性和不足之处,正如美国《军事战略》一书的作者之一马特洛夫所说:"由于过去两个世纪中战争的规模增大,用于实施战争(现在来说,也就是慑止战争)的人力和物力越来越多,战略一词所包含的内容远远超出了早先的狭窄含义，不再仅仅指战局和会战的指挥艺术了。"[1]
然而，时至今日，那些更加复杂、更加科学的战略理论和战略
方法，在一定意义上又可以说都是在克劳塞维茨战略理论和
方法论的基础之上，逐步成长、深化、发展起来的，它们都远
远地超出了"作战战略"的狭小范围，演变成为当今世界各国
的战略家们思考和解决战争与和平问题、国家的发展和安全
问题，乃至政治、经济、军事、外交、科技、文化、教育等各种
战略问题的基本思路。所以，无怪乎美国的马特洛夫在指出克
劳塞维茨战略理论之历史局限性的同时，又盛赞克劳塞维茨是
"对战略进行现代研究的奠基人"[2]。

在介绍了克劳塞维茨关于"战略"的核心内容就是制定和
实施战争计划的理论之后，我也想在这里比较一下《孙子兵
法》与克劳塞维茨战略理论的异同。

我们从克劳塞维茨对"战略"核心内容的一系列论述来
看，以克劳塞维茨为代表的西方战略理论中的基本概念、范畴
和原理，的确是清楚、明白，而不是模糊、混沌的。在论述"战
略"的核心内容时，克劳塞维茨很重视深挖战略的"本体论"
含义，他不仅继承了欧洲早期资产阶级军事思想家标洛、若米
尼、卡尔大公"求真索实"的优良传统，也给"战略"和"战争
计划"下了定义，而且在定义中还明确揭示了"战略"的外延、
内涵、"目的""手段""方法"三要素以及"战略"的内部规

---

① 美国陆军军事学院编：《军事战略》，第20页，解放军出版社1986年版。
② 美国陆军军事学院编：《军事战略》，第20页，解放军出版社1986年版。

律。虽然由于时代和个人认识上的局限,克劳塞维茨论述的只是"作战战略",但是,他在论述"作战战略"的同时,也揭示了所有"战略"中共同具有的一般内涵、三要素和内部规律。也正因为如此,美国人马特洛夫才称赞克劳塞维茨是"对战略进行现代研究的奠基人"。

而与克劳塞维茨关于"战略"核心内容的论述相比较,《孙子兵法》战略理论中的科学性就显得比较薄弱。孙子是在《孙子兵法》的第一篇《计》里,论述"战略"和"战争计划"问题的,但因为孙子有轻战略本论的倾向,所以,他并没有给"计"即"战争计划"下过定义,也没有论述过"计"即"战略"的核心内容,更没有(在当时那种历史条件下也不可能)揭露"计"即"战略"的外延、内涵和内部规律。在《计》篇中,孙子只是强调在战争之前必须通过"庙算"而制定战争计划,只是强调在制定战争计划时,必须考虑和比较敌我两国的"道""天""地""将""法"五个方面内容,"经之以五事,校之以计而索其情";只是强调国君带领文武百官在祖宗庙里进行"庙算"时"多算胜,少算不胜"("夫未战而庙算胜者,得算多也;未战而庙算不胜者,得算少也。多算胜,少算不胜,而况于无算乎? 吾以此观之,胜负见矣")。孙子的意思是:只要在战争之前多进行"庙算"、制定好战争计划,就可以预见战争的胜负结局了。至于"计"即"战略"的外延、内涵、构成要素、内部规律,他都没有论述。由此可见,《孙子兵法》和克劳塞维茨战略理论之间的差距,也可见我们在研究《孙子兵法》的同时,研究西方战略理论的必要性。

当然，从另一个角度看，孙子和克劳塞维茨的战略思想又有一致之处，他们都是世界上伟大的军事思想家和战略学家。因为孙子是在《孙子兵法》十三篇中的第一篇《计》中，首先论述从事战争必须制定战争计划问题的，而克劳塞维茨是在《战争论》里的第三篇《战略概论》中，首先给"战略"下了定义，认为战略的核心内容或本质内容是制定战争计划并且实施战争计划的。这就有力地说明，孙子和克劳塞维茨正像毛泽东所说的那样，认为从事战争必须要首先制定战争计划，要首先研究"战争双方总的情况"，要首先"研究带全局性的战争指导规律"，以争取掌握战争中的"主动权"。

第三节　轻视"诡诈"、反对"间接路线" 的"直接路线"战略

这是克劳塞维茨战略理论中的一个显著特点，也是他的战略理论中存在的一个严重的理论失误和缺陷，更是克劳塞维茨与《孙子兵法》战略理论之间的一个重大区别。

我在本讲座第一章"西方战略理论导论"中已经讲过，在西方军事学术史上，"战略"（strategy）这个特殊的名词术语，最初来自古希腊文"诡诈"（strategem），同时，"战略"本身也包含"诡诈"的意思。可是，克劳塞维茨却轻视"诡诈"，反对军事统帅和各级指挥官在战争中使用"诡诈"的作战方法，他曾经在《战争论》中专门阐述过自己的观点："初看起来，战略这个名称来源于诡诈这个词似乎不是没有道理的。尽管从希腊

时代以来,战争在许多方面发生了真正的和表面的变化,但战略这个名称似乎依然表示它本来具有的诡诈的实质。"①

可与此同时,克劳塞维茨却认为:"战略活动不是别的,只是采取同部署战斗有关的措施。"而"诡诈"在战争中只不过是一些"廉价的东西","在战略范围内通常只起很小的作用","指挥官能够经常深刻地体会到这个平凡的道理,因此他不喜欢狡猾灵活的把戏。单调而严肃的必然性经常迫使他不得不采取直接行动,使他没有玩弄这种把戏的余地。总之,在战略这个棋盘上,是不存在诡诈和狡猾所不可缺少的灵活性的","对统帅来说,正确而准确的眼力比诡诈更为必要,更为有用"②。

这也就是说,克劳塞维茨认为,虽然从词源上讲,"战略"这个词来自"诡诈","战略"中也包含有"诡诈"的内容,可是到了拿破仑战争结束以后,"战略"的内涵已经发生深刻的变化,"战略"的主要内容或实质性的内容乃是制定战争计划并且实施战争计划,即要按照具有必然性的战争计划采取军事行动;而"诡诈""狡猾""灵活"等,只不过是军事统帅、指挥官们在贯彻实施战争计划中使用的策略,相对于制定和实施战争计划来说,"诡诈"和"狡猾灵活"等只不过是一些"廉价的东西""小把戏",在战争中起不了什么作用。

再者,与轻视"诡诈"、反对军事统帅和指挥官们在战争中使用"诡诈"有内在的联系,克劳塞维茨还反对军事统帅和

①克劳塞维茨著,军事科学院译:《战争论》,第216页,商务印书馆1978年版。
②克劳塞维茨著,军事科学院译:《战争论》,第218页,商务印书馆1978年版。

指挥官们在战争中使用"间接路线"的作战方法,他力主在战争中只使用"直接路线"的作战方法。

可是,究竟什么叫作"直接路线"和"间接路线"的作战方法?什么又叫作"直接路线"和"间接路线"的战略呢?

原来,世界上任何具体事物,都有相对独立、自己与自己有直接联系的一方面,同时又有被周围其他事物所制约、与其他事物有间接联系的另一方面。世界上任何具体的事物之独立性总是相对的,不可能孤立地存在,它与其他的事物总有联系,这种互相联系总是绝对的。实际上,世界上的任何事物都是通过互相联系、互相作用、互相转化而组成的一个具有普遍联系、广泛联系的整体。列宁在《哲学笔记》中曾经深刻地指出:"任何具体的东西,任何具体的事物,都是和其余的一切处于相异的并且常常是矛盾的关系中,因此,它往往既是自身又是他物。"[1]

德国近代著名的哲学家黑格尔也说过:"不论在哪个地方,没有什么东西不是同时包含着直接性和间接性的。"[2]

黑格尔还认为,人们在世界上如果把一个事物与周围的其他事物的联系完全割裂开来,只是孤立地看这个事物,只看到这个事物的直接性,而看不到它与其他事物的联系,那就说明,人们只是看到了这个事物自己与自己发生联系的"抽象的同一性",这种认识事物的方法则是片面的,这种观察、处理事物的方法说明,人们认识事物的方法还只处于思维的初

---

[1]列宁:《哲学笔记》,见《列宁全集》第38卷,第144页,人民出版社1974年版。
[2]列宁:《哲学笔记》,见《列宁全集》第38卷,第103页,人民出版社1974年版。

级阶段。人们只有在观察、处理事物的时候,通过"反思",不仅看到这个事物,而且看到与这个事物有联系的"他物",认识到事物的间接性,并且把事物的直接性和与其他事物的间接性两者联系起来,加以综合考虑,才能够认识到一个事物的"具体的同一性",从而才能够发现该事物的本质,正确地处理问题,这种认识和处理问题的方法才是全面而深刻的。

因此,所谓"直接路线"的作战方法,就是在战争中只看到了面前的敌人,而看不到与敌人有联系并且能够制约敌人战斗力的周围其他的事物,因而只是和敌人面对面地硬打硬拼,只是采取正面"战斗"的作战方法,去直接"消灭敌人军队";而所谓"间接路线"的作战方法,就是在战争中不仅看到面前的敌人,而且还看到了与敌人有联系并且能够制约敌人战斗力的周围其他事物,因而能够行"诡道",走一条迂回曲折的作战道路:首先,从制约着敌人战斗力的敌人周围的其他事物下手,先使敌人在某种程度上失去战斗力,使我军获得力量优势;在我军获得优势地位以后,再走"直接路线",面对面地同敌人进行"战斗","消灭敌人军队",最终赢得战争胜利。

例如,《孙子兵法》中说"无邀正正之旗,勿击堂堂之阵","攻城之法,为不得已",就是反对在战争中一味采取面对面地同敌人发生冲突的"直接路线"的作战方法和战略。《孙子兵法》又说"凡战者,以正合,以奇胜","军争之难者,以迂为直,以患为利。故迂其途,而诱之以利,后人发,先人至。此知迂直之计者也",就是力主在战争中使用"间接路线"的作战方法和战略。也正因为如此,孙子在《孙子兵法》

中才说："兵者，诡道也。"孙子的这种说法，与西方的"战略"
来源于"诡诈"这个词、也包含"诡诈"的成分是一个意思，都
是主张在实施对敌战略时还要讲究策略，而不能只是走"直
接路线"，去和敌人面对面地硬打硬拼。

　　在西方近代，德国的早期资产阶级军事思想家标洛就是
主张在战争中使用"间接路线"作战方法的著名代表人物，标
洛反对在战争中采用正面"战斗"的方法直接"消灭敌人军
队"，而力主采取"间接路线"的作战方法，首先进攻敌人的后
方、侧翼和交通线，破坏敌军的后方基地，打击敌人的侧翼援
军，中断敌人的粮草物资后勤供给，迫使敌人丧失作战的能
力，从而不得不退却。苏联的《论资产阶级军事科学》一书，
是这样介绍标洛的"间接路线"作战方法和战略的："标洛认
为进攻战的目标不应该选择敌人的军队，而应该选择敌人的
后方和交通线"，"在进攻和防御中，都应该避免战斗。……用
威胁敌人的侧翼和后方的办法迫使敌人退却，比用正面攻击
敌人的方法赶出已占阵地要容易得多"①。

　　可是，克劳塞维茨在《战争论》中却坚决反对"间接路
线"的作战方法，并且把他自己所主张的"直接路线"的作战
方法提升到战略层面加以肯定。他非常固执地说："战略是
为了达到战争目的而对战斗的运用。"所以，战略上的有效手
段只有流血的暴力"战斗"一种，其他的非军事暴力手段都不
是有效的；达到战争胜利的路线，也只有通过流血的"战斗"

---

① 米尔施泰因等著，黄良羽等译：《论资产阶级军事科学》，第31页，军事科学出版社
　 1985年版。

而"消灭敌人军队"这样一条，其他的路线都不可靠。尤其值得我们注意的是，正是针对中国古代《孙子兵法》中所阐述的"百战百胜，非善之善者也；不战而屈人之兵，善之善者也"中所包含有的"仁"即"人道主义"思想，克劳塞维茨在《战争论》中公然声称，在战争中不应该讲"仁慈"和"人道"，不必回避"流血的屠杀"，军事统帅和各级指挥官必须把通过一次又一次流血的"战斗"而"消灭敌人军队"，看作是战争所要追求的"最高的目的"或者"唯一目的"。克劳塞维茨在《战争论》中是这样说的：

"有些仁慈的人可能很容易认为，一定会有一种巧妙的方法，不必造成太大的伤亡就能解除敌人的武装或者打垮敌人，并且认为这是战争艺术发展的真正方向。这种看法不管多么美妙，却是一种必须消除的错误思想，因为在像战争这样危险的事情中，从仁慈产生的这种错误思想正是最为有害的。"[1]

"关于那些不流血而获得胜利的统帅的一切，是我们不想听的。如果说流血的屠杀是残酷可怕的，那么这只能使我们更加严肃地对待战争，而不应该使我们出于人道让佩剑逐渐变钝，以致最后有人用利剑把我们的手臂砍掉。"[2]

---

[1]《战争论》，第24页。国内外的一些研究者已经发现克劳塞维茨的这段话是针对《孙子兵法》而言的。可参见薛国安《世界兵学双璧》，第282页，解放军出版社2017年版。

[2]《战争论》，第300—301页。国内外的一些研究者同样认为克劳塞维茨的这段话是批评《孙子兵法》的。可参见李浴日《东西兵学代表作之研究》，第173—174页，世界兵学编译社1943年版。

"在战争中手段只有一种，那就是战斗。"[1]

"战斗是战争中唯一有效的活动。"[2]

"在战略范围内，我们可以把一切军事活动都归结在战斗上。"[3]

"在战略上，的确有巧妙地部署各次战斗的问题，战略无非是进行这种部署的艺术。……但我们认为，直接消灭敌人军队总是最主要的事情。"[4]

"消灭敌人军队不仅在整个战争中，而且在各个战斗中，都应该看做是主要的事情，这是我们的原则。"[5]

"只有重大的战术成果才能导致重大的战略效果。"[6]

"用流血方式解决危机，即消灭敌人军队，这一企图是战争的长子。"[7]

"战斗是唯一的手段，因此一切要服从用武器解决问题这个最高法则。"[8]

"在战争所能追求的目的中，消灭敌人军队永远是最高的目的。"[9]

克劳塞维茨在《战争论》中还说，在战略上必须把"消灭

---

[1]克劳塞维茨著，军事科学院译：《战争论》，第59页，商务印书馆1978年版。
[2]克劳塞维茨著，军事科学院译：《战争论》，第59页，商务印书馆1978年版。
[3]克劳塞维茨著，军事科学院译：《战争论》，第60页，商务印书馆1978年版。
[4]克劳塞维茨著，军事科学院译：《战争论》，第252-253页，商务印书馆1978年版。
[5]克劳塞维茨著，军事科学院译：《战争论》，第254页，商务印书馆1978年版。
[6]克劳塞维茨著，军事科学院译：《战争论》，第253页，商务印书馆1978年版。
[7]克劳塞维茨著，军事科学院译：《战争论》，第64页，商务印书馆1978年版。
[8]克劳塞维茨著，军事科学院译：《战争论》，第64页，商务印书馆1978年版。
[9]克劳塞维茨著，军事科学院译：《战争论》，第64页，商务印书馆1978年版。

敌人军队"看作战斗的"唯一目的"①；只有在战争时期、在战场上通过一次又一次流血的暴力"战斗"，积累一次又一次"消灭敌人军队"的战术成果，量变多了引起质变，才能促成大量"消灭敌人军队"的总的战略成果，最终赢得战争的胜利。

上述克劳塞维茨的这种"直接路线"战略理论的精神实质，就是片面地强调通过"战斗"的军事暴力手段"消灭敌人军队"，片面地强调用在战场上大量杀伤敌人的"直接路线"而赢得战争的胜利。这种战争和战略的手段单一，只主张在战争时期和战场上与敌人硬拼，忽视"诡道"和策略，忽视敌我两国在和平时期和战场之外怎样想办法、做文章，战胜敌人。从战争与战略的性质角度审查，克劳塞维茨所主张的实际上是大量消耗战争双方宝贵的人力资源和物质资源的"消耗战"和"消耗战略"，而不是孙子在《孙子兵法》中所主张的只有进行"全争"才能实现"兵不顿而利可全"。克劳塞维茨在《战争论》中所提倡的这种"直接路线"战略，在他去世以后，在西方军事界一度产生了相当严重的负面影响。

例如，曾经指挥过1870—1871年普法战争的德军总参谋长老毛奇，在第一次世界大战前后便这样说：战争与商业有类似之处，"兵力是投资，胜利则为利润"②。这是一种典型的"消耗战"和"消耗战略"的提法。西方国家用克劳塞维茨的这种"直接路线"的"消耗战略"指导战争的恶果，在第一次世界大战和第二次世界大战中充分表现出来，给世界人民带来

①克劳塞维茨著，军事科学院译：《战争论》，第254页，商务印书馆1978年版。
②邓锋、郑三立：《西方军事思想发展史》，第177页，国防大学出版社1993年版。

了极大灾难。英国现代战略学家利德尔·哈特正是在总结两次世界大战经验教训的基础上，又吸收了中国《孙子兵法》中的"全争"即"大战争"的理论，才创建了他的"大战略"理论，在一定程度上扭转了克劳塞维茨"直接路线"战略的片面性，使西方战略理论进入到一个新的发展阶段。与此有关的问题，我将在本讲座的第三章"现代西方战略理论的演变发展"中加以介绍。

第四节　"军事战略"的思想萌芽

我在本书第二章第一节"两种战争、两种'战争艺术'和'战略''战术'的区分"中曾经指出，克劳塞维茨的战争和战略理论既有创新性，又有局限性和片面性。其创新性表现在，克劳塞维茨不但突破了欧洲早期资产阶级军事思想家们把战争仅仅看作战争时期战场上"战争本身活动"的传统之见，而把战争看作是一个国家在和平时期"战争准备的活动"和战争时期"战争本身活动"之总和，也就是提出了"广义的战争"即"大战争"的思想，而且，他还突破了把"战争艺术"仅仅看作战争时期战场上"作战方法"的传统之见，而把"战争艺术"看作是一个国家在和平时期怎样建设军队（"铸剑术"）和在战争时期这支军队怎样作战（"击剑术"）的总和，也就是提出了"广义的战争艺术"即"大战略"的思想。

而克劳塞维茨战争和战略理论的局限性和片面性则表现在，由于他轻视和平时期"战争准备的活动"，所以，他非常错误地把一个国家在和平时期的军队建设、武器装备的建设和军队给养准备活动，基本上排除在"战略"所研究的视野之外，而只是从战争时期战场上军事统帅的"作战方法"中，进一步区分了"战略"和"战术"。克劳塞维茨认为，由于战争通常是由一系列"战斗"组成的，所以，指挥官在战争时期战场上怎样使用军队、怎样部署和指挥"战斗"，叫作"战术"；而军事统帅在战争时期战场上怎样部署和指导一个个"战斗"，则叫作"战略"。至于在战争发生以前一个国家在和平时期怎样建设军队、武装军队、训练军队（即"铸剑术"），克劳塞维茨却把它们置于脑后，不再理会，认为它们并不属于"战略"所应该考虑和研究的问题。因此，我们才说，克劳塞维茨在《战争论》中所讲的"战略"只是"作战战略"。美国当代战略学家保罗·肯尼迪就把克劳塞维茨在《战争论》中所说的战略称为"纯粹作战性的战略"[①]。克劳塞维茨的"作战战略"的外延狭小、层次较低，只适用于战争时期和战场上，它还称不上是外延较宽、层次较高的"军事战略"，当然，更称不上是外延更宽、层次更高的"国家战略"。

可是，克劳塞维茨为什么比较轻视"战争准备的活动"，轻视一个国家在和平时期建设军队、武装军队、训练军队（"铸剑术"）的问题，为什么在《战争论》中总是论述"作战战略"（"击剑术"）的问题呢？造成这种情况的原因是什么呢？

①保罗·肯尼迪编，时殷弘等译：《战争与和平的大战略》，第3页，世界知识出版社2005年版。

　　原来，在克劳塞维茨生活的那个时代，即18世纪末至19世纪初，欧洲大多数国家的元首或者皇帝，由于种种原因，都不负责直接指挥战争，而是把指挥战争的任务委托给一个熟悉军事作战工作的军事统帅或者将军处理；而承担作战任务、指挥战争的统帅或者将军，一般又不承担和参与和平时期包括建设军队在内的"战争准备的活动"，"战争准备的活动"通常是由国家元首、皇帝和政府部门掌管负责的——像拿破仑那样一身兼任法国国家元首和军事统帅的情形，乃属特例。因此，克劳塞维茨在《战争论》中，对建设军队等"战争准备的活动"论述得较少，而论述"战争本身的活动"和"作战战略"较多，除了他本人有一些认识上的局限性、缺乏从事"战争准备的活动"经验和有一些政治方面的顾虑以外（在那个时代，发表著作、公开议论国家元首和皇帝及其政府部门掌管的工作好坏，是有政治危险的），肯定还有上面所说到的这种客观存在的历史局限性，也就是当时和平时期建设军队的工作与战争时期作战之工作人员相互脱节的时代方面的原因。

　　然而，克劳塞维茨战略理论的可贵之处在于，他在《战争论》中所论述的"战略"问题，并没有完全局限于他自己所限定的"作战战略"的狭小范围之内。他在《战争论》的第五篇《军队》中，还论述了"战争准备的活动"对"战争本身的活动"的制约和影响，论述了一个国家和平时期建设军队的活动和"军队的给养"准备活动对于战争时期的"作战战略"造成的严重影响，从而使他的战略理论包含了"军事战略"的思想萌芽。

一、克劳塞维茨论和平时期的军队建设、"兵力对比"对战争时期统帅制定"作战计划"和实施"作战战略"的影响

一个国家在和平时期所进行的"战争准备的活动",实际上对战争时期"战争本身的活动"总是具有重大影响的;和平时期建设军队工作的好坏,对于战争时期一个军事统帅制定"作战计划"和实施"作战战略",也总是有制约作用的。克劳塞维茨在《战争论》中以"兵力对比"为例,深刻地论述了这个问题。

克劳塞维茨首先强调,在战争时期"军队数量上的优势",无论在战略上和战术上都是个普遍的致胜因素,也就是说,无论在整个战争中,还是在一场战斗中,军队数量多的作战一方都容易战胜军队数量少的一方;而另一方面,他又强调"兵力的绝对数量在战略上大多是一个既定数,它是统帅无法改变的",也就是说,当战争发生后,一个军事统帅手中掌握的兵力大小,是一个国家在战争发生以前的和平时期已经建设好的,是统帅无法改变的"一个既定数",统帅只能用这个"既定数"去作战。然后,克劳塞维茨便开始论述"兵力对比"对于统帅制定"作战计划"和实施"作战战略"的影响,以及统帅应当使用的作战艺术问题。

克劳塞维茨问道:既然"军队数量上的优势"无论在战略上和战术上都是一个普遍的致胜因素,既然当战争发生后,作战双方的兵力绝对数量又是一个国家在战争发生以前的和平时期已经建设好的,对于指导一场战争的统帅来说是一个无法改变的"既定数"和既成事实。那么,在战争发生以后,如

果一个军事统帅发现敌我双方的"兵力对比"过于悬殊，自己
手中掌握的兵力的绝对数量比敌对一方明显少，这种战前已
经存在的"兵力对比"情况，会对统帅制定"作战计划"和实施
"作战战略"产生什么影响呢？统帅又要注意使用哪些作战艺
术呢？

　　克劳塞维茨对这个比较难以处理、棘手的问题的回答是：

　　"我们研究的结果并不是要说明在兵力比敌人显著少的
情况下就不可能进行战争了。政治对战争的决定并不每次都是
出于自愿的，特别是在双方力量相差悬殊时更是这样〔指兵力
少的国家，有时不得不被迫进行战争〕……

　　"兵力越小，目的就应该越小。此外，兵力越小，战争的
持续时间也应该越短。因此，兵力较小的一方在这两方面都
有回旋的余地……

　　"被卷入一场力量悬殊的战争中的一方，越是缺乏兵力，
就越应该在危险的压力下提高精神上的紧张和努力程度。如
果情况相反，不是表现出视死如归的英雄气概，而是丧失了勇
气，那么，任何军事艺术当然都是无济无事的。

　　"如果能把确定目的时的明智和节制同军队的这种努力
结合起来，那么，就会出现既有谨慎和节制又有辉煌打击的
行动，这就是腓特烈大帝在几次战争中令人钦佩的地方。"①

　　这也就是说，克劳塞维茨认为，战争爆发以前战争双方
"兵力对比"的大小，肯定会对战争爆发以后的作战全局和统

---

①克劳塞维茨著，军事科学院译：《战争论》，第365—366页，商务印书馆1978年版。

帅制定的"作战计划"和实施的"作战战略"造成重大影响。如果战前已知我方兵力的绝对数量比敌人明显少，而战争又不可避免时，要想使一场战争能够顺利进行下去、我方不致失败的话，就必须做到以下三点：

第一，我方统帅必须要明智、有节制地制定"作战计划"。作战的胃口不要张得太大，要有意识地制定较小的"军事目标"和"政治目的"，以便适应我方兵力比敌人显著小的"暴力手段"；

第二，我方要设法缩短这场战争的持续时间和运行周期，采用速战速决的战略方针，避免战争旷日持久而我军兵力不济的被动局面；

第三，在战争中还要特别注意充分发挥我军将士们的主观能动性，发扬"视死如归的英雄气概"等精神力量的能动作用，以弥补我军物质力量和兵力的不足。

这样，我军再通过组织几次"既有谨慎和节制又有辉煌打击的行动"的战斗，不断地"消灭敌人军队"，壮大我军的实力，最后，就可以取得像普鲁士国王腓特烈二世在几次著名的欧洲战争中所获得的"令人钦佩"的胜利成果。

由此可见，一个国家在和平时期的建设军队工作所形成的兵力大小，对于军事统帅在战争时期制定"作战计划"和实施"作战战略"，确实可以造成重大的影响。克劳塞维茨的这些论述，实际上是希望一个军事统帅不仅要在战争时期使用好"狭义的战争艺术"、运用好"作战战略"、处理好"战争本身的活动"，而且希望军事统帅的战略眼光要放开，还要扩大到战争还没有发生的和平时期，要和国家的政府部门一起关注和平时期"战争准备的活动"，因为和平时期"战争准备的活动"对于战争时期"战争本身的活动"、对于"作战战略"会产生重大的作用和影响。

二、克劳塞维茨论和平时期"军队的给养"准备工作对战争时期的"作战战略"造成的严重影响

所谓"军队的给养"问题，也就是一个国家在和平时期为了建立和维持一支军队所做的"后勤"工作和在战争时期为这支军队提供作战所必须的"后勤"物资供给问题。克劳塞维茨认为，因为当时欧洲各国军队的数量比过去封建社会庞大得多，又因为在拿破仑战争前后"战争的内部联系更为紧密，作战的军队必须经常处于战斗准备状态"，所以，需要各个国家为本国的军队提供比以往更多的后勤物资保证，因此，他强调："在现代战争中，给养的重要性比以前大得多。"[1]

克劳塞维茨主要从以下三个不同角度，论述了和平时期"军队的给养"给整个战争和"作战战略"所造成的严重影响：

其一，从欧洲近代的战史角度考察，克劳塞维茨认为，"军队的给养"问题对于战争能否取得胜利越来越重要，在战略上的重要地位越来越突出，已经迫使大多数参战国承受不住日益庞大的日常军费开支，往往匆匆忙忙地寻求妥协与敌国媾和，从而使得一次又一次的战争持续时间缩短。他这样说："在大多数的战争中，国家的力量急剧地消耗，以致这些

---

[1]克劳塞维茨著,军事科学院译：《战争论》，第436页,商务印书馆1978年版。

国家都不愿花费浩大的费用进行战争而宁愿媾和，因此，这也是促使现代战争持续时间缩短的一个原因。"[1]

其二，从1812年拿破仑率领法国军队入侵俄国的经验教训看，过分忽视"军队的给养"的后果是灾难性的，通常会导致一场战争走向失败。克劳塞维茨说："尽管人们不能否认拿破仑是一个常常敢于走向疯狂的极端的狂热的赌徒，但是，仍然可以说，是他以及在他以前的一些革命军的统帅，在给养问题上破除了顽固的偏见，是他们指出了给养问题只应该看作是一个条件，决不应该看作是目的。"[2]

以往战争失败时，人们常常"把一切都归咎于给养的缺乏——但拿破仑却与此相反，他经常说：不要跟我谈给养问题！"克劳塞维茨就此评论道："当然，这位统帅在俄国战局中的做法清楚地表明，人们可能过分忽视给养问题。虽然他的整个战局不仅仅是由于给养缺乏而失败的（因为这毕竟只是一种推测），但是，他的军队在前进时所以遭到惊人的损耗，在退却时几乎遭到彻底毁灭，无疑是由于他忽略了给养的缘故。"[3]

其三，从战略防御与战略进攻这两种作战形式孰优孰劣的角度考察，克劳塞维茨认为，"军队的给养"问题的解决，一般说来，只是对战略防御的一方有利，而对战略进攻的一方不利，尤其是对侵略他国的军队不利，是导致侵略者战略进

---

①克劳塞维茨著，军事科学院译：《战争论》，第449页，商务印书馆1978年版。
②克劳塞维茨著，军事科学院译：《战争论》，第451页，商务印书馆1978年版。
③克劳塞维茨著，军事科学院译：《战争论》，第451页，商务印书馆1978年版。

攻失败甚至整个侵略战争失败的一个重要原因。因为侵略者侵入他国时，远离本国的"给养基地"，入侵他国的国土越多、侵略他国的国土的时间越长，就会越发感到给养的缺乏和困难。当侵略他国战略进攻的各种力量耗尽时，这种战略进攻就必然会走向其反面——战略退却，嗣后，整个侵略战争便往往以彻底失败而告结束。克劳塞维茨说："给养方面的困难往往使军队的伟大胜利的光芒消失，各种力量耗尽，退却成为不可避免，真正战败的各种症候就会逐渐增加。"[①]

　　以上克劳塞维茨关于和平时期的军队建设、"军队的给养"准备工作对于战争时期统帅制定"作战计划"和实施"作战战略"造成影响的论述，充分说明他在《战争论》中所论的"战略"，并没有局限在他自己所限定的战争时期战场上的"作战战略"范围之内，而是突破了战争时期战场上的"作战战略"的束缚，开始论述一个国家和平时期"战争准备的活动"对于战争时期"战争本身的活动"的制约和影响，也就是所谓"铸剑术"对"击剑术"的制约和影响，从而使自己的战略理论自发地迈进了"广义的战争艺术"即"军事战略"这个更为宽阔的战略领域、更高的战略层次上了！
　　那么，为什么说克劳塞维茨关于和平时期的军队建设、"军队的给养"准备工作对于战争时期制定"作战计划"和实施"作战战略"造成影响的论述，充分说明他的战略理论已经

---

①克劳塞维茨著，军事科学院译：《战争论》，第452-453页，商务印书馆1978年版。

突破了"作战战略"的束缚,从而使他的战略理论自发地迈向了"军事战略"这个更为宽阔的战略理论、更高的战略层次上了呢?

那是因为,正如毛泽东在《中国革命战争的战略问题》中所说,战争的"全局"和"局部"的划分并不是绝对的、死板的,而是具有辩证的相对性和层次性,作为指导战争"全局"的方法"战略",也是具有辩证的相对性和层次性的。"作战战略"和"军事战略"就是两种不同层次的战略:"作战战略"只是战争时期、战场上的这个"战争全局"的战略,只是军事统帅在战争时期、战场上的这个"战争全局"的"作战方法",也就是克劳塞维茨所说的"狭义的战争艺术";而"军事战略"则是克劳塞维茨所说的"广义的战争艺术","广义的战争艺术"不但包括克劳塞维茨所说的和平时期"一切为战争而存在的活动,也就是包括建立军队的全部工作——征募兵员、装备军队和训练军队"[1],而且还包括他所说的"狭义的战争艺术",也就是一个军事统帅在战争时期、战场上的"作战方法",而这是一个更大的"战争全局"!所以,相对于"军事战略"这个更大、更高层次的"战争全局"来说,战争时期战场上的"作战战略"只是"军事战略"之中的一个"局部"、一个"军事战略"的组成部分。而"军事战略"则是与一个国家的政治战略、经济战略、外交战略、科技战略、文化战略和教育战略等处于平行同级地位的一个战略层次。"军事战略"

---

[1]克劳塞维茨著,军事科学院译:《战争论》,第102页,商务印书馆1978年版。

必须在"国家战略"的指导下，统筹处理一个国家和平时期和战争时期的军事工作。

图表3　"军队"（军事）范畴在战略上的特殊位置

广义的战争（大战争）		国家战略				广义的战争艺术（铸剑术＋击剑术）
广义的战争（大战争）	军事战略	战争准备的活动	一个国家准备战争的长期和平时期：征募兵员、装备军队、训练军队（涉及一个国家的政治、经济、外交、军事、文化等社会生活的各个领域）	击剑术	狭义的战争艺术	广义的战争艺术（铸剑术＋击剑术）
广义的战争（大战争）	军事战略	狭义的战争—战争本身的活动	作战战略	战争时期、战争区内：军事统帅带领征募好、装备好、训练好的军队怎样作战（军队是从事战争的主体）	"军事"和"军队"问题	铸剑术

（说明：表中"军事"和"军队"问题、铸剑术 列位于国家战略与广义的战争艺术之间）

　　总之，克劳塞维茨在《战争论》中所论述的"军事战略"的思想萌芽是很值得重视的。因为这些论述涉及"战略"这种所谓"统帅的艺术"实际上是一个多层次的方法论系统。全面把握这个系统，分清其中的不同层次和等级，是正确地理解和运用"战略"的前提和必要条件。在这个问题上，为了维护本国的国家利益而善于向其他国家的"战争艺术"学习的美国人，就把近代德国人克劳塞维茨在《战争论》中阐发的战略理论，批判地吸纳进了本国的战略理念之中。例如，现在美国的战略学家们不但讲"作战战略"，讲"军事战略"，而且讲"国家战略"。他们已经对这三种不同等级和层次的"战略"及其之间的关系作出了明确的区分。他们说："军事战略只是包罗万象的国家战略的一个组成部分。我国国家战略中有关军事的部分有时被称为国家军事战略,亦即最高等级的军事战略,它不同于制定军事计划和采取作战行为的作战战略。"[①]

第五节 系统的"防御"和"进攻"理论

"防御"和"进攻"是军事统帅和各级指挥官为了达到战争的目的而运用军队的"作战形式"。这种"作战形式"贯穿于整个战争发生发展过程的始终。在军事科学史上,克劳塞维茨对于"防御"和"进攻"这两种"作战形式"作了迄今为止最有系统、最为详细的论述,这些论述约占《战争论》全书总篇幅的40%。他对"防御"和"进攻"持有的基本观点是:"防御带有消极目的,但却是强而有力的作战形式,进攻带有积极目的,但却是比较弱的作战形式。"[②]

克劳塞维茨能够自觉地把"防御"和"进攻"看作是一对互相联系、互相渗透、互相转化的矛盾,即对立统一体。他在批判地继承欧洲早期资产阶级军事学家们的思想,并且总结了18世纪末至19世纪欧洲各国人民反侵略战争历史经验的基础上,系统地阐述了"积极防御"的战略理论;"向本国腹地退却"(诱敌深入)的理论;"人民战争"的理论,以及"战区防御"和"战区进攻"的理论。他认为"在为维护本国的独立而进行的"防御战中,一个国家的政府、军事统帅只要利用好本

---

①美国陆军军事学院编:《军事战略》,第4页,解放军出版社1986年版。
②克劳塞维茨著,军事科学院译:《战争论》,第14页,商务印书馆1978年版。

国的国土资源和人民群众的潜力，是能够在战略防御这种被动的"作战形式"中，取得主动的内容和作战力量的，而且，只要经过艰苦努力，实施正确的"作战战略"和策略，不断积蓄自己的力量，消耗敌人的力量，也是能够从形式上被动的战略防御，转变为形式上和内容上都主动的战略反攻，最终赢得战争胜利的。他明确指出："由于人们在防御中取得胜利通常可以造成对自己比较有利的兵力对比，所以以防御开始而以进攻结束，是战争的自然进程。"[1]

至于"进攻"，他通过与"防御"进行对照、比较的方法，也深入考察了组成"进攻"的一系列要素、部分或环节，阐述了关于"进攻"的一般原理。他特别强调"进攻力量在前进过程中将逐渐消弱"[2]，是军事统帅在实施进攻战中需要特别注意的一个重要问题。

克劳塞维茨关于"防御"和"进攻"的战略理论是相当丰富多彩的。在本节，我只介绍他阐述的三个问题。

一、"积极防御"作战的基本原理

克劳塞维茨关于"防御"作战的理论精华，集中体现在他在军事科学史上创造性地提出的"积极防御"理论中。而"积极防御"的基本原理，又高度浓缩他在《战争论》中所提出的"防御无非是可以更有把握地战胜敌人的一种较强的作战形式"[3]

①克劳塞维茨著，军事科学院译：《战争论》，第477页，商务印书馆1978年版。
②克劳塞维茨著，军事科学院译：《战争论》，第15页，商务印书馆1978年版。
③克劳塞维茨著，军事科学院译：《战争论》，第15页，商务印书馆1978年版。

（以下简称为"防御是较强的作战形式"[1]）这个著名的论断里。自从克劳塞维茨在《战争论》中首次提出"防御是较强的作战形式"以后，这个著名的论断总是遭到一些人的误解和非难，有人认为这个论断"离开了辩证的思维方法"[2]，还有人断言，防御相对于进攻来说，只能永远是较弱的作战形式。而实际上，从军事科学的基础理论角度审查，克劳塞维茨所提出的"防御是较强的作战形式"，毋庸置疑是一个正确的科学论断。

"防御是较强的作战形式"这个论断之所以是一个正确的科学论断，原因在于，这个论断中所说的"防御"，克劳塞维茨本来指的就是"进攻防御""积极防御"，而不是"单纯防御""专守防御""消极防御"。顾名思义，所谓"进攻防御"，就是要使用"进攻"的手段，达到"防御"的目的；或者说，指的是在防御战的大前提下，向敌人展开积极而主动的进攻。在此应该特别指出，"进攻防御"本身就是一个辩证法的概念（列宁在《哲学笔记》中说过："辩证的东西等于在对立面的统一中把握对立面"[3]）。在"进攻防御"中，综合了"进攻"和"防御"两种作战形式中的积极内容和双重优点，它既优于单纯的"进攻"，也肯定优于单纯的"防御"，所以，"进攻防御"并不是"离开了辩证的思维方法"，它本身就包含辩证法；它

---

① 克劳塞维茨著，军事科学院译：《战争论》，第509页，商务印书馆1978年版。
② 米尔施泰因等著，黄良羽等译：《论资产阶级军事科学》，第63页，军事科学出版社1985年版。
③ 列宁《哲学笔记》，见《列宁全集》第38卷，第97页，人民出版社1974年版。

不是比进攻弱的作战形式，而是比进攻更强的作战形式！关于这个问题，克劳塞维茨在《战争论》中是说得很清楚的。他在论述"积极防御"作战的基本原理时，从一开始就坚决否定了"单纯防御""专守防御"的思想，就把他自己的"防御"思想严格限定在"进攻防御"亦即"积极防御"的范围之内。克劳塞维茨是用下面这些话论述防御的"特征"和相对防御中的绝对进攻的：

"防御的概念是什么？是抵御进攻。防御的特征是什么？是等待进攻。具有这一特征的军事行动就是防御行动，在战争中只有根据这一特征才能同进攻区别开来"；"但是，纯粹的防守同战争的概念是完全矛盾的，在战争中防守只能是相对的"；"我方要真正进行战争，就必须对敌人进行还击。……这样，在防御战局中，可以有进攻行动，在防御会战中可以用某些师进攻，而那些仅仅是在阵地上等待敌人冲锋的部队，也可以用进攻的子弹迎击敌人。因此，防御这种作战形式决不是单纯的盾牌，而是由巧妙的打击组成的盾牌。"①

可是，为什么说与"进攻"相比，"防御是较强的作战形式"呢？克劳塞维茨在《战争论》中说了三点理由。

第一，克劳塞维茨认为，在战争中，进攻一方的目的是前来夺取防御一方的土地，防御一方的目的是为了在一定的时间和空间范围内据守自己的土地。由于防御一方在"等待"敌人向自己进攻的过程中，可以获得"时间之利"（有比较充裕的

①克劳塞维茨著，军事科学院译：《战争论》，第475—476页，商务印书馆1978年版。

时间，准备迎击敌人），获得"地形之利"（可以选择对自己有利的地形，准备抗击敌人），还可以"采用一切进攻的手段"主动打击敌人，所以，"假定使用的是同一支军队"，也就是说，假定敌我双方军队的数量和质量完全相同，没有差别，那么，"进行防御就比进行进攻容易"①（防御一方比进攻一方多了两个对自己有利的条件和因素，即"时间之利"和"地形之利"）。这也正是"防御"比"进攻"强的秘密。

第二，克劳塞维茨认为，虽然进攻者的进攻具有"积极的目的"（目的是前来占领防御者的土地，掠夺土地、居民和其他物品），虽然防御者的防御具有"消极的目的"（目的只是保卫自己的土地、居民和其他物品），但是，进攻者的"积极的目的"和防御者的"消极的目的"都不是绝对凝固不变的，而是相对的、可以转变的。随着防御者利用"积极防御"这种较强的作战形式，不断地消耗进攻者的作战实力而壮大自己的作战实力，防御一方的作战形式也必然会随之由"防御"转变为"进攻"，到了那时，防御者原来作战时的"消极的目的"就会转变为进攻的"积极的目的"。克劳塞维茨这样说：

"既然防御是一种较强的但带有消极目的的作战形式，那么，自然只有在力量弱小而需要运用这种形式时，才不得不运用它。一旦力量强大到足以达到积极目的时，就应该立即放弃它。由于人们在防御时取得胜利就通常可以造成对自己有利的兵力对比，所以以防御开始而以进攻结束，是战争的自然进程。

---

① 克劳塞维茨著，军事科学院译：《战争论》，第477页，商务印书馆1978年版。

　　"把防御作为最终目的，就像不仅在总的方面把防御看作是消极的，而且把防御的各个部分也看作是消极的一样，是同战争的概念矛盾的。换句话说，在战争只把防御取得的胜利囿于抵御，而根本不想反攻，就如同在会战中让纯粹的防守（消极性）在一切措施中占主导地位一样，是十分荒谬的。①

　　"应该把转入反攻看作是防御发展的必然趋势，是防御的一个基本组成部分。

　　"迅速而猛烈地转入反攻（这是闪闪发光的复仇利剑）是防御的最光彩的部分。谁要是在防御时不考虑这一部分，或者更确切地说，不把它看作是防御一部分，他就永远不会理解防御的优越性。"②

　　第三，克劳塞维茨还认为，"防御是较强的作战形式"这个论断，是他在总结了欧洲大量战史经验的基础上得出的符合作战实际的正确结论。他还指出，那种以为"进攻"总是强于"防御"的流行、习惯说法，其实是与自古以来西方军事统帅们指导战争的实践经验相矛盾的。他这样说："看看过去的情况，我们就会发现，从来没有听说过用一支较弱的军队在一个战区进攻，而让一支较强的军队在另一个战区防御。如果说自古以来的情形都恰恰与此相反，那么这就充分证明，即使是最喜欢进攻的统帅，也仍然认为防御是较强的作战形式。"③

　　在介绍了克劳塞维茨在《战争论》中所阐述的"积极防

①克劳塞维茨著，军事科学院译：《战争论》，第477页，商务印书馆1978年版。
②克劳塞维茨著，军事科学院译：《战争论》，第495—496页，商务印书馆1978年版。
③克劳塞维茨著，军事科学院译：《战争论》，第479页，商务印书馆1978年版。

御"的作战原理之后,我想特别指出,中国古代的《孙子兵法》同克劳塞维茨的《战争论》一致,也是主张"积极防御"的,也是主张在战争中先"防御"后"进攻"的,也是主张在防御中积蓄力量,待力量强大之后再进攻敌人的。孙子在《孙子兵法》的第四篇《形》中这样说:"昔之善战者,先为不可胜,以待敌之可胜。不可胜在己,可胜在敌。""不可胜者,守也;可胜者,攻也。守则不足,攻则有余。善守者,藏于九地之下;善攻者,动于九天之上。故能自保而全胜也。"由此可见,在"防御"的问题上,克劳塞维茨的基本思想与《孙子兵法》如出一辙。我将在以后讲解《孙子兵法》时,再详加分析。

二、防御的手段,抵抗的方式

克劳塞维茨在论述"积极防御"的基本原理之后,便论述了"防御的手段"和"抵抗的方式"。他认为,所谓"积极防御"的防御战,从作战的形式上讲,就是从战略防御必然地转入战略反攻,在这种防御战中,军事统帅必须要让"进攻"的作战形式和积极目的占据防御战的主导地位;而从作战的内容上讲,则是以"保存自己的军队和消灭敌人军队"为本质内容,以"保全本国和打垮敌国"为最终目的。为了取得防御战的胜利,军事统帅一定要提前主动做好战争准备工作,掌握好以下两条战略防御方针:

第一,必须努力地发掘国家的所有作战潜力,调动起一切有利于进行防御战的积极因素和力量,使它们在战争中发挥出积极的作用。克劳塞维茨把它们称为"防御的手段"。他认为这些手段主要包括一、"民众";二、"民众武装或民军";

三、"后备军"；四、"要塞"；五、国外的"同盟"国家。他说：
"如果我们设想一下，防御应该是什么样的，那么我们说，防
御应该是：尽可能准备好一切手段，有一支能征善战的军队，
有一个不是心中无数和提心吊胆地等待敌人而是主动和沉着
冷静的统帅，有不怕任何围攻的要塞，最后，还有不怕敌人而
使敌人害怕的民众。在具备了这些条件以后，防御同进攻比较
起来，大概就不会像某些人想象的那样扮演可怜的角色了，而
进攻也不会像某些人模模糊糊地想象的那样轻而易举和万无
一失了，那些人认为进攻意味着勇敢、意志力和运动，而防御
却意味着软弱和瘫痪。"[1]

　　第二，必须从实际情况出发，根据敌我双方的具体情况确
定实施防御战的方法和步骤，权衡利弊，选择好一种最佳的
作战方案，克劳塞维茨把选择好的作战方案称为"抵抗的方
式"。他认为，最好的抵抗方式就是"退入本国腹地〔诱敌深
入〕进行抵抗"，让"防御的手段"国土、要塞和民众统统发挥
削弱敌人兵力的作用，造成有利于防御一方的兵力对比，以便
从战略防御转入战略反攻，最后赢得防御战的胜利。他以1812
年拿破仑入侵俄国、俄国采取"退入本国腹地〔诱敌深入〕"
进行抵抗，从而获得胜利的历史为例说："在这一著名战局中
尽管发生了那么多的流血战斗（如果在其他场合，发生这么多
流血战斗也许就可以说是用武力彻底决定胜负了），仍然没有
一个战例比这个战例更能清楚地说明，进攻者是怎样由于自

---

[1]克劳塞维茨著, 军事科学院译:《战争论》, 第497页, 商务印书馆1978年版。

己的劳累而遭到覆灭的。……总之，在很多战局中这一抵抗原则〔指'诱敌深入'〕起了主要的作用，可是人们没有给予应有的重视。"①

在介绍了克劳塞维茨在《战争论》中所阐述的"防御的手段"和"抵抗的方式"理论之后，我也想特别指出，与克劳塞维茨有关论述相比较，孙子在《孙子兵法》中对军事防御的论述就比较简单和单薄了。《孙子兵法》的第四篇《形》在论述"防御"时，只是简略地说："〔防御〕不可胜在己，〔进攻〕可胜在敌"，"故善战者，立于不败之地〔指'防御'〕，而不失敌之败也〔指'进攻'〕"，至于究竟怎样防御才能做到"不可胜在己"和"立于不败之地"，应该采取哪些"防御的手段"和"抵抗的方式"，《孙子兵法》中都没有涉及。在《孙子兵法》中，孙子唯一具体讲到"防御的手段"和"抵抗的方式"的地方，是在《孙子兵法》的第三篇《谋攻》中，孙子说："少则能逃之，不若则能避之。"由此可见，孙子有关军事防御和作战防御的理论不如克劳塞维茨讲得深刻而系统。有关这方面问题，我将在以后讲解《孙子兵法》时，再详加论述。

三、战略进攻力量的削弱和进攻的"顶点"问题

克劳塞维茨在《战争论》中所论述的战略"进攻"，指的既是发动侵略战争的强大国家对弱小国家实施的战略进攻，也可以是被迫进行防御的弱小国家，在通过积极防御获得兵力对比的力量优势后，对入侵之敌实施的战略反攻。他在战略

―――――――――――――――

①克劳塞维茨著，军事科学院译：《战争论》，第518页，商务印书馆1978年版。

进攻的问题上提醒人们和军事统帅注意：无论是战略进攻还是战略反攻，都有一个不容忽视的问题，那就是同"防御是较强的作战形式"恰恰相反，"进攻是较弱的作战形式"；而进攻之所以是较弱的作战形式，主要有以下两个原因：

第一，克劳塞维茨认为，战略"防御"之所以是较强的作战形式，是因为有助于进行防御的要塞、本国民众的支持、国外同盟者的支持等"防御的手段"有许多种；进行防御的"抵抗的方式"也有许多个等级，例如"向本国腹地退却〔诱敌深入〕"等。可是，战略进攻却缺乏类似的优越性，克劳塞维茨说，一方面，"进攻中可以使用的手段通常只限于军队"，进攻者不可能带着本国的民众和要塞等手段进行战略进攻，另一方面，"进攻也不像防御那样有不同的等级"，而只是在进攻的"威力、速度和力量方面"有所差别[1]。正是这两个方面的原因和弱点，造成了进攻是一种"较弱的作战形式"。

第二，克劳塞维茨认为，战略"进攻"之所以是较弱的作战形式，还因为随着战略"进攻"这种作战形式的逐步展开和深入，必然会带来进攻一方的军事实力逐渐削弱的问题。他说："进攻力量的削弱是战略上的一个主要问题。"[2]因为进攻"使用的手段通常只限于军队"，而随着"进攻"的逐步展开和深入，进攻的力量必然越来越弱，所以，进攻力量的大小通常也就决定了战略进攻能够达到什么目标。因此，如果军事统帅给进攻设计的战略目标超过了进攻力量所能及的"度"，那

---

① 克劳塞维茨著,军事科学院译:《战争论》,第777–778页,商务印书馆1978年版。
② 克劳塞维茨著,军事科学院译:《战争论》,第781页,商务印书馆1978年版。

么，继续进攻不但不能达到军事统帅所设计的目标，反而会使进攻的性质发生质变，"战略进攻"就会向"战略退却"方向转化，战略进攻就会以失败而告终。克劳塞维茨把战略进攻的"力量"随着进攻的逐步展开和深入而变得越来越弱小地接近目标的关系，形象地比喻成"灯油"和油灯上"火苗"的关系，他说："一支出征的军队就好像是灯上的火苗一样，灯油越少，离火苗越近，火苗就越小，一直小到完全熄灭。"[1]

这也就是说，克劳塞维茨认为就绝大多数进攻战来说，战略进攻抵达其所能攫取军事目标的那个时刻，也就是这支军队的进攻力量还能保持优势的时刻，这时，如果指导战争的军事统帅不是适可而止，"见好就收"，不是进行防御而是继续进攻，那么，必然会遭到对手的有力反击，"战略进攻"便很容易转变为"战略退却"，战略进攻的一方之失败、倒霉的日子就开始了。现代英国战略学家利德尔·哈特在《战略论》中充分肯定了克劳塞维茨的这种战略理论，他说："兵力伸展过度，必然导致停顿，这是一条获得了证实的战略性的规律。"[2]

在介绍了克劳塞维茨在《战争论》中所阐述的"防御"和"进攻"理论之后，我想提醒大家注意这样一个问题，那就是克劳塞维茨在《战争论》中所阐述的"防御"和"进攻"理论，只是军事作战性质的"防御"和"进攻"理论，而不是"大战争""大战略"性质的防御和进攻理论。也正因为如此，他才

---

[1]克劳塞维茨著，军事科学院译：《战争论》，第843页，商务印书馆1978年版。
[2]利德尔·哈特：《战略论》，第428页，战士出版社1981年版。

反复强调"防御带有消极目的，但却是强而有力的作战形式，进攻带有积极目的，但却是比较弱的作战形式"。而中国古代的《孙子兵法》与《战争论》有一个重大区别，孙子在《孙子兵法》中所论述的进攻和防御理论，乃是包含有军事、作战性质的"大战争""大战略"性质的"大进攻"和"大防御"理论，因此，孙子在《孙子兵法》中所论述的"大进攻"和"大防御"理论，不仅"进攻"和"防御"都是"目的"积极的，而且，战争的形式也都是"强而有力"的! 与此有关的问题，我将在以后讲解《孙子兵法》时再详加论述。

第六节　"政治"制约战争、"国家战略"制约"作战战略"的理论雏形

这是克劳塞维茨战略理论中最具特色、内容最为深刻、也最有科学价值的部分。因为，这部分战略理论已经从根本上为现代战略学奠定了科学的理论基础，而且具有长久不衰的理论生命力。下面，我想分三个小专题加以介绍。

一、克劳塞维茨关于"政治"制约战争、"国家战略"制约"军事战略"和"作战战略"理论雏形的思想资料来源

我在第一节"两种战争、两种'战争艺术'和'战略''战术'的区分"中，已经给大家做过介绍，是德国的早期资产阶级军事思想家标洛，在西方最早给"战略"和"战术"下了朴素、直观的定义。但是，值得我们注意的是，标洛在"战争艺术"的问题上还有一个惊人的提法，即他认为在战争时期和

战场上的"军事战略"之上，还有一个层次更高、范围更大的"政治战略"！标洛认为，整个"战争艺术"，实际上是由"政治战略""军事战略"和"战术"这三个部分组成的。他说，"政治战略"专门负责管理国家与国家之间的外交关系，负责处理建立国家之间的联盟等问题，而"军事战略"则直接负责研究和处理战争中的作战问题。那么，"政治战略""军事战略"和"战术"这三者之间是一种什么关系呢？标洛认为，它们之间实际上是一种从大到小、从高到低、一级制约一级的关系，他说："政治战略和军事战略的关系，就像军事战略和战术的关系一样，而政治战略是最高一级的。"①

标洛的上述战略思想之所以惊人、可贵，原因主要在于以下三点：

第一，他当时已经洞察到，人类社会中的战争并不是一个单纯的武装斗争问题，并不简单地只是一种"军事"现象。他发现战争还同"政治"、同国家与国家之间的外交有着紧密的联系。

第二，他在军事科学史上首次发现了所谓"战略"以及人类对"战略"的认识是发展变化的，"战略"是一个发展变化的系统；在战略系统中还存在有大小不同的战略层次和等级，在"军事战略"之上，还存在一个层次更高、范围更大的"政治战略"。这是一个惊人的发现！

第三，他当时已经认识到，高层次、大范围的"政治战略"

---

① 《论资产阶级军事科学》，第30页。标洛当时所说的"军事战略"，也就是克劳塞维茨后来说的"作战战略"。

活动在全局上制约、影响着低层次、小范围的"军事战略"活动，也就是说，"军事战略"活动只是"政治战略"活动之中、之下的一个组成部分、一个较低的战略层次，就像"军事战略"活动总是操纵、制约、影响着"战术"活动，"战术"活动只不过是"军事战略"活动之中、之下的一个组成部分、一个较低的层次一样。

可是，所谓"政治战略"确切的外延和内涵是什么？而且，究竟什么是"政治"？"政治战略"又是怎样具体地制约、影响、操纵"军事战略"的呢？诸如此类更加深奥的问题，标洛都没有作出回答。他把这些问题留给了后人。

二、克劳塞维茨关于"战争无非是政治通过另一种手段的继续"学说

克劳塞维茨在建构他的战略理论时，充分吸收了标洛的上述战略新思想，并且在《战争论》中，把这些战略新思想发展成为一种对此后的战略学产生了极其深远的历史影响的正确理论，这就是"政治"制约战争、"国家战略"制约"军事战略"和"作战战略"的科学理论。这个科学理论，其实正是他在《战争论》中所提出的那个最著名的"战争无非是政治通过另一种手段的继续"学说。可是，令人遗憾的是，克劳塞维茨所提出来的这个著名学说，其内容虽然相当深刻、很有科学价值，但又不太完善，他在《战争论》中，只是大体上、粗线条地勾勒出一个"政治"制约战争、"国家战略"制约"军事战略"和"作战战略"的轮廓，也可以叫作理论雏形；其中，有些更加重要的内容和理论细节，因为他51岁过早地辞别了人世，还没有来得及阐述清楚。

当然，也应当指出，克劳塞维茨在他撰写的《战争论》中，并没有明确提出过"政治战略"和"国家战略"这两个非常重要的战略概念，也就是说，他在《战争论》全书中，从来没有使用过"政治战略"和"国家战略"这两个专门的名词术语。但是，在《战争论》中，克劳塞维茨明显地流露出，他确实有"政治战略"和"国家战略"这样的学术思想。他在《战争论》中是这样说的："战略的最高范围，即战略接近政治和治国之道、甚至同它们合而为一的地方"[1]。

那么，什么叫作"战略的最高范围，即战略接近政治和治国之道、甚至同它们合而为一的地方"呢？应该怎样正确理解这句话呢？在这句话中，包含哪些深刻的思想呢？我认为，它至少包含下述三层意思：

第一，它说明克劳塞维茨和标洛一样，对"战略"持有共同的看法，即认为"战略"是一个系统，"战略"有大有小、有高有低；在"战略"这个系统中，有不同的战略层次和等级。在人类社会中，由于社会分工的不同，不同的人在操持不同层次、不同等级的战略活动。

第二，克劳塞维茨在这里所说的"接近政治和治国之道、甚至同它们合而为一"的"战略的最高范围"，指的肯定不是"军事战略"和"作战战略"，或者一般意义上的"战略"；而是指另外一种在"军事战略"和"作战战略"之上的、更高

---

[1]克劳塞维茨著，军事科学院译：《战争论》，第177页，商务印书馆1978年版。

的、更大的，也就是"最高范围"的战略。这种战略的特点就是"接近政治和治国之道"，甚至能够同"政治"和"治国之道"合而为一。

第三，这种"接近政治和治国之道、甚至同它们合而为一"的"最高范围"的战略，究竟是什么呢？原来，在西方，自古希腊时代以来，学术界一直把"政治"理解成为对古代城邦和国家公民生活的"正确治理"，并且认为，国家元首及其政府是"正确治理"国家的主体。也就是说，在西方，所谓"政治"，其本来的含义就是"治国之道"；"政治"和"治国之道"这两个名词表达的基本上是同一个意思，而且，这两个名词可以相互通用。因此，克劳塞维茨在《战争论》中所说的"战略的最高范围，即战略接近政治和治国之道、甚至同它们合而为一"的战略，实际上指的就是"政治战略""治国之道"的战略。如果用今天大家都熟悉的话来讲，这种"政治战略""治国之道"的战略，也正是"国家战略"！

搞清了克劳塞维茨所说的"战略的最高范围"就是我们今天所说的"国家战略"之后，我们就可以更加深入地理解他在《战争论》中提出的"战争无非是政治通过另一种手段的继续"学说了。他在《战争论》中曾经再三强调说：

"战争无非是政治通过另一种手段的继续"[1]；"我认为这个观点是整个战略的基础"[2]，是"战略的最深处"，是"战略

---

[1]克劳塞维茨著，军事科学院译：《战争论》，第43页，商务印书馆1978年版。
[2]克劳塞维茨著，军事科学院译：《战争论》，第326页，商务印书馆1978年版。

最本质的部分, 即战略中涉及面最广和最重要的问题"①。

问题在于, 克劳塞维茨为什么说"战争无非是政治通过另一种手段的继续"这个观点是"整个战略的基础", 是"战略的最深处", 是"战略最本质的部分, 即战略中涉及面最广和最重要的问题"呢?

这个问题的关键, 又在于说到底什么是"政治"。它关系到"战争无非是政治通过另一种手段的继续"究竟是什么意思, 在这个学说中包含哪些丰富而深刻的内容。

如前所述, 西方社会自古希腊时代以来, 一直把"政治"理解成为对古代城邦和国家公民生活的"正确治理", 并且认为, 国家元首及其政府是"正确治理"国家的主体。但是, 不仅如此, 古希腊哲学家柏拉图、亚里士多德等人还进一步指出: 国家元首及其政府对国家事务和公民生活进行治理时, 最重要的是发扬统治者道德方面的为"善"之心, 主持好"正义", 处理好"公共利益"。例如, 亚里士多德在他的《政治学》一书中, 就曾指出: 政治"也就是人间至善。政治学上的善就是'正义', 正义以公共利益为依归"②。

作为一位处于上升时期资产阶级军事思想家, 克劳塞维茨继承了亚里士多德的这种政治观点, 继承了西方自古希腊时代以来的这种进步政治理念。他不但认为"政治"就是国家元首及其政府对于国家事务的"正确治理", 而且认为, 国家元首及其政府在对国家事务的治理时, 最重要的是要

①克劳塞维茨著, 军事科学院译:《战争论》, 第852页, 商务印书馆1978年版。
②亚里士多德:《政治学》, 第48页, 商务印书馆1965年版。

发扬统治者的为"善"之心，以便处理好一个国家的内部和外部方方面面的"公共利益"。因此，克劳塞维茨认为：所谓"政治"，说到底就是一个国家内部和外部方方面面的"利益"代表，是"国家利益"的集中表现。对此，他在《战争论》中曾经明确地给"政治"下了这样的一个定义，他说："政治在它本身中集中和协调内政的一切利益，也集中和协调人类的〔或'人道的'，德文版《战争论》原著用的单词是'der menchlichkeit'〕一切利益和哲学思考所能提出的一切其他利益；因为政治本身不是别的，它无非是这一切的代表（对其他国家而言）。……在这里我们只能把政治看作是整个社会的一切利益的代表。"①

由以上分析可知，克劳塞维茨在《战争论》中所说的"政治"，其本身就包含多义性，它至少包含以下三个方面的具体含义：

其一，"政治"指一个国家的元首及其政府对于国家各项事务的"正确治理"；

其二，"政治"指"战略的最高范围"，即"治国之道"，也就是我们今天说的"国家战略"；

其三，"政治"指一个国家内部和外部方方面面的"利益"，也就是国家"利益"的代表或者"国家利益"的集中表现。

三、克劳塞维茨在《战争论》中所提出的"政治"制约战争、"国家战略"制约"军事战略"和"作战战略"的理论雏形

既然克劳塞维茨在《战争论》中所说的"政治"，实际上

_____

① 克劳塞维茨著，军事科学院译：《战争论》，第896—897页，商务印书馆1978年版。

包含有国家统治者对国家各项事务的"正确治理"、"国家战略""国家利益"三个方面的具体含义，那么，他所提出的"战争无非是政治通过另一种手段的继续"学说中包括的复杂、深刻的内容，在今天看来，也就相当清楚了：

第一，就"政治"指一个国家内部和外部方方面面的"利益"即"国家利益"的代表或者"国家利益"的集中表现而言，"战争无非是政治通过另一种手段的继续"之具体涵义是，战争无非是为了实现"利益"或者"国家利益"的目的，而采取的军事暴力手段。战争是不同的国家与国家、人民与人民之间在进行"利益"交往的过程中，由于发生了重大"利益"方面的矛盾、对立和冲突而引起的，别的手段解决不了，所以才采取军事暴力手段，而且，这种"利益"方面的交往活动在发生战争以后，还会继续进行下去，不会中断。正因为如此，克劳塞维茨在《战争论》中指出：

"战争是由政治产生的。①

"战争是一种人类交往的行为"，"属于社会生活的领域。战争是一种巨大的利害关系的冲突，这种冲突是用流血的方式进行的，它与其他冲突不同之处也正在于此。……不仅如此，政治还是孕育战争的母体，战争的轮廓在政治中就已经隐隐形成，就好像生物的属性在胚胎中就已形成一样②。

"战争只不过是政治交往的一部分，而决不是什么独立的东西。……战争仅仅是政府与政府、人民与人民的政治交往引

---

① 克劳塞维茨著，军事科学院译：《战争论》，第597页，商务印书馆1978年版。
② 克劳塞维茨著，军事科学院译：《战争论》，第135页，商务印书馆1978年版。

起的。……战争无非是政治交往用另一种手段的继续。我们所以说用另一种手段，就是为了同时指出，这种政治交往并不因战争而中断。……政治交往实质上总是继续存在的。[①]

"如果说战争有特殊的地方，那只是它的手段特殊而已。……因为政治意图是目的，战争是手段，没有目的的手段永远是不可想象的。"[②]

在以上克劳塞维茨的这些论述中，"政治"都是特指"利益"，或者"国家利益"。而通过以上这些论述，他便深刻揭示了人类社会中战争产生的根源，种种战争产生的根本原因，隐藏在战争现象背后的"政治""军事""暴力"三重本质，以及战争现象的实质，即作为特殊手段的战争，其最终的"目的"是为了维护或者攫取"利益""国家利益"。

第二，就"政治"指一个国家的元首及其政府对国家各项事务的"正确治理"而言，"战争无非是政治通过另一种手段的继续"之具体涵义是，战争无非是国家元首及其政府治理国家的"继续"，是国家元首及其政府治理国家的一种特殊的手段和工具。表面看来，负责指挥战争的军事统帅及其军队是进行战争的主体，但实际上，国家元首及其政府才是指导战争的"头脑""手"，即战争的真正操纵者。也正因为如此，克劳塞维茨在《战争论》中指出：

"战争不仅是一种政治行为，而且是一种真正的政治工具。[③]

---

①克劳塞维茨著，军事科学院译：《战争论》，第894页，商务印书馆1978年版。
②克劳塞维茨著，军事科学院译：《战争论》，第45页，商务印书馆1978年版。
③克劳塞维茨著，军事科学院译：《战争论》，第45页，商务印书馆1978年版。

"我们不应该把战争看成是一种单纯的暴力和消灭敌人的行为，不应该根据这种简单的概念按逻辑推出一系列与现实现象不相符合的结论。我们必须认识到战争是一种政治行为，它的规律不完全是自己决定的。它是一种真正的政治工具，工具本身不能活动，要靠手来操纵，而操纵这一工具的手就是政治。[①]

"政治是头脑，战争只不过是工具，不可能是相反的。因此，只能是军事观点从属于政治观点。[②]

"所以，政治贯穿在整个战争行为中，在战争中起作用的各种力量所允许的范围内对战争不断发生影响。[③]

"尽管今天的军事非常复杂，而且有了很大的发展，战争的主要轮廓始终是由政府决定的，用专门的术语来说，只是由政治当局，而不是由军事当局决定的。"[④]

在以上克劳塞维茨的这些论述中，"政治"都是特指国家元首及其政府对国家事务的"正确治理"。而通过这些论述，他便深刻揭示了战争其实是国家社会生活中的一个有机的组成部分，是国家元首及其政府治理国家的一部分经常性的工作。表面上看来，战争事务归属于"军事当局"，但实际上，"政治当局"又领导、制约、指导着"军事当局"，战争事务归根结底是由国家元首及其政府部门掌管的，因此，军事观点必

---

① 克劳塞维茨著，军事科学院译：《战争论》，第325页，商务印书馆1978年版。
② 克劳塞维茨著，军事科学院译：《战争论》，第897页，商务印书馆1978年版。
③ 克劳塞维茨著，军事科学院译：《战争论》，第897页，商务印书馆1978年版。
④ 克劳塞维茨著，军事科学院译：《战争论》，第898页，商务印书馆1978年版。

须服从政治观点。

第三，就"政治"指"战略的最高范围，即"治国之道"，也就是我们今天所说的"国家战略"而言，"战争无非是政治通过另一种手段的继续"之具体涵义是，战争无非是国家元首及其政府实施"国家战略"的"继续"，而"军事战略"和"作战战略"都只不过是实施"国家战略"的特殊手段和特殊的表现形式。"国家战略"才是关乎一个国家切身利益的、真正的战略"全局"和"整体"，而"军事战略"和"作战战略"则只是"国家战略"之中、之下的一个个"局部"和较低层次的组成部分。也正因为如此，克劳塞维茨在《战争论》中指出：

"战争不是独立的东西，而是政治通过另一种手段的继续，因此，所有大的战略计划中的主要方针绝大部分都是带有政治性的，而且这些主要方针越是涉及到整个战争和整个国家，它们的政治性也就越为明显。……根据上述观点，就根本不可能对一次战争的战略单纯从军事上作出评价，也根本不存在纯军事的战争计划。[1]

"如果政治能正确地判断战争事件的进程，那么，确定什么样的战争事件和战争事件的什么样的方向是同战争目标相适应的，就完全是而且只能是政治的事情。[2]

"在今天，我们甚至可以说在大多数情况下——都必须把战争看作是一个各个部分不能分离的有机整体，也就是说，各个部分的活动都必须汇集到整体中去，并从整体这个观点出

①克劳塞维茨著，军事科学院译：《战争论》，第326页，商务印书馆1978年版。
②克劳塞维茨著，军事科学院译：《战争论》，第898页，商务印书馆1978年版。

发。这样，我们就会完全确信和明白，借以确定战争主要路线和指导战争的最高观点不能是别的，只能是政治观点。①

"简而言之，战争艺术〔德文版《战争论》原著用的单词是'die kreigskunst'〕在它的最高领域内就成了政治。"②

在以上克劳塞维茨的这些论述中，"政治"都是特指国家元首及其政府的"治国之道"，也就是我们今天所说的"国家战略"。而通过这些论述，他便深刻揭示了"国家战略"才是"军事战略"和"作战战略"的基础；"军事战略"和"作战战略"只是"国家战略"的一个个特殊的手段和表现形式。"国家战略"从全局和整体上制约、指导、影响着"军事战略"和"作战战略"，并且深深地渗透到"军事战略"和"作战战略"中，掌握着"军事战略"和"作战战略"的方向和主要路线，以至于"政治"即"国家战略"成为"战争艺术"的最高表现。

总而言之，克劳塞维茨通过系统地论述"战争无非是政治通过另一种手段的继续"学说，极其深刻地揭示了"政治"从整体上制约"军事"和战争，"国家战略"从全局上制约、指导、影响"军事战略"和"作战战略"的秘密。这个学说中所包含的理论内容相当丰富，但其理论精髓，可以概括为以下三点：

其一，在"军事战略"和"作战战略"等战略之上，还存在有一个"战略的最高范围"，即"治国之道"，也就是我们今天所说的"国家战略"。

其二，实施"国家战略"的根本目的，是为了维护"国家利

①克劳塞维茨著，军事科学院译：《战争论》，第897页，商务印书馆1978年版。
②克劳塞维茨著，军事科学院译：《战争论》，第898页，商务印书馆1978年版。

益"；而战争无非是"国家战略"为了维护国家利益而采用的一种特殊的暴力手段和工具，"军事战略"和"作战战略"也无非是"国家战略"为了维护国家利益而使用的一些特殊的手段和"国家战略"的特殊表现形式。

其三，战争、"军事战略""作战战略"归根结底是由国家元首及其政府部门谋划、操纵、指导的，是被"国家战略"所制约的。一言以蔽之，如果用克劳塞维茨的话来讲，那就是"政治"，即"治国之道"，亦即"国家战略"才是"整个战略的基础"，是"战略的最深处"，是"战略最本质的部分，即战略中涉及面最广和最重要的问题"。

综上所述，克劳塞维茨关于"战争无非是政治通过另一种手段的继续"学说在战略科学史上占有一席之地。这个学说不但为整个军事科学和战略科学奠定了不可动摇的理论基石，不但成为马克思主义军事科学和毛泽东军事思想的一个重要理论来源，而且，这个学说中所包含的"政治"制约战争、"国家战略"制约"军事战略"和"作战战略"的理论雏形，也给后人这样的重要启示，那就是：既然战争实质上只不过是一个国家维护国家利益的特殊手段和表现形式，那么，要想从根本上解决人类社会中的战争与和平问题，要想从根本上维护和发展国家利益，就不应该仅仅研究战争、"军事战略"和"作战战略"，而应该进一步研究"国家战略"，要在"国家战略"的研究中寻找有关解决战争和国家安全、国家发展的根本办法。而对于这个问题，由于受到历史的局限，克劳塞维茨在

《战争论》中都没有作出回答。

但是，克劳塞维茨没有回答的问题，在他去世之后一百年，西方有一个人回答了，回答这个问题的人就是现代英国著名战略学家利德尔·哈特。

第三章 现代西方战略理论的演变发展

——利德尔·哈特《战略论》中的"大战略"理论[1]

在西方,"大战略"(grand strategy)这个特殊的学术观念,至少在克劳塞维茨在世的时候就已经存在了。因为克劳塞维茨在逝世的前一年,即1830年,曾经在他撰写的一篇文章里写有这样一段值得注意的话:"有人说政治不应干涉战争指导,而那也是如此常见的说法,但这种人根本不知大战略为何物。"[2]

可是,究竟什么是"大战略"?它的外延和内涵是怎样的一种情形?它的具体内容是什么?它和"军事战略""作战战略"又是一种什么关系?当时人们并不清楚。直到克劳塞维茨逝世100多年后,经过两次世界大战,到现代英国著名的战略学家利德尔·哈特(1895—1970)的代表作《战略论》出版之后,人们才知道什么是"大战略",以及"大战略"和"军事战略""作战战略"的关系。

利德尔·哈特创建的"大战略"理论,一方面从根本上继承了克劳塞维茨在《战争论》中提出的"政治"制约战争、"战

---

①这一章的内容曾经以《利德尔·哈特"大战略"理论的实质内容及历史地位》为标题,刊登在《中国军事科学》杂志2006年第3期,这次只作了少许文字修改。
②见钮先钟《战略研究》,第14页,广西师范大学出版社2003年版。

争无非是政治通过另一种手段的继续"的理论思维路线，另一方面，又全面地更新和发展了克劳塞维茨以"作战战略"为主要内容的"直接战线"战略理论，亦即提出了一种以"大战略"为主要内容的"间接路线"的战略理论。这种战略理论的诞生，大大推进了西方战略理论的更新和发展，它标志着西方战略理论的内容随着时代的发展出现了一次较大的飞跃和质变。它对西方国家此后的战略指导和战争实践也产生了相当深远的历史影响。

利德尔·哈特"大战略"理论之所以能够在20世纪40年代左右产生，并不是偶然的。

自从18世纪末至19世纪初欧洲的拿破仑战争结束，到1946年利德尔·哈特的"大战略"理论基本形成并公布于世，这100多年来，西方社会的政治、经济、军事、科学技术和文化发生了很大变化。西方资产阶级逐步完成了反封建的历史任务，资本主义进入帝国主义阶段，大资产阶级即垄断资产阶级上台执政。他们对内残酷地剥削、压迫无产阶级和人民群众，对外争先恐后地掠夺殖民地。在这期间，世界上形形色色的战争不断，特别严重的是发生了比拿破仑战争规模更大的两次世界大战。在第一次世界大战和第二次世界大战中，卷入大战的国家分别为33个和61个；动员参战的兵力分别为6000多万和1.1亿；在战争中军人死亡的人数分别为800多万和1600余万，平民的伤亡和经济财产损失则不计其数……第一次世界大战的结果是：以英国、法国、俄国和美国为首的"协约国"获得胜利，以德国、意大利和奥匈帝国为首的"同盟国"遭到失败，同时，世界上第一个社会主义国家苏联诞生。第二次世界大战的结果是：以中国、苏联、英国和美国为首的"同盟国"赢得胜利，以德国、日本和意大利为首的"轴心国"彻底失败，战后不久，世界上便出现了一个以苏联为首的社会主义阵营，同以美、英、法为首的资本主义阵营互相对立，于是，所谓的"冷战"开始。

　　第二次世界大战的硝烟散尽之后，人们发现，不但发动战争的德、日、意等法西斯国家变成了一片废墟焦土，战胜国中、苏、英、法等国也元气大伤，而且，在战争就要结束时，两颗原子弹在日本的广岛、长崎爆炸，核战争从此成为笼罩在人类头上的一片挥之不去的阴云。也就在这时，美、英等一些西方国家的政治家和军事家们开始认真地思考：今后应该用一种怎样更加有效的方法，一方面对付给西方国家带来破坏力如此巨大的战争，另一方面有效地对付面前屹立起来的一个全新的战略敌手——以苏联为首的社会主义阵营。正是在这样一种特殊的时代背景下，出生在法国的巴黎，早年就读于英国剑桥大学，在第一次世界大战中参加英军作战受了伤，在第二次世界大战中做过军事记者和编辑，一向主张进行国内军事改革并且多次批评过英军领导人军事保守思想的英国人利德尔·哈特，在《战略论》中阐发了后来震动西方军事界和政治界的"大战略"理论。

　　利德尔·哈特在《战略论》中所阐发的"大战略"理论，自20世纪40年代以来，实际上已经成为以美、英为首的西方国家官方接受并且至今仍在实施的战略理论，至于其他所谓的"遏制"战略、"大规模报复"战略、"灵活反应"战略、"先发制人"战略等,都只不过是"大战略"之下的一些较低层次的战略,或者是"大战略"的变种和具体表现形式而已。过去,西方国家用这种"大战略"主要对付苏联,并且收到了实效;现在,西方霸权主义国家中的一些人又在用这种"大战略"对付中国,企图遏制中国的复兴。而在我国学界,研究者们并不是对这种战略理论的实质性内容、历史地位和影响等问题都有明确的认识和了解。所以,在以下四节里,我想着重讲一讲利德尔·哈特"大战略"理论的实质性内容,以及这种战略理论在西方战略发展史上的地位和影响。

第一节 利德尔·哈特对克劳塞维茨 战略理论的严肃批评

要想了解清楚利德尔·哈特"大战略"理论的实质性内容,首先需要回顾一下克劳塞维茨战略理论的性质。因为这两种战略理论之间既有很大的差别,又有内在的一致性。

克劳塞维茨战略理论的性质,是一种以"作战战略"为主要内容的"直接路线"战略理论,即"消耗战略"理论。在《战争论》中,克劳塞维茨虽然认为"战争本身的活动"(狭义的战争)和"战争准备的活动"都属于"战争"(广义的战争)范畴;同时认为,一个国家在和平时期怎样建设军队(所谓的"铸剑术")和一个军事统帅在战争时期战场上带领军队怎样作战(所谓的"击剑术")对于战争的胜负都有影响、都起作用，但是，他只研究"战争本身的活动（狭义的战争）和军事统帅在战争时期战场上带领军队怎样作战的"作战方法"（"击剑术"），而且，他只是从战争时期战场上的"作战方法"中区分了"战略"，即"作战战略"。克劳塞维茨还认为，"作战战略"的核心、本质内容，就是军事统帅在战争时期战场上怎样制定并且实施战争计划，可是，他却轻视"诡诈"的作用，力主在军事上采取"直接路线"，而反对"间接路线"；他认为"战略就是为了达到战争目的而对战斗的运用"，"在战争中手段只有一种，那就是战斗"，而战斗的"唯一目的"就是"消灭敌人军队"。所以，他认为所谓"战略"，就是军事统帅在战争时期战场上使用"战斗"和军队，通过一次又一次的"战斗"或者"会战"，积累起一次又一次"消灭敌人军队"的战术成果，量变引起质变，形成大量地"消灭敌人军队"的总的战略成果，最后打垮敌人，赢得战争的胜利。因此，克劳塞维茨的战略理论实质上是一种大量消耗和浪费战争双方国家资源的"消耗战略"理论。这种"消耗战略"理论对于后来西方国家很有影响。发动两次世界大战的德国的战略，正是克劳塞维茨主张的这种"消耗战略"；两次世界大战的性质也都属于大规模的"消耗战"。

　　亲身经历了两次世界大战、并且一直密切关注两次世界大战进行的利德尔·哈特，对于克劳塞维茨的这种"直接路线"的"消耗战略"理论极为反感。利德尔·哈特认为，两次世界大战之所以死伤了那么多人，给人类造成那么严重的伤害和史无前例的灾难，其中一个很重要的原因，就是西方的战略指导理论出了大问题，如果寻找源头的话，那么，克劳塞维茨难逃其责，是始作俑者。

利德尔·哈特在他的《战略论》中这样说："要想重新修正某一理论，使它适用于新的条件，首先要做的是研究产生这一理论的根源，而后才能修改它的结论。据我所知，在一九一四年至一九一八年的第一次世界大战以后，对于从克劳塞维茨那里继承下来的、流行相当广泛的关于战争目的的观点，第一个主张加以重新审查的人，就是我自己。战后时期，我在许多军事刊物上发表了大量文章，严肃批评了克劳塞维茨的观点。……我一开始就对正统主义进行了批评，反对了'在战场上消灭敌人的主力'这个传统观念，而这正是第一次世界大战中交战双方所追求的目标。我曾经指出，这种行动使得交战双方相互消耗自己的力量，但却不能取得决定性的结果。"[1]

利德尔·哈特特别反对把"战斗"和"会战"当作达到战争目的的"唯一手段"，反对克劳塞维茨一直坚持的"直接路线"的作战方法和战略。他认为，实际上在以往的战争史中，早就存在一种与"直接路线"相反的"间接路线"的战略和作战方法，中国古代的《孙子兵法》早就提出过"不战而屈人之兵"的主张，可是，"间接路线"的战略和作战方法却遭到了克劳塞维茨的强烈反对。实际上，利德尔·哈特指出，只有"间接路线"的战略和作战方法才称得上是真正的"战争艺术"，才既可以赢得战争的最终胜利，同时又可以避免在战争中多流

①利德尔·哈特：《战略论》，第489—490页，战士出版社1981年版。

血，才对一个国家和民族更有利。利德尔·哈特这样说："一个多世纪以来，德国的军事理论一直把'会战'看成是最主要的东西，并且率领着一大批国家，沿着一条很狭窄的路线来发展他们的理论。他们把普鲁士的战争哲学家克劳塞维茨奉为自己的教主，全盘接受了他那些很难于领会的格言。……克劳塞维茨拒不承认下述的观点：有一种巧妙的方法，可以不必大量流血而能解除敌人的武装和制服敌人。这也就是战争艺术的真正体现。他痛斥这种观点，认为是从'慈善家'幻想中贩卖出来的一种思想。克劳塞维茨没有看到这样一个事实：即这种思想的基础是国家的利己主义，是希望为本民族寻找一条有利的出路。"①

就问题的实质而言，利德尔·哈特是反对克劳塞维茨把取得战争胜利的希望和重点只是放在"战争本身的活动"即战争时期战场上的"作战活动"中，放在"战斗"和"会战"上，放在参战人员的"多多益善"上，放在战争双方国家的综合国力的不断消耗上。因为，利德尔·哈特在《战略论》中深刻地指出：克劳塞维茨过分强调正面"战斗"和军队数量优势作用的"直接路线"战略理论，与克劳塞维茨本人在《战争论》中反复强调的"政治""治国之道"和"战争无非是政治通过另一种手段的继续"学说互相矛盾，它使得"直接路线"的战略理论达不到为国家"政治"服务的目的，只会把一个国家的综合国力消耗殆尽，使得一个国家在战争之后的"政治"还不如战前。

①利德尔·哈特：《战略论》，第295页，战士出版社1981年版。

利德尔·哈特的原话是这样说的："他〔指克劳塞维茨〕在这个问题上的理论阐述，对军事学术的发展也产生了相当有害的影响。按照他的理论，只有无限地使用力量才是达到成功之路。他在开始阐述自己的学说时指出：'战争无非是政治通过另一种手段的继续。'可是到后来似乎出现了一点矛盾；他把政治当成了战略的奴隶，——而且这种战略还是一种不好的战略"；"这和明智的治国艺术和合理的战略是完全对立的，而合理的战略必须为政治目的服务"；"如果战争是政治的继续，诚然如克劳塞维茨所说的那样，那么在进行战争的时候，就必须考虑到战后的利益。一个国家如果真的把自己的力量消耗干净，那么它本身的政治也会随之而破产。"[①]

利德尔·哈特甚至指责克劳塞维茨给"战略"下的定义（即"战略是为了达到战争目的而对战斗的运用"）"剥夺"了战略的"桂冠"，只是一种大屠杀的"技术"。他指责道，正因为克劳塞维茨的这种战略理论在西方政治界和军事界泛滥成灾，被众多的将帅们应用于战争和战略指导，才破坏了世界文明，造成了两次世界大战的严重后果。

利德尔·哈特说：克劳塞维茨的"战争哲学，曾经成为普鲁士人的《马赛曲》，能够激励人们热血沸腾，但是也使他们的心灵中毒。这样一来，克劳塞维茨的哲学教条，就只配培养军士，而不能产生将军。按照他的学说，只有战斗才是'真正的军事活动'。于是，战略的桂冠被剥夺掉了，军事学术变成了大

[①]利德尔·哈特：《战略论》，第479页，战士出版社1981年版。

屠杀的‘技术’”①。“总的说来，由于无限战争理论被普遍采用，竟使文明世界受到严重的破坏，人们对他的理论缺乏深刻了解，致使第一次世界大战的起因和特点，受他理论的影响非常之大。从逻辑发展的角度来说，在第二次世界大战中仍然可以看到这一理论的后果。”②

由此可见，利德尔·哈特在《战略论》中所批评的，并不是克劳塞维茨关于“政治”制约战争、“战争无非是政治通过另一种手段的继续”学说（对这个学说，他是很赞同的），而是克劳塞维茨在《战争论》中所主张的“直接路线”的“作战战略”理论。今天看来，利德尔·哈特对克劳塞维茨以“作战战略”为主要内容的“直接路线”战略理论的批评，还是基本正确的。

第二节　“间接路线”战略的理论来源和精神实质

利德尔·哈特正是在批评克劳塞维茨战略理论的同时，提出了自己创立的以“大战略”为主要内容的“间接路线”的战略理论。

利德尔·哈特在《战略论》中声称自己所创建的“大战略”理论，不仅是花费25年的时间总结大量西方战史经验的结果、总结两次世界大战经验教训的结果，而且，也是在核战争条件下，对克劳塞维茨战略理论加以“反省”的结果。正是

---

①利德尔·哈特：《战略论》，第477页，战士出版社1981年版。
②利德尔·哈特：《战略论》，第481页，战士出版社1981年版。

因为有破坏力巨大的两次世界大战的发生,尤其是核武器的出现,才使得"战略艺术"得到了进一步的发展[1]。

对战史方面的经验教训,利德尔·哈特在《战略论》中做了大量细致甚至过于具体而烦琐的分析和论证。而从思想理论资料来源的角度考察,他之所以能够提出以"大战略"为主要内容的"间接路线"战略理论,是由于他明显地吸收了在他以前的四位军事思想家的智慧,亦即间接的战争和战略经验:

(一)第一位是英国的早期军事思想家劳埃德的"不用战斗就可以解决整个战争"问题的"机动"学说。劳埃德认为,军队在战争时期战场上的"机动"和"快速"作战非常重要,可以弥补兵力的不足,一支很小的军队,在战争中只要熟悉地形,并且巧妙地利用地形,"便可以与超过自己的优势兵力作战。……而且往往能够不用战斗就可以解决整个战争"问题[2]。

(二)第二位是德国的早期资产阶级军事思想家标洛的"避免正面战斗"学说。标洛认为,战争的目标不应该选择敌人军队,而应该选择攻击敌人的后方和交通线,一支军队"在进攻和防御中,都应该避免正面战斗。……用威胁敌人的侧翼和后方的办法迫使敌人退却,比用正面攻击的办法把敌人赶出已占阵地要容易得多"[3]。

利德尔·哈特在创建自己的"间接路线"战略理论时,充

---

[1] 利德尔·哈特:《战略论》,"前言",第1—5页,战士出版社1981年版。

[2] 米尔施泰因等著,黄良羽等译:《论资产阶级军事科学》,第14—15页,军事科学出版社1985年版。

[3] 米尔施泰因等著,黄良羽等译:《论资产阶级军事科学》,第31页,军事科学出版社1985年版。

分地吸收了劳埃德和标洛的思想，他常常把自己的"间接路线"战略称为"避战战略"和日本人的"柔道"。他说："采取直接进攻的方式，……战争的结果只能是使双方都把实力消耗殆尽而已"①。"而实际上，间接路线战略，是机动性、快速性和突然性三者的紧密结合"②，"那就是不仅要注意到目标的本身，而且还要考虑到接近目标的方法。避免向坚固的阵地作正面的突击，尽量从侧翼采取迂回行动以猛击最要害的地点，这就是采用间接路线"③。

　　（三）第三位给利德尔·哈特以启发的，竟然是他严肃批评过的《战争论》的作者克劳塞维茨，而且，恰恰是克劳塞维茨在《战争论》中阐述过的"战斗"理论和有关战争的"军事目标"理论。克劳塞维茨在《战争论》中说过这样一句著名的话："在战斗中，一切活动都是为了消灭敌人，或者更确切地说，是为了使敌人失去战斗能力。"④克劳塞维茨还这样说过：虽然战争的"直接目的是打垮敌人"，但是"战争行为真正的目标"是"使对方不能再作任何抵抗"⑤。

　　利德尔·哈特敏锐地抓住了这两句话，并且通过逆向思考问题，得出了两个极其重要的结论。其一是，为了"消灭敌人"，可以首先"使敌人失去战斗能力"；其二是，为了达到"打垮敌人"的"直接目的"，也可以走一条"间接路线"，在打垮

①利德尔·哈特：《战略论》，第7页，战士出版社1981年版。
②利德尔·哈特：《战略论》，第98页，战士出版社1981年版。
③利德尔·哈特：《战略论》，第138页，战士出版社1981年版。
④克劳塞维茨著，军事科学院译：《战争论》，第23-24页，商务印书馆1978年版。
⑤克劳塞维茨著，军事科学院译：《战争论》，第57页，商务印书馆1978年版。

敌人之前,首先"采取摧毁敌人实力基础的办法","只有这样才能创造有利条件,以便实行有决定意义的打击"①,最后达到"打垮敌人"的目的。

不仅如此,利德尔·哈特还把上述这种"间接路线"的"消灭敌人"和"打垮敌人"的作战方法,提升到了战略层面。他提出,一位有智慧、高明的军事统帅和战略家,应当把战略活动划分为以下两个性质和功能不尽相同的重要阶段:第一个阶段,首先使用"诡诈",想方设法从全局上不动声色地削弱敌人的整体实力,把敌人搞弱、搞软、搞"瘫痪"——这是战略的首要目的,也是战略最重要的功能和应该起到的作用;第二个阶段,才是大张旗鼓、轰轰烈烈地用"战斗"和"会战"等暴力手段去"消灭敌人军队",最后"打垮敌人"。

关于这种分为两个阶段"打垮敌人"的"间接路线"的战略,利德尔·哈特在《战略论》中是这样说的:"最理想而且最有利的办法,就是要设法解除敌人的武装,并尽量避免用硬拼战去消灭敌军。硬打硬拼去消灭敌军的方法,不仅包含着自己的兵力也消耗殆尽的危险,而且有可能招致相反的后果,使自己遭到失败。所以,一个战略家的思想,应该着眼于'瘫痪'敌人,而不是如何从肉体上去消灭他们。……这正如下述一种情况:〔敌人〕两只手都麻木或瘫痪了,刀剑必然会从〔敌人〕手掌中掉落下来。"②

利德尔·哈特在《战略论》中还强调说,他并不是不主张

①利德尔·哈特:《战略论》,第212—213页,战士出版社1981年版。
②利德尔·哈特:《战略论》,第300—301页,战士出版社1981年版。

流血的"战斗"，并不是主张完全地回避暴力"战斗"，但是，他认为在进行流血的暴力"战斗"之前，有一件比"战斗"更加重要的、战略全局上的大事情必须要首先解决、要处理好。他这样说："事实上，即使把决定性的会战（战斗）看成是战争的主要目的，而战略的目的仍然是要使这个会战（战斗）在最有利的条件下来进行。不过，条件愈是有利，则进行战斗的成分也就会相对地减少"，"所以，最完美的战略，也就是那种不必经过严重战斗而能达到目的的战略——所谓不战而屈人之兵，善之善者也"[①]。

　　——显然，在上面这段话中，利德尔·哈特最后引用的那句话"不战而屈人之兵，善之善者也"，乃是产生于两千多年前中国的古代兵书《孙子兵法》里的原话。

　　（四）所以，第四位对利德尔·哈特"大战略"理论的形成产生重要影响，而且是产生决定性作用的，就是中国古代伟大的军事思想家和战略思想家孙子及其《孙子兵法》了。据史学家们考证，古代的《孙子兵法》大约在我国的清代流传到西方，于1772年在法国巴黎出版了第一个法文译本，无论是近代德国的杰出军事思想家克劳塞维茨，还是现代英国的战略学家利德尔·哈特，对《孙子兵法》都很熟悉。尤其是利德尔·哈特，很喜爱《孙子兵法》。例如，在1946年出版的《战略论》一书的"目录"页之后、正文之前，利德尔·哈特一共精选出19段世界上著名军事家和战

①利德尔·哈特：《战略论》，第453页，战士出版社1981年版。

略家们的语录，而列在最前面的13段语录，竟然都是《孙子兵法》里的原话。由此可见，《孙子兵法》对于利德尔·哈特创建"大战略"理论，产生了何等重要的影响和作用！

我认为，其实，中国古代的孙子才是在世界首先提出"大战争"和"大战略"理论的鼻祖。因为，孙子早在公元前5世纪的中国古代战争中，就反对把战争胜利的希望和重点只放在战争时期和战场上，反对只放在流血的暴力手段上，反对只使用"直接路线"的"作战战略"解决问题；而是力主对敌国要进行"全争"，即进行包括种种非暴力手段和暴力手段在内的"大战争"，使用包括"间接路线"和"直接路线"在内的"大战略"。

例如，孙子在《孙子兵法》中说，在战争中一定要做到"避实击虚""冲其虚""攻其不备，出其不意""无邀正正之旗，勿击堂堂之陈""百战百胜，非善之善者也"。这些论述都说明，孙子是反对把战争胜利的希望和重点只放在战争时期和战场上，只放在流血的暴力手段上，只使用"直接路线"的"作战战略"解决问题。孙子在《孙子兵法》中又说："兵者，诡道也"，打仗要做到"以迂为直，以患为利。故迂其途，而诱之以利。后人发，先人至，此知迂直之计者也"。孙子还主张战争要贯穿于和平时期和战争时期这两个时期，主张"上兵伐谋，其次伐交，其次伐兵，其下攻城"，他认为，虽然"百战百胜，非善之善者也；不战而屈人之兵，善之善者也"，但是，只要达到了战胜敌人、使敌人屈服的战争目的，无论在战争中使用暴力手段还是非暴力手段，则都是应该加以肯定的。这些论述都说明，孙子实际上是力主要对敌人进行"全争"，即进行包括种种非暴力手段和暴力手段在内的"大战争",使用包括"间接路线"和"直接路线"在内的"大战略"。

以上所引用的《孙子兵法》中的经典语录,都被利德尔·哈特一段一段地排列在他所撰写的《战略论》一书的"前言"之前,格外醒目,实际上,孙子的这些思想也的确被利德尔·哈特所充分吸收,构成了利德尔·哈特创建"大战略"理论之最重要的思想理论资料的来源。

总之,《孙子兵法》一书旗帜鲜明地主张对敌国必须进行"全争"即西方军事学家们所说的"大战争",主张对敌国实施"先胜而后求战"即西方战略学家们所说的"大战略"。

《孙子兵法》中的许多真知灼见给一位20世纪的英国现代战略思想家利德尔·哈特以极大的震撼和启迪!他通过总结两次世界大战的经验教训,并且对照孙子在《孙子兵法》中的一系列论述,也认为一个国家要想真正地战胜敌国,决不能轻谋略和"诡道",只走"直接路线",只在战争时期和战场上下功夫;而必须像孙子所说的那样"上兵伐谋""以迂为直""冲其虚"!利德尔·哈特终于省悟到:要想在战争时期和战场上具备远远超过敌人的强大军事实力,并且容易打垮敌人,就不能等战争爆发以后再下手,而是应当在战争发生以前的长期的和平时期,在克劳塞维茨所说的"战争的准备活动"中,就开始用孙子所说的"全争"的办法对付敌国,"上兵伐谋,其次伐交,其次伐兵,其下攻城","先胜而后求战"。也就是说,对付敌国,要从战争发生以前的长期和平时期开始,就要采取多领域、多渠道的、非暴力的综合手段,首先主动地从四面八方想方设法削弱敌国的综合国力，力争在全局上、在综合国力上达到"先胜"；如果敌国在综合国力被大大削弱的情况下仍不屈服，两国进入了战争时期，在克劳塞维茨所说的"战争本身的活动"中，当事国也不应该只是单打一，只是用军事暴力的"战斗"或者"会战"对付敌人，而应该继续使用军事暴力的和非军事暴力的综合手段打击敌人，也就是要对敌国的军队使用"系统集成""综合治理"的作战方法。只有这样才能改变敌我双方的整体作战结构和作战实力，提高战争的整体效益，减少物质资源和人力资源的消耗和浪费，在战后获得一个对本国最为有利的和平前景。

对于"大战争"和"大战略"的目标、手段和方法，利德尔·哈特在《战略论》中是这样阐述的，他说：

"战争中的真正目标，不在于寻找敌人进行会战，而在于建立一种有利的战略态势。如果说，这种态势本身还不足以保证取胜，那么再继而进行一个会战，就可以很有把握地夺得胜利。[①]

"一个外科医生的手术箱里，可以装着许多不同种类的工具。为了达到大战略的目的，军事工具不过是许多工具中的一种而已。同样，会战（战斗）也只是达到战略目的的手段中的一种罢了。如果条件有利，使用军事工具往往能够很快收到效果。如果条件不利，使用军事工具就可能是一种愚蠢的行为。[②]

"如果弄清了这一点，那么克劳塞维茨的信徒们所认为

---

①利德尔·哈特：《战略论》，第493页，战士出版社1981年版。
②利德尔·哈特：《战略论》，第454页，战士出版社1981年版。

的最主要的一条军事原则，即‘在战场上消灭敌人主力’的原则，就会和大战略的其他原则和手段列于平等地位。所谓其他原则和手段，就是指的各种非直接性的军事行动，以及经济压力、舆论宣传和外交手段等。绝不可以过分地重视某一种手段，因为环境有时可能使它丧失效力。最聪明的方法是选择和结合使用各种最有效的手段，以求达到最适合、最深入和最经济的目的。换句话说，就是要使获胜的国家能以最小的军事消耗和最低限度的损失，来使敌人屈服，并争取在战后获得好的前途。如果获胜的国家自己也遭到惨重的损失，战后弄得精疲力竭，那么即使获得最具有决定性的胜利，实际上也是没有任何价值的。”①

　　总而言之，利德尔·哈特是在总结西方战史、特别是在总结两次世界大战的经验教训，又充分吸收了劳埃德、标洛、克劳塞维茨、尤其是中国古代《孙子兵法》中有关思想资料和智慧的基础上，才创建了西方以“大战略”为主要内容的“间接路线”战略理论。这种“间接路线”战略理论的精神实质，不是像克劳塞维茨的“直接路线”的战略理论那样，只是主张在战争时期和战场上通过“战斗”的暴力手段，直接地大量“消灭敌人军队”而赢得战争胜利；而是主张采用迂回曲折的方法，主要在战争发生以前的长期的和平时期，便采取多领域、多渠道的非暴力的综合手段，首先设法削弱敌国的整体综合国力，人工地造成一个已经有把握取胜敌国的战略态势，迫使

①利德尔·哈特：《战略论》，第300页，战士出版社1981年版。

敌国自行"瘫痪",不敢也无力轻易发动战争；这种情况如果用《孙子兵法》中的话来讲，就叫作"不战而屈人之兵"。而如果敌人在本国国力被大大削弱的形势下，还敢于挑起战争、不屈服，那么，在战争时期我方再使用流血的军事暴力手段，动一次今天美国人常常讲的我强敌弱的"外科手术"，便会很容易地一举战胜敌人。这种情况，也正如利德尔·哈特在《战略论》中所说的那样："这样的结果，敌人不是自动崩溃，也要在会战中轻易地被击溃。为了使敌人自动崩溃，也许还要采取一定的战斗行动，但从本质上说来，这与进行会战已经是两回事了。"①

由此看来，利德尔·哈特"间接路线"的"大战略"如果搞得好的话，战争确实会像现在美国人所说的那样，是可以被"抑制"、被"塑造"、少发生甚至于不发生的。而之所以会出现这些在传统的战略观点看来是不可理解、不可思议的情况，是因为实施"大战争"和"大战略"的人把所发动"战争"的时间大大提前了！发动"战争"的人不是在传统意义上的战争发生以后，而是在暴力战争发生之前，在和平时期，在你认为不是战争而克劳塞维茨和利德尔·哈特认为是"战争准备的活动"中，早已向敌国展开了非暴力的战争，即把"广义的战争"或者叫作"大战争"分散、泛化、蔓延到敌我双方全社会的政治、经济、外交、军事、科学技术、文化和教育等各个领域、各条战线上，并且，重要的是，这种"大战争"也许在真正的暴力战争发生以前的和平时期，就已经达到了"不战而屈人

---

①利德尔·哈特：《战略论》，第455页，战士出版社1981年版。

之兵"的结果,就已经获得了想要获得的那些战争"利益"。而所有这一切,并不是一种单纯的理想和逻辑推理的结果,而是"大战略"理论真地在我们这个地球上实施以后,所能造成的一种客观事实和实实在在的结果。如果举一个活生生的战例,那就像发生在我们这个世界上的一个著名的"超级大国"美国,把另一个著名的"超级大国"苏联,确实搞"瘫痪"、搞得分崩离析,发生了"和平演变",对苏联实现了"不战而屈人之兵"一样……

第三节 "大战略"理论的初步确立及其几个原则

利德尔·哈特在《战略论》中给"大战略"下了一个比较冗长的定义,概述了"大战略"的外延、内涵、主体、手段、目标和最终目的。这个定义,标志着西方"大战略"理论的基本确立,同时,他还提出了实施"大战略"的几个基本原则。从这个定义的内容看,利德尔·哈特的"大战略"理论与克劳塞维茨在《战争论》中所论述的"作战战略"理论相比较,无论在战略的主体、任务,还是在战略的手段、方法、目标等方面,这两种战略理论都有了很大的区别。利德尔·哈特给"大战略"下了这样的一个定义:

"所谓'大战略',或者称高级战略,其任务就在于调节和指导一个国家或几个国家的所有一切资源,以达到战争的政治目的;而这个目的,正是由基本政策,即国家政策所决定的。

"大战略必须搞清楚,一个国家或几个国家的经济资源和人力资源,并且有效地动员这些资源,用以保障武装力量的作战行动。同时,它也要充分估计到国家的精神力量,因为教养人民具有高度的精神素质,经常都是重要的,其重要性并不亚于物质的斗争工具。大战略必须负责陆、海、空军之间的兵力兵器分配,负责整个武装力量与工业之间的调整工作。进一步说,军事力量只不过是大战略所掌握的各种工具中的一种而已。为了达到削弱敌人抵抗意志的目的,大战略更应该注意和利用的,是其全部力量,即财政上的压力、外交上的压力、商业上的压力,以及从重要性说来并不算最后一项的思想道义上的压力……

"如果说,军事战略只限于研究与战争有关的各种问题,那么,大战略所研究的,不仅是与战争有关的问题,而且包括与战后和平有关的问题。所以,大战略不仅要结合使用战争的各种工具,而且要保障它们的运用,以避免对未来的和平有所损害,也就是要使和平得到保障,得以发展。"①

从利德尔·哈特给"大战略"所下的上述定义看,"大战略"与克劳塞维茨的"作战战略"理论相比较,已经有了下述四个方面较大的区别:

(一)"战略"的概念变大了,外延变宽了,层次变高了,尤其是筹划和实施战略的主体发生了重大的改变,即由操作"作战战略"的军事统帅,变成了操作"大战略"的国家元首及其政府。

---

①利德尔·哈特:《战略论》,第449—450页,战士出版社1981年版。

下面，我就具体分析一下这个问题。

利德尔·哈特说"'大战略'，或者称高级战略，其任务就在于调节和指导一个国家或几个国家的所有一切资源，以求达到战争的政治目的"。如此复杂而艰巨的"调节和指导一个国家或几个国家的所有一切资源"的任务，显然不是一个国家的军事当局和专门负责军事工作或作战工作的将帅们能够承担的。调节和指导"国家资源"实际上属于国家元首及其政府各部门的工作范围，乃是国家政府在长期的和平时期和战争时期所要处理的日常性的行政工作。

利德尔·哈特在定义中还说"战争的政治目的""正是由基本政策，即国家政策所决定的"。所谓"基本政策"和"国家政策"，也就是"国家基本战略"和"国家战略"的同义语。这句话的意思就等于说，"国家基本战略"和"国家战略"决定了战争的"政治目的"。由此可见，组成"大战略"内部逻辑结构中的三个基本的要素或环节，即大战略的"目的"（政治目的）、"手段"（一切资源）和"方法"（调节和指导）都必须首先由国家元首及其政府来谋划、设计和确定，然后，再指导军事当局和将帅们通过制定和实施"军事战略"和"作战战略"等去具体落实。所以说，谋划和实施"大战略"的主体是国家元首及政府部门，而"军事战略"和"作战战略"只是"大战略"的一些组成部分，"大战略"之下的一些低级的战略层次。也正因为如此，利德尔·哈特在《战略论》中强调指出："从大量的历史教训中，可以找到一条具有决定意义的真理：纯粹的军事战略必须接受'大战略'的指导，因为只有'大战略'才会有更深远的预见和更广博的观点。"①

这就是谋划和实施"大战略"的第一个原则。

（二）"战略"的手段和工具更加多样化和丰富了，不再只限于使用"战斗"等军事暴力的手段。

从利德尔·哈特在上面给"大战略"所下的定义看，"大战略"的手段和工具不但包括"军队"，以及战争时期的"战斗"等流血的和不流血的军事手段和暴力工具，而且还囊括了一个国家或几个国家在和平时期和战争时期的"所有一切资源"和"全部力量"，也就是我们今天所说的"综合国力"，其中包括国家的"硬实力"和"软实力"。仅从利德尔·哈特在"大战略"的定义中所列举出来的看，"大战略"的手段和工具就包括有物质的、精神的、经济的、政治的、外交的、军事的、财政的、商业的、陆海空军、兵力兵器、工业、人民、人力和思想道义。它们中间的哪一种都不在"广义的战争"之外，即都在"大战争"和"大战略"的手段和工具之内。这种情形也正如利德尔·哈特所强调的那样："军事力量只不过是大战略所掌握的各种工具中的一种而已。为了达到削弱敌人抵抗意志的目的，大战略更应该注意和利用的，是其全部力量。"也正因为如此，利德尔·哈特在《战略论》中又提出了实施"大战略"的第二个原则，他说："'在战场上消灭敌军主力'的原则……和大战略的其他原则和手段列于平等地位。"②

利德尔·哈特在这里所说的"平等地位"，并不意味着他

---

①利德尔·哈特：《战略论》，"前言"，第1页，战士出版社1981年版。
②利德尔·哈特：《战略论》，第300页，战士出版社1981年版。

认为在实施"大战略"的时候，军事暴力手段和非军事暴力手段不分场合和主次，什么时候都"平等"、一样重要；而是强调国家元首及其政府和将帅们如果真要对敌国实施"大战略"，就不应该像克劳塞维茨所主张的"直接路线"的"作战战略"那样，把战争胜利的希望和重点只是放在战争时期和战场上，放在一次又一次"消灭敌人军队"的流血的暴力手段"战斗"上，不要只是单打一。利德尔·哈特强调的是，国家元首及其政府和将帅们一定要把和平时期和战争时期看作一个整体，连贯起来进行思索；一定要把各种非军事暴力手段和军事暴力手段巧妙地结合起来使用，形成一个网状的合力；一定要以一个"大战争"的全局力量，进攻敌国力量单薄的一个个局部，从而，发挥出综合国力在"大战争"中的整体效益。

（三）最重要的是，这样一来，"战略"的内涵就变了，性质也变了，"战略"的功能就增加了。

"大战略"的性质不像克劳塞维茨的"直接路线"的"作战战略"理论那样，轻视"诡诈"的作用，只是由军事统帅在战争时期和战场上使用军队，部署和使用一次又一次的流血的"战斗"去"消灭敌人军队"，由量变引起质变，最后"打垮敌人"，也就是打"消耗战"；而是无论在和平时期还是在战争时期，都必须由国家元首及其政府调动起国家的所有资源力量，对敌国进行《孙子兵法》中所说的"全争"和"先胜而后求战"，也就是说，首先在和平时期力图改变敌我两国的战争整体结构和整体实力对比，"先建立一种有利的战略态势"，使本国的综合国力超过敌国，"继之以会战"。这就意味着战略的内涵发生了变化，战略的功能增加了，战争的质变多了一种形式，即在和平时期通过"大战略"首先改变敌我两国的整体结构和实力对比，促成敌我两国的第一次全局性的结构性质变发生，目的是把敌国从整体上搞弱；然后，再使用我强敌弱的"战斗"等军事暴力手段，解决战争时期和战场上的局部问题，最后"打垮敌人"，促成战争从量变到质变的第二次飞跃。于是，整个战略的性质，便从"消耗战略"变成了"削弱战略"。利德尔·哈特把"大战略"的这种内涵、性质和功能的新特点，概括为这样一句话："创造有利条件，以便实行具有决定意义的打击。"①他还强调："战略的真正目的是尽量削弱敌人抵抗的能力。"②

这就是实施"大战略"的第三个原则。

（四）还有一个变化值得注意，那就是"战略"的最终"目标"和"目的"变了，检验战略正确与否的标准也变了。

利德尔·哈特在"大战略"定义中说："如果说，军事战略只限于研究与战争有关的各种问题，那么，大战略所研究的，不仅是与战争有关的问题，而且包括与战后和平有关的问题。"他认为，与"作战战略"不同，"大战略"的最终"目的"或"目标"不仅是要赢得战争的胜利，更重要的是要赢得战争胜利之后一个比战前更加美好的"和平"。这种更加美好的"和平"目标，又包括国家对内、对外两个方面：

其一，对内"要使和平得到保障，得以发展"，"所谓胜

①利德尔·哈特：《战略论》，第213页，战士出版社1981年版。
②利德尔·哈特：《战略论》，第301页，战士出版社1981年版。

利，其真正的含义应该是在战后获得巩固的和平，人民的物质生活状况比战前有所改善"，"如果获胜的国家自己也遭到惨重的损失，战后弄得精疲力竭，那么，即使获得最具有决定性的胜利，实际上也是没有任何价值的"①。

其二，对外则是在战后的国际大环境中，要"维持一种在力量平衡条件下构成的相互制约关系"②，不要让战端又起。

这就意味着"大战略"的最终目的和目标，不再像克劳塞维茨所说的"作战战略"的目的和目标那样，仅仅是赢得大量"消灭敌人军队"的胜利、"打垮敌人"；检验战略正确与否的标准，也不再像克劳塞维茨所说的那样，只是获得战争胜利的结局；而是一个"人民的物质生活状况比战前有所改善"、国际环境也有所改善、战后比战前更加美好的"和平"。正因为如此，利德尔·哈特在《战略论》中反复强调，必须注意在最终的战略目的上，"大战略"和"作战战略"是有很大区别的，他说："战略所研究的是如何保障赢得军事胜利的问题，大战略则看得更远些，它的任务是如何保障战后的和平。"③他再次非常明确地强调："战争的目的是要获得一个较好的和平。"④

这就是实施"大战略"的第四个原则。

在这里，特别值得注意的是，利德尔·哈特在论述"大战略"的最终目的时，还阐述了一些相当重要的，以后由当

---

①利德尔·哈特：《战略论》，第300页，战士出版社1981年版。
②利德尔·哈特：《战略论》，第496页，战士出版社1981年版。
③利德尔·哈特：《战略论》，第489页，战士出版社1981年版。
④利德尔·哈特：《战略论》，第494页，战士出版社1981年版。

代美国的战略学家、《大国的兴衰》一书的作者保罗·肯尼迪发展起来的"真正的大战略"思想。例如,利德尔·哈特在《战略论》最后一章(第二十二章)中说:为了实现战后"获得一个较好的和平"目的,"大战略"的实施者即国家领导人在赢得战争的胜利之前,即在战争还在进行之中,必须注意使包括军事暴力手段在内的国家综合国力运用得"具有理智"、恰如其分,不可"过度",不可"由于贪欲过度"连连发动战争,而把自己的国家搞得"精疲力竭",从而使自己的国家之"前途不堪设想"。利德尔·哈特的原话是这样说的:

"战争的目的是要获得一个较好的和平,这当然是从你自己一方的愿望来说的。因此,在进行战争的时候,你必须记住在战后所要追求的目的。战争是'政治通过另一种手段的继续'——这是克劳塞维茨关于战争定义的基础,也就是说,在整个战争时期,甚至在和平时期,战争都是这一政治的继续。对于这个真理,永远也不应该忘记。一个国家,如果它把自己的力量消耗殆尽,那它也就不会有能力继续推行自己的政治,因而必然使其前途不堪设想。①

"由于贪欲过度,侵略性国家往往会自讨苦吃,有时会把自己的力量用个干净,以致抵挡不住其他的敌人,或者由于过度的扩大和紧张,以致无法克服内部的危机。在战争中,因为自己弄得精疲力竭而失败的国家,其数量要比遭受外来攻击而失败的国家多得多。"②

---

①利德尔·哈特:《战略论》,第494页,战士出版社1981年版。
②利德尔·哈特:《战略论》,第497页,战士出版社1981年版。

以上利德尔·哈特所讲的这两段话，非常值得我们注意！因为这两段话是在提醒国家领导人：在实施"大战争"和"大战略"中，决不要把国家的综合国力因"贪欲过度"、长期地从事侵略他国而"消耗殆尽"，从而造成国家"内部的危机"，走下坡路，使得自己国家的"前途不堪设想"。以后，我在介绍当代美国战略学家保罗·肯尼迪的战略理论时，还要向大家详细地介绍：正是利德尔·哈特在《战略论》一书中说过的以上两段有关国家实力必须运用得"适度"的话，形成了保罗·肯尼迪在他的《大国的兴衰》一书中所论述的一个主题。

总而言之，与克劳塞维茨以"作战战略"为主要内容的"直接路线"战略理论相比较，利德尔·哈特以"大战略"为主要内容的"间接路线"战略理论，在战略的主体、任务、外延、内涵、手段、方法、功能、性质、目标和原则许多方面，都发生了明显变化。

与克劳塞维茨的战略理论相比较，利德尔·哈特"大战略"理论最突出的特点，是实施战争和战略指导的范围被大大地拓宽了，尤其是战略指导的重点发生了转移。"大战略"不像克劳塞维茨的"作战战略"那样，是以研究"战争本身的活动"（狭义的战争）和"狭义的战争艺术"（"击剑术"）为重点；不是以研究战争时期和战场上的"作战活动"和"作战方法"为重点；不是以研究军事统帅在战争中如何运用"战斗"这种流血的军事暴力手段，大量地"消灭敌人军队"，从而"打垮敌人"，最后赢得战争的"胜利"为重点。"大战略"理论是以研究"战争准备的活动"和"战争本身的活动"（广义的战争)和"广义的战争艺术"("铸剑术"和"击剑术")为重点；是以研究和平时期和战争时期两个时期都在内的、一个国家或几个国家怎样使用综合国力、削弱敌国的国力，从而形成我强敌弱的战略态势，最后在战争中很容易战胜敌人为重点；是以研究国家的元首及政府部门和军事将帅们如何发挥出"国家战略"自身独具的功能和作用，并且指导"军事战略"及"作战战略"的制定和实施，从而，发挥出"国家战略""军事战略"和"作战战略"这三种不同战略之综合作用和综合效益，维护国家的全局利益和长远利益为重点。

由此可见，在西方的战争和战略理论发展史上，利德尔·哈特不但第一次回答了究竟什么是"大战略"，以及"大战略"与"作战战略"的关系问题，而且一方面从根本上坚持了克劳塞维茨关于"政治"制约战争、"战争无非是政治通过另一种手段的继续"的理论思维路线，另一方面又全面改造、更新和发展了克劳塞维茨战略理论的内容。因此，应该充分肯定，利德尔·哈特"大战略"理论的产生，确实标志西方战略理论的内容在发展进程中已经出现一次较大的飞跃或质变。总之，利德尔·哈特对于西方战略理论的建设和发展，确实做出了并不比克劳塞维茨逊色的重大历史贡献。

而且，我们还应当看到，在利德尔·哈特的"大战略"理论中，所谓的"战争全局"，已经突破了"战争本身活动"的束缚，还包括、包容了"战争准备的活动"，换句话说，利德尔·哈特在《战略论》中所说的"战争全局"，已经不再局限于战争时期和战场上，它囊括了国家的和平和战争两个时期，囊括了国家的政治、经济、外交、军事、科学技术、文化和教育各个领域、各条战线，其中，每一条战线都与"广义的战争"和"广义的战争艺术"有着直接或者间接的联系，都有着息息相关的利害关系。

所以，我们还应该注意到，在利德尔·哈特"大战略"理论的背后，其实隐藏有一个西方人常说的"大战争"的阴影。这种"大战略""大战争"的内容很有一些军国主义者鲁登道夫所鼓吹的"总体战"的味道，但是，它又比鲁登道夫鼓吹的"总体战"隐蔽了许多、"文明"了许多，也"高明"了许多。总之，利德尔·哈特"大战略"理论的出现，意味着西方资产阶级的战争和战略理论从近代迈入现代，已经发育得比较老练、圆滑和成熟。我们应当正视它、重视它，必须对它进行认真的研究。

当然，就像世界上任何的新生事物一出现总会遭到非议一样，利德尔·哈特的"大战略"理论出现之后，也遭到了一些人的反对和非难。例如，过去苏联军事界的一些主流派学者，就认为"大战略"理论是一种"不正确的"甚至"荒谬的"战略理论，他们这样说：

"英国军事理论家利德尔·哈特在《间接路线战略》一书中断言，现在战争的手段应当理解为不单是指武装力量，而主要是指各种'非军事'斗争手段，如经济压力、宣传、外交、颠覆活动以及其他等等"；利德尔·哈特"根据这些论断得出结论说，战争是以政治的一切手段进行的斗争，是政治的一切手段和形式的'综合体'；

"十分明显，军队是进行战争的手段，而且唯有武装斗争才是战争的标志，武装斗争的开始和结束实际上就是战争的开始和结束"，"因此，把各种非军事的斗争形式，如经济的、思想的、外交的以及其他的斗争形式包括在战争的概念中去，是不正确的。国家与国家、阶级与阶级之间的这些斗争形式与武装斗争不同，它们是经常存在着的，而如果把它们包括在'战争'的概念中去，那就必然会得出一个荒谬的结论，即战争是人类社会的一些经常的现象"①。

从苏联军事界主流派学者们讲的上述这番话来看，非常明显，虽然当时的人类社会已经由19世纪进入20世纪，时代条件发生了巨大变化，两次世界大战之后，西方的战争和战略理论也发生了一次飞跃和质变，以美国和英国为首的西方国家早已开始对苏联展开了一场"大战争"，以及使用了一种包括非军事暴力和军事暴力手段在内的"大战略"，然而，这些苏联的军事学者们竟然感到自己还置身事外！他们所固守的"战争"，居然还停留在100多年以前克劳塞维茨在《战争论》中所讲的那个"战争本身的活动"阶段；他们所谓的"武装斗争的开始和结束实际上也就是战争的开始和结束"，即他们所认可的战略指导的范围，居然还停留在100多年以前克劳塞维茨在《战争论》中所规定的那个低层次的"作战战略"阶段。这些苏联的军事学者看不到随着时代的发展，一个国家非暴力斗争的和平时期"战争准备的活动"，对于战争时期战场上"战

① 索科洛夫斯基主编：《军事战略》，第380—381页，解放军出版社1980年版。

争本身的活动"越来越起到基础和决定性的作用；也没有看到决定战争胜负的重点已经发生转移，并不在使用军队和军事暴力手段的战争时期和战场上，而是在使用非暴力手段的和平时期一个国家的各个社会领域和各条战线上。在这些苏联军事学者们的心目中，无论是"战争"还是"战略"，竟然还滞留在18世纪末到19世纪初的拿破仑战争时代，除了他们所认可的那种"狭义的战争"和"狭义的战争艺术"以外，这个已经变化了的世界上出现的一切新的战争和战略理论，似乎全都是"不正确"和"荒谬"的。总之，他们的思想方法不是唯物主义的"以实正名"，而是唯心主义的"以名正实"；他们不是力求使自己陈旧的战略思维跟上新时代，反倒是企图让正在进行的"大战争"和"大战略"，纳入他们心目中所设想的那种旧战争和旧战略的轨道里。他们的这种思想方法是相当危险的！

其结果，便是这些苏联军事家们和军队仍然守卫在他们所认可的"狭义的战争"和"作战战略"的范围之内，他们的手中虽然握有现代化的火箭核武器，却一味地等待着大规模"武装斗争"的莅临，以便在战争时期和战场上，同自己的对手展开一场千载难逢的、你死我活的大会战……可是，他们万万没有料到，敌人走的是一条"间接路线"，恰恰是在他们自己认为不是战争的和平时期，被敌人迂回到了自己的侧翼和后方，而且，对手使用的又主要是非暴力的手段，便摧毁了那样一个大国的实力！于是，"和平演变"终于获得成功，一个"超级大国"就这么快地"瘫痪"并且分崩离析，所谓"冷战"也宣告结束……

实践是检验真理的唯一标准。实践的结果证明，过去的苏联军事界主流派学者们所保卫的并不是战略科学，而只是一些过时的战略理论教条。在已经过去的那场苏、美"大战略"搏斗中，他们不是输在了"武装斗争"的硝烟战场上，而是在一定程度上输在了和平时期战略基础理论研究的这门软科学上。其中的经验教训的确发人深思，值得我们牢牢记取。

第四节　建立一座"战略思想的'新大厦'"

利德尔·哈特和克劳塞维茨在战略理论上的另一方面重大的区别是：克劳塞维茨虽然在《战争论》中把"战争艺术"区分为"广义的战争艺术"和"狭义的战争艺术"两个不同的层次[1]，但是他并没有给战略划分出明确的层次。他虽然也说过"战略的最高范围"是"政治"和"治国之道"（"战略的最高范围，即战略接近政治和治国之道，甚至同它们合而为一的地方"[2]），也就是我们今天所说的"国家战略"，但是，他在《战争论》中所说的"战略"，却始终指的是"作战战略"。至于在"国家战略"和"作战战略"之间还有没有其他的战略层次、有多少战略层次，克劳塞维茨都没有作出回答。而利德尔·哈特在《战略论》中，不仅明确地给"战略"划分了不同层次，而且还试图构建一个以"国家战略"为最高层次、崭新的战略层次理论。用利德尔·哈特自己的话来说，就是他试图

[1]克劳塞维茨著，军事科学院译：《战争论》，第102页，商务印书馆1978年版。
[2]克劳塞维茨著，军事科学院译：《战争论》，第177页，商务印书馆1978年版。

通过对大量战史经验进行分析研究，在"新的基础上面建立一座战略思想的'新大厦'"①。也正是利德尔·哈特在《战略论》中构建起来的这座"战略思想的'新大厦'"，在利德尔·哈特于1970年在美国逝世以后，经过美国著名的"书斋战略家"、前美国国防大学战略研究所所长约翰·柯林斯的修整和补充，终于形成了迄今为止世界上一种最接近战略的客观实际情况、而且最合理的现代战略层次理论。这个现代战略层次理论此后在全世界普及开来，并且得到了当今世界上绝大多数国家的接受和认同。

一、利德尔·哈特在《战略论》中构建的"战略思想的'新大厦'"

利德尔·哈特在推翻了克劳塞维茨"狭义的战争艺术"和"作战战略"的基础上，给战略和战术下的定义（战术是"战斗本身的部署和实施"②，战略是"为了达到战争目的对这些战斗的运用"③）。他在"新的基础上"，也就是在"广义的战争艺术"和"大战争""大战略"的基础上，并且以实施"大战略"为目的，重新划分了战略战术层次，亦即初步提出了一个从"大战略"到"战略"再到"战术"这样的一个倒立的、小"金字塔"式的战略层次体系，重新规定了战略战术的外延和内涵。他这样说："战术，这就是战略在较低阶段中的运用。同

---

① 利德尔·哈特：《战略论》，第177页，战士出版社1981年版。
② 克劳塞维茨著，军事科学院译：《战争论》，第103页，商务印书馆1978年版。
③ 克劳塞维茨著，军事科学院译：《战争论》，第103页，商务印书馆1978年版。

样,战略,也就是大战略在较低阶段中的运用。"①

这就意味着"大战略"所要解决的任务、目标、手段、方法和检验的标准,是贯穿在整个战略层次体系自上而下的每一个层次中的一元化的东西,每一个战略层次都要以利德尔·哈特给"大战略"所下的定义中的内容为标准。在这个崭新的一元化的战略层次体系中,处在较高层次、较高阶段的是"大战略";"大战略"运用到较低层次、较低阶段上则是"战略";"战略"再运用到更低层次、更低阶段上,则是"战术"。虽然在这个战略体系中,每一个层次的外延和内涵都不同,实施的原则也有差别,但是,它们所使用的手段和方法是大体一致的,所要解决的任务和所要达到的最终目的也是大体一致的。显然,无论就划分战略层次的基础和标准、层次划分的多少,还是就每个层次中所包含的一元化内容来看,这种"大战略"的战略层次体系,同克劳塞维茨在《战争论》所说的"作战战略"的两个层次的战略、战术层次相比较,已经是两回事了。

那么,在这个三级倒立的战略小"金字塔"的上面,在较高层次的"大战略"的层面之上,还有没有更高的战略层面呢?利德尔·哈特回答道:还有,而且情况还比较复杂。他这样说:"所谓'大战略',或者称高级战略,其任务就在于调节和指导一个国家或几个国家的所有一切资源,以求达到战争的政治目的;而这个政治目的,正是由基本政策,即国家政策所决定的。"②

---

① 利德尔·哈特:《战略论》,第449页,战士出版社1981年版。
② 利德尔·哈特:《战略论》,第449页,战士出版社1981年版。

　　这就意味着在"大战略"这个较高的战略层面之上，还有一个更高、更大的层面，叫作"基本政策"和"国家政策"。而所谓"基本政策"和"国家政策"，也就是我们今天所说的"国家基本战略"和"国家战略"。利德尔·哈特在这里说"基本政策"和"国家政策"决定战争的"政治目的"，也就等于说"国家基本战略"和"国家战略"决定了战争的"政治目的"；而实施"大战略"的任务，也就是为了达到"国家战略"所决定的战争的"政治目的"。这样一来，在利德尔·哈特构建起来的战略理论体系中，在"大战略""战略"和"战术"三个战略层次之上，就多了一个"国家战略"的层次，利德尔·哈特的战略理论体系的"金字塔"就有四个层面了。

　　然而，问题在于，利德尔·哈特又认为："基本政策"和"国家政策"（也就是我们今天所说的"国家战略"）并不是直接地制约着"大战略"的，而是通过一个叫作"军事政策"（也就是我们今天所说的"军事战略"）而间接地制约"大战略"的。换句话说，利德尔·哈特认为，在最高一级的"国家战略"和"大战略"之间，还存在一个"军事战略"的层面。正是在这里，我认为，利德尔·哈特在战略层次的划分上出现了明显的失误！更何况，他自己的说法还有混乱之处，因为他同时又认为"大战略"与"军事政策"（也就是我们今天所说的"军事战略"）的区别，仅仅在于"大战略"是"在执行中"的"政策"罢了。关于这个问题，利德尔·哈特在《战略论》中是这样说的："实际上，大战略和指导战争的军事政策，是完全吻合一致的。尽管如此，它们之间又有一些区别，那就是大战略同基本政策有其不同之处。基本政策，或称国家政策，决定着军事政策的目的；而'大战略'这一术语，则表示'政策在执行中'。"①

总之，按照利德尔·哈特的上述说法，他所构建的整个战略层次体系，从上到下一共有五个层次，呈现为一个五级倒立的"金字塔"，即：

第一级，是"国家战略"（"基本政策"和"国家政策"）；

第二级，是"军事战略"（"军事政策"）；

第三级，是"大战略"（"政策在执行中"）；

第四级，是"战略"（"大战略在较低阶段的运用"，也就是"作战战略"）；

第五级，是"战术"（"战略在较低阶段的运用"）。

利德尔·哈特在西方战略理论发展史上，首先建立起来的这座"战略思想的'新大厦'"当然还是初步的、不完全正确的。因为，他并没有清晰地勾勒出这个战略层次理论体系中的许多具体内容，而且，在这个五次战略层次体系中，还存在着明显的混乱之处。

二、约翰·柯林斯对"战略思想的'新大厦'"所做的修整和补充

就在利德尔·哈特在美国逝世后的第三年，即1973年，美国现代战略学家约翰·柯林斯出版了著名的《大战略》一书。该书中最有价值的部分，是对利德尔·哈特在《战略论》中构建的战略层次理论作了一番基本上正确的修整和补充，特别

---

① 利德尔·哈特：《战略论》，第449页，战士出版社1981年版。

是对"国家战略""大战略"和"军事战略"三者之间的关系和具体内容，作出了进一步细致的区分和规定，从而纠正了利德尔·哈特的失误和混乱之处。

柯林斯对西方战略区分理论做出的贡献，主要表现在以下四个方面：

第一，他给"国家战略"下了一个简明扼要的定义，第一次明确说明了这个最高层次、最大范围、最重要的战略的外延、内涵、任务、手段、方法和目标。

第二，他认为在"国家战略"之下，不仅有"军事战略"，而且有"政治战略""经济战略"等一系列的二级战略层次。

第三，尤其值得注意的是，柯林斯认为利德尔·哈特所说的"大战略"，实际上就是"国家安全战略"；而"国家安全战略"并不处在"军事战略"之下，而是处于"军事战略"之上，"国家安全战略"乃是最高等级的一级战略即"国家战略"中的一个重要的组成部分（"国家战略"的内部除了有"国家安全战略"之外，还包括"国家发展战略"，"国家发展战略"和"国家安全战略"二者共同组成了"国家战略"）。

第四，柯林斯还指出，无论是"政治战略""经济战略"，还是国家的"军事战略"，这些二级战略中的每一个战略不仅都存在自身的安全问题，而且对上都"直接或间接地关系着国家安全"，当然，也都关系着国家的发展。

关于上述这些非常重要的战略层次和彼此之间的关系问题，柯林斯在他的《大战略》一书中是这样陈述的：

"国家战略在平时和战时综合运用一个国家的各种力量

以实现国家的利益和目标。按照这种观点，战略可分为应付国际和国内问题的全面政治战略；对外和对内的经济战略以及国家军事战略等等。每一种战略都直接或间接地关系着国家的安全。

"本章着重介绍有直接关系的各种'国家安全'战略。这些战略汇集起来便构成'大战略'，即在各种情况下运用国家力量的一门艺术和科学，以便通过威胁、武力、间接压力、外交、诡计以及其他可以想到的手段，对敌方实施所需要的各种程度和各种样式的控制，以实现国家安全的利益和目标。"①

柯林斯在《大战略》中特别纠正了利德尔·哈特在划分战略层次时出现的失误和混乱之处，并且特别指出利德尔·哈特的"大战略"理论，其实来自中国古代的《孙子兵法》。他这样说：

"'军事战略'和'大战略'有联系，但绝不是同义词。军事战略是以使用暴力或以暴力威胁为基础的。它力求通过武力来取得胜利。大战略如果运用成功的话，将减少使用暴力的必要性。同样重要的是，大战略所寻求的远不是战争的胜利，而是持久的和平。军事战略主要是将军们的事，而大战略则主要是政治家们的事。大战略支配着军事战略，而军事战略只是大战略的一个组成部分。

"包括威胁、谈判、经济诈骗和心理战等内容的大战略，否定了克劳塞维茨时代以来人们普遍的一种看法，即战略仅

----

① 约翰·柯林斯著，军事科学院译：《大战略》，第46—47页，军事科学出版社1978年版。

仅是'为了达到战争目的而对战斗的运用'。相反，大战略的含义与利德尔·哈特的如下结论是完全一致的：'真正的目的与其说是寻求战斗，不如说是寻求一种有利的战略形势。这种战略形势是如此有利，以至于即使它本身不能收到决定性效果，那么在这种形势的基础上再打一仗，就肯定可以收到这种决定性的效果。'也许有人认为，这不完全是个新观点。孙子早已认识到：'不战而屈人之兵，善之善者也。'"①

图表4　由利德尔·哈特建构、约翰·柯林斯修整而基本完成的"战略思想的'新大厦'"

		国家战略 (国家元首及其政府维护和发展综合国力和国家利益)							
和平时期和战争时期	一级战略	国家发展战略(发展综合国力)	国家安全战略 (综合使用各种手段维护国家安全，保障武装力量作战)						
	二级战略	政治战略 (谋略)	经济战略 (工业、财政、商业压力、经济诈骗)	外交战略 (谈判和外交压力)	军事战略 (使用陆海空军武力或武力威胁)	科技战略 (间接压力)	文化战略 (思想道义压力、舆论宣传、心理战)	教育战略 (教养人民、培养国家精神力量)	和平时期 (对敌国实施各种控制，争取削弱、瘫痪之) 其他敌对国家
战争时期	三级战略				作战战略 (战争)				
	四级战术				战术 (战斗)				战争时期 (实行具有决定性打击)

---

①约翰·柯林斯著，军事科学院译：《大战略》，第47—48页，军事科学出版社1978年版。

由此可见，在克劳塞维茨去世以后，由利德尔·哈特构建而由柯林斯修改、补充、基本建成的一座"战略思想的'新大厦'"，已经大大突破了克劳塞维茨在《战争论》中立足于"狭义的战争艺术"基础上提出的"作战战略"的束缚，使得战略学终于提升到被克劳塞维茨称为"政治"和"治国之道"，也就是"国家战略"这个"战略的最高范围"的层面上。与此同时，又使"国家战略"广泛容纳了"政治战略""经济战略"和"军事战略"等彼此相互支撑，同时又与"国家战略"以及"国家安全战略"（还有"国家发展战略"）相互渗透、相互支撑的二级甚至三级"作战战略"、四级"战术"等许多不同的战略战术层次……这个以"国家战略"为最高层次、最大范围、崭新的战略层次体系，实际上是把一个国家各行各业的实践和工作看作一个既有不同的领域和层次，又能够有机地联系起来的一个大系统，其中每个战略领域、战略层次和战略要素，都与其他的战略领域、战略层次和战略要素互相渗透、互相支撑，利益息息相关，从而形成了一个有着共同利益基础的立体式大网络。尽管在这个战略大系统、大网络中的每一个行当、每一个构成要素、甚至每一个人都有自己追求的特殊目的和特殊利益，但是，这个战略大系统、大网络明明白白地告诉人们：在客观上，其中所有的特殊目的和特殊利益都同一个国家在和平时期和战争时期的战略、同国家的综合国力、同整个国家追求的大目标和大利益息息相关，与国家的安全和发展息息相关……

也正因为由利德尔·哈特构建，由柯林斯修改、补充，基本完成的这座"战略思想的'新大厦'"具有如此重要的政治意义、军事意义和社会意义，所以，自20世纪70年代开始，所谓"国家战略""国家发展战略""国家安全战略"，以及在它们之下的二级战略即"政治战略""经济战略""外交战略""军事战略""科学战略""文化战略"和"教育战略"等一系列专门的战略名词术语，便首先在以美国为首的西方发达国家迅速流行开来。此后，大约到了20世纪80年代，又迅速蔓延到包括处于改革开放的中国在内的全世界，并且得到了世界上大多数国家人民的基本接受和认可。

现在，最初仅仅与在战争时期和战场上打仗、与人类指导战争的"统帅的艺术"有关的战略学，已经同当代人类社会中的各类社会科学、自然科学和技术科学一样，随着人类社会实践的不断扩展和深入，随着人类认识世界和改造世界能力的不断提高，正朝着进一步整体化和分化的辩证方向发展。而"战略"本质上作为一种人类的行为科学和"带有全局性"的"实践方法"和"实践艺术"的方法论范畴，对于指导人类的不同领域的社会实践，能够起到越来越积极的认识世界和改造世界的作用。我认为，战略学和政治学以及实践学三者之间有密切的联系，这是一个值得深入研究的课题。因此，当我们今天在使用"战略"这个特殊的名词术语时，在从事各种不同的工作谋划和实施"战略"的时候，不应当忘记从克劳塞维茨到利德尔·哈特、再到约翰·柯林斯在战略学基础理论方面对划分战略层次的工作中所做出的贡献。

综上所述，利德尔·哈特以"大战略"为主要内容的"间接路线"战略理论，是吸收了包括中国古代《孙子兵法》在内的前人智慧的结果，是总结了西方战史经验和两次世界大战经验教训的结果，也是在核战争条件下，对克劳塞维茨的战争和战略理论加以"反省"的结果。这种"大战略"理论的实质性内容，是以维护和发展一个国家的利益为出发点，大大地拓宽了战争和战略的范围，主张使用非军事暴力与军事暴力相结合的手段，重点首先在和平时期建立起对本国有利的一个战略态势，同时，设法削弱敌国的国力，使敌国自行"瘫痪"或"崩溃"；如果还达不到目的，再使用军事暴力和非军事暴力结合的手段把敌国击垮。利德尔·哈特的"大战略"理论不仅更新、发展了克劳塞维茨在《战争论》中提出的"作战战略"理论，而且与后人约翰·柯林斯共同构建起一个以"国家战略"为最高层次的、崭新而多级的战略层次体系。在已经过去的"冷战"时期，以美国和英国为首的西方大国正是因为使用这种"大战略"，才使得一个强大的敌国苏联"瘫痪"又分崩离析，而在客观上又避免了新的世界大战发生，只是"局部战争"多发，从而减少了西方发达国家不断陷入战争、人员大量伤亡和国家资源被大量消耗的结果。

然而，我们必须看到，利德尔·哈特的"大战略"理论毕竟是西方大国居于统治地位的大资产阶级接受和使用的一种对敌性质的战略理论。这种战略理论与克劳塞维茨在《战争论》中提出的"作战战略"理论一样，其根本目的仍然是为了在对外战争中赢得"胜利"。利德尔·哈特的"大战略"理论已经把和平时期纳入了"大战争"的轨道里，已经把国家的政治、经济、外交、军事、科技、文教等所有的资源要素，统统囊括在"大战争"和"大战略"的手段之中，它和鲁登道夫所鼓吹的"总体战"并没有本质区别，乃是一种变相的穷兵黩武和军国主义！自20世纪40年代以来，以美、英为首的西方大国把这种"大战略"奉为官方战略在世界上加以实施，其结果一方面确实达到了对一个超级大国苏联"和平演变"和"不战而胜"的目的，但另一方面，因为不断用本国的国力"遏制"其他国家的国家实力和发展，本国的综合国力也必然会被不断削弱，同样会受到"遏制"，所以，也就造成了如今这种不以他们的主观意愿为转移的、自己的国家也不断走下坡路的被动局面……

　　总之，从某种意义上来说，在已经过去的"冷战"时期，正是因为某些西方大国领导人沉迷于这种"大战争"和"大战略"之中，才使我们这个世界和全人类时刻得不到安宁。因此，由利德尔·哈特创立的这种西方"大战略"理论要不要继续实施下去，是值得西方一些正在实施这种"大战略"的国家领导人和鼓吹"大战略"的学者精英们认真加以反省、反思的……

第四章　当代西方战略理论发展的新动向

——保罗·肯尼迪阐述的"国家战略" 理论中的积极因素①

　　我在前一章已经讲过，由克劳塞维茨在《战争论》中构建的西方战略理论，随着时代的发展，在第二次世界大战结束的20世纪40年代，发生了一次较大的变化和质变，即由于受到中国古代《孙子兵法》等前人智慧的影响，又总结了两次世界大战的经验教训，由利德尔·哈特在《战略论》中创建了西方的"大战略"理论。这种"大战略"理论在坚持克劳塞维茨"战争无非是政治通过另一种手段的继续"理论思维路线的基础上，不但大大地更新和发展了克劳塞维茨的"作战战略"理论，而且还初步构建起一个"战略思想的'新大厦'"。这个"战略思想的'新大厦'"，后来经过美国战略学家约翰·柯林斯的修整和补充，终于形成了一个以"国家战略"为最高层次、最大范围，包括"国家发展战略""国家安全战略"以及"政治战略""经济战略""军事战略"等在内的、多领域和多层次的战略层次理论体系。因此，应当充分肯定，利德尔·哈

---

① 这一章的全部内容，曾经以《保罗·肯尼迪"真正的大战略"理论》为标题，发表于吴琼著《统帅的艺术：战略——克劳塞维茨〈战争论〉十讲》中，第369-398页，清华大学出版社2014年版。这次只作了少许修改。

特对于西方战略学和战略学基础理论的建设发展，确实做出了重大的历史贡献。

但是，还应当看到，同克劳塞维茨的战略理论一样，在利德尔·哈特的"大战略"理论中，也存在一些理论失误和缺陷。例如，虽然利德尔·哈特的"大战略"理论不像克劳塞维茨的"作战战略"理论那样，只是基本上讲一个军事统帅在战争时期和战场上怎样使用"战斗"这种军事暴力手段去"消灭敌人军队"，以赢得战争的"胜利"；而是强调国家元首及其政府和军事统帅必须从和平时期开始，就要善于把非军事暴力和军事暴力手段结合起来使用，首先主动地从整体上、全局上去削弱敌国的国力，不得已时，才进入战争状态和战争时期用暴力手段"打垮敌人"。然而，总的看来，利德尔·哈特在《战略论》中所论述的主要内容，又与克劳塞维茨在《战争论》中论述的主要内容相一致，即论述的是一个国家如何用自己的综合国力去赢得战争胜利，最后"打垮敌人"。区别只在于利德尔·哈特把搞垮敌国的时间，从战争时期扩大到了从和平时期开始；把搞垮敌国的手段，从单纯地使用军事暴力，扩大到了还要使用种种非军事暴力；把操作搞垮敌国的战略主体，从军事统帅扩大到了还包括有国家元首及政府部门；把达到战争和战略的目的，从仅仅赢得战争的"胜利"，扩展到了还要获得一个战后比战前更加美好的"和平"。也就是说，利德尔·哈特在《战略论》中所论述的主题，实际上只是把克劳塞维茨在《战争论》中所讲的、目的是"打垮敌人"的战争时期和战场上的"作战战略"，进一步扩展到包括和平时期和战争时期两个时期在内的、目的是首先"削弱"敌国再"打垮"敌国的"军事战略"。

在这里，我特别提醒大家要注意这样一个问题，那就是：无论是克劳塞维茨在《战争论》中所主张的"作战战略"，还是利德尔·哈特在《战略论》中所主张的"军事战略"，这两种战略理论还都属于克劳塞维茨在《战争论》所说的"击剑术"即"作战方法"的范畴；至于克劳塞维茨在《战争论》中所说的"铸剑术"，也就是一个国家怎样才能把综合国力做大、做强，从而把国家的军事实力做大、做强，以及"铸剑术"与"击剑术"之间的关系，也就是一个国家怎样才能处理好发展自己国家的综合国力和把国家的综合实力"适度"地运用到军事领域里的关系问题，这个问题实际上也就是如何才能搞好"国家发展战略"和如何处理好"国家发展战略"与"国家安全战略"及"军事战略"的关系问题，利德尔·哈特在《战略论》中还很少涉及。

对于《战略论》中存在的这种"大战略"理论的缺陷或者说不足之处，利德尔·哈特本人是承认的。他对此有清醒的认识，也希望后来的战略学家们能够对这些缺陷加以克服、解决，从而使得"大战略"理论臻于完善。他在《战略论》中明确地说过："本书所讨论的主题，是军事战略，而不是大战略。"①"大战略与战略不同，其领域内还有一大部分是神秘的处女地，正等待人们去继续开拓和研究。"②

利德尔·哈特生前表达的这个愿望并没有落空。果然，

---

① 利德尔·哈特：《战略论》，第494页，战士出版社1981年版。
② 利德尔·哈特：《战略论》，第450页，战士出版社1981年版。

在他去世以后的20世纪80年代末、90年代初，西方的战略理论随着时代的发展又前进了一大步，发展到了一个更新的阶段。一种外延更大、层次更高、内容更加丰富复杂、方法和理论体系也非常新颖的战略理论产生了。但是，这种新颖的"大战略"理论却与利德尔·哈特所构建的"大战略"理论具有迥然不同的战略目的和追求方向，具有不少值得加以肯定的积极因素。这种新型的"大战略"理论，就是由今天仍然健在的当代美国历史学家和战略学家保罗·肯尼迪（1945—）在他的代表作《大国的兴衰》和由他编辑的《战争与和平的大战略》中所阐述的"真正的大战略"理论。这个"真正的大战略"理论，也完全可以称为"国家战略"理论。

保罗·肯尼迪出生在英国，与利德尔·哈特同为英国人，而且还是利德尔·哈特晚年时期研究"大战略"问题时的助手。他目前在美国耶鲁大学历史系担任教授。由他撰写的《大国的兴衰》一书是1987年在美国出版的，此书一出版，立即震动了美国朝野，不久便被译为多国文字，引起了国际政治界、经济界、外交界、军事界、文化界人士的广泛关注。至今，这部著作还在许多国家畅销，热议不断……

下面，我就从四个不同的角度向大家介绍保罗·肯尼迪的"真正的大战略"理论。

第一节 "真正的大战略"理论产生的时代原因

今天看来，保罗·肯尼迪之所以在20世纪80年代末提出

"真正的大战略"理论（在我看来，也就是真正的"国家战略"理论），也不是偶然的。

自1945年"二战"结束，到20世纪80年代，在将近半个世纪里，世界形势又发生了很大的变化。美国和苏联在世界上称雄，成为两个"超级大国"，世界进入了以美国为首的西方资本主义国家和以苏联为首的社会主义国家"你死我活"的激烈竞争、"不是东风压倒西风，就是西风压倒东风"的新时代。由于美国是"二战"中唯一大发其财的国家，又在全球占据有相当有利的国际经济和军事战略地位，所以，从"二战"后的1945年开始，美国便凭借本国的绝对优势，迅猛地向外进行军事扩张，在世界各地建立军事基地，而且接连打了朝鲜战争和越南战争。苏联虽然总是处理不好自己国内的经济问题，优先发展以军工为龙头的重工业，农业生产一直没有起色，但是，为了与美国争夺世界霸权，也不断地向外渗透扩张，到处伸手，从1979年起入侵阿富汗等国。

在这段历史时期，地球上虽然没有再发生世界大战，但其他形形色色的大小战争和东西方国家之间的"冷战"不断。为了成为世界上唯一的强权霸主，美、苏两国之间多领域、多层次的军备竞赛愈演愈烈。例如，1948年、1970年、1974年，美、苏两国的国防开支一直不断地攀比上升，分别达到109亿、778亿、890亿美元和131亿、720亿、1090亿美元。1974年，美、苏两国生产的洲际导弹和潜射弹遁导弹的数量也在攀比上升，分别为1054枚、656枚和1575枚、720枚。"冷战"背后孕育着的、以热核武器为标志的现代世界大战，时时刻刻都有突然爆发的危险，从而形成了被世人称为不但美、苏两国在"互相实施恐怖""确保互相摧毁"，并且整个地球连同人类社会也足以被摧毁若干次的、令人不寒而栗的可怕局面；不但美、苏"第一世界"的人民深受其苦，"第二世界"和"第三世界"的人民也深受其害。战争与和平的问题，就这样严峻地摆在了全人类的面前。

与此同时，另有一个同战争与和平有利害关系的国际政治问题，一直引起各国政治家、军事家和学者精英们的密切关注，那就是在近50年间，一些大国的国家安全与国家发展情况出现了异常变动：由于大国的资源财富被大量投入到军事领域和军备竞赛，苏联的国民经济增长率近50年来一直稳步下滑，逐渐停滞，以致到了负增长的地步，直到1991年底无法继续生存，苏联解体。而美国在近50年间，也同样陷入重重困难之中，其经济增长速度一直相对衰落，失去了1945年时在世界贸易、生产和财富中所占有的相对比重。于是，在"二战"结束后的半个世纪里，虽然前半段，盘旋在西方国家政治界、军事界、学界精英人士们脑海中的主要问题，是国家财富投入军事防务过少的国家不安全问题，但是，到了后半段，却反了过来，是国家财富投入军事防务过多，从而导致国家经济不断受到影响的国家发展问题。既然大国创造的经济财富投入军事过少会危及国家的安全，而投入过多又会造成经济生产下滑，同样也会危及国家的安全，那么，导致这种恶性循环的症结何在？有谁能够解释清楚这个问题，并且拿出解决这个棘手的、世界性的两难问题的方案呢？

正是在这样一种特殊的时代背景下，保罗·肯尼迪从战略学的高度作出了一种相当清楚而且合理的解释，提出了一个令世人瞩目的解决问题的方案。这就是他在《大国的兴衰》和《战争与和平的大战略》中所阐述的"真正的大战略"理论。

第二节　为什么叫作"真正的大战略"和"战争与和平的大战略"[①]?

保罗·肯尼迪为什么把他阐述的战略理论叫作"真正的大战略"和"战争与和平的大战略"呢?

原来，一个世界大国把国家的经济财富过少地投入到军事防务中，会危及国家的安全，而投入过多又会阻碍国家经济的发展，同样也会危及国家安全的问题，如果提升到战略科学的高度加以分析，乃是一个深层次的、涉及战略"目的"和战略"手段"之间的关系问题。克劳塞维茨在《战争论》中早就说过：在任何战略中都隐藏着一个任何人也不得违背的客观规律，那就是战略的"目的"和战略的"手段"必须互相匹配、互相适应、协调一致；如果两者不能互相匹配、互相适应、协调一致的话，解决矛盾的办法只有两个：或者增加"手段"的份量来适应"目的"的需要，以便达到原定的"目的"；或者，必须降低、改变原定"目的"的要求和性质，使之迁就现有的"手段"。只有如此，军事统帅在实施战略时，才能使战略的

[①] 保罗·肯尼迪编，时殷弘等译：《战争与和平的大战略》，第1页，世界知识出版社2005年版。

"目的"和"手段"结合得"恰如其分",最后达到目的,使战略操作获得成功。除此之外,别无良策。克劳塞维茨在《战争论》中的原话是这样说的:"一个君主或统帅善于完全根据自己的目的和手段进行战争,并且做得恰如其分,那就是他有天才的最好证明。"[①]

后来,利德尔·哈特也完全同意克劳塞维茨的这个观点,而且更加强调国家领导人和军事统帅必须对战略的"目的"和"手段"进行精确的量化计算,使二者相互匹配、相互适应。利德尔·哈特在《战略论》中这样说:"战略能否获得成功,主要取决于对'目的'和'手段'(工具)是否能作精确的计算,能否把它们正确地结合起来加以使用。目的必须与现有的一切手段相适应。"[②]

上述战略的"目的"和"手段"必须相互适应、协调一致的战略学原理,给保罗·肯尼迪以很大启示。他发现,自"二战"结束近半个世纪以来,一些世界大国之所以出现国家的经济财富投入军事过少会危及国家安全,而投入过多又会阻碍社会经济的发展,同样也会危及国家安全的恶性循环,是因为这些大国国家战略的"目的"大小,或者说是因为这些大国国家战略"根本上的政治性质"[③]不合理、出了问题。因为,众所周知,任何时代、任何一个国家的战略"手段",即国家的经

---

① 克劳塞维茨著,军事科学院译:《战争论》,第176页,商务印书馆1978年版。
② 利德尔·哈特:《战略论》,第450页,战士出版社1981年版。
③ 保罗·肯尼迪编,时殷弘等译:《战争与和平的大战略》,第169页,世界知识出版社2005年版。

济资源和财富都是有限的, 而不是无限的。如果大国领导人能够把这些有限的经济资源财富进行合理的计算和协调, 分配到国家发展和军事防务中去, 根据国家的实际情况作出有一个"轻重缓急次序之恰当平衡"①, 那么, 就既会满足国家发展战略"目的"的需求, 又会满足国家安全战略和军事战略"目的"的需要, 这样, 国家的发展和安全本来是不应该出现问题的。可是, "二战"结束后近50年以来, 美国和苏联两个超级大国国家战略的"目的", 却不是谋求自己国家的正常、健康发展, 而是不断地进行对外扩张, 进行相互向上攀比的军事发展和军备竞赛, 野心勃勃地争当唯一的世界强权霸主, 于是, 在美、苏这两个大国的国家战略中, 由有限的国家资源财富所构成的战略"手段", 自然就与其无限膨胀发展起来的、不合理的战略"目的"产生了不可调和的矛盾。其结果既造成了国家发展的危机, 又造成了国家安全危机, 形成了一种恶性循环⋯⋯

总之, 保罗·肯尼迪经过长期的观察和慎重的反复思考之后确信: 正是因为一些世界大国国家战略的"目的"大小, 或者说正是因为这些大国国家战略"根本上的政治性质"不合理, 国家战略出了根本性的问题, 才使得这些大国形成了目前这种难堪的局面。也正因为如此, 保罗·肯尼迪提出了这样一个解决问题的方案, 那就是: 处于两难困境中的大国领导人必须认真地自我反省, 重新审查自己国家"大战略根本上的政

①保罗·肯尼迪编, 时殷弘等译:《战争与和平的大战略》,"前言", 第5页, 世界知识出版社2005年版。

治性质——该国在世界上的更大目的是什么，它们怎样能最好地得到实现"？[①]也就是说，一些大国必须重新"整合其全部政治、经济和军事目的，从而维护其长期利益"[②]。

这也就是说，保罗·肯尼迪认为：一些世界大国为了解决本国陷入的两难困境，大国的国家领导人必须从本国的全局利益、长远利益、根本利益出发，认真地反省、反思一下，发展和使用国家的经济资源财富这种国家战略"手段"的根本"目的"是什么、"更大的目的"是什么。是只想在当今世界充当一个暂时称雄、昙花一现的强权霸主，还是想在世界上成为一个国强民富、健康发展、长期稳定的大国？如果不想成为一个只是暂时称雄、昙花一现的世界霸主，那么，就必须改弦更张，重新整合国家战略中的"全部政治、经济和军事目的"，改变自己一心一意称霸世界的国家战略"根本上的政治性质"，变不合理的国家战略"目的"为合理的国家战略"目的"，使"目的"与现有的国家战略"手段"相适应。只有这样做，这些世界大国才能步入良性的发展轨道，摆脱所陷入的危机和困境。

由此看来，保罗·肯尼迪是经过深思熟虑，才把他所阐述的战略理论称为"真正的大战略"和"战争与和平的大战略"理论的。具体说来：

---

① 保罗·肯尼迪编，时殷弘等译：《战争与和平的大战略》，第169页，世界知识出版社2005年版。

② 保罗·肯尼迪编，时殷弘等译：《战争与和平的大战略》，"前言"，第5页，世界知识出版社2005年版。

其一，所谓"真正的大战略"，是指保罗·肯尼迪创建的战略理论，既不像克劳塞维茨所创建的"作战战略"理论和利德尔·哈特所创建的"大战略"理论那样，只讲"击剑术"而不讲"铸剑术"；而是既讲一个国家怎样合理地使用国家创造的经济财富作为国家战略的"手段"，来对付外来的武力和武力威胁，以达到维护国家安全的"目的"（"击剑术"），又讲怎样建设国家、促进国家经济建设的发展，提高国家综合国力的发展水平（"铸剑术"），还讲"国家发展战略"与"国家安全战略""军事战略"与非军事战略之间的合理关系、平衡协调和互相配合（"铸剑术"和"击剑术"之间的合理关系和互相配合）。而要做到既要促进国家的健康发展，又要维护好国家的安全，就需要有一种克劳塞维茨在《战争论》中所说的"政府的智慧"甚至政府"全面的智慧"[1]，亦即要求一个国家的领导人及其政府必须具有一种全面处理好国家对内、对外各种战略之间的复杂、合理的关系的能力。而保罗·肯尼迪的战略理论所要回答的正是这样的一些问题。这样便使保罗·肯尼迪创建的"真正的大战略"理论，真正迈入了"国家战略"的殿堂，也就真正地上升到克劳塞维茨在《战争论》中所说的"战略的最高范围""战略的基础""战略的最深处""战略最本质的部分，即战略中涉及面最广和最重要的问题"的层面。

其二，所谓"战争与和平的大战略"，指的乃是由保罗·肯

---

① 克劳塞维茨著，军事科学院译：《战争论》，第45页，商务印书馆1978年版。

尼迪创建的战略理论，它既不像克劳塞维茨的"作战战略"理论那样，只关注一个军事统帅在战争时期和战场上如何运用"战斗"和军队"打垮敌人"，赢得战争的胜利；也不像利德尔·哈特的"大战略"理论那样，只主张国家元首及其政府和军事统帅从和平时期开始，就要使用非军事暴力和军事相结合的手段"瘫痪"敌国，不得已时，才进入战争时期和战争状态用暴力手段"打垮敌人"，以赢得一个战后比战前更加美好的"和平"。保罗·肯尼迪实际上是主张，一个国家的领导人及其政府无论在和平时期还是在战争时期，都必须高度重视国家的发展和安全，以及非军事防务与军事防务的全面协调发展及其之间合理的平衡关系；也就是必须用一种长期的国家战略规划，亦即我们今天所说的"顶层设计"，把和平时期的国家发展、安全同战争时期的国家发展、安全，把国家的非军事发展与军事发展，统统连贯、合理地整合起来，以便实现国强民富、国家健康发展、长期稳定的根本目的。

总之，保罗·肯尼迪"战争与和平的大战略"的理论精髓，就是要求国家领导人及其政府在操作"国家战略"时，必须做到和平时期与战争时期并重、非军事战略与军事战略并重，以便维护国家的全局利益和长远利益。如果用保罗·肯尼迪本人的话来讲，那就是"战争与和平的大战略"——

"既关注大战略在战时的演变，也关注它在平时的发展；

"关注国家政策的非军事方面，如同关注其军事方面；

"它需要以一种内在连贯的方式，既为战争的可能性，也为和平年代整合自己的政治、经济和军事目的；

"必须形成将在一个复杂和迅速变化的世界上确保其长期利益的种种政策。"①

第三节 《大国的兴衰》为什么震动了美国朝野，引起国际社会的广泛关注？

同任何一门社会科学、自然科学和技术科学一样，战略学的产生和发展，归根结底也要来自人类的社会实践，来自时代发展向人们提出需要解决的现实问题，来自人们在社会实践中获得的直接经验和间接经验。在这个问题上，当年在比利时滑铁卢大战中遭到惨败、后来又被囚禁到圣赫勒拿岛上的法军统帅拿破仑，曾经发表过一些很好的意见。拿破仑认为，有关指导战争的战略学知识，只有通过在战争中亲自指挥战争和研究历史上那些伟大统帅们指导战争的经验教训才能获得。拿破仑劝告那些想当统帅的军人们说："像亚历山大、汉尼拨、恺撒、古斯达夫·阿道夫、蒂雷纳、欧根亲王和腓特烈那样实行进攻的战争吧！读一读、反复地读一读他们83次远征的历史，并根据这些历史来进行自己的思考吧！这是成为伟大统帅和揭开军事学术之谜的唯一手段。这样，你就会得到启示，你就会抛弃那些与伟人们所坚持的原理背道而驰的规则。"②

---

① 保罗·肯尼迪编，时殷弘等译：《战争与和平的大战略》，"前言"，第5页，世界知识出版社2005年版。

② 米尔施泰因等著，黄良羽等译：《论资产阶级军事科学》，第23—24页，军事科学出版社1985年版。

与拿破仑的真知灼见相一致，保罗·肯尼迪对于"真正的大战略"理论的来源问题，也持有同样的看法。保罗·肯尼迪这样说："培育战略领导者的最好办法，在于学习历史上大战略是怎样制定和怎样付诸实践的。""只有学习历史，才能产生对于什么是大战略，它如何能动地起作用、大战略的操作者在一个个具体环境中如何思考和行动的本质理解。"①

这是因为，从某种意义上来讲，所谓人类的历史，实际上也就是人类社会的政治、经济、外交、军事、科学文化等产生和发展的历史，也可以说就是世界上一代又一代的国家领导人自觉或不自觉地制定和实施"国家战略"的历史和结果。人们只有通过学习和研究人类社会的历史，才能从大量的历史经验教训中，疏理并发现一个个国家领导人是怎样具体地操作"国家战略"的，进而从中总结出国家领导人操作"国家战略"时遇到的问题、操作的过程和结果、成败得失的原因和规律。实际上，保罗·肯尼迪之所以能够创建起"真正的大战略"理论，绝不是他坐在书斋里对战略的名词术语进行推演的结果，而是来自他根据那个时代需要人们解决的重大现实问题，对人类历史上和现实生活中国家领导人操作"国家战略"的经验教训而进行周密思考后，所作出的理论分析。

1987年，保罗·肯尼迪出版的那部震动美国朝野、又受到国际社会广泛关注的《大国的兴衰》一书，就是他应一个新时代人类提出需要解决的重大现实问题的要求，对世界近现代

---

① 时殷宏等：《保罗·肯尼迪的战略思想》，见《美国研究》2001年第2期，第37页。

历史上各国领导人制定和实施"国家战略"的成败得失之经验教训所作的概括和总结。这部广泛猎及全球国际政治、经济、外交、军事、科学技术和文化的战略学、政治学和历史学的巨著,其视界开阔,观点新颖,资料丰富,论证有力。它之所以震动了美国政治界、军事界和学术界,又引起国际社会的广泛关注,至今仍在世界各国热议不断,就在于它不仅用大量活生生的历史实例,揭示了人类近现代历史上一系列大国兴亡盛衰的原因和普遍规律,而且它还深入地针砭了美、苏两个"超级大国"国家战略中的致命弊端;更为可贵而且令人注意的是,保罗·肯尼迪还准确地预测到中国正在复兴,以后必将处于21世纪全球大国中的领先地位。他在书中发表的许多战略预见,后来基本上被历史发展的过程和结果证明是正确的。

以下,我就从三个方面,介绍《大国的兴衰》中有关"真正的大战略"(即"国家战略")理论的内容。

一、世界近现代历史上大国兴亡盛衰的原因和普遍规律

在当前世界上究竟是想成为一个暂时称雄、昙花一现的强权霸主,还是想成为一个国强民富、健康发展、长期稳定的大国?这不仅是20世纪80年代末摆在以美、苏为首的大国领导人面前的一个涉及大国前途和命运的现实问题,也是一个与其他国家的安全和发展有关联的战争与和平的国际问题。为了解决"二战"结束后近半个世纪以来,一些大国出现的经济财富投入军事防务过少会危及国家安全,而投入过多又会造成经济下滑,同样地会危及国家安全的两难问题,保罗·肯尼迪在《大国的兴衰》中,系统地考察了世界近现代自1500年至2000年这5个世纪的大国兴衰史。而值得我们注意的是，他对这段5个世纪大国兴衰史的考察方法，有以下三个特点：

第一，他并不是像克劳塞维茨在《战争论》中和利德尔·哈特在《战略论》中那样，只是在总结欧洲战史经验、特别是在总结拿破仑战争经验或两次世界大战经验的基础上，去探究什么是"战争"和"战略"，以及如何才能赢得战争的胜利，或者一个战后比战前更加美好的和平问题，而是在总结无论就时间跨度还是就空间跨度而言都更为宏观的近现代5个世纪人类社会历史经验的基础上，探究历代众多的国家领导人所制定和实施的"国家战略"的成败得失和大国兴衰的原因、规律。

第二，保罗·肯尼迪在探究5个世纪国家领导人所制定和实施的"国家战略"的成败得失和大国兴衰的原因、规律时，明显地吸收了马克思主义关于生产力决定生产关系、上层建筑及其意识形态，以及人的社会意识对社会存在（其中包括对生产力的发展）又有能动作用的科学原理，他特别吸收了列宁关于在帝国主义时代各个资本主义国家的生产力、政治和经济发展不平衡的思想，并且把马克思主义和列宁的有关思想运用到对5个世纪以来大国"国家战略"成败得失的分析中去。例如，像下面这样一些涉及马克思主义和列宁思想的话，在《大国的兴衰》中经常出现：

"马克思强调生产基础在决定社会进程中的作用[1]；

---

① 保罗·肯尼迪著，王保存等译：《大国的兴衰》，第524页，求实出版社1988年版。

"正如列宁在1917—1918年所指出的那样,正是由于国家之间经济增长率的不平衡,才必然地导致个别大国的兴起和其他一些大国的衰落;

"虽然列宁的话是针对资本主义和帝国主义国家的,但是这一规律看来适用于所有国家;不管他们赞同什么样的政治经济模式,经济增长率的不平衡迟早将引起世界政治和军事平衡的变化。"[1]

第三,保罗·肯尼迪认为国际生产力和国家生产力都在不断地发生变化。他是在国际关系不断变动的大环境背景下,特别是把国际关系和国家地位看作是由国际生产力和国家生产力不断变化所决定的大前提之下,探究大国兴衰的原因和规律的。这是他分析大国的兴衰规律时最突出的方法论特点。

那么,《大国的兴衰》是怎样具体地揭露大国兴衰的原因和规律的呢? 大国兴衰的规律又有哪些呢?

保罗·肯尼迪认为,从1500年到2000年世界近现代历史的发展过程看,世界上所有大国的兴起和衰落总是与该国在对外战争中的胜败结局有关,一个国家往往由于在对外战争中赢得决定性的胜利而一跃成为世界上的大国,而由于在对外战争中遭到决定性的失败又沦为小国。可是,保罗·肯尼迪强调,应当进一步看到,战争的胜负不仅与一个国家的军事统帅在战争时期和战场上所实施的"作战战略"的好坏有关,更与该国的国家领导人及其政府在和平时期所制定和实施的"国

---

[1] 保罗·肯尼迪著,王保存等译:《大国的兴衰》,第533~534页,求实出版社1988年版。

家发展战略"和"经济战略"的好坏有关,战争的胜负实际上
乃是"各国在战时能否有效地利用本国可用于生产的经济资
源的结果"[①],也是国家的经济实力同其他国家的经济实力对
比是上升还是下降的结果。因为打仗归根到底取决于实力的
高低,从长远看,在对外战争中一个国家的经济实力决定了战
争的胜负结局。所以,保罗·肯尼迪认为,研究世界近现代5个
世纪国际关系中的军事史和战争史,必须与研究这段历史时
期的全球生产力、国家与国家之间经济实力的变化发展联系
起来;而研究一个国家在和平时期制定和实施的"国家发展
战略""经济战略"的好坏所导致的该国在国际间国家地位的
变化,便与研究该国所制定和实施的"国家安全战略"以及在
战争时期实施的"作战战略"的好坏一样重要。

　　总之,保罗·肯尼迪在《大国的兴衰》中,是在全球生产
力和各国的生产力始终在变化、各个国家生产力的高低决定
各国在国际关系中的国家地位的大前提下,重点研究一个国
家"国家战略"实施的好坏与这个国家国家地位的变化关系;
研究"国家发展战略""经济战略"的好坏与"国家安全战
略""军事战略""作战战略"之间的关系;研究国家经济发展
的好坏与对外战争时战争胜负结局之间的关系。也正因为如
此,保罗·肯尼迪在《大国的兴衰》一书的"前言"中,一语道
破了全书的主题,他说:"本书重点是描绘国际体系中一流强
国在励精图治、富国强兵过程中经济与战略的相互影响……"

---

① 保罗·肯尼迪著,王保存等译:《大国的兴衰》,"前言",第1页,求实出版社1988
　年版。

"本书认为，研究和平时期大国地位如何持续变化，同研究它在战时如何打仗一样重要。"[1]

正是在《大国的兴衰》中，保罗·肯尼迪通过系统考察世界近现代史上葡萄牙、西班牙、荷兰、法国、英国、苏联、美国等几个曾经或者正在显赫一时的大国兴衰史，总结出了以下几个兴衰的原因和规律。

（一）由于人类社会发展的历史，本质上乃是社会生产力发展的历史，又由于全球国际生产力总在不断地变动，国家与国家之间生产力的发展水平总是不平衡的，所以，正是一个国家生产力即综合经济实力与其邻国生产力相比的大小和增长速度的快慢，决定了这个国家在国际关系中所处的国家地位，决定了这个国家是一个大国还是小国。

保罗·肯尼迪说："观察一下过去500年的'大国兴衰史'，便可清楚地看到，在承认任何时候都可能有个别例外的情况下，可以作出一些有价值的结论。例如，我们发现综合经济力量和生产能力对比的变化与国际系统中各大国的地位之间有一种因果关系。……经济力量的转移预示着新大国的崛起。"[2]

（二）一个国家生产力增长速度的快慢和综合国力的大小，又总是取决于这个国家的国家领导人能否正确地制定和实施"国家战略"，特别是能否处理好"科技战略""经济战

---

[1] 保罗·肯尼迪著，王保存等译：《大国的兴衰》，"前言"，第1页，求实出版社1988年版。

[2] 保罗·肯尼迪著，王保存等译：《大国的兴衰》，"前言"，第8—9页，求实出版社1988年版。

略”与国家其他战略之间的关系。因为，国家科技的创新和突破以及国家经济的发展是社会发展的动力，科技和经济的发展能够带动国家社会政治的发展和军事发展，从而能够使一个国家在国际关系中提高国际地位。

保罗·肯尼迪说：“世界上有一种变革的动力，这个动力主要由经济和技术的发展所驱动，它对社会结构、政治制度、军事力量和各个国家和帝国的地位都有影响。世界经济变化的速度之所以快慢不一，就是因为技术发明和经济增长的速度本身是参差不齐的，它们受到各个发明家、企业家，以及气候、病害、战争、地理、社会结构等等情况的制约。……变革的动力将日益具有比以往更加强大的威力和自身持续发展的能力。”①

（三）从长期看，一个国家综合国力的大小和生产力增长的快慢，又决定了这个国家军事实力的大小高低，以及该国在国际关系中的军事地位。在“国家发展战略”与“国家安全战略”之间、在国家“经济战略”与“军事战略”之间及“作战战略”之间，存在着一种相互依存、相互作用、相互制约的关系，而在这些战略关系中，“国家发展战略”和“经济战略”是最重要的战略，强大的经济力量往往决定着对外战争的胜利；战争的最后胜负结局，总是与国家动员的生产资源的多少有密切的联系；战争的胜利往往属于有坚实的经济基础或者最后仍然还有财源的一方。

保罗·肯尼迪说：“经济增长速度不平衡，对于国家体系中

①保罗·肯尼迪著，王保存等译：《大国的兴衰》，第536页，求实出版社1988年版。

许多成员国相对的军事力量和战略地位都产生了决定性的长期的影响[1]；

"从长远看在每个大国经济的兴衰与其作为一个军事大国（或世界性帝国）的兴衰之间，有一种显而易见的联系[2]；

"在本书论及的500年历史中，还可以得出另一个普遍适用的结论，即为争夺欧洲或世界霸权而进行的大规模联盟战争的最终结局，与双方动员的生产资源之间有着非常密切的联系。……一场令人烦恼的长期战争是检验双方力量的试金石。随着战争的进行，交战各方资源的多少将起越来越大的作用。不过，我们应该既作出上述概括，而又不陷入错误的经济决定论的罗网。尽管本书作者对追溯500年世界事务的'主要发展趋势'兴趣颇浓，但并不是说，经济决定一切，各国的成功与失败都出于经济原因。大量事实证明，还有其他多种原因，譬如地理位置、军事组织、民族士气、联盟体系等许多因素，都可以对各国的国力起制约作用，……都是决定战斗、战役胜负的重要因素。然而，毋庸置疑的是，在一场大国间（通常是联盟间）的长期战争中，胜利往往属于有坚实的经济基础的一方，或属于最后仍有财源的一方。"[3]

（四）具体说来，500年来的世界大国，例如西班牙、荷兰、法国、英国和"目前的美国"之兴衰的普遍原因和规律是：

---

[1] 保罗·肯尼迪著，王保存等译：《大国的兴衰》，第536页，求实出版社1988年版。

[2] 保罗·肯尼迪著，王保存等译：《大国的兴衰》，"前言"，第9页，求实出版社1988年版。

[3] 保罗·肯尼迪著，王保存等译：《大国的兴衰》，"前言"，第10—11页，求实出版社1988年版。

一方面，国家科学技术的创新和突破，以及国家政治组织形式的有益变革，积极地带动了国家生产力、综合国力的发展和提高，所以，大国之兴，兴于国家领导人所制定和实施的"国家战略"正确，兴于国家科技的创新发展和政治组织形式的有益变革，以及随之而来的国家综合实力和军事实力的强盛；正是这些强大的实力，决定了一个国家在国际关系中处于领先的大国地位。可是，另一方面，就在这时，就在一个国家因为国力强大而在国际关系中处于领先的大国地位时，如果这个大国的国家领导人处理不好"国家战略"的发展方向问题，即处理不好"国家发展战略"与"国家安全战略"、"经济战略"与"军事战略"这两对战略的关系，把作为各种战略"手段"的国家经济财富过度地投入到军事领域，寻求对外扩张，频繁地打仗，那么，就必然会使国家经济财富发生短缺，从而影响这个国家综合国力的发展，使得生产力与邻国相比下降；特别是由于种种原因，其他国家的生产力在顺利发展，而这个国家"正处于相对衰退时期"之时，那么，这个在战略上过分进行军事扩张的大国就必然会走向衰落，从一个强国、大国而沦为一个弱国、小国……这就是世界近现代史上5个世纪以来大国兴盛衰落的原因、不断重演和正在重演的普遍规律。

对此，保罗·肯尼迪这样说："一流国家在世界事务中的相对地位总是不断变化的。主要原因有二：一是各国国力的增长速度不同；二是技术突破和组织形式的变革，可使一国比另一国得到更大的优势。……一些国家的生产力一旦得到提高，便会很正常地认为比较容易地在平时承受大规模扩军备战的负担、战时保持和供养庞大的陆军和舰队。这种说法听起来似乎具有深厚的重商主义色彩，但财富通常是支撑军事力量的基础，而要获取和保卫财富又总是需要军事力量。然而，如果一个国家把它的很大一部分资源不是用于创造财富，而是用于军事目的，那么，从长远来看，这很可能将导致该国国力的削弱。同样，如果一个国家在战略上扩张过分（如侵占大片领土和进行高昂的战争），它就要冒一种风险：对外扩张得到的潜在好处，很可能被它付出的巨大代价抵销了。如果这个国家正处于相对经济衰退时期，这种困境将变得更加严重。自16世纪西欧进步以来，西班牙、荷兰、法国、英国和目前的美国等一流强国的兴衰史表明，在国家的生产力和取得收入的能力与军事力量之间，从长期看有一种非常重要的相互依存关系。"①

总而言之，保罗·肯尼迪以马克思主义关于生产力最终决定人类社会发展、人类的社会意识对社会存在（其中包括对生产力）又具有能动作用的原理，以及列宁关于在世界上各国生产力发展的不平衡迟早会引起各国经济与军事力量不平衡的思想为指导，通过系统地考察和总结了近现代500年来大国成败得失的历史经验教训，从全球战略和国家战略的高度，阐述了他所创建的"真正的大战略"理论，这个理论有下述五个理论要点：

（1）一个国家科学技术、经济的发展，政治组织形式的

---

① 保罗·肯尼迪著，王保存等译：《大国的兴衰》，"前言"，第1—2页，求实出版社1988年版。

有益变革，是社会全面发展的基础和动力；

（2）国家生产力、经济力量的发展，是国家军事力量强大的后盾；

（3）大国之兴，即在国际关系中国家地位的提高，成为一个大国，兴于该国科学技术、经济的发展，政治组织形式的有益变革，以及随之而来的军事强盛；

（4）大国之衰，衰于国际间生产力重心的转移，以及国家领导人把国家的经济资源财富过多地投入军事领域、过度地进行对外扩张、频繁地打仗而造成的经济衰退、国家地位的相对下降；

（5）所以，大国的兴衰，看来关键还是取决于国家领导人所制定和实施的"国家战略"的好坏，取决于国家领导人的"智慧"，即能否处理好"国家发展战略"与"国家安全战略"、"经济战略"与"军事战略"这两对战略的关系；更具体地说，一个国家的领导人能否把国家创造的经济财富"适度"地投入军事领域，最终决定了这个国家在国际关系中的地位、前途和命运。

以上就是保罗·肯尼迪在《大国的兴衰》中所阐述的"真正的大战略"的理论要点和实质性内容。显然，这种战略理论无论就其研究对象、研究范围、研究方法，还是就其通过研究之后得出的几个结论来说，都与克劳塞维茨在《战争论》中所阐述的"作战战略"理论，与利德尔·哈特在《战略论》中所阐述的"大战略"理论不同，即有了质的差别。所以，我们完全有理由说，"真正的大战略"理论的产生，标志在西方战略理论发展史上又出现了一次较大的飞跃和质变!

二、美国和苏联两个"超级大国"走向衰落的命运不可逆转,而中国一定会崛起,成为世界大国

因为美、苏两个"超级大国"的所作所为是"二战"结束后近50年来,引起世界各国动荡不安的祸端,所以,保罗·肯尼迪在《大国的兴衰》中又重点考察了美、苏两国由盛而衰的变化过程,深入针砭了这两个国家多年来制定和实施"国家战略"的种种弊端,而且预见到了这两个世界大国难以扭转、必然走向衰落的前途命运。

以下,我想直接引用《大国的兴衰》里一些精彩的话,来介绍保罗·肯尼迪对美、苏两国的历史状况和未来前途的分析。

1.保罗·肯尼迪对美国的分析

关于美国,保罗·肯尼迪认为,由于美国所处的地理位置使它在全球地缘战略上占有先天优势,"不必把财政资源分散地用于国防支出",所以"这一切造成的结果是,甚至在1861年4月内战爆发前,美国已经成为一个经济巨人"[①]。美国内战结束后,工农业生产都取得了长足进展,工业化提高了美国的国际地位。"19世纪后半期到20世纪初,全球实力对比所发生的一切变化中,对未来最有决定作用的是美国的崛起。……到1919年美国的经济实力就已经压倒了欧洲,……很快就成了世界上最大的工业品生产国。"[②]——然而,自此之

---

①保罗·肯尼迪著,王保存等译:《大国的兴衰》,第218页,求实出版社1988年版。
②保罗·肯尼迪著,王保存等译:《大国的兴衰》,第294—297页,求实出版社1988年版。

后，美国的"国家战略"便发生了变化，"美国工业的实力和海外贸易的崛起必然伴随着更加专横的外交和具有美国风格的强权政治"①。加之，美国在第一次世界大战中捞到很多好处，成为世界上最大的债权国；在第二次世界大战中又捞到很多好处，成为世界上最强大的军事国家，在"二战"结束后与苏联相比，享有绝对优势，于是，随着"二战"结束、"两极世界"的来临，美国的国家领导人一心谋求充当全球霸主，便"出现了美国的经济扩张与美国在世界各地建立军事基地、订立安全条约齐头并进的局面"②，后来，美国又卷入了朝鲜战争和越南战争。

　　"二战"结束后近50年来，美国和苏联的军备竞赛愈演愈烈，美国"占据国民生产总值一部分的国防开支比西方集团中的任何国家都多"③，"更有甚者，武器装备的增长，比全球经济和部分国家的国民经济的发展速度还快。在这方面，占据首位的是美国和苏联。……'世界经济军事化'正以比30年前更快的速度向前发展"④，终于造成了美国自20世纪60年代以来陷入相对衰落的局面。针对20世纪80年代末美国"国家战略"的种种弊端和现实困境，保罗·肯尼迪深刻地指出：

　　"尽管就目前来讲美国在经济上也许甚至军事上仍是天下无匹"，但是，美国的致命症结是"'帝国战线过长'，……美国

①保罗·肯尼迪著，王保存等译：《大国的兴衰》，第298页，求实出版社1988年版。
②保罗·肯尼迪著，王保存等译：《大国的兴衰》，第441页，求实出版社1988年版。
③保罗·肯尼迪著，王保存等译：《大国的兴衰》，第529页，求实出版社1988年版。
④保罗·肯尼迪著，王保存等译：《大国的兴衰》，第541页，求实出版社1988年版。

全球利益和它所承担的义务的总和目前已远远超过它能同时保卫的能力"[①],"与世界生产相比美国工业的相对衰落,……衰落的第二部门,一般也是人们很少料到的,就是农业,……还有金融领域前所未有的动荡"[②],"使这一问题更加复杂的是……国家债台高筑"[③]。

回顾了美国由盛而衰的近现代史后,保罗·肯尼迪站在"国家战略"的高度得出了以下结论:

"从美国大战略和一种有效的、长远战略必须依靠的经济基础的角度来看,前景并不那么美好。"[④]"因此,在未来的几十年里,美国领导者所面临的任务是清醒地认识到正在发展的广泛趋势,意识到必须很好地'处理'好任何事态,以便使美国的相对衰落进行得缓慢、平稳,不致因为那些常来近利却招致远损的政策的冲击而加速。"[⑤]

今天看来,保罗·肯尼迪在《大国的兴衰》中对美国由盛而衰的历史所作的分析,应该说是基本正确的。因为"国家战略"的失误,美国走向衰落的大趋势已不可逆转;除非美国国家领导人改弦更张,想办法让国家战略"根本上的政治性质"来个彻底的大转变(这也是保罗·肯尼迪撰写《大国的兴衰》一书的初衷),否则美国的衰落见底只不过是时间早晚的问

---

①保罗·肯尼迪著,王保存等译:《大国的兴衰》,第624页,求实出版社1988年版。
②保罗·肯尼迪著,王保存等译:《大国的兴衰》,第637~638页,求实出版社1988年版。
③保罗·肯尼迪著,王保存等译:《大国的兴衰》,第639页,求实出版社1988年版。
④保罗·肯尼迪著,王保存等译:《大国的兴衰》,第642页,求实出版社1988年版。
⑤保罗·肯尼迪著,王保存等译:《大国的兴衰》,第647页,求实出版社1988年版。

题！而自2007年美国爆发新的金融危机以来发生的一系列严重情况看，人们只能得出美国的衰落愈发明显、愈发加速的结论。这是明摆着的客观事实，无须辩论。

2.保罗·肯尼迪对苏联的分析

至于苏联（当《大国的兴衰》于1987年出版时，苏联在这个世界上还存在），保罗·肯尼迪认为，在1917年以前的几十年里，苏联的前身、沙皇统治下的俄国基本上还是一个农业社会，"尽管它从西方有所借鉴，但在技术上仍然是落后的，在经济上仍是不发达国家。……沙皇的军事专制主义、正教对教育的垄断、官吏们贪赃枉法和缺乏预见性以及农奴制度，这种制度使农业处于封建和停滞状态。"[1]自1915年后，虽然俄国的相对力量已趋向衰落，但是，沙皇俄国对外却成了"反对欧洲进步的主要堡垒"，起到了"欧洲宪兵"的作用，"这种落后的农业、工业化和最为沉重的军费开支的不健康结合，给社会造成更大的牺牲是不难想象的。……简言之，人们不仅仅根据布尔什维克革命后的剖析就可以看到1914年以前的俄国是一个社会和政治的火药库。"[2]

1917年十月革命后，斯大林领导下的苏联实行了农业集体化，给工业化积累下了资金，"到了30年代末，俄国的工业总产量不仅超过了法国、日本和意大利，而且可能超过了英

---

①保罗·肯尼迪著，王保存等译：《大国的兴衰》，第19页，求实出版社1988年版。
②保罗·肯尼迪著，王保存等译：《大国的兴衰》，第287—288页，求实出版社1988年版。

国。"①因此,第二次世界大战后,"只有美国和苏联堪称第一军事强国"②。可是,随着"二战"后"两极世界"的来临,苏联与美国开始争夺世界霸权,"扩展了它的疆域"③,拼命同美国展开军备竞赛。这种竞赛的结果是:"苏联势力影响的增长虽使人难以忘怀、不容忽视,但其经济基础与美国受惠于战争的繁荣经济相比,则大为逊色"④,"苏联经济增长率长期稳步下降,……就资本投资来说,苏联主要是将大量资本倾注在与重工业和国防有关的生产上,……个人消费被人为地控制得很低"⑤,从而导致苏联的经济相对停滞。针对20世纪80年代末苏联"国家战略"的种种弊端和现实困境,保罗·肯尼迪尖锐地指出:

苏联"想在全球范围内同美国分庭抗礼的持久的竞赛努力,与其在经济领域取得的成就很不相称"⑥;

"在许多至关重要的方面,苏联所要达到的目标与其手段之间的矛盾却在日益增大。它公开声称要增加工农业产值,但却又以集体化和不合理的国家计划来阻碍工农业的发展。……它要求绝对保证其漫长边界线的安全,但却采取不尊重邻国安全的顽固政策。……苏联的学说承认科学技术和新的生产手段是推动事物辩证发展的动力,将不可避免地导致

---

① 保罗·肯尼迪著,王保存等译:《大国的兴衰》,第397页,求实出版社1988年版。
② 保罗·肯尼迪著,王保存等译:《大国的兴衰》,第437页,求实出版社1988年版。
③ 保罗·肯尼迪著,王保存等译:《大国的兴衰》,第442页,求实出版社1988年版。
④ 保罗·肯尼迪著,王保存等译:《大国的兴衰》,第443页,求实出版社1988年版。
⑤ 保罗·肯尼迪著,王保存等译:《大国的兴衰》,第525页,求实出版社1988年版。
⑥ 保罗·肯尼迪著,王保存等译:《大国的兴衰》,第524页,求实出版社1988年版。

政治和社会变革，但是，苏联官僚主义的习惯势力，以党的领导干部为主体的特权阶层，对自由的信息交流的限制和缺乏激励个人发挥主动性的制度，这一切都使它在迎接未来的高技术革命方面处于极不利的地位[①]；

"苏联党的领导人经常说，苏联决不能在军事上处于劣势地位，要求人民增加生产的呼吁则更多。但是，他们已清楚地认识到，要调节这两个目标的关系是很困难的，要改变把过多的国家财富用于军事这一俄国传统则更加不容易。结果，苏联削弱了自己与其他国家进行经济竞赛的能力[②]；

"苏联国防开支在国民总产值中占的比例太大[③]；

"苏联面临日益落后西方的危险。"[④]

今天看来，保罗·肯尼迪对苏联由盛而衰的历史所作的分析，虽然也是基本正确的，可是，他对这个显赫一时的"超级大国"在世界政治舞台上存在的时间判断有误。在《大国的兴衰》中，在分析了苏联"国家战略"中存在的种种弊端之后，保罗·肯尼迪曾经比较乐观地说："但也不能因此认为苏联的'寿命'不会太长。"[⑤]然而，使他和许多人没有料到的是，仅仅在《大国的兴衰》出版4年之后，苏联便迅速解体，退出了世

---

①保罗·肯尼迪著，王保存等译：《大国的兴衰》，第596—597页，求实出版社1988年版。

②保罗·肯尼迪著，王保存等译：《大国的兴衰》，第596—597页，求实出版社1988年版。

③保罗·肯尼迪著，王保存等译：《大国的兴衰》，第607页，求实出版社1988年版。

④保罗·肯尼迪著，王保存等译：《大国的兴衰》，第602页，求实出版社1988年版。

⑤保罗·肯尼迪著，王保存等译：《大国的兴衰》，第609页，求实出版社1988年版。

界政治舞台……

3.“左右逢源”的中国

在《大国的兴衰》中，保罗·肯尼迪表示，他在世界未来的前景问题上，最看好的是中国，并且预测中国在21世纪一定会崛起，成为一个领先世界的大国。他这样说：“在近代以前时期的所有文明中，没有一个国家的文明比中国文明更发达、更先进。它有众多的人口，……有灿烂的文化。……中国社会富于经验，具有一种凝聚力，使外国来访者羡慕不已。……中国惯于同化征服者而不是被后者同化。”[①]

可是，保罗·肯尼迪认为，从明王朝开始，中国已经开始闭关锁国，走向相对衰落，“尽管有种种机会向海外召唤，但中国还是决定转身去背对世界”[②]。

这种情况一直到1949年才发生根本改变，“中华人民共和国1949年诞生之后，开始显示了它的威力。……更重要的是，它从诞生之日起在同列强的交往中所起的突出的（更不用说敢作敢为的）作用……”[③]

“1971年7月，理查德·尼克松在堪萨斯城对一群新闻媒介执行人发表讲话时再次指出：当今世界存在五支经济力量——西欧、日本、中国以及苏联和美国。‘这五支经济力量将决定世界经济的前途和本世纪最后三分之一时间世界其他方

①保罗·肯尼迪著，王保存等译：《大国的兴衰》，第7页，求实出版社1988年版。
②保罗·肯尼迪著，王保存等译：《大国的兴衰》，第9页，求实出版社1988年版。
③保罗·肯尼迪著，王保存等译：《大国的兴衰》，第511—512页，求实出版社1988年版。

面的未来，因为经济力量是决定其他各种力量的关键。'"①
而恰恰是在1971年，中国和美国关系正常化。中美关系正常化
对"全球的力量关系格局"发生了深刻影响，从此，世界进入
了多极化时代。

　　值得注意的是，保罗·肯尼迪把走向21世纪的中国友善地
称为"左右逢源的中国"②。这是因为，在他看来，由于一些
历史的原因，再加上现实机缘的巧合，当然更主要的是人为因
素在起作用，以邓小平等中国领导人所制定和实施的"国家战
略"不左不右，恰好符合"真正的大战略"之手段和目的的要
求，中国较好地处理了"国家发展战略"与"国家安全战略"、
"经济战略"与"军事战略"这两对战略的关系，即把"和平发
展"确定为"经济战略"的核心。保罗·肯尼迪这样说道：

　　"在实现武器装备现代化、满足人民的社会需要和将现
有的资源用于非军事生产等方面，任何国家也没有中国那样
急迫。中国既是大国中最穷的，同时可能也是战略地位最差
的"，但是，"它的现领导看来正在推行一种大战略。这个大战
略在连续性和向前看方面，比莫斯科、华盛顿或东京的战略都
强，更不用说西欧的了"③。

　　"中国在过去6到8年的改革和自我完善是举世瞩目
的。……实现这样的战略，需要有洞察政府政策各个不同方面
的相互关系的能力，需要进行复杂的协调工作，并要对下列几

①保罗·肯尼迪著，王保存等译：《大国的兴衰》，第505页，求实出版社1988年版。
②保罗·肯尼迪著，王保存等译：《大国的兴衰》，第545页，求实出版社1988年版。
③保罗·肯尼迪著，王保存等译：《大国的兴衰》，第545页，求实出版社1988年版。

个方面做出周密的判断：顺利实行变革的速度，依据近期的长远需要分配资源、协调国内和对外需要，以及意识形态和实践之间的相互适应——这是最后一个，但并非最不重要的一个方面，因为这个国家仍然有一个'改进了'的马克思主义体系。"[1]"最后一个措施，也许是中国为迅速发展经济而采取的最引人注目的措施，是严格控制国防开支，使军队不能消耗可用于其他方面的资源。……它与苏联拼命追求'军事安全'的思想以及里根政府把大量资金投入武装部队建设的许诺形成了鲜明的对照。"[2]"和平是邓〔小平〕的经济战略的核心。"[3]

在回顾并且分析了中国正在实施的"国家战略"的几个方面特点和优越性之后，保罗·肯尼迪预测中国在21世纪一定会成为领先世界的大国。他最后的结论是：

"要成为一个大国（根据定义，大国就是一个能保卫自己并可对付任何国家的强国），必须有可使国家欣欣向荣的经济基础。[4]

"中华人民共和国的生产能力仍远远落在后面，但它的经济发展最快。[5]

"中国这个亚洲巨人已经苏醒了！它决心建立起与大国地

① 保罗·肯尼迪著，王保存等译：《大国的兴衰》，第547页，求实出版社1988年版。

② 保罗·肯尼迪著，王保存等译：《大国的兴衰》，第553~554页，求实出版社1988年版。

③ 保罗·肯尼迪著，王保存等译：《大国的兴衰》，第556页，求实出版社1988年版。

④ 保罗·肯尼迪著，王保存等译：《大国的兴衰》，第562页，求实出版社1988年版。

⑤ 保罗·肯尼迪著，王保存等译：《大国的兴衰》，第651页，求实出版社1988年版。

位相称的经济基础。[1]

　　"目前,中华人民共和国也在以惊人的速度前进。"[2]

　　总而言之,在1987年出版的《大国的兴衰》一书中,保罗·肯尼迪通过总结500年来世界近现代大国兴衰的历史经验,特别是总结美、苏两个"超级大国"由盛而衰的历史经验,已经把由利德尔·哈特和约翰·柯林斯构建起来的以"国家战略"为最高层次、由多种不同战略组成的战略层次具体化,并且联系历史上和现实中一系列国家领导人操作"国家战略"的成败得失,进一步分析了各种战略之间的复杂关系,从而为我们展现了下面这样一个"国家战略"理论的基本轮廓,那就是:

　　第一,一个国家在全球国际关系中所处的地位并不是永久不变的,而是总在变化的,是由国际生产力和各个国家生产力的不断变化而决定的。一个国家在国际关系中国家地位的高低,是一个大国、强国还是一个小国、弱国,取决于这个国家综合国力的大小和生产力发展的快慢,以及与其他国家综合国力的大小和生产力发展快慢之相比较的关系。因为国际力量和各国生产力的不断变化发展是"不可抗拒的规律"[3],所以,自1500年—2000年的一部世界近现代史,可以说就是

---

[1]保罗·肯尼迪著,王保存等译:《大国的兴衰》,第513页,求实出版社1988年版。

[2]保罗·肯尼迪著,王保存等译:《大国的兴衰》,"前言",第7页,求实出版社1988年版。

[3]保罗·肯尼迪著,王保存等译:《大国的兴衰》,第649页,求实出版社1988年版。

一系列世界大国交替地由强盛而走向衰落的历史。在世界大国由盛而衰的演变轨迹的过程中，可以发现许多反复重演的规律。

第二，在这500年间，一个国家综合国力的大小和生产力增长的快慢，归根结底又取决于这个国家的国家领导人能否正确地制定和实施"国家战略"。在"国家战略"中，"科技战略""经济战略""政治战略""外交战略"和"军事战略"等二级战略互相渗透、互相支撑，又都与其上的一级战略"国家发展战略"和"国家安全战略"互相渗透、互相支撑。但是，应该清楚地看到，一般说来，"国家发展战略"与"国家安全战略"、"经济战略"与"军事战略"这两对战略，始终应当是国家领导人操作战略时的重点，具体地说，国家领导人必须始终注意要把国家创造的经济财富"适度"地投向军事领域。

第三，大国之兴，兴于科学技术和经济的发展、政治组织形式的有益变革，以及随之而来的国家军事强盛，"在每个大国经济的兴衰与其作为一个军事大国（或世界帝国）的兴衰之间，有一种显而易见的联系"[1]。而大国之衰，则衰于国际生产力重心的转移，以及国家领导人把国家的经济财富"过度"地投入军事领域。所以，能否成为一个世界大国，关键在于一个国家领导人的智慧，在于这个国家"国家战略"制定和实施的好坏，在于"处理好国家拥有的手段与国家目标的关系这一自

---

[1] 保罗·肯尼迪著，王保存等译：《大国的兴衰》，"前言"，第9页，求实出版社1988年版。

古有之的难题"①。总之，"如果在防务、消费和投资这三个相互竞争的需求中没有大致的平衡，一个大国就不可能长久地保持它的地位。"②

在这里我想顺便提一下，在《大国的兴衰》这本书的"后记"里，保罗·肯尼迪曾经谦虚地说，他撰写的这本书中的许多论述和预测还只是探讨性的，还不大成熟。保罗·肯尼迪的原话是："这不是一部政治学专著，尽管它向正在研究战争和国际秩序变化规律的政治家们提供了大量翔实的材料和评论。"③但是，令人想不到的是，他说完这番话以后仅仅过了4年，便把他在《大国的兴衰》中阐述的这些"材料和评论"进行了一番整理、再思考和提炼，终于在他所编辑的《战争与和平的大战略》一书中，向世人公布了"真正的大战略"理论的逻辑框架。而我认为，这个"真正的大战略"理论的逻辑框架充分说明，他所构建的"真正的大战略"理论，确实就是我们今天所说的"国家战略"理论。

第四节 "真正的大战略"（国家战略）理论的逻辑框架

1991年，也就是一个著名的"超级大国"苏联发生解体、

---

① 保罗·肯尼迪著，王保存等译：《大国的兴衰》，"前言"，第7页，求实出版社1988年版。
② 保罗·肯尼迪著，王保存等译：《大国的兴衰》，第545页，求实出版社1988年版。
③ 保罗·肯尼迪著，王保存等译：《大国的兴衰》，第649页，求实出版社1988年版。

淡出世界政治舞台的那一年，已经有了一定国际声望的保罗·肯尼迪编辑了一本并不厚的小册子，书名叫作《战争与和平的大战略》。该书收录了包括美国研究《战争论》的专家迈克·霍华德、后来担任过美国小布什总统的国家安全事务特别助理康多莉扎·赖斯（女）在内的美国和英国许多战略学学者们关于"大战略"问题的一些演讲记录。保罗·肯尼迪为这本书写了"前言"、第一章和第十章（也是该书的最后一章）。其中，第一章的小标题是"战争与和平中的大战略：拓展定义"（所谓"拓展定义"，也就是"大战略"这个特殊的学术概念的外延和内涵都需要进一处拓展，并且，也已经得到了拓展的意思）。在这个具有"真正的大战略"理论的纲领性文件的第一章中，保罗·肯尼迪用非常简略而含蓄的语言，系统又深刻地描述了从克劳塞维茨创建的"作战战略"理论，发展到利德尔·哈特创建的"大战略"理论，再进一步发展到保罗·肯尼迪自己创建的"真正的大战略"理论之西方战略理论的发展简史，并且，在与克劳塞维茨和利德尔·哈特战略理论的比较中，概述了自己提出的"真正的大战略"的外延、内涵、主体、手段、目的等许多确切的内容。掌握这个"真正的大战略"（也就是"国家战略"）理论的逻辑框架，有助于我们了解当代西方的战略理论已经达到一种怎样的新阶段和新境界，有什么新的动向和积极因素。

一、保罗·肯尼迪对克劳塞维茨"作战战略"理论的分析

首先，保罗·肯尼迪评述了克劳塞维茨的战略思想。他认为克劳塞维茨在《战争论》所说的"战略"，只是一种层次较低

的"纯军事性"的即"作战战略"性质的战略①。这种"纯军事性"战略的外延和内涵都需要进一步拓展。因为无论是"战略"还是"战术",本来都可以划分出许多不同的层次。他这样说:

"在许多关于武装力量和战争的性质的较老文献中,做了一种两个分析层次之间的简单划分,那就是战术和战略。……有如克劳塞维茨所主张,'战术是在战役中运用部队的艺术;战略是运用战役来赢得战争的艺术'……

"然而像大多数简单的定义那样,这个定义也需要修改,并且需要作进一步的再划分……

"正如战术可以在各个不同层次上加以分析和理解,战略也能够这样。战略这个词有一种用法,其中心含义差不多是纯军事性的〔指克劳塞维茨的'作战战略'〕。……如此,它几乎或完全没有为考虑冲突的非军事方面留下余地,或者为交战国作为一个整体的、长期的和政治的目的留下余地。"②

这也就是说,保罗·肯尼迪认为,从西方人常常讲的"战争艺术"中区分出来的"战略"和"战术"这两个概念,本来都有相对性和层次性,都是可以从中进一步划分出不同层次来的。可是,克劳塞维茨却忽视了"战略"和"战术"有层次性,只给战略和战术下了一个简单、死板的定义,认为"战略是为了战争目的运用战斗的学问","战术是在战斗中使用军

---

① 保罗·肯尼迪编,时殷弘等译:《战争与和平的大战略》,第1页,世界知识出版社2005年版。
② 保罗·肯尼迪编,时殷弘等译:《战争与和平的大战略》,第1页,世界知识出版社2005年版。

队的学问"①。因此，克劳塞维茨给战略和战术下的定义需要修改。

不仅如此，保罗·肯尼迪还认为，克劳塞维茨给战略下的定义有两个缺陷：一个是只把"纯军事性的"、也就是军事暴力看成是战略的手段，而没有看到非军事暴力也可以是战略的手段；另一个是只把在战争时期和战场上赢得战争胜利看成是战争的目的，而没有看到这个目的同国家整体的、长期的"政治目的"之间有联系，也就是没有看到"赢得战争胜利"这个"作战战略"的目的，同国家整体的、长期的"国家战略"的总的目的之间还有更加深刻的联系。

二、保罗·肯尼迪对利德尔·哈特"大战略"理论的分析

接着，保罗·肯尼迪便开始评述利德尔·哈特的战略思想。他认为，为了克服克劳塞维茨"作战战略"理论的局限性和缺陷，利德尔·哈特提出了"大战略"理论。利德尔·哈特的"大战略"理论"极力主张间接路线(indirect approach)"②；确认"大战略"的"任务就在于调节和指导一个国家或几个国家的所有一切资源，以求达到战争的政治目的"，"将平时和战时的国家政策都包括进来"③，于是，"导致利德尔·哈特引出两个广泛的结论"：

"第一在于胜利这个词含义的扩展，因为（他感到）'真

①克劳塞维茨著，军事科学院译：《战争论》，第103页，商务印书馆1978年版。
②保罗·肯尼迪编，时殷弘等译：《战争与和平的大战略》，第3页，世界知识出版社2005年版。
③保罗·肯尼迪编，时殷弘等译：《战争与和平的大战略》，第2页，世界知识出版社2005年版。

正的胜利意味着战后和平的状况和人民的境况优于战前'";

"第二个结论直接出自利德尔·哈特的信念——国家决策者面对的关键任务在于将目的和手段联系起来。这个结论就是'大'战略必须涉及的远不是监管战役"[①]，而是无论在和平时期还是在战争时期，国家元首及其政府和军事统帅都要对敌国使用军事和非军事相结合的综合手段，"瘫痪"敌人或者"打垮"敌人。

保罗·肯尼迪认为，这样一来便使得利德尔·哈特的"大战略"理论大大拓展了战略的外延和内涵，使得战略本身有了更多的层次和复杂性，使得利德尔·哈特的"大战略"理论与克劳塞维茨的"作战战略"理论之间有了明确的分野，有了质的差异。

保罗·肯尼迪的原话是这样说的："如果说利德尔·哈特关于英国战略的思想仍旧是可以争议的话，那么他对大战略整体的研究和理解所做的贡献却非常重要。他以及稍后厄尔〔美国的一个战略学家〕主张的是实质性地拓展这个术语的定义，显示一个恰当的大战略必须是怎样复杂和多层次的东西，并且由此将它同赢得一场特定的会战或战役的、纯粹作战性的战略〔指克劳塞维茨的'作战战略'〕非常坚决地区分开来。"[②]

[①]保罗·肯尼迪编，时殷弘等译：《战争与和平的大战略》，第2页，世界知识出版社2005年版。

[②]保罗·肯尼迪编，时殷弘等译：《战争与和平的大战略》，第3页，世界知识出版社2005年版。

三、保罗·肯尼迪对自己创建的"真正的大战略"（国家战略）理论逻辑框架的描述

最后，保罗·肯尼迪便开始简略又系统地描述自己创建的"真正的大战略"理论（也就是我们今天所说的"国家战略"理论）的逻辑框架。他说自己所提出的"真正的大战略"理论，与克劳塞维茨的"作战战略"理论和利德尔·哈特的"大战略"理论都不同。这些不同具体表现在以下五个方面：

1.从外延看，"真正的大战略"比克劳塞维茨的"作战战略"和利德尔·哈特的"大战略"的外延更宽、层次更高。

这是因为，克劳塞维茨的"作战战略"理论和利德尔·哈特的"大战略"理论的共同特点，都是在空间上只关注"战争"或者"大战争"本身及其胜负结局或和平结局，在时间上都是始于"战争"或"大战争"的发生和结束，换言之，都只是在一段有限的战争时期或者一段有限的和平时期和战争时期的战略理论，都没有达到一段长时期的"国家战略"的高度和宽度。可是，"真正的大战略"却与这两种战略理论不同，保罗·肯尼迪说：

"真正的大战略现在像关注战争一样多地（或许甚至更多地）关注和平[1]；

"它既非止于战争结束，亦非止于战争爆发[2]；

---

[1] 保罗·肯尼迪编，时殷弘等译：《战争与和平的大战略》，第3页，世界知识出版社2005年版。

[2] 保罗·肯尼迪编，时殷弘等译：《战争与和平的大战略》，第3页，世界知识出版社2005年版。

"它关系到应当作用几十年甚或几百年的政策的深化和整合。"①

由此看来，保罗·肯尼迪所说的"真正的大战略"，原来指的不仅是在"作战战略"和"军事战略"之上的一种外延更宽、层次更高的"国家战略"（"政策"），而且指的是我们今天所说的"国家长期战略"或者"国家基本战略"（保罗·肯尼迪也明确地强调过，"真正的大战略"就是"长期大战略"②）。这是一种在一个国家"几十年甚或几百年"较长一段历史阶段里起作用、本身包括一些短期的"国家战略"发展演变在内的、对一系列短期"国家战略"不断地进行调整或者"整合"的长期的国家战略。"国家长期战略"或"国家基本战略"的特点之一就是：一个国家的领导人在制定和实施这种战略时，与其说要像关注战争时期一样多地关注和平时期，毋宁说要更多地关注和平时期，即要把战略的重点由战争时期转移到和平时期，把搞好和平时期作为战略的重点内容。

2.从内涵看，"真正的大战略"比克劳塞维茨的"作战战略"和利德尔·哈特的"大战略"的内涵更加丰富、更加复杂。

这是因为，克劳塞维茨的"作战战略"理论只是主张军事统帅在战争时期和战场上使用军事暴力手段"消灭敌人军队"，以"打垮敌人"、赢得战争胜利为目的；利德尔·哈特的

---

① 保罗·肯尼迪编，时殷弘等译：《战争与和平的大战略》，第3页，世界知识出版社2005年版。

② 保罗·肯尼迪编，时殷弘等译：《战争与和平的大战略》，第182页，世界知识出版社2005年版。

"大战略"理论也只是主张国家元首及其政府和军事统帅无论在和平时期和战争时期，必须使用非军事暴力和军事暴力相结合的综合手段"削弱"敌国，以达到"瘫痪"敌国或者"打垮"敌国为目的。这两种战略理论的共同特点，都是只讲怎样使用一定的战略"手段"达到一定的"目的"，却很少讲在使用一定的"手段"达到一定的"目的"时，要付出多少代价；很少讲在实施战略的过程中，会因为"手段"使用得"过度"，造成"手段"量的方面发生短缺，给实施下一个阶段的战略"目的"和其他战略造成不利的影响。而"真正的大战略"却与上述这两种战略不同。保罗·肯尼迪强调，仅仅主张使用一定的战略"手段"达到一定的战略"目的"是不行的。"真正的大战略"更要注意在使用一定战略"手段"达到一定战略"目的"时，关注战略"目的"和战略"手段"之间的平衡关系。

他深刻地指出："〔真正的〕大战略关乎的是目的与手段的平衡，既在战时，也在平时。国务家们仅仅考虑如何赢得战争是不够的，还须考虑代价（最广义的代价）会有多大；仅下令向这个或那个方向派遣舰队和大军是不够的，还须保证它们获得适当的补给，并且由一个欣欣向荣的经济基础得到维持；在和平时期仅订购一系列武器是不够的，还须仔细检查防务开支造成的影响。诚然，利德尔·哈特对战争的资金全未表现出什么兴趣，甚至对战争后勤这样至关重要的领域也是如此。"[1]

---

[1] 保罗·肯尼迪编，时殷弘等译：《战争与和平的大战略》，第3—4页，世界知识出版社2005年版。

也就是说，保罗·肯尼迪认为，由国家元首及其政府掌管的"国家战略"所要完成的主要任务，乃是无论在和平时期还是在战争时期，都要协调、处理好"国家发展战略"与"国家安全战略"以及"经济战略"与"军事战略"这两对战略中"目的"和"手段"之间的恰当、平衡关系。

例如，在战争时期，仅仅考虑怎样达到战争胜利的"目的"是不行的，还要考虑在达到这个胜利的目的时，所付出的国家经济财富这种"手段"的代价有多大、付出的财政资金会不会过多、会不会因为付出太多而影响其他种类战略的需要，比如影响到"国家发展战略"和"经济战略""外交战略""科技战略"的需要，因为作为战略"手段"的国家经济财富总是有限的，而不是无限的。同样在战争时期，国家元首及其政府仅仅下令派遣军队去完成一些军事任务是不行的，还要考虑到军队在执行这些军事任务时所必需的后勤供应问题，考虑到"国家发展战略"和"经济战略"有没有给军队的后勤提供必需的经济资金保证，国家有没有"一个欣欣向荣的经济基础"。

又如，在和平时期，国家元首及其政府仅仅考虑订购一批武器装备，以满足"国家安全战略"和"军事战略"的需要是不行的，还要考虑订购这些武器装备的财务开支，对于国家其他方面的开支有无影响，例如，会不会影响"国家发展战略""科技战略""文教战略"财政资金的需要。

保罗·肯尼迪认为，利德尔·哈特"大战略"理论中的一个重大缺陷，就是他只讲怎样使用国家资金这种战略"手段"达到战略"目的"，而忽视达到战略"目的"时，需要付出怎样的代价,他对战争的资金来源和战争后勤"这样至关重要"的问题没有论及。

由此看来,保罗·肯尼迪"真正的大战略"的内涵,即计划和实施"国家战略"的内涵相当丰富而复杂。他主要强调以下三点:

第一,无论在和平时期还是在战争时期,国家领导人及其政府在计划和实施"国家战略"时,在使用国家的经济资源财富这种战略"手段"达到各种战略"目的"时,都必须注意在"手段"和所要达到的"目的"之间有一种恰当、合理的平衡、匹配关系,不要让国家的经济资源这种"手段"使用得过度、造成浪费,也不要让"手段"使用不及,达不到实施各种战略的"目的"。

第二,在计划和实施"国家战略"及其之下的二级战略如政治、经济、外交、军事、科技、文教的战略时,国家领导人及其政府与其说要关注使用国家的经济资源财富这种"手段",以达到各种战略"目的",不如说应当关注国家经济资源财富这种"国家战略"的"手段",在达到各种战略"目的"中的长期作用,也就是说,国家领导人及其政府更应当搞好"国家发展战略"和"经济战略",发展国家综合实力,要为实现各种战略"目的"提供"一个欣欣向荣的经济基础"。

第三,保罗·肯尼迪认为,一个国家只要有了一个作为实现各种战略"目的"之"手段"的"欣欣向荣的经济基础",国家领导人及其政府又能够处理好各种战略"目的"和"手段"之间的恰当、合理的平衡关系,那么,在一般情况下,无论是国家的安全和发展、经济与军事工作，无论是在和平时期还是在战争时期，"国家战略"都不会出现较大的问题。

3.从战略的"手段"及其构成的要素看，"真正的大战略"比克劳塞维茨的"作战战略"和利德尔·哈特的"大战略"的"手段"更多、更具体，而且有重点。

克劳塞维茨在《战争论》中虽然认为"战略要素"有物质的和精神的多种，但是，他却认为构成"作战战略"的基本要素只是"军队"，战略"手段"只是流血的"战斗"。利德尔·哈特虽然在《战略论》中认为"大战略"的手段不仅有军事暴力，还包括非军事暴力，甚至囊括了全部的国家资源，但是，他对"大战略"的手段论述得并不具体，而且也没有区分战略手段的重点。而保罗·肯尼迪则把"国家资源"（主要是"经济"）、"外交"和"国民士气和政治文化"看作构成"国家战略"的三个重点"手段"和"核心要素"①。

利德尔·哈特说："真正的大战略"，"包含了比在战场本身发生的事态多得多的东西（甚至比武装力量自身中间发生着的事态还要多的东西），大战略的研究者就需要将一批在传统的军事史中通常不予包含的因素考虑进来，它们包括：

"节俭使用和调控国家资源的关键意义，以便达到上面谈及的、目的和手段之间的平衡。正如近来关于欧洲早期现代国家的史学现已表明的那样，拨弄紧缺的资源是君主和国务家们始终不断的全神贯注之事，也是在决定胜败方面单独一

---

① 保罗·肯尼迪编，时殷弘等译：《战争与和平的大战略》，第4页，世界知识出版社2005年版。

个最重要的因素。在工业化和技术化战争时代里，大战略的经济成分占有一个至少同样关键的位置。

"外交既在平时也在战时的重大作用，用以通过获取盟国、赢得中立国的支持和减少敌国（或潜在敌国）的数目来改善本国的处境——以及胜利的前景……

"国民士气和政治文化问题，它不但在战场上重要，而且在民众支持战争目的和承受战争负担的意愿，或者承受和平时期庞大国防力量的代价的意愿方面也是重要的……"[①]

4.从究竟谁是战略的主体、战略所要达到的最终目的、实施战略的方法等方面看，克劳塞维茨、利德尔·哈特和保罗·肯尼迪的战略理论也是有很大区别的。

克劳塞维茨认为操作"作战战略"的主体是军事统帅，战争时期战场上"作战战略"的目的是"打垮敌人"，军事统帅实施"作战战略"的方法是"使用战斗"，以赢得战争的"胜利"。利德尔·哈特认为除了军事统帅，国家元首及其政府也是操作"大战略"的主体，"大战略"的目的是"瘫痪"敌国或者"打垮"敌国，以赢得一个更加美好的"和平"，"大战略"的方法是从和平时期开始、包括战争时期，国家元首及其政府和军事统帅都要使用非军事和军事相结合的手段，首先"削弱"敌国的国力，争取把敌国搞"瘫痪"，如果敌国不屈服，再进入战争时期"打垮"敌国。而保罗·肯尼迪的"真正的大战略"却与克劳塞维茨的"作战战略"、利德尔·哈特的"大战

---

①保罗·肯尼迪编，时殷弘等译：《战争与和平的大战略》，第4—5页，世界知识出版社2005年版。

略"不同。保罗·肯尼迪在《战争与和平的大战略》中明确地指出：

第一，操作"真正的大战略"的主体其实是"国家领导人"，国家领导人才是操作"国家战略"及其之下各个层次战略的、名副其实的最高"统帅"；

第二，"真正的大战略"即"国家战略"所要达到的最终目的，是"为了维持和增长国家长期的（即在战时和平时的）最佳利益"；

第三，实施"真正的大战略"即"国家战略"的方法，共有以下5个要点：

（1）国家领导人必须"在政治、战略、作战和战术这几个不同层次上运作"，即集中起国家领导人的运作权力；

（2）而且，必须"依靠对政治实体的目的和手段做不断的明智的再审视"[1]，即不断地调整好国内外各方面的利益；

（3）这就需要国家领导人具备有一种"将军事的非军事的所有要素集合在一起的能力"，通晓军事和非军事；

（4）所以，实施"真正的大战略"归根结底只能依靠国家领导人的"经验，其中包括历史经验"，乃是一种"经验优化"，这也就是必须依靠国家领导人的"智慧"和"判断力"；

（5）又因为在实际操作"真正的大战略"（"国家战略"或"国家基本战略""国家长期战略"）时，国家领导人会遇到很多不确定的因素和风险，所以，从这个意义上讲，操作好

_____

[1] 保罗·肯尼迪编，时殷弘等译：《战争与和平的大战略》，第5页，世界知识出版社2005年版。

"真正的大战略"非常不容易，本质上是一种难以把握好的"艺术"。

关于以上5个要点，保罗·肯尼迪的原话是这样说的：

"〔真正的〕大战略的症结在于政策〔即'国家战略'〕，即在于国家领导人为了维持和增进国家长期的（即在战时和平时的）最佳利益而将军事和非军事的所有要素集合在一起的能力。这么一种努力充满着不可估计之事和无法预料的'摩擦'。它不是契合约米尼传统的一种数学，而是契合克劳塞维茨见识的一种艺术，并且是一种难以把握的艺术，因为它在政治、战略、作战和战术这几个不同层次上运作，它们全都互相作用，推进（或阻碍）主要目的的实现。

"……〔真正的〕大战略永不可能是精确无疑和事先注定的。相反，它依靠对政治实体的目的和手段做不断和明智的再审视，依靠克劳塞维茨和利德尔·哈特（尽管他们有很多岐义）最尊敬的两样无形的东西——智慧和判断力。最后，我们要懂得智慧和判断力并非孤力地被创造出来；它们由经验形成，由经验优化，其中包括历史经验。"①

5.最后，从实施战略的外部大环境看： 无论是克劳塞维茨还是利德尔·哈特，在他们的战略理论中都很少讲外部大环境对战略的影响。而保罗·肯尼迪非常重视国际大环境的变化，重视国外大环境对国家领导人制定和实施"国家战略"的制约作用。他认为，必须把制定和实施"国家战略"时的

①保罗·肯尼迪编，时殷弘等译：《战争与和平的大战略》，第5页，世界知识出版社2005年版。

全部程序放在一个不断变化和变动的大背景之下加以考虑。他强调，国家领导人在处理有关"真正的大战略"中的各种问题时要注意："所有这些都必定是发生在一个不断变动的世界上。"[①]

总而言之，从保罗·肯尼迪以上所描述的西方"战略"定义拓展的过程，以及"真正的大战略"理论的逻辑框架，我们可以清楚地看到，从19世纪30年代《战争论》发表近200年来，从克劳塞维茨创建的"作战战略"理论，发展到利德尔·哈特创建的"大战略"理论，再到保罗·肯尼迪创建的"真正的大战略"理论，"战略"的外延、内涵、手段及其构成要素、主体、方法和目的均已发生了很大的变化。简言之，随着人类社会的变化发展、战争与和平的变化发展、人们认识的深入，西方的战略理论已经发生了两次较大的变革和质变。如果说，克劳塞维茨战略理论所要解决的主要任务，只是一个军事统帅在战争时期和战场上怎样使用军队和战斗赢得战争胜利的话；如果说，利德尔·哈特战略理论所要解决的任务，只是一个国家在和平时期和战争时期怎样使用综合国力赢得"大战争"和"大战略"的胜利，赢得一个更加美好的和平的话，那么，保罗·肯尼迪的战略理论则与上述两种战略理论迥然不同，它是强调一个国家为了自身的发展和安全，无论在和平时期和战争时期都必须"有一个欣欣向荣的经济基础"，都必须

[①]保罗·肯尼迪编，时殷弘等译：《战争与和平的大战略》，第6页，世界知识出版社2005年版。

对国家各种战略的"目的"和"手段"进行合理的协调、平衡和配合，以保证这个国家能够长期稳定而健康地发展，始终成为世界上一个国强民富的领先大国。

因此，我认为保罗·肯尼迪"真正的大战略"（国家战略）理论的产生，确实具有重大的理论意义、历史意义和政治意义：

第一，保罗·肯尼迪"真正的大战略"的产生，使得"战略"终于达到了克劳塞维茨在《战争论》中所说的"战略的最高范围、即战略接近政治和治国之道，甚至同它们合而为一的地方"，亦即达到了"国家战略"的高度。它表明人类在不断地从事和拓展社会实践和指导社会实践的过程中，战略的视野越来越宽、视界越来越高、越来越关注人类社会实践的全局，所发现和掌握的实践规律越来越多、也越来越复杂，人类的整体战略意识已经逐步达到了一个相当自觉和成熟的新阶段。

第二，我们还应该看到，保罗·肯尼迪"真正的大战略"理论实际上已经把"国家战略"的重点，从"国家安全战略"和"军事战略"转移到了"国家发展战略"和"经济战略"上，它十分强调不搞好"国家发展战略"和"经济战略"，没有"一个欣欣向荣的经济基础"，就不可能搞好"国家安全战略"和"军事战略"。换句话说，保罗·肯尼迪"真正的大战略"理论试图扭转以往西方战略理论只是通过战争或"大战争"而赢得战争胜利的大方向，亦即把战略追求的最终目标引向一个积极而健康的大目标上，那就是我们这个世界上一些有智慧的国家领导人在几十年或者几百年的一段历史时期，怎样用他们

"全面的智慧"把他们的国家建设成为一个长期稳定发展、国强民富的大国。

第三，保罗·肯尼迪"真正的大战略"理论产生的重大历史意义和政治意义在于，它的内容有助于在人类社会中制止战争，促进战争的消亡，维护世界的长期和平和世界各国的和平健康发展。

我们这次举办的"西方战略与《孙子兵法》"讲座的第一部分"西方战略理论的形成和发展"，讲到这里，也就结束了。

关于西方战略理论内容两次"拓展"的情况，以及保罗·肯尼迪"真正的大战略"理论基本逻辑框架的实质性内容，请读者参看下面的图表5和图表6。

图表5　西方战略理论内容的两次"拓展"

战略	克劳塞维茨	利德尔·哈特	保罗·肯尼迪
层次等级	"作战战略"	"大战略"（军事战略）	"真正的大战略"（国家战略或国家长期战略，国家基本战略）
外延	"狭义的战争艺术"，"狭义的战争"，"战争本身的活动"，"作战活动"——"作战方法"	"广义的战争艺术"，"广义的战争"，"战争本身的活动"和"战争准备的活动"，战争时期与和平时期，战场内外的"大战争方法"	"政治"，"治国之道"，一个国家几十年甚至几百年包括许多和平时期和战争时期，运作各种战略的"治国艺术"
主体	战争时期战场上的军事统帅	国家元首及其政府和军事统帅	国家领导人（统帅）

战略	克劳塞维茨	利德尔·哈特	保罗·肯尼迪
手段构成要素	"战斗"（军事暴力），军事统帅和军队	国家综合实力政治、经济、外交、军事、科技、文教各种力量（非军事暴力和军事暴力）	全部国家资源（军事暴力和政治、经济、外交、军事、科技、文教各种力量）重点①资源（经济）；②外交；③国民士气和政治文化
方法	"直接路线"的"击剑术"，军事统帅在战争时期战场上"运用"战斗和军队'消灭敌人'	"间接路线"和"直接路线"的"击剑术"，国家元首及其政府和军事统帅在和平时期和战争时期运用非军事暴力和军事暴力手段"瘫痪"或"打垮"敌国	既是"铸剑术"又是"击剑术"，还合理处理"铸剑术"和"击剑术"的相互关系。国家领导人协调处理"国家发展战略"和"国家安全战略"、"军事战略"与非军事的各种战略之间的关系，合理协调、分配各种战略的"目的"和"手段"的平衡关系
目的	"打垮敌人"，赢得战争胜利，进而达到战争的"政治目的"	"瘫痪"或"打垮"敌国，不仅赢得战争胜利，而且获得一个战后比战前更加美好的和平	使"国家安全战略"和"国家发展战略"都达到预期目的，让国家有一个"欣欣向荣的经济基础"，只要发生战争便能赢得胜利，成为世界上一个长期稳定发展的大国，维护和发展国家的长期最佳利益
内涵	"消耗战略"	"削弱战略"和"消耗战略"	合理分配、使用、平衡国家经济资源，使各种战略达到目的，不断发展提高社会生产力
外部环境			在一个不断变动的世界上

图表6 保罗·肯尼迪"真正的大战略"理论的基本框架

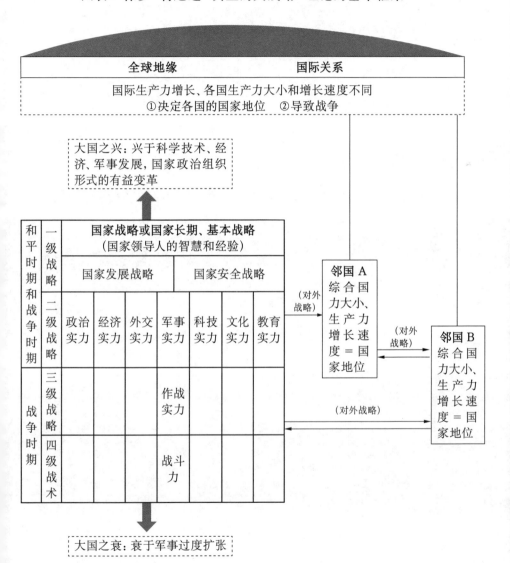

下　编

《孙子兵法》的战略理论真相

第五章　《孙子兵法》导论

在本书的第一部分,我已经介绍了西方战略理论形成和发展的过程。下面,我就开始讲第二部分"《孙子兵法》的战略理论真相"。首先是"导论",讲一讲《孙子兵法》的学术地位和特点、我国近代以来对《孙子兵法》的中西比较研究,以及我们今天研究《孙子兵法》的目的。

第一节　《孙子兵法》的学术地位

《孙子兵法》是我国古代兵家和兵学的代表作。它不是一部普通的兵书,它在历史上占有非常重要而显赫的学术地位。如果用一句话来概括它的学术地位,可以说它不仅是中国历史上产生最早、整体质量最好、地位最高的一部兵书,而且也是世界上产生最早、整体质量最好、地位最高的一部战争和战略理论经典著作。

一、中国历史上产生最早、整体质量最好、地位最高的一部兵书

从中国历史的角度考察,《孙子兵法》首先是中国历史上产生最早的一部兵书。我国学术界大多数学者认为,《孙子兵法》产生于中国从奴隶社会向封建社会大变革的春秋末期至战国初期,其作者孙武是春秋末期人,他的生卒年限大约与儒家学派的创始人孔子相当。据司马迁的《史记》记载，公元前512年，孙子经伍子胥的引见，见到吴国的国君阖闾，吴王阖闾见到孙子时所说的第一句话就是："子之十三篇，吾已尽观之矣"（《史记·孙子吴起列传》）。当时，孔子约40岁，而孙子约30岁。又据1972年我国考古学者在山东临沂银雀山的汉墓出土发现，有《孙子兵法》的残简和《吴向》等佚文数篇，记载了孙子和吴王阖闾关于晋国六卿"孰先亡，孰固成"的谈话问答。孙子认为，凡改革图强、亩大税轻者，可以获得成功。由此可见，孙子在春秋末期是一位政治上的革新派，主张变法图强。

在孙子以前，尽管中国古代战争频发，战争和战略的经验非常丰富，可是，中国只存在一些零零星星的军典和兵法片段，如《军志》《军典》、古《司马法》和《令典》等，还没有出现一部内容丰富、思想深刻、成理论体系的兵法专著。而《孙子兵法》则是中国历史上最早产生的一部内容丰富、思想深刻、成理论体系的兵法专著。这在中国文化史上是一件了不起的大事。

不仅如此，自从《孙子兵法》产生以后，中国历史又延续了两千多年。在这两千多年中，战争连绵不断，涌现出来的兵书也很多，大大小小的兵书有几千种，而《孙子兵法》又是所有兵书中的一部整体质量最好、地位最高的兵书。换句话说，《孙子兵法》产生以后，所有那些新出现兵书的整体质量都没有超过《孙子兵法》，兵学家们都视《孙子兵法》为中国兵学的鼻祖。对此，中国的军事界和学界是公认的且有定评的。例如，三国时期的大政治家和军事家曹操说过："吾观兵书战策多矣，孙子所著深矣，审计重举，明画深图，不可相诬。"①
唐太宗李世民也说过："朕观诸兵书，无出孙武。"②明代的
兵学家茅元仪赞扬孙子道："先秦言兵者六家，前孙子者，孙子
不遗；后孙子者，不能遗孙子。"（《武备志·兵诀评序》）清代的
《四库全书总目》称"武书为百代谈兵之祖"。由此可见《孙子
兵法》在中国军事界和学术界的崇高地位。

从《孙子兵法》在中国历史上所起到的实际作用看，从春
秋战国时起，一直到近现代，这部兵书对中国历代的战争指导、
对军事思想和战略思想的流传和发展，甚至对中国人特有的一
些思维方法、行为方式和价值观，都产生了重要的影响和积极
作用。

例如，就在春秋末期，吴王阖闾拜孙子为将军。孙子凭借
《孙子兵法》十三篇里所阐述的战争和战略理论，曾经一度辅
佐吴王带兵在中国称霸，"西破强楚，入郢，北威齐晋，显名诸
侯。孙子与有力焉"（《史记·孙子吴起列传》）。后来，吴国发
生内乱，吴王阖闾死，吴国换了国君，夫差登上王位，伍子胥
被杀，孙子不得志，退隐了。《孙子兵法》也被吴王夫差锁入
金匮石室里，秘藏起来。但是，到了战国时期，《孙子兵法》又
冲出金匮石室，在中国得到广泛流传，在通过兼并战争统一中
国的过程中发挥出重大的作用。据《史记·孙子吴起列传》说：
"世俗所称师旅，皆道《孙子》十三篇。"法家韩非在《韩非
子·五蠹》中也说过："境内皆言兵。藏孙（武）、吴（起）之书

①曹操：《注孙子序》，见《十一家注孙子》，第276页，中华书局2012年版。
②《唐太宗李卫公问对》，见《武经七书》，第558页，中华书局2007年版。

者，家有之。"

秦亡汉兴，西汉王朝对《孙子兵法》非常重视，曾经对《孙子兵法》进行过三次大规模的整理。第一次是在汉高帝时，由张良、韩信"序次"；第二次是在汉武帝时，由军政杨仆"捃摭遗逸"；第三次是在汉成帝时，任宏"论次兵书"，把当时全国已有的兵书划分为四大类，依次为"兵权谋""兵形势""兵阴阳""兵技巧"，《孙子兵法》被列为"兵权谋"类之首。到了三国时期，曹操亲自整理《孙子兵法》十三篇，首次给《孙子兵法》加注加序，书名为《孙子略解》。中国历史进入宋代，为了抗击入侵之敌，从宋神宗开始，在全国兴办武学，以《武经七书》试士，《孙子兵法》被列于《武经七书》之首，《武经七书》取得了和儒家"四书五经"同等重要的地位……

直到中国的近现代，为了抗击帝国主义列强的侵略，我国许多仁人志士试图从《孙子兵法》中寻找救国图强的良策，如民国时期的蒋百里、李浴日等。众所周知，在中国革命战争和抗日战争中，毛泽东在他的一些著名战争和战略著作中，多次赞扬过《孙子兵法》。刘伯承等将帅对《孙子兵法》也有独到的研究。现如今，国内外有许多研究《孙子兵法》的专业机构和学会。自1989年5月以来，"《孙子兵法》国际研讨会"在我国召开了九届……

以上事实充分说明，《孙子兵法》是中国历史上产生最早、整体质量最好、学术地位最高的一部兵书。这部兵书受到中国军事界和学术界的高度重视，决不是偶然的。

二、《孙子兵法》也是世界上产生最早、整体质量最好、地位最高的一部战争和战略理论经典著作

用开放的、世界的眼光来看,《孙子兵法》也是世界上产生最早、整体质量最好、地位最高的一部战争和战略理论经典著作。我在前面已经讲过,公元前512年,当孙子在伍子胥的陪同下见到吴王阖闾时,《孙子兵法》十三篇已经成形。那时,正是雅斯贝尔斯所说的世界五大文明形成的"轴心时代",中国是东方文明形成的摇篮,古希腊是西方文明形成的摇篮。恩格斯曾说过:"在古希腊哲学的多种多样的形式中,差不多可以找到以后各种观点的胚胎、萌芽。"[1]但是,很可惜,在古希腊哲学的多种多样的形式中,人们却找不到西方军事哲学和战略哲学的"胚胎"。当时,西方只有一些间接地反映西方军事学和战略学的战争历史记录,哲理性很弱,如《长征记》《伯罗奔尼撒战争史》和《高卢战记》等。直到公元1世纪,古罗马的弗龙蒂努斯才写出《诡诈》一书,从西方战争经验中提炼出一些军事作战原则,但这些军事作战原则同我国的《孙子兵法》相比较,还很不全面、很不系统,很肤浅。

那么,西方第一部真正有思想深度、内容丰富、成体系的战争和战略著作是什么时候产生的呢?我已经讲过,那是在1789年法国大革命之后,整个拿破仑战争结束以后,1832年至1834年克劳塞维茨《战争论》三卷的出版。《战争论》的产生比中国古代《孙子兵法》晚了2300多年;此后,再经过100年,

①恩格斯:《自然辩证法》,见《马克思恩格斯选集》第三卷,第515页,人民出版社1966年版。

两次世界大战结束之后，西方另一部战略名著利德尔·哈特的《战略论》才最后定型，于1946年出版。正是因为《孙子兵法》不但是中国也是世界上最早产生的一部战争和战略学经典著作，所以，现在世界各国的军事院校和国际关系院校在讲世界战争和战略理论发展史时，都要从中国的《孙子兵法》讲起。

问题还不仅如此，与西方著名的战争和战略著作相比较，《孙子兵法》还是一部整体质量最好、学术地位最高的兵书。长期以来，国际学术界所公认的最著名的战争和战略著作有三部：第一部是产生于中国奴隶社会向封建社会过渡时期的《孙子兵法》；第二部是产生于欧洲由封建社会向资本主义社会转变时期的克劳塞维茨的《战争论》；第三部是产生于两次世界大战结束后的利德尔·哈特的《战略论》。如果我们把《孙子兵法》《战争论》《战略论》这三部世界名著相比较，《孙子兵法》也是整体质量最好、地位最高的。对此，国内外政治界、战略界、学术界也是公认的、有定评的。

具体地说，拿《孙子兵法》同《战争论》《战略论》相比较，《孙子兵法》至少有以下两个明显的优势：

其一，《孙子兵法》之战争和战略理论的理论起点高，能够从"国家战略"的高度观察和解决战争和军事问题，既重视积累国家的战争实力，又重视在战争中使用计谋。《孙子兵法》不是一部单纯的军事著作。

美国的大战略学家约翰·柯林斯在他的《大战略》一书中这样说："孙子是古代第一个形成战略思想的伟大人物。他于公元前四〇〇年至三二〇年间〔柯林斯的说法有误〕写成了最早的名著《兵法》。《孙子》十三篇可与历代名著包括二千二百年后克劳塞维茨的著作媲美。今天没有一个人对战略的相互关系、应考虑的问题和所受的限制比他有更深刻的认识。他的大部分观点在我们的当前环境中仍然具有和当时同样重大的意义。"①

前美国国务卿亨利·基辛格在《论中国》中这样论述《孙子兵法》与西方战略思想的区别："中国是实力政策的出色实践者,其战略思想与西方流行的战略与外交政策截然不同。……西方传统推崇决战决胜,强调英雄壮举,而中国的理念强调巧用计谋及迂回策略,耐心积累相对优势。""孙子与西方战略学家的根本区别在于,孙子强调心理和政治因素,而不是只谈军事。""最理想的情况是指挥官拥有绝对优势,从而完全可以避免交战。其次是深思熟虑,并在后勤、外交和心理上作了充分准备后,给敌人致命一击。""即使在今天,《孙子兵法》一书读起来依然没有丝毫过时感,令人颇感孙子思想之深邃。孙子为此跻身世界最杰出的战略思想家行列。"②

我国当代战略学家熊光楷在他的《国际形势与安全战略》一书中,更加具体地分析、评论了《孙子兵法》的战略思想与西方《战争论》《战略论》的区别,他说:

"世界上最早对综合国家安全战略进行全面阐述者,全世界公认是两千四百年前中国著名战略思想家孙子。《孙子兵法》固然主要论及军事战略问题,但其内容远远超出了这一范

①约翰·柯林斯著,军事科学院译:《大战略》,第8页,军事科学出版社1978年版。
②基辛格:《论中国》,第18—23页,中信出版社2012年版。

围，可以说是世界最古老的国家安全战略。《孙子兵法》开篇就写道：'兵者，国之大事也。死生之地，存亡之道，不可不察也。'从一定意义上讲，这个'兵'字就是国家安全战略概念。《孙子兵法》还提出：'故上兵伐谋，其次伐交，其次伐兵，其下攻城'，'故善用兵者，屈人之兵而非战也'。

"《孙子兵法》出现后两千多年，西方所推崇的克劳塞维茨的《战争论》才问世。《战争论》主要涉及军事战略问题，其范围比《孙子兵法》要窄……

"现代国家安全战略概念是西方国家最早提出并取得了较快的发展。1929年，英国人利德尔·哈特提出了'大战略'（Grand Strategy）。'大战略'已经超出了军事战略的范畴，扩展到了政治和经济等诸多方面，使现代国家安全战略思想具有了更新和更加丰富的内容。"[1]

以上柯林斯、基辛格和熊光楷对《孙子兵法》的这些评论，都是基本上正确的，是符合《孙子兵法》之战争和战略理论的实际情况的。

其二，拿《孙子兵法》同《战争论》《战略论》相比较，《孙子兵法》的另一个明显的优势是其战争和战略理论的内容"全"。

《孙子兵法》包括有"国家战略""军事战略"和"战术"三大部分内容，从而构成了一个比较完整的战争和战略的理论体系。而克劳塞维茨的《战争论》只是一部主要论述"作战战

[1]熊光楷：《国际形势与安全战略》，第43—44页，清华大学出版社2006年版。

略"的军事著作,用熊光楷的话来说:"《战争论》虽然涉及到
了国家安全战略的核心部分,但并未形成一个完整的综合安
全战略概念。克劳塞维茨的名言'战争是政治另一种手段的
继续'谈到了战争与政治的关系。这两者虽然在国家安全战略
中占有十分重要的地位,但国家安全并不仅仅是政治和军事问
题。"①而且,克劳塞维茨的《战争论》不仅缺乏"国家战略"
的丰富内容,而且缺乏"战术"内容。至于利德尔·哈特的《战
略论》,也缺乏"战术"内容,我们还应当看到,从思想资料来
源方面考察,利德尔·哈特的"大战略"思想资料又是从《孙子
兵法》那里吸收来的。对于这些问题,我在以后具体讲解《孙子
兵法》并进行中西战略思想的比较时,还要详加论述。

　　所以,总的来说,《孙子兵法》的学术地位可以用一句话来
概括,即它不仅是中国历史上同时也是世界历史上的一部产生
最早、整体质量最好、地位最高的战争和战略理论经典著作。

第二节　《孙子兵法》的三大特点

　　在具体研读《孙子兵法》的内容之前,我们很有必要首先
了解一下《孙子兵法》的整体特点。

　　由于《孙子兵法》在历史上产生的年代很早,又受到中国
古代传统文化和华夏民族特有思维方式的影响,拿《孙子兵
法》和西方近现代的《战争论》和《战略论》相比较,它有以下

---

①熊光楷:《国际形势与安全战略》,第44页,清华大学出版社2006年版。

三个方面突出的特点：

第一，《孙子兵法》"文略而意深""舍事而言理"，是一部军事哲学和战略哲学著作。

从语言文字的表达形式和思想内容的关系看，《孙子兵法》的特点是"少而精"，或者说，它有"言简意赅""言简意丰"的特点。我国宋代《孙子兵法》的研究者梅尧臣在《孙子兵法注》中说，《孙子兵法》的特点是"其文略而意深"，这也就是说，《孙子兵法》虽然文字少，只有6000个字左右，篇幅也不长，只有十三篇，然而，它所包含的内容却很丰富，理论很深刻，涉及很多有关战争和战略的基本问题。例如，战争的本质、规律、指导规律问题；战争的目的、手段、方法、战略和策略问题；"大战争""大战略""军事战略""作战战略"和"战术"问题；战争与国家的政治、经济、民生的关系问题；战争所特有的矛盾和运动形式"进攻"和"防御"的问题；指导整个战争的国君和在战争时期战场上指导作战的统兵之将的关系问题；统兵之将应该具备的政治、军事素质和思想修养问题；在战争中既要发挥人的主观能动性、又要尊重客观规律的问题；用"文""武"两手治理军队的问题；驻军、行军、在战场上观察判断敌情的方法；在各种不同的地形条件之下使用的不同作战方法；在本国国内、在国外、进入敌国之后的不同作战方法和注意事项；在战斗和战役中用火器进攻敌人的方法；使用间谍、特别是使用"大战略"间谍，全面掌握敌情的方法，等等。总而言之，《孙子兵法》是一部把非常丰富而深刻的战争和战略理论高度地"浓缩"起来的军事哲学和战略哲学性质的著作。这部著作的内容可谓包罗万象,几乎囊括了有关战争和战略的方方面面问题,但是文字不多、篇幅不长,哲理性却很强,理论思维很深刻。而且,《孙子兵法》还有"舍事而言理"的特点,它在论述战争和战略问题时,只讲理论,并不涉及具体的战史、战例。

为了更加清楚地说明《孙子兵法》"文略而意深"和"舍事而言理"、哲理性很强的特点,我想把它和《战争论》《战略论》进行一番比较。

与《孙子兵法》只有十三篇、6000字左右,却包含丰富的战争和战略理论不同,《战争论》的文字篇幅却多得惊人。克劳塞维茨撰写的《战争论》共有三卷、八篇、一百二十四章,由德文译成中文约80万字,书中有大量西方战争史和拿破仑战争中的战例,但是,克劳塞维茨在《战争论》中主要论述的只是"作战战略",很少讲"国家战略"和"战术",克劳塞维茨的战争和战略理论体系很不完整。利德尔·哈特的《战略论》的文字篇幅也不算少,共有四编、二十二章,由英文译成中文约38万字,其中有西方和两次世界大战中的大量战史、战例,但是,利德尔·哈特在《战略论》中主要论述的是"大战略"和"军事战略"问题,很少涉及"战术",其战争和战略理论体系也不完整。

既然《孙子兵法》有"文略而意深""舍事而言理"、哲理性很强的特点,那么,这就要求我们把它当作一部真正的战略哲学和军事哲学的著作来研读。在研读《孙子兵法》时要非常认真、细致,反复进行推敲,不但要了解其中许多概念、范畴

字面上的含义，而且还要透过其中的许多名言隽语，搞清概念
与概念之间、范畴与范畴之间隐藏着的原理；既要掌握孙子在
《孙子兵法》中明确说出来的意思，也要掌握孙子在《孙子兵
法》中没有明确说出来的意思。切不可以在研读《孙子兵法》
时漫不经心、粗心大意、囫囵吞枣。

第二，《孙子兵法》的另一个特点是重方法而轻本体，
《孙子兵法》全书实际上是由一系列大大小小的战争指导规
律组成的。

从战争和战略理论的侧重点和性质上看，《孙子兵法》全
书实际上是由一系列大大小小的战争指导规律组成的，这些
战争指导规律很便于实际应用。整部《孙子兵法》的内容不
是侧重回答"什么是战争""什么是战略""什么是战术"等问
题，即不是侧重回答"What"的战争和战略的本体论问题，
而是侧重回答"怎么进行战争""怎样制定和实施战略""如
何使用战术"，亦即侧重回答"How"的方法论问题。我国
民国时期《孙子兵法》的研究者金典戎说得很对，他说：孙子
"十三篇，是一部关于如何应用原则的书，所以对原理的部
分，非常简略"①。民国时期另一位《孙子兵法》研究者林夏
说得也很对，他说："外国的兵学是以探究兵学乃至兵术的学
理为重心，其应用是适切于一般学理的理解；我国的兵学是以
应用为主，指示若干的原则或方法以教示其应用的极致。外国
的兵学是以论理的推论以达到条理的结论，我国兵学是以直

---

① 金典戎：《孙子的价值思想与西洋兵法》，见李浴日编《东西兵学代表作之研
究》，第3页，世界兵学编译社1943年版。

观立刻把握住事实的本体。两者一般的差别，完全是由于东西两洋哲学的不同点而起的现象。总之，我国兵学是在求应用之妙，而不拘形式的推理。这点是我国兵学独有的特色。"①

总之，《孙子兵法》是对中国古代战争和战略经验的直接总结，又由于受到中国古代传统文化和中国古人特有哲学思维方式的影响，其基本内容是战争指导规律和方法论的集合，便于实际应用。为了更好地说明《孙子兵法》的这个特点，在这里，也有必要把它和《战争论》《战略论》作一番比较。

在《孙子兵法》的十三篇中，大多数篇章的标题具有动词的性质，如第一篇《计》、第二篇《作战》、第三篇《谋攻》、第七篇《军争》、第九篇《行军》、第十二篇《火攻》、第十三篇《用间》等。我们只要看一看这些篇章的题目，就知道这些篇中所要讲的内容是"怎样做"，讲的是方法论。而克劳塞维茨在《战争论》的"作者自序"中所强调的是："本书的科学性就在于要探讨战争现象的实质，指出它们同构成它们的那些事物之间的联系。"②是强调三卷《战争论》要侧重对战争本体论的研究。而且，《战争论》由八篇内容组成，这八篇的篇题分别是《论战争的性质》《论战争理论》《战略概论》《战斗》《军队》《防御》《进攻（草稿）》和《战争计划（草稿）》。显然，这些篇题都是名词性质，是侧重讲战争和战略的本体。

利德尔·哈特《战略论》论述的侧重点也是战争与战略的

---

①林夏：《孙子兵法的特色及价值》，见同书，第15页。
②克劳塞维茨著，军事科学院译：《战争论》，"作者自序"，第17页，商务印书馆1978年版。

本体论而不是方法论。《战略论》由四编内容组成，这四编的题目依次是"第一编　从公元前五世纪到六世纪这段历史中的战略""第二编　第一次世界大战的战略""第三编　第二次世界大战的战略""第四编　军事战略和大战略的基础"。显然，一看这些编题，我们就可以知道在《战略论》中，利德尔·哈特论述的重点也是战争特别是战略的本体论问题；至于怎样具体地制定和实施战略和"大战略"，他很少有论述。

《孙子兵法》重方法、轻本体的特点，既与《孙子兵法》产生的年代很早、古代中国人还不可能洞察到战争现象背后的种种奥秘有关，也与中国人重实践经验、轻分析和逻辑的民族文化传统有关。这种情形就像在西方的医学还没有传到中国以前，老中医给病人治病：首先观察、询问病人，给病人把脉；然后，根据病人的具体病情和自己以往的治病经验，给病人开几付中草药；病人吃了这些汤药以后，药到病除，"黑箱操作"，把病人的病治愈，就完事大吉了。至于病人的身体构造怎样、中草药里有哪些化学成份、病人吃了这些中草药以后在人体内发生了哪些作用、为什么药到病除，老中医并不做进一步探索。所以，过去的中国老中医给病人治病，本质上是一种经验主义的治病方法。

经验主义的作战方法既有其长处，也有其短处。其长处在于，在上一次打仗中行之有效的作战指导规律，在下一次打仗中使用这些战争指导规律和作战经验也往往会行之有效，能够赢得胜利。中国古代战争频发，掌握许多行之有效的作战经验和战争指导规律是很有必要的。如果认为不仅要掌握这些战争指导规律，而且要搞清楚这些战争指导规律为什么行之有效才可以打仗，那就失去了战机，无法打仗了。但是，经验主义的作战方法也有其短处，那就是从长期看，有关战争和战略的本体论问题搞不清楚，战争指导规律行之有效的内在机制搞不清楚，只凭借以往的经验打仗，则叫作"只知其然"而"不知其所以然"，还没有完全了解战争和打仗方法的本质和规律，还不算是完备的科学知识。而真正的科学知识必须要做到不但"知其然"，而且要做到"知其所以然"。正是从这个角度看，西方战争和战略理论重本体论的传统是值得肯定的，像克劳塞维茨在《战争论》中、利德尔·哈特在《战略论》中，都想努力搞清楚战争和战略的本体论问题，努力搞清楚战争和战略指导规律行之有效的机制。总之，西方战争和战略理论重本体的传统是值得肯定的，值得我们学习。我下面在讲解《孙子兵法》、进行《孙子兵法》和西方战略理论比较时，还要详加论述这个问题。

第三，《孙子兵法》既重视构成战争事物的整体联系，其思维方式又有模糊性，整部《孙子兵法》大体上是由"国家战略""军事战略"和"战术"三大部分内容构成的。

我在本书的第一章"西方战略理论导论"中已经讲过，从哲学和思维方式的特点考察，《孙子兵法》还属于朴素唯物主义和原始的辩证法阶段。《孙子兵法》中的许多概念、范畴和原理既有重视构成战争事物的整体联系，具有"整体性""综合性""辩证牲""开放性"的优点，同时，又有轻分析、轻逻辑、"模糊性""混沌性""比喻性""猜测性"的缺点。这是因为，《孙子兵法》中的军事哲学和战略哲学还处于直观的唯物主义阶段，也和中国古人讲"天人合一"、重视事物的整体联系的思维方式有关。中国古人很早就习惯把日常的衣食住行、战争与和平、国家兴亡等问题与大自然的运行变化联系在一起考虑，形成了"天人合一""物我合一"的整体性思维方式，注重对天下万物进行感性直观的综合反映、判断，而不善于把种种事物分析开来，分门别类地进行观察和研究。这就导致了《孙子兵法》里的许多概念、范畴和原理的包容量很大，互相有机地联系在一起，具有整体性、综合性、辩证性、开放性，是发展变化的，但又是模糊的、混沌的。例如，《孙子兵法》中的一个"兵"字，在今天看来就有兵器、士兵、军队、军事、战争、战争艺术等许多含义。又如，一个"形"字，在《孙子兵法》中的三个论断"强弱，形也"（第五篇《势》），"斗众如斗寡，形名是也"（第五篇《势》），"故形人而我无形，则我专而敌分"（第六篇《虚实》）里，这些个"形"字就既有内在联系，同时它们的意思又有很大的不同，指的乃是三种不同的事物。有关问题，我还要在讲解《孙子兵法》时详加论述。

在这里，我还想强调，这种既有整体性、辩证性，同时又有理论模糊性、混沌性的现象，不但表现在《孙子兵法》中的一系列重要的概念、范畴和原理之中，例如"兵""战""形""势""虚实""奇正""不战而屈人之兵，善之善者也"，等等，而且还表现在《孙子兵法》全书的理论体系之中。几千年来，中国学术界对于《孙子兵法》中究竟有没有一个理论体系和有一个什么样的理论体系问题，一直存在争议,有较大的分歧意见。这是一个重大的研究课题,不仅关系到怎样理解《孙子兵法》本身的战争和战略理论真相,也关系到怎样掌握中西战争和战略理论的同异,甚至关系到怎样才能从历史的、逻辑的高度了解清楚人类战争和战略发展变化的本质、规律,最后掌握战争和战略的基本原理。我经过多年的研究,认为在《孙子兵法》中,确实存在有一个理论体系,那就是沿着从战争的全局到局部、从战略的高层次到低层次、从抽象到具体,在《孙子兵法》中大体上可以划分出"国家战略""军事战略"和"战术"这三大部分内容(我以后还要详加论证)。可是,我认为这种划分也仅仅是"大体上"而已,这样划分并不是绝对的,因为在这三部分之间还有一些内容和逻辑方面的交叉和重复。

而且,我们还要注意到,就是在《孙子兵法》十三篇中的每一篇里,一些概念、范畴和原理也有"整体性""联系性",同时又有理论"模糊性""混沌性"的特点。换言之,《孙子兵法》十三篇中的每一篇都有一个主题和中心思想,但是,我们可以发现,每一篇所论述的内容并不完全受这一篇的主题和中心思想的限制,有时,在这一篇里往往会出现另一篇的主题里所要论述的内容。例如,孙子在《孙子兵法》的第三篇《谋攻》中,本来论述的主题是用智谋进行"进攻",特别是要对敌国进行"国家战略"性质的进攻问题,但是,他在这一篇《谋攻》中的后半段,又论述了"知彼知己者,百战不殆"的问题。这种情形,就像在一章交响乐中,突然之间又出现了另一章交响乐的内容,出现了一支"插曲",似乎与这一章交响乐的主题无关；可是，我们如果能够静下心来，反复捉摸一下，这不仅仅是一支纯粹的"插曲"，而是在整体上和这一章交响乐所要表达的主题和中心思想有内在的联系。

总之，既有"整体性""联系性"，同时又有理论"模糊性""混沌性"的特点，不但表现在《孙子兵法》的全书之中、十三篇的每一篇之中，而且还表现在《孙子兵法》的一些重要概念、范畴、原理里。《孙子兵法》是一个重整体联系，又有一定模糊性、有机的战争和战略理论体系。所以，我同意在《孙子兵法》中大体上有一个理论体系的说法，可是，不同意有些学者所说的《孙子兵法》中有一个"严密的思想体系"的论断。

马克思在他的《〈政治经济学批判〉导言》中曾经说过一段很著名的话，他说："资产阶级社会是历史上最发达和最复杂的生产组织。因此，那些表现它的各种关系的范畴以及对它的结构的理解，同时也能使我们透视一切已经覆灭的社会形式的结构和生产关系。资产阶级社会借这些社会形式的残片和因素建立起来，其中一部分是还未克服的遗物，继续在这里存留着，一部分原来只是征兆的东西，发展到具有充分意义，等等。人体解剖对于猴体解剖是一把钥匙。低等动物身上表露的高等动物的征兆，反而只有在高等动物本身已被认识之后才能理解。"[1]

产生于中国古代社会中的《孙子兵法》和产生于近现代资本主义社会中的《战争论》《战略论》也有类似的情况。如果

---

[1]马克思：《〈政治经济学批判〉导言》，见《马克思恩格斯选集》第二卷，第219页，人民出版社1995年版。

我们把还处于战争和战略理论"胚胎"状态的《孙子兵法》和已经从"胚胎"状态发育到比较成熟状态的《战争论》和《战略论》，看作是整个人类战争和战略理论进化发展演变为一个完整的过程，那么，就可以发现，弄清比较科学的战争和战略理论的《战争论》和《战略论》，是弄清还处于朴素的战争和战略理论阶段的《孙子兵法》的"一把钥匙"。换句话说，正因为还处于战争和战略理论的"胚胎"状态、朴素阶段的《孙子兵法》中的一些概念、范畴和原理具有"整体性""联系性"，同时又有"模糊性""混沌性"，而发育到比较成熟阶段、达到比较科学的战争和战略理论形态的《战争论》和《战略论》中的概念、范畴和原理相当清楚、明白，所以，我们才应当使用古今比较和中西比较的方法，用西方战略理论比较《孙子兵法》中的战略理论。只有这样做，我们才能一方面发现《孙子兵法》的战略理论真相，发掘出其中潜存的深刻内涵，另一方面又能洞察西方的战争和战略理论中包含有哪些巨大的理论价值，又有哪些片面性。

第三节　我国近代以来对《孙子兵法》的中西比较研究

在这一节，我想专门讲一讲我国对《孙子兵法》的中西比较研究。在我国，对《孙子兵法》的中西战略理论比较研究是从近代开始的，而这又是一个不以人们的主观意志为转移的客观必然过程。

自春秋末到战国初《孙子兵法》产生以来，虽然此书对此后中国历代战争的指导，对军事思想和战略文化的流传发展，甚至对中国人一些特有的思维方法、行为方式和价值观都产生了重要影响和积极作用。可是，从秦始皇统一中国以后，由于我国长期处于封建社会，缺少中外文化交流，加之"朝野上下，恒以重文轻武为惯例，……武备废弛"[①]，国人的思想观念趋于保守，学术界对《孙子兵法》"多祖述而少创新"，所以，一直未能深入发掘《孙子兵法》里潜存的丰富、深刻内容。尤其需要指出的是，中国封建统治阶级出于维护专制秩序的需要，在传统文化中长期独尊孔孟儒学，而"儒家者流，又往往瞀于时事，讳言兵旅"[②]，所以，中国封建统治者在内心里实际上是瞧不起《孙子兵法》的，他们之中的很多人把以《孙子兵法》为代表的中国传统兵学只看作是一种万不得已而备用的知识体系。他们认为只要重"仁义"、行"王道"，就足以抵御外敌。这种对《孙子兵法》和中国传统兵学的消极态度，在中国封建社会的末期清王朝时表现得相当充分、露骨。例如，清朝皇帝康熙说过："孟子云'仁者无敌'，又云'天时不如地利，地利不如人和……'此是'王道'。与其用权谋、诈伪、无稽之言，不若行'王道'，则不战而敌兵自败也。'王道'二字即是极妙兵法。"[③]

---

①蒋方震、刘邦骥：《孙子浅说》，见《孙子集成》，第92页，齐鲁书社1993年版。
②同上，第96页。
③《清圣祖实录》卷二，见于汝波主编《孙子兵法研究史》，第170页，军事科学出版社2001年版。

康熙皇帝的第十七子允礼则更赤裸裸地说：《孙子兵法》虽系兵家之最，但不合于圣人之道，故不宜推崇，"毁弃之可也"①。

正是在封建统治者这样的贬低、打压之下，我国的《孙子兵法》研究一直处于严重的理论脱离实际、重考据和注释的所谓"休眠"状态。虽然在有关《孙子兵法》的作者、版本校勘、字词训诂和思想诠释等方面，也取得了可观的研究成果，可是，众多的研究者毕竟逃不出"则古称先"的传统约束，"述而不作"的风气长期禁锢着人们的头脑，"很多《孙子兵法》的注本因袭旧说，缺乏新意。犹如将一杯水倒进另一杯子。倒来倒去还是这杯水。"②《孙子》十三篇中本来具有的不少生机勃勃的内容已经成为毫无生气的僵死教条。这种沉闷的研究局面直到清朝末期和民国初期才被打破。

自清末民初以来，因为国外帝国主义列强屡屡入侵，中国封建社会解体，社会剧烈动荡，民族危机日益严重。随着西方的坚船利炮冲破中国的国门，西方的军事、战略文化包括西方的《战略学》《战法学教程》《战术学》《兵器学》《军制学》等也涌入我国，基本取代了以《孙子兵法》为首的传统兵学在国内的主导地位。与此同时，谋求民族解放和独立自强成为国人最紧迫的任务。正是在这种开放的历史环境和"救亡图存"时代精神的推动下，一些社会精英开始用中西比较的方法研究《孙子兵法》。他们试图一方面从西方军事学和战略学中掌握

---

① 《皇清文颖·孙吴论》，见于汝波主编《孙子兵法研究史》，第170页，军事科学出版社2001年版。
② 吴如嵩：《徜徉兵学长河》，第110页，解放军出版社2002年版。

救国图存的理论武器，另一方面从中国传统兵学里寻找挽救民族危机、富国强兵的智慧，于是《孙子兵法》研究出现了崭新局面。以下我便分两个专题，向大家介绍一下近代以来我国对《孙子兵法》进行中西比较研究的概况。

一、从清末民初至新中国成立的前夕（1900—1949）

从清末民初孙中山酝酿并且领导辛亥革命推翻封建帝制，成立中华民国，再到中国共产党领导新民主主义革命获得成功，新中国成立，这个阶段是我国《孙子兵法》研究史上的一个转折期和突破期。在此之前，一些研究者对《孙子兵法》只是做一些文献考证和字句的注释工作，可是到清末民初就不同了。由于中华民族经历了从鸦片战争至甲午中日战争受到的屈辱，尤其是日本帝国主义加紧了侵略中国的步伐，国际上又接连发生了两次世界大战，中华民族到了最危险的时候。亡国灭种的危机给一些先进分子以极大的震撼和刺激，迫使他们不得不紧急从国内外的军事和战略文化中寻找救亡图存的思想武器，于是一个用中西比较的方法研究《孙子兵法》的学术活动蓬勃地展开了。今天看来，这场在学术领域展开的思想活动有以下三个特点：

第一，一些学者和职业军人能够自觉地用西方的军事、战略理论和西方先进的科学方法，用开放的、世界的眼光，联系中外古今的战史战例，重新考察《孙子兵法》，努力发掘《孙子兵法》中的理论宝藏。

例如：顾福棠撰写的《孙子集解》一书（1900年出版），能够把《孙子兵法》中的有关军事思想和西方的一些战史、战例作比较，通过列举拿破仑战争、美国独立战争和南北战争以及普法战争中的实例，来印证、比较、诠释《孙子兵法》中阐述的作战方法的正确性，认为其中的一些作战原则和方法也适用于现在战争。这部《孙子集解》是我国最早用中西比较的方法研究《孙子兵法》的力作，具有开拓性，令人耳目一新。

李浴日的《孙子兵法综合研究》（1938年出版）主要汇集了日本学者研究《孙子兵法》的新成果，并且结合近代德国军事家鲁登道夫所著《总体战》里的一些论述，系统解说了《孙子兵法》十三篇，梳理了其中各原理之间的逻辑关系和全书的整体理论框架，认为在《孙子兵法》中存在"十大原理"。这部著作把用中西比较的方法研究《孙子兵法》的工作向前推进了一大步。

钱锺书之父钱基博撰写的《新增新战史例　孙子章句训义》一书（1939年出版），不但结合中外战史、战例，而且结合克劳塞维茨的《战争论》、鲁登道夫的《总体战》，甚至英国现代利德尔·哈特的有关论述，比较详细地解说了《孙子兵法》十三篇，从学理上比较了《孙子兵法》和克劳塞维茨《战争论》的一些异同，还进一步阐述了钱基博自己对于"战略""战术"基础理论的理解和心得体会。

郭化若的《孙子兵法之初步研究》一书（1944年出版），首开以马克思主义唯物史观研究《孙子兵法》之先河，并且得出《孙子兵法》在哲学上属于"唯物辩证法之战争观"的结论。这个结论为新中国成立后的《孙子兵法》研究工作奠定了正确的哲学基础。

民国时期用中西比较的方法研究《孙子兵法》之所以能够取得重大成果，除了客观上有当时我国正处于生死存亡时期的严峻形势的推动以外，还有一个主观方面的原因，那就是在用中西比较的方法研究《孙子兵法》的队伍中，不少人既熟悉中国传统文化，有比较深厚的国学功底，又懂外文，有出国留学的经历，了解西方先进的治学方法；还有一些人是经过国内外军事院校培训过的职业军人。前者如梁启超、钱穆、齐思和等学者，后者如蒋百里、杨杰、罗列、万耀煌等军人。

第二，民国时期中西比较研究的主要研究对象是《孙子兵法》和克劳塞维茨的《战争论》。通过比较研究，有研究者已经得出《战争论》基本上只是一部军事理论著作，而《孙子兵法》不仅是一部军事理论著作，而且是一部涉及政治、经济、外交、思想、"国政"，"在平时和战时"都有"国家指导"功能和作用之著作的重要结论。

例如，由李浴日编辑的《东西兵学代表作之研究》（1943年出版）搜集了中外学者撰写的十五篇论文。论文的作者集中对《孙子兵法》和《战争论》作比较，比较这两部世界名著所产生的时代背景、主要内容和理论上的共同点和差异。通过比较，有的作者明确指出：《战争论》只是"一部不朽的武力战或军事战的名著，而不是把政治战、经济战、思想战及武力战冶于一炉的全体性战争的书"[1]；而"孙子兵学理论在现

---

[1] 李浴日：《东西兵学代表作之研究》，《编者序》，第3—4页，世界兵学编译社1943年版。

代的总力战上、立体战上,依然可以适用"①,"对于政治、经济、外交等重要的国政方面,都很明白的指示着在平时和战时的准绳。……有一番治国平天下的大经纶的价值。"②还有作者更加鲜明地得出以下结论:"孙子一书,世人多称为兵学圣典,匪仅斯也,且一政治外交经济人生及国家指导之圣典。其所示之原则,非但古代为然,现代为然,即万世之后,亦仍不能外其方。"③

我们今天应该充分肯定,民国时期的研究者们能够得出上述结论,是民国时期用中西比较的方法研究《孙子兵法》工作中取得的开拓性成果!

第三,民国时期一些《孙子兵法》的研究者还能做到理论联系实际,做到古为今用、洋为中国,用中西比较《孙子兵法》的研究成果解决实际问题。

例如,李浴日在抗日战争初期发表的《抗日战必胜计划》一书中,总结了自己研究西方战略和《孙子兵法》的心得体会,联系中日战争,提出了一个发动全中国民众,使用综合的战争手段,通过持久战而最后战胜日本帝国主义侵略者的"科学公式"。这个"科学公式"的具体内容是:"(武力抗战+外交抗战+经济抗战+间谍抗战+宣传抗战)×举国一致,坚持到

---

① 李浴日:《东西兵学代表作之研究》,《编者序》,第3-4页,世界兵学编译社1943年版。
② 林夏:《孙子兵法的特色及价值》,见《东西兵学代表作之研究》,第15页,世界兵学编译社。
③ 萧天后:《孙子战争理论之体系》,第5-6页,大江出版社1940年版。

底＝日本必败，中国必胜"。显然，这个"科学公式"高度浓缩了克劳塞维茨在《战争论》中所提出的"武力战"的主张，以及孙子在《孙子兵法》中所提出的对敌国要使用"伐谋""伐交""伐兵""用间"的综合战争手段，又增加了自己认为对日本还要进行"宣传抗战""举国一致，坚持到底"的战略方针，预测到了"日本必败，中国必胜"的光明前景。因为这个"科学公式"的内容简明扼要又通俗易懂，比较正确地概括了抗日战争的战略手段、方法和目的，所以，《抗日战必胜计划》一发表，立即引起了国人的重视，蒋介石在江西庐山接见了李浴日，还请他在当时的"全国军委会干训团"上作演讲，普及他的"必胜计划"。这个"必胜计划"对于抗战胜利的确起到了积极作用。

二、新中国成立后的情况（1949—2019）

新中国成立以后对《孙子兵法》的中西比较研究情况，又可划分为两个阶段。

第一阶段是从新中国的成立到"文化大革命"结束（1949—1976）。

在这个阶段，虽然也有不少研究《孙子兵法》的文章和著作问世，但是，除了我国香港、澳门和台湾地区，在中国大陆还谈不上对《孙子兵法》进行中西比较研究，《孙子兵法》的研究又恢复到清末民初以前的那种理论自我封闭的状态。

第二阶段是从"文化大革命"结束至今（1976—2019）。

自改革开放后，大量的西方军事学、战略学和政治学著作涌入我国，在中国大陆得到翻译和公开出版，其中包括克劳塞维茨的《战争论》、利德尔·哈特的《战略论》、保罗·肯尼迪的《大国的兴衰》和《战争与和平的大战略》等名著。在国际上，"冷战"前后国际关系的深刻变化和世界"新军事革命"，给中国政治界、战略界、军事界提出了许多新的研究课题，加之我国国内又掀起了"国学热"。在这种新形势下，军内外学者力图从中国的传统文化和西方的军事、战略文化中汲取营养，从而更好地建设祖国、保卫祖国，于是出现了一批用中西比较的方法研究《孙子兵法》的文章和著作。其中，有代表性的是陈西进于1990年发表的文章《〈孙子兵法〉与〈战争论〉》，刘庆于1992年发表的文章《孙子与古希腊、罗马军事著作的比较研究》，夏征难于1990年发表的文章《孙武与克劳塞维茨军事辩证法比较研究》，以及薛国安于2017年出版的专著《世界兵学双璧〈孙子兵法〉与〈战争论〉比较》。

总的说来，自改革开放以来，我国军内外学者对《孙子兵法》的中西比较研究继承了民国时期用开放、发展的世界眼光研究《孙子兵法》的优良传统，在新的形势下，不仅能够比较处于同一历史时代的《孙子兵法》与古希腊、罗马军事思想的异同，而且还能够比较不同历史时代的《孙子兵法》与近代西方军事著作《战争论》的同异。仅就比较《孙子兵法》与《战争论》的情况来看，一些研究者不但更加深入地研究了《孙子兵法》和《战争论》所产生的不同时代背景、哲学和思维方法方面的差异，还比较了孙子和克劳塞维茨的战争观、战略观、攻防观、认识论，以及在作战方法、治军方法和将帅修养等方面的异同。同民国时期相比，这一阶段所进行的中西比较的研究范围更大，比较研究的内容更为具体深入，已经把比较研究《孙子兵法》的工作大大向前推进了一步，取得了可喜的成果。

可是，在充分肯定既有成绩的同时，不能不看到，自近代以来，我国用中西比较的方法研究《孙子兵法》和西方战略的工作，还存在以下几个方面的缺点和不足：

其一，从中西比较的范围看，近代以来，研究者们只是研究《孙子兵法》和西方古代的一些军事著作和西方近代克劳塞维茨的《战争论》，而没有比较西方现代、当代的著名战略著作如利德尔·哈特的《战略论》，保罗·肯尼迪的《大国的兴衰》《战争与和平的大战略》等，因此，这样进行比较之后所得出的一些结论往往是片面的、经不起推敲的。因为西方的军事、战略理论从古代、近代发展到现代和当代，其内容已经发生了很大变化，正如我曾经说的，西方战略理论在发展的过程中，从《战争论》发展到《战略论》，再从《战略论》发展到《大国的兴衰》，其内容已经发生了两次大变化，因此，研究者只凭借古代的《孙子兵法》与古代西方一些军事著作、近代的军事著作《战争论》的比较，就给整个西方战略著作和《孙子兵法》的异同下结论，则无异于"刻舟求剑"，所下的一些结论往往是片面的，是经不起严格推敲的。

其二，从中西比较的内容看，研究者们基本上只是比较《孙子兵法》中的军事内容和西方古代军事著作、近代军事著作《战争论》中的军事内容，而很少比较《孙子兵法》中的战略内容和西方古代军事著作、近代军事著作《战争论》中的战略内容。这是一个比较严重的缺陷。因为《孙子兵法》的性质首先是一部以"国家战略"为最高层次的战略著作，其次才是一部军事著作；只比较《孙子兵法》与西方古代、近代军事著作中的军事内容，也就等于没有抓住中西战争与战略理论比较的实质性内容和全部内容，因为"国家战略"是"全局"，"军事"只是"国家战略"全局中的一个"局部"。

其三，还有一些研究者在用中西比较的方法研究《孙子兵法》时，存在主观随意性和断章取义的现象，而且在比较之后，对西方战略理论和《孙子兵法》所得出的研究结论往往是"各打五十大板"，读者看了这些结论以后，不知道这些研究者要肯定什么、否定什么。这些情况说明，一些人用中西比较的方法研究《孙子兵法》的目的还不够明确。

第四节 研究《孙子兵法》的目的

在"《孙子兵法》导论"这一章的最后一节，我想谈一谈研究《孙子兵法》的目的。

我们今天为什么要学习和研究《孙子兵法》呢？

当前，人类社会已经进入21世纪初期，和平、发展、合作共赢是时代的主题，中国正在复兴、崛起。我们今天学习和研究《孙子兵法》，并不是为了广泛猎奇，仅仅增加一些军事知识和战略知识，更不是为了在政治、外交、商业上搞什么"兵以诈立"，而是为了取其精华，弃其糟粕，从中西比较《孙子兵法》

的研究工作中掌握"真正的战略科学和艺术",以便解决好当前我们所面临的许多战略挑战和实际问题。

我认为,今天我们学习和研究《孙子兵法》的目的,主要有以下几个:

第一,掌握好军事学和战略学的基础理论,以便建立具有中国特色的现代军事学和战略学。

大家知道,无论从中国范围还是从世界角度看,军事学和战略学与学术界的其他学科比较,都是既相对复杂、又相对薄弱的学科,其中有许多问题都没有搞清楚;而这两门学科又很重要,关系到国家的安全和发展。为了搞清军事学和战略学中的种种问题,除了必须总结中外大量战史经验,提升到理论高度以外,批判地继承和发展中外已有的军事和战略理论也是一条重要的途径,而《孙子兵法》是中国乃至世界上一部产生最早、整体质量最好、地位最高的军事经典著作和战略经典著作,其中许多原理和方法层次高、内容深,潜存有巨大的价值。认真研读《孙子兵法》,有助于我们建立具有中国特色的军事学和战略学的科学体系。这是一个很艰巨的任务。

第二,借鉴《孙子兵法》中有益的历史经验,为中国的崛起服务。

《孙子兵法》产生于春秋末期一个社会大动荡、大变革、大发展的时期,《孙子兵法》十三篇所阐发的主题和宗旨是"富国强兵",是在诸侯林立的政治、经济、外交、军事、文化的复杂大环境下,一个国家怎样才能奋发有为,成为一个真正的大国、强国。而中国当前所处的国际环境,所面临的历史任务与《孙子兵法》所处的环境，所阐述的主题、宗旨相类似。认真研读《孙子兵法》，可以从中找出大国兴起的共同规律和方法，从中吸收有益的历史经验，古为今用，为中国崛起服务。

第三，发扬《孙子兵法》中特有的中国传统文化。

《孙子兵法》是中国古代兵家、兵学的代表作，是中国传统文化中不可分割的一个重要组成部分。在《孙子兵法》中，既包含中国古代儒家、道家、墨家、法家、阴阳家等学术思想和成分，又有其他各家所欠缺的独特内容，特别是其中包含中国人一些独特的思维方法、行为方式和价值观。怎样批判地吸收《孙子兵法》中特有的中国优秀传统文化，使其发扬光大，更是一个值得长期研究的课题。

第六章 《孙子兵法》前四篇

——国家战略:国君的"大战争"指导艺术

从第六章开始,我便系统地讲解《孙子兵法》。讲解时,以曹操等人注、杨丙安校理、中华书局2012年出版的《十一家注孙子》为底本。讲解的方法是从《孙子兵法》的第一篇到第十三篇,每一篇先分段引述《孙子兵法》中的原文,然后加以述评,再进行中西比较,最后归纳每一篇的"内容提要"。

在具体讲解《孙子兵法》之前,我认为有必要首先介绍一下《孙子兵法》的叙述方法和理论体系。众所周知,《孙子兵法》一共由十三篇构成。我国宋代文学家欧阳修曾经在《孙子后序》中指出,《孙子兵法》十三篇在内容安排上"甚有次序"[1]。那么,这十三篇在内容安排上有怎样的一种次序,亦即逻辑上的先后关系呢?

总的来说,孙子在《孙子兵法》十三篇中所讲的都是战争观和方法论,也就是他对战争问题和指导战争问题的全部看法和观点,可是,因为战争是人类社会中的一种非常复杂的事物和人的实践活动,是由许多要素、部分和环节组成的整体;人类从事战争和指导战争的方法即"战略""战术"也是多种

---

[1] 欧阳修:《孙子后序》,见《十一家注孙子》,第282页,中华书局2012年版。

多样、有一定层次的，涉及国家领导人（古代的国君）、统兵之将、各级指挥官和士兵们等不同的战争主体，所以，世界上任何一个有造诣的军事理论家和战略学家在论述战争和指导战争的方法时，都很讲究叙述方法和逻辑次序。克劳塞维茨在《战争论》的第一篇第一章第一节"引言"中，首先这样介绍他的叙述方法和逻辑次序："我们想首先研究战争的各个要素，其次研究它的各个部分或环节，最后就其内在联系研究整体，也就是先研究简单的再研究复杂的。"①

马克思曾经把克劳塞维茨所说的"先研究简单的再研究复杂的"方法，叫作"从抽象到具体"的方法②。孙子在《孙子兵法》中所使用的叙述方法，其实也是"先研究简单的再研究复杂的"方法，也就是"从抽象到具体"的方法。可是，我想在这里特别强调，虽然孙子在《孙子兵法》中、克劳塞维茨在《战争论》中使用的都是"从抽象到具体"的方法，但是，两者又有一点根本不同，那就是与克劳塞维茨在《战争论》中"首先研究战争的各个要素，其次研究它的各个部分或环节，最后就其内在联系研究整体"的逻辑起点恰恰相反，孙子在《孙子兵法》中，分明是先研究战争的"整体"，然后再论述构成战争的各个"要素""部分"或"环节"。这一点根本不同，从《孙子兵法》和《战争论》的篇章逻辑结构就可以一目了然。

①《战争论》，第23页。克劳塞维茨在论述"战略"时，也是先论战略要素，后谈部分，最后论述战略整体。见《战争论》，第181页。
②马克思：《〈政治经济学批判〉导言》，见《马克思恩格斯选集》第二卷，第214—222页，人民出版社1995年版。

《战争论》的第一篇是"论战争的性质",第二篇是"论战争理论",第三篇是"战略概论",以下依次是第四篇"战斗"、第五篇"军队"、第六篇"防御"、第七篇"进攻(草稿)",第八篇即最后一篇才是"战争计划(草稿)";然而,《孙子兵法》的第一篇就是"计",讲的就是与制定战争计划有关的战争的全局性、整体性问题,讲的是一国之君带领文武百官进行"庙算"的大问题,即"国家战略"的高层次问题。然后,孙子在其余十二篇里,才陆陆续续地讲"作战""谋攻""形""势""虚实""军争"以及"行军""地形""九地""火攻"和"用间",才讲构成战争的各个要素、部分或环节。

更具体地说,孙子在《孙子兵法》的十三篇中,大体上是按照从"大"到"小",从"高"到"低",也就是从战争的"全局"到"局部";从一国之君怎样带领文武百官谋划战争、制定战争计划即从全局上、整体上指导战争,到统兵之将在战争时期和战场上怎样指导战争,再到将士们在战场上怎样作战这样一种先后次序,论述他的战争观和方法论的。换句话说,《孙子兵法》论述战争观和方法论的逻辑顺序乃是从"国家战略"到"军事战略",再到"战术"。其中,"国家战略"即"国君的'大战争'指导艺术"是孙子在《孙子兵法》的前四篇《计》《作战》《谋攻》《形》中论述的;"军事战略"即"统兵之将的作战指导艺术"是孙子在《孙子兵法》的中间四篇《势》《虚实》《军争》《九变》中论述的;而孙子在《孙子兵法》的后五篇《行军》《地形》《九地》《火攻》《用间》中论述的乃是"战术专题:行军、驻军、治军、作战和侦察敌情的方法"。

所以，我认为，《孙子兵法》全书的理论体系和逻辑结构，是由前四篇"国家战略：国君的'大战争'指导艺术"，中四篇"军事战略：统兵之将的作战指导艺术"，后五篇"战术专题：行军、驻军、治军、作战和侦察敌情的方法"这三大部分组成的，亦即《孙子兵法》大体上有一个从战争与战略的整体到部分、再到要素的逻辑顺序。

在谈到《孙子兵法》的叙述方法和逻辑结构这一问题时，我还想指出，由于孙子在《孙子兵法》中使用的是"从简单到复杂"也就是"从抽象到具体"的方法，而《孙子兵法》中的一些重要概念和范畴又都是一些"大概念""大范畴"，有"整体性""联系性""模糊性""混沌性"等特点，所以，这些概念、范畴在《孙子兵法》的前几篇刚刚出现的时候，其内容还是比较简单、抽象、贫乏的，但是，这些概念、范畴越到《孙子兵法》的后几篇，其内容就越复杂、具体、丰富，例如《孙子兵法》中的"兵""战""形""势""虚""实""奇""正"等。因此，我们在研读《孙子兵法》时，切记不可以抓住孙子在《孙子兵法》的某一篇对某一概念、某一个范畴所作的论述，就误以为是他对这个概念、这个范畴的全部看法；我们只有研读完全部《孙子兵法》，了解了孙子对这些概念和范畴如"兵""战"等的全部论述，才能够掌握这些概念和范畴的全部内涵和外延，才能够了解到孙子战争观和方法论的精神实质，以及《孙子兵法》的全部战争和战略理论的真相。

在本章，我就开始按照《孙子兵法》原有的叙述方法和逻辑次序讲解《孙子兵法》前四篇的内容，也就是讲解孙子所论述的"国家战略：国君的'大战争'指导艺术"。在开始讲这一章的内容之前，我还想首先强调以下几点，请大家务必注意：

第一，《孙子兵法》的前四篇是《孙子兵法》全书里非常重要的内容。

《孙子兵法》前四篇包括第一篇《计》、第二篇《作战》、第三篇《谋攻》、第四篇《形》。我认为这四篇是《孙子兵法》十三篇里非常重要、很有价值、特别值得我们研究的内容。因为在孙子看来，战争并不仅仅是一个国家军事部门的事情，还是包括一国之君在内的一个国家最高行政当局所从事的日常行政工作的一部分；战争也不仅仅是发生在战争时期和战场上的军事活动，"战争"从和平时期就开始了。在孙子的心目中，"战争"既包括战争时期又包括和平时期，既囊括战场之内又囊括战场之外的活动。总之，孙子在《孙子兵法》中所说的"战争"，并不仅仅是克劳塞维茨在《战争论》中所说的那种"狭义的战争"，并不仅仅是发生在战争时期战场上的那种暴力的、流血的战争，而是包括"狭义的战争"，包括战争时期战场上暴力的、流血的战争和一个国家和平时期在内的"广义的战争"。孙子在《孙子兵法》的第三篇《谋攻》中，便把这种"广义的战争"非常明确地称作"全争"，他主张"上兵伐谋，其次伐交，其次伐兵，其下攻城"，也就是认为战争从和平时期就开始了，对付敌国要综合地使用"伐谋""伐交""伐兵"和"攻城"等各种手段，既包括非暴力的政治、外交、军事的手段，又包括"伐兵""攻城"等军事、暴力手段。孙子在《谋攻》篇中说得很清楚："必以全争于天下，故兵不顿而利可全。此谋攻之法也。"这样一来，孙子所说的"战争"的概念就很大了！"战争"既包括和平时期，又包括战争时期；既包括战争时期的军事暴力手段，又包括和平时期的"伐谋""伐交"等非暴力手段。因此，孙子所说这种"战争"即"全争"，实际上也就是西方军事学家和战略学家们所说的"大战争"。孙子在《谋攻》篇里所说的"谋攻之法"，实际上也就是西方现代战略学家们所说的"大战略"！

也正因为孙子认为战争是"全争"、是个"大战争"，战争既包括和平时期又包括战争时期，既包括战场之内又包括战场之外，既要使用"伐谋""伐交"等非暴力手段，又要使用"伐兵""攻城"军事暴力手段，从事战争要进行"全争""大战争"，所以，他在《孙子兵法》第一篇所讲的第一句话就是："兵者，国之大事。"也就是说，战争是一种国家行为，本质上是国家的大事，战争首先是一国之君即国家最高领导人的事情。如果用今天现代战略学的语言来表达，那就是：一国之君即国家领导人所操作的"国家战略"才是指导战争的"全局"，而统兵之将所操作的"军事战略"只是指导战争的"局部"；考虑战争问题首先必须从"国家战略"这个最大的"全局"着眼，然后才能考虑"军事战略"和"战术"这些局部性的问题。

论述战争和战略问题时能够站在国家整体的立场上，首先从战争的"全局"开始，从指导战争的最高战略层次"国家战略"开始,从国君的"大战争"指导艺术开始,而不是从战争的"局部"、从"作战战略"、从构成战争的某一个要素、部分或环节开始,这正是孙子比克劳塞维茨的高明之处!

自从人类社会经历了拿破仑战争和两次世界大战以后,自从英国战略学家利德尔·哈特出版了《战略论》、美国战略学家保罗·肯尼迪出版了《大国的兴衰》以后,国际政治界和军事界人士已经达成了一种共识,那就是战争的胜负,首先并且主要地取决于国家领导人所制定和实施的"大战略"即"国家战略"正确与否;其次,战争的胜败才取决于"军事战略",取决于统兵之将战争指导艺术的高低,以及众将士们在战争时期战场上的努力。因为战争"全局"制约着"局部","局部"总要受"全局"的制约。古希腊哲学家亚里士多德有一句名言:"整体大于它的各部分之和。"这句话也适用于战争和战略问题,适用于"国家战略""军事战略"和"战术"的关系,而孙子在《孙子兵法》前四篇所论述的,主要是"国家战略"方面的内容,因此,《孙子兵法》前四篇的内容非常重要、值得我们注意,值得我们花大力气进行研究。

第二,《孙子兵法》前四篇所论述的"国家战略"内容相当丰富、系统而且深刻。

关于战争的"全局"决定"局部"、关于"国家战略"制约"军事战略"和"战术"、关于"国家战略"最重要的思想,并非是《孙子兵法》所独有的思想,而是中国古代兵家们和兵学共同具有的优良传统思想。例如,中国古代另一部兵学名著《尉缭子》就这样说过:"兵胜于朝廷""智在于治大"。《孙子兵法》前四篇讲的就是和《尉缭子》同样的道理，但是，《孙子兵法》在讲"国家战略：国君的'大战争'指导艺术"重要的道理时，比《尉缭子》等兵书讲得更丰富、更系统，也更深刻，颇开人心智，使人振聋发聩。据我的理解，曹操之所以称赞《孙子兵法》"所著深矣，审计重举，明画深图，不可相诬"，诸葛亮之所以称赞"战非孙武之谋，无以出其计远"（《便宜十六策》），指的也正是孙子在《孙子兵法》前四篇里所论述的内容。英国战略学家利德尔·哈特之所以认为中国古代《孙子兵法》中的战略理论在整体上胜过近代西方克劳塞维茨的《战争论》，认为克劳塞维茨的思想比孙子的思想"落后"，指的也正是《战争论》里缺乏《孙子兵法》前四篇里所论述的有关"国家战略：国君的'大战争'指导艺术"的内容。

第三，要想把握住《孙子兵法》前四篇内容的精神实质，一方面必须搞清楚战争和战略学的基础理论，另一方面，还要用战争和战略学的基础理论对《孙子兵法》前四篇的内容进行细致的综合分析。

虽然《孙子兵法》前四篇所论述的"国家战略"内容非常重要，可是，值得我们注意的是，长期以来，对《孙子兵法》前四篇的内容究竟怎样理解、怎样进行评价，在《孙子兵法》的研究者们中又是意见分歧最多、最大的问题（学术界对《孙子兵法》后面九篇内容的意见分歧相对来说较少、较小）。

我认为，长期以来，《孙子兵法》的研究者们之所以对前四篇的内容产生较大的意见分歧，并不是一个简单的训诂、释义、"咬文嚼字"的诠释学问题，而是研究《孙子兵法》的学者自己搞没搞清楚战争和战略学的基础理论，以及对《孙子兵法》前四篇的内容是不是进行了细致的、实事求是的综合分析。换句话说，如果研究者自己还没有搞清楚战争和战略学的基础理论，如果研究者自己的头脑中还没有形成一个"大战争""大战略"的概念，或者只承认"军事战略"的存在而不承认"大战略"的存在，如果研究者自己的头脑中还坚持"单纯军事观点"，还没有达到《孙子兵法》的作者孙子本人已经达到的"大战争"和"大战略"的思想高度，显然是无法掌握《孙子兵法》前四篇内容的精神实质的。当然，另一方面，即使研究者已经掌握了战争和战略学的基础理论，头脑中已经有了"大战争"和"大战略"的概念，可是如果不是认真、细致地研究《孙子兵法》前四篇的内容，不对其中一些重要的概念、范畴进行综合分析，同样也是不能把握《孙子兵法》前四篇内容的内在联系和精神实质的。

第四，《孙子兵法》前四篇在内容上有内在联系。

任何作者写一部著作都要考虑接受这部著作的对象即读者是谁，我在前面已经讲过，孙子著述《孙子兵法》十三篇，最初是献给春秋末期不太了解战争和战略的吴王阖闾看的，所论述的对象首先是国君，《孙子兵法》前四篇所论的"国家战略：国君的'大战争'指导艺术"也是一国之君首先应该了解的兵法内容。那么，《孙子兵法》前四篇中的内在联系是什么呢？

第一篇《计》，孙子主要讲的是"什么是战争"；战争大体上是由哪些要素、部分或环节组成的；国君和统兵之将在战争中是什么关系，等等。孙子重点讲的是为了赢得战争胜利，国君必须首先从敌我两国的实际情况出发，制定好战争计划。

第二篇《作战》，孙子主要讲的是准备战争和开始进行战争的问题；讲的是战争和国家经济、政治、民生的关系；讲的是战争对国家可能有利也有弊，所以，一个国家不能长期处于战争状态。

第三篇《谋攻》，孙子主要讲的是对敌"进攻"的问题；可是，我们要特别注意，孙子在《谋攻》中所说的"进攻"，不仅仅是在战争时期和战场上的军事进攻，而是包括和平时期和战争时期在内的、非暴力手段和军事暴力手段在内的一种"大进攻"，孙子把这种"大进攻"叫作"全争"。孙子认为指导"全争"的人当然应该是一国之君。

第四篇《形》，孙子在这一篇中，实际上是联系"防御"和"进攻"这两种战争特有的运动形式讲"积极防御"，特别是讲在和平时期发展壮大国家综合国力的重要性；因为只有在和平时期发展壮大了国家实力，才能在战争时期具有比敌人更强的军事实力，统兵之将才能在战场上战胜敌人；而要想在和平时期发展壮大本国的实力，孙子认为只能从政治上着手，采取"修道而保法"的政治革新手段。

当然，孙子在《孙子兵法》的前四篇中，除了论述上面所说的四个方面问题以外，还论述了其他一些也很重要的问题，例如"兵者，诡道"问题，"知彼知己者，百战不殆"问题，等等。但是，他在前四篇中所论述的，主要是国君应该了解和考虑的有关战争的"全局"性和"长远"性的"国家战略"问题，也就是克劳塞维茨在《战争论》中所说的"广义的战争艺术"问题、利德尔·哈特在《战略论》中所说的"大战略"问题，以及保罗·肯尼迪在《大国的兴衰》《战争与和平的大战略》中所说的"真正的大战略"问题。

下面，我就分四个小节，逐篇讲解《孙子兵法》前四篇的内容。

第一节　《计》一：孙子的战争观和"国家战略"观

《孙子兵法》的第一篇是《计》。在《计》篇中，孙子首先从总体上论述了他的战争观和"国家战略"观，表达了他"重战"（重视战争）、"重智"（重视在战争中使用智慧）和"重计"（重视制定战争计划）的思想。

我先解释一下《计》篇的篇名含义。

【篇名】

什么是"计"？《说文解字》对"计"的解释是："计，会也，算也。"对"算"的解释是："算，数 [音 shǔ，动词] 也。"所以，"计"有"计算""计较"和"做计划"等意思。

"计"在《孙子兵法》第一篇中的具体含义，就是孙子在《计》篇最后一段话中所说的"庙算"。在中国古代社会，国家如果遇到战争等大事，国君往往要把朝廷中的重臣、文武百官们召集到祖宗庙里或者庙堂廊下，一起分析敌我双方的情况和所面临的形势，拿出解决问题的计划、方案来，并且要按照战争计划采取相应的行动。所谓"计"，指的就是通过这种"庙算"而制定战争计划。

孙子在《计》篇中强调，一个国家要想在战争中取得胜利，国君要想指导好一场战争，首先必须进行"庙算"，国君必须集中朝廷重臣和文武百官的正确意见，制定好战争计划。制定战争计划是进行战略决策的最高表现。

孙子在《计》篇中，还先后论述了什么是战争；战争大体上是由哪些要素、部分或环节组成的；国君和统兵之将在战争中的关系；统兵之将在战争中要担负的总任务，在战争中使用的策略即"诡道"等问题。因为这些问题都和制定、实施战争计划有关，都是国君和统兵之将在进行"庙算"时必须加以考虑的重要问题。

在这里，我只强调一点，那就是孙子在《计》篇中所说的制定"战争计划"，并不是指制定单纯的"军事计划"或者战争时期战场上的"作战计划"，而是包括"军事计划"和"作战计划"在内的、具有"全局性"的、"国家战略"性质的战争计划。这种战争计划的内容不仅涉及军事、作战，而且涉及一个国家的经济、政治、外交等各个领域、各条战线，否则，国君就没有必要召集国家重臣和文武百官一起商议了。而且，一般说来，这种战争计划的制定最后要由国君一手拍板确认，并且由国君组织、领导实施战争计划。

《计》篇中共有六段话，一段话一层意思。我把这六段话分为六个小专题，分别加以讲解，然后进行中西比较。

一、孙子的战争观

【原文】

孙子曰：兵者，国之大事，死生之地^①，存亡之道^②，不可不察也。

【述评】

这段话的意思是，孙子说：战争是一个国家的大事，因为战场上的胜负决定着将士们的生死，一场战争的胜败往往关系到一个国家的存亡，所以，对于战争问题不可以不进行认真的考察和研究。

以上这段话就是孙子的战争观，孙子回答了"什么是战争"的问题，说明了战争和一个国家、民族、军队生死存亡的利害关系，从而表达了高度重视战争的思想。

"重战"（重视战争问题）是中华民族的优良传统。在记载中国春秋时期历史的史书《左传·成公十三年》中有这样的话："国之大事，在祀与戎。"说的是国家有两件大事，一是祭祀祖宗，二是对付战争。因为这两件大事都关系到民族的延续、国家的存亡。《史记》的作者司马迁也说过："春秋之中，弑君三十六，亡国五十二，诸侯奔走不得保其社稷者不可胜数。察其所以，皆失其本已。"（《史记·太史公自序》）春秋时期，许多诸侯国内乱和外患频发，许多诸侯国在战争中失去了立足生存之地，社稷不保。由此可见，孙子说"兵者，国之大

---

①地：指战场。
②道：指门道，必经之路。

事，死生之地，存亡之道，不可不察也”，正是对活生生的历史经验教训的一种概括和总结。孙子的战争观是唯物主义性质的，来自历史事实。

孙子战争观的显著特点是从国家整体着眼。民国时期《孙子兵法》的研究者钱基博先生在他的《孙子章句训义》里说："《计》篇开首，不曰'兵者，大事'，而曰'兵者，国之大事'；'国'字须着眼，此为十三篇命脉所寄。"[①]钱基博的这种说法是很有见地的。因为《孙子兵法》从第一篇开始论述战争和战略问题，就不是从战争本身论述战争，不是从单纯的军事角度论述战争，更不是从抽象、臆想的角度论述战争；而是从关系一个国家、民族、军队生死存亡的战争全局的角度，也就是站在国家的立场上，用"国家战略"的眼光看待战争，这是值得充分肯定的。而且，还要看到，孙子把这种"国家战略"的眼光和立场贯彻到了《孙子》十三篇的自始至终，我以后还要详加论述。

【中西比较】

在西方的战争和战略理论发展史上，真正系统而又深刻地论述过战争观的，还要数《战争论》的作者克劳塞维茨。从某种意义上说，整个一部庞大的《战争论》所要论述的主题就是"什么是战争"的问题。在《战争论》中，克劳塞维茨非常明确地给战争下定义的地方有三、四处：

第一处，在《战争论》的第一篇第一章"什么是战争"的

---

①钱基博：《孙子章句训义》，第228页，上海古籍出版社2011年版。

第二节"定义"里。克劳塞维茨从构成整个战争的一个"要素——搏斗"出发,认为战争无非是"两个人搏斗","战争无非是扩大了的搏斗","如果我们想要把构成战争的无数个搏斗作为一个统一体来考虑,那么最好想象一下两个人搏斗的情况。每一方都力图用体力迫使对方服从自己的意志;他的直接目的是打垮对方,使对方不能再作任何抵抗"。

于是,克劳塞维茨给战争下了第一个定义。他说:"因此,战争是迫使敌人服从我们意志的一种暴力行为。"①

第二处,在《战争论》第二篇"论战争理论"之第一章"战争艺术的区分"的第一段话中,克劳塞维茨给战争下了第二个定义。他说:"战争就其本义来说就是斗争,因为在广义上称为战争的复杂活动中,唯有斗争是产生效果的要素。斗争是双方精神力量和物质力量通过物质力量进行的一种较量,不言而喻,在这里不能忽视精神力量,因为正是精神状态对军事力量具有的决定性的影响。"②

第三处,在《战争论》第一篇第一章"什么是战争"的第二十四节,克劳塞维茨说:"战争无非是政治通过另一种手段的继续。"③以后,克劳塞维茨便把在这个定义中所表达的思想贯彻到了《战争论》全书之中。他于1827年即他的晚年所写的一篇"说明"中,又把这个定义修改为:"战争无非是国家政

①克劳塞维茨著,军事科学院译:《战争论》,第23页,商务印书馆1978年版。
②克劳塞维茨著,军事科学院译:《战争论》,第101页,商务印书馆1978年版。
③克劳塞维茨著,军事科学院译:《战争论》,第43页,商务印书馆1978年版。

治通过另一种手段的继续。"①这次修改也可以说是他给战争下的第四个定义。

如果我们把克劳塞维茨给战争下的三、四个定义和孙子在《孙子兵法》中给战争下的朴素的定义仔细比较一番,就可以发现,克劳塞维茨的战争观和孙子的战争观有以下几个方面不同:

其一,孙子只给战争下了一个朴素的定义,而克劳塞维茨却给战争下了三四个定义。这就说明,孙子给战争下的定义虽然还具有朴素的性质,但是,这个定义简明扼要,此后再无变化,孙子考虑问题比较成熟。而克劳塞维茨对"什么是战争"这个问题一直在不断地进行探索,他试图从各个不同的角度探求战争的实质。

其二,孙子从一开始观察和分析战争与战略问题时,就是站在国家整体的立场上、从构成战争的多要素方面看待战争,而并不是强调在战争中只是使用军事暴力,也不是只强调精神力量在战争中的作用;而克劳塞维茨却十分强调在战争中使用暴力手段,十分强调精神力量在战争中的决定作用。

其三,孙子把战争问题视为关系到一个国家和民族生死存亡的大问题;而克劳维茨只是把战争看作"政治的继续",也就是把战争看作国家与国家、民族与民族之间"利益"斗争的"继续"。这就说明孙子把战争问题看得比克劳塞维茨更为严重!孙子把战争视为涉及一个国家、民族、军队之生死存亡的最大问题!

---

① 克劳塞维茨著,军事科学院译:《战争论》,第11页,商务印书馆1978年版。

当然，从另一个角度看，孙子给战争下的定义毕竟是朴素的，只是从"功能"角度给战争下了定义，还没有揭示各类战争的本质；而克劳塞维茨给战争下的定义"战争无非是政治通过另一种手段的继续"才是科学的，这个定义揭示了战争的实质和所有战争的普遍性本质。

二、孙子论构成战争的敌我双方五大战略要素，以及预测战争胜负的计算方法——"五事七计"

【原文】

故经[1]之以五事，校之以计而索其情[2]：一曰道，二曰天，三曰地，四曰将，五曰法。道者，令民与上同意也，故可以与之死，可以与之生，而不畏危；天者，阴阳、寒暑、时制也[3]；地者，远近、险易、广狭、死生也；将者，智、信、仁、勇、严也；法者，曲制、官道、主用也[4]。凡此五者，将莫不闻，知之者胜，不知者不胜。故校之以计而索其情，曰：主孰有道？将孰有能？天地孰得？法令孰行？兵众孰强？士卒孰练？赏罚孰明？吾以此知胜负矣。

【述评】

孙子在《计》篇的第一段话中表述了他的战争观以后，就紧接着在第二段话中论述了构成战争的敌我双方的五大战略

①经：度量，指分析研究。
②校：比较。索其情：探索战争胜负的情形。
③时制：指一年春、夏、秋、冬四季时令。
④曲制：指组织编制。官道：指军队将吏的职责区分。主用：指军事后勤的物资管理。

要素，以及预测战争胜负的计算方法。曹操曾经把这五大战略要素和预测战争胜负的计算方法，称为"五事七计"。

所谓"战略要素"，指的是国君和文武百官们在制定战争计划时，必须进行计算和考量的那些构成战争全局和全过程的所有因素和力量。孙子认为，这些要素大体上包括有五个方面，即"道""天""地""将""法"；不仅如此，由于战争总是由敌我双方一组对立面组成的，所以，在制定战争计划时，国君和文武百官不但要分析、研究本国的五种战略要素（"经之以五事"），而且必须比较和度量敌我双方这五个方面的情况，才能找到战争的胜败规律（"校之以计而索其情"）。然后，孙子就开始具体地论述"五事七计"：

"五事"之中"一曰道"。什么是"道"？孙子在这里说的"道"，指的并不是"道路""门道"或者"规律"，而是一个政治概念，指的是"人和"即"政治"，指的是一个国家所发动的战争是否与民众的利益要求有关系。儒家的代表人物孟子曾经说过："天时不如地利，地利不如人和。"（《孟子·公孙丑下》）国君所发动的战争，只有符合民众的政治即利益要求，得到人民和军队的支持才容易赢得胜利，"人和"比"天时""地利"更加重要。所以，孙子认为，只有使民众和国君的战争意愿（利益）一致，民众和军队在战争中才能不怕危险，与国君同生死、共患难，战争才容易获得胜利。孙子把"道"看成构成战争的第一个战略要素，也就是把"政治"看成构成战争的首要战略要素，这种观点是很深刻而有见地的。

"五事"之中"二曰天"。"天"指的不是神秘的"天命""上帝",而是指"自然之天",即打仗时所遇到的天时、气象条件,作战时是白天还是夜晚,天气是寒冷还是炎热,是春夏还是秋冬。中国古代的《司马法》中有"冬夏不兴师"的说法,认为冬天太冷,而夏天太热,都对作战不利,很早就得出了天时、气象条件对战争起制约作用的结论。孙子也认为"天"是国君和统兵之将在制定战争计划时要考虑的一个战略要素。孙子在《孙子兵法》的第十二篇《火攻》中,更具体地论述了天时、气象条件对于"战斗"的重要性和对战争的制约关系。

五事之中"三曰地","地"指军队行军时路途的远近,地形、地势的高低、宽窄,是否有利于驻军、通行、生活、作战等地理条件。国内外的地理情况也是国君和统兵之将在制定战争计划时不得不加以考虑的战略要素。以后,在《孙子兵法》的第九篇《行军》、第十篇《地形》、第十一篇《九地》里,孙子相当详细地论述了地理条件对于战争胜负所起到的重要作用。在古代社会,地形、地势、地理条件也是战争中必须认真对待的一个问题。

五事之中"四曰将",孙子认为合格的统兵之将必须具备有"五德"。一"智",指足智多谋;二"信",指赏罚有信;三"仁",指仁爱下属士兵;四"勇",指勇敢坚毅;五"严",指严明军纪。

五事之中"五曰法","法"指的是军队的组织编制、各级军官的职务分工和军队的后勤保障制度。

孙子认为,以上五种战略要素都是一般带兵打仗的统兵之将所知道的,通晓这些军事常识的统兵之将,就容易在战争中取得胜利；不了解这些军事常识的人，就不容易在战争中取得胜利（换句话说，就是没有亲自带兵打仗经验的国君，才不了解这些军事常识。这是《孙子兵法》前四篇论述的对象主要是国君、《孙子兵法》主要是讲给国君听的所谓"内证"）。

不仅如此。孙子认为，因为战争总是由敌我双方两个对立面组成的，所以，在制定战争计划时，还要进一步把敌我双方各自的五大战略要素联系起来作一番全面的比较计算，才能找到战争胜负的规律（"故校之以计而索其情"）。就是要问一问：一、敌我两国的国君哪一个更仁义贤明？二、哪一方的统兵之将更有才能？三、哪一方更能得到天时地利？四、哪一方的军纪法令更能很好地得到贯彻执行？五、哪一方的军队实力强大？六、哪一方的士卒在和平时期训练更加有素？七、哪一方军队的军纪赏罚严明？孙子认为，只要从这七个方面比较、估算一番，就可以大体预测到敌我两国最后谁胜谁负了。

【中西比较】

克劳塞维茨在《战争论》中也论述过"战略要素"问题，"战略要素"这个科学的概念本身就是克劳塞维茨在《战争论》中首先提出来的，而且，他对"战略要素"的论述比孙子更加系统、细致。例如，克劳塞维茨说："只有根据对各种关系的总的观察（包括了解当时的具体特点），才能判断即将来临的战争，战争可以追求的目标和必要的手段。"[1]国家元首和军事统帅在制定战争计划和实施战略时，"必须有客观的

①克劳塞维茨著，军事科学院译：《战争论》，第865页，商务印书馆1978年版。

根据"和"具体的根据"①。克劳塞维茨认为，一般说来，可以把构成战争的战略要素分为五类："〔人的〕精神素质及其作用所引起的一切属于第一类；军队的数量、编成、各兵种的比例等属于第二类；作战构成的角度、向心运动和离心运动（只要它们的几何数值是有价值的）属于第三类；制高点、山脉、江河、森林、道路等地形的影响属于第四类；最后，一切补给手段等属于第五类。"②

总之，在有关构成战争的"战略要素"问题上，克劳塞维茨和孙子的观点有许多共同之处，大体上是一致的。例如，他们都把"战略要素"区分为五类，也都重视统兵之将或军事统帅、地形、军队、后勤补给在战争中的作用。可是，两者在以下四个方面却有重大区别：

其一，孙子在论述构成战争的"战略要素"时，非常明确地把"道"即战争的政治性质"令民与上同意"放在第一位；而克劳塞维茨只是把人的"精神素质及其作用"放在第一位，并没有明确地论及战争的政治性质的重要性。

其二，孙子非常重视"天"即天时、气象条件在战争中的重要性，把"天"列为第二大"战略要素"；可是，克劳塞维茨却忽视天时、气象条件的作用。这个问题，我在讲解《孙子兵法》的《火攻》篇时再详细分析。

其三，孙子虽然在《孙子兵法》的第一篇《计》里，没有把国家的经济、财政列入构成战争的五大"战略要素"之中，可

①克劳塞维茨著，军事科学院译：《战争论》，第696页，商务印书馆1978年版。
②克劳塞维茨著，军事科学院译：《战争论》，第185页，商务印书馆1978年版。

是，他在《孙子兵法》的第二篇《作战》中，非常强调一个国家的经济、财政能在战争中起到重大作用；而克劳塞维茨在《战争论》中，却始终没有涉及国家的经济、财政问题。

其四，孙子把"智"即统兵之将的智谋列为统兵之将的"五德"（智、信、仁、勇、严）之首；克劳塞维茨虽然也重视军事统帅的智谋在战争中的作用，可是，他却认为在军事统帅所应具备的种种才能中，"勇气"最重要。他说："战争是充满危险的领域，因此勇气是军人应该具备的首要品质。"①克劳塞维茨之所以这样讲，很可能与他在《战争论》中论述的战略主要是"作战战略"而不是"国家战略"有关，在暴力战争中，在作战时，军人确实首先要有不怕死的勇气。克劳塞维茨在《战争论》中还说，一个军人随着职务的提升，勇气会越来越少，所以，勇气和胆量对军事统帅来说非常重要②。

三、国君和统兵之将（"国家战略"与"军事战略"）之间的关系

【原文】

将听吾计，用之必胜，留之；将不听吾计，用之必败，去之。

【述评】

在"庙算"时、在制定战争计划时，还有一个为了完成战

---

① 克劳塞维茨著，军事科学院译：《战争论》，第67页，商务印书馆1978年版。
② 《战争论》，第198—199页。克劳塞维茨的原话是："指挥官的职位越高，胆量就越小。……在历史上被认为平庸甚至优柔寡断的统帅，在职位较低时几乎个个是以大胆和果断著称的。"

争计划、赢得战争胜利的人事分工问题，而首先要解决的就是国君和统兵之将的工作分工。在我国春秋时期，国君一般都不负责直接指挥作战，而把指挥作战的任务委托给一个熟悉军事、善于打仗的统兵之将，于是，在君将分工中就会遇到一个在战争中国君和统兵之将谁服从谁的问题。孙子认为，总的说来，在制定战争计划和实施战争计划时，应当是统兵之将服从国君，而不是国君服从统兵之将，实际上，也就是统兵之将所操作的"军事战略"必须服从国君所操持的"国家战略"，而不是"国家战略"服从"军事战略"。所以，孙子在《计》篇中所论述的国君和统兵之将的关系，本质上也就是"国家战略"与"军事战略"之间的关系。

在我上面引用的《计》篇的第三段话中，"将"指的是统兵之将，"吾"指的是国君。孙子这段话的意思是说：当国君带领文武百官进行"庙算"、制定了战争计划以后，如果统兵之将同意所制定的战争计划，能够按照国君最后拍板确定的这个战争计划在战争中贯彻实施，一般情况下，战争就有胜利的必然性，那么国君就任用这个统兵之将；反之，如果统兵之将不同意国君拍板确定的战争计划，使用这个统兵之将就会使战争遭到失败，那么，国君就不必任用他。古今中外战史上这样的例子很多，例如，在新中国刚刚成立不久后的抗美援朝战争中，毛泽东起初想任命林彪为中国人民志愿军司令员，可是，林彪由于种种原因，不同意打这场战争，于是，毛泽东便起用彭德怀去朝鲜指挥志愿军作战。又如，同样是在朝鲜战争中，以美国为首的"联合国军"的司令官是"二战"时期著名的美军将领麦克阿瑟，麦克阿瑟一度不同意当时的美国总统杜鲁门的战略指导，那么，杜鲁门便很快把麦克阿瑟撤职，命令另一个美军将领李奇微当上"联合国军"司令。

君将分工是战争人事分工中最重要的人事分工，这种分工实际上就是国君所操持的"国家战略"与统兵之将所操持的"军事战略""作战战略"的关系，就是指导战争"全局"与指导战争"局部"之间的关系。在一般情况下，总是应该由国君领导统兵之将、"国家战略"制约"军事战略""作战战略"。这也就是事物的"全局"总要制约"局部"，"局部"总要被"全局"所制约的道理。而《孙子兵法》的可贵之处在于，孙子在君将关系的问题上还有辩证思维。他不仅在《计》篇中论述了统兵之将必须服从国君，"军事战略"和"作战战略"总是受"国家战略"制约的道理，而且认为，"国家战略"与"军事战略""作战战略"又不可以混淆，不可以相互代替，所以，国君不可以过分干预统兵之将所操持的军事作战任务。孙子是在《孙子兵法》的第三篇《谋攻》里讲这个问题的，我将在讲解《谋攻》篇时，再具体评述孙子的有关论述。

【中西比较】

在《孙子兵法》产生两千多年后，西方战略学家克劳塞维茨和利德尔·哈特也认为，从总体上来说，"军事战略"和"作战战略"必须服从"国家战略"。

克劳塞维茨在《战争论》中批判地继承了德国早期资产阶级军事家标洛的观点，克劳塞维茨不但认为"战略"是一个变化发展的大系统，在"军事战略"和"作战战略"之上，还存在有一个层次更高、范围更大的"政治战略"即"国家战略"，而且认为"国家战略"总在操纵、制约、影响着"军事战略"和"作战战略"。因此，克劳塞维茨在具有全书总结论性质的《战争论》第八篇中，反复强调三点：第一点，战争计划的主体部分只能由一个国家的政治当局设计、决定，而不应该由军事当局设计、决定；第二点，确定战争的主要路线和指导战争的主要观点，也只能是"政治"观点即"国家战略"观点；第三点，在以往西方的全部战史中，根本就不存在"纯军事"的战争计划，任何人也不可能对战争和战略单纯地从军事上作出评价。在这个问题上，克劳塞维茨的名言是："战争是一种真正的政治（即国家战略）的工具，工具（即'战争'）本身不能活动，要靠手来操纵，而操纵工具的手就是政治"，"政治（'国家战略'）是头脑，战争只不过是工具，不可能是相反的。因此，只能是军事观点从属于政治观点"①。

而利德尔·哈特在这个问题上明显地继承、发展了《孙子兵法》和《战争论》中的观点，他把将帅必须服从国君或国家元首的思想，在《战略论》中概括成实施"大战争"和"大战略"的第一个原则："从大量的历史经验教训中，可以找到一条有决定意义的真理：纯粹的军事战略必须接受'大战略'的指导，因为只有'大战略'才会有更深远的预见和更广博的观点。"②

由此可见，在君将关系即"国家战略"与"军事战略""作

---

①克劳塞维茨著，军事科学院译：《战争论》，第325页，商务印书馆1978年版。
②利德尔·哈特：《战略论》，"前言"，第1页，战士出版社1981年版。

战战略"关系的问题上,中国的孙子和西方的克劳塞维茨、利德尔·哈特三个世界上杰出战略家的观点是基本一致的;但是,统兵之将必须服从国君的观点最早是由孙子提出来的,而且,孙子在这个问题上还有辩证思维,认为统兵之将服从国君又不是绝对的,国君不能过分干预统兵之将的军事、作战任务,这个问题我以后再详细论述,进行中西比较。

四、统兵之将在战争中所要担负的军事总任务

【原文】

计利以听,乃为之势①,以佐其外。势者,因利而制权也②。

【述评】

这段话的意思是,孙子认为:当国君带领文武百官根据敌我两国的情况,分析了双方的利害关系,制定了对本国有利的战争计划,统兵之将也同意贯彻这个战争计划之后("计利以听"),统兵之将在战争中将要承担的军事总任务,就是率领军队造"势",以便在外辅佐国君在国内操作"国家战略"全局。所谓"势",就是统兵之将要根据战场上敌我两军利害关系的具体发展变化,灵活权变,创造出强大的军事实力。

在我上面引用的《计》篇第四段话中,孙子不但说明了统兵之将所要担负的军事总任务("乃为之势")、完成军事总

---

①势:统兵之将凭借国君授给的军权,在战场上创造的强大军事力量。
②权:权变。

任务的方法（"势者，因利而制权"），暗示了统兵之将的"军事战略"必须服从国君的"国家战略"（"以佐其外"），而且还进一步把敌我两国的所有战略要素对比提高到"利""害"的高度加以看待。所谓"利"，也就是"胜利"的意思，孙子认为，战争所追求的目标就是胜利，但是"胜利"是有层次的，国君操持的"国家战略"所追求的胜利目标是国家利益（"计利"），而统兵之将在战争中操作的"军事战略"所追求的胜利目标是战场上的胜利（"势者，因利而制权也"）。

关于"形"和"势"、"利"和"害"这两对概念及其关系，孙子是在《孙子兵法》的第五篇《势》中展开论述的。我以后会在讲解《势》篇时详加述评。

【中西比较】

"形势""利害""制权"等，都是中国古代传统兵学中特有的概念、范畴，具有整体性和高度的抽象性，概括面很大，其中还有不同的层次性。这些中国传统军事学、战略学中的名词术语是西方军事著作和战略著作中没有的。列宁在《哲学笔记》中说过："物质的抽象，自然规律的抽象，价值的抽象及其他等等，一句话，那一切科学的（正确的、郑重的、不是荒唐的）抽象，都更深刻、更正确、更完全地反映自然。"[1]《孙子兵法》中的"利""害""形""势"以及"制权"等，就是从各个不同的角度对战争与战略的现象、本质、规律和价值作出的正确抽象，而且这些抽象的概念、范畴还适用于"国家战

---

①列宁：《哲学笔记》，见《列宁全集》第38卷，第181页，人民出版社1990年版。

略""军事战略"和"作战战略"的各个领域和层次。

而西方的军事和战略著作中就缺乏这样具有高度整体性和抽象性的范畴、概念。例如，克劳塞维茨在《战争论》中总是讲战争能够给国家带来"利益"，而很少讲战争会给国家带来"危害"。克劳塞维茨是怎样理解"胜利"的呢？他说："任何战斗都是双方物质力量和精神力量以流血的方式和破坏的方式进行的较量。最后谁在这两方面剩下的力量最多，谁就是胜利者。"①显然，在这里，他是把战斗过程的实质，看作作战双方的物质力量和精神力量通过暴力斗争的方式而相互较"量"的过程；而把"胜利"看作双方通过暴力斗争，造成敌人的物质力量和精神力量两个方面的损失"量"都多于我方的那种结果。换句话说，克劳塞维茨很注意对战争胜负进行"量"的统计，却忽视了对敌我双方的"形势"和"利害"进行整体的、抽象的、辩证的"质"的分析；这是克劳塞维茨的军事理论不如《孙子兵法》的地方。

五、统兵之将的作战策略——"诡道十二法"

【原文】

兵者，诡道也②。故能而示之不能，用而示之不用，近而示之远，远而示之近；利而诱之，乱而取之，实而备之，强而避之；怒而挠③之，卑而骄之，佚而劳之，亲而离之。攻其

①克劳塞维茨著，军事科学院译：《战争论》，第257页，商务印书馆1978年版。
②诡道：即欺诈，间接路线。
③挠：挑逗，激怒。

无备，出其不意。此兵家之胜，不可先传也。

【述评】

我在前面已经讲过，当战争计划制定之后，统兵之将在战争中担负的军事总任务，就是要在战场上造"势"，也就是要根据敌我两军在战场上形成的利害关系的具体变化，灵活地行使自己手中的军权，创造出一种强大的军事实力。那么，怎样才能创造出一种强大的军事实力以便战胜敌军呢？孙子认为，统兵之将必须讲究作战的方法和作战策略。他在《计》篇第五段话中说的"兵者，诡道也"，意思就是和敌军打仗决不能直来直去、硬碰硬，而务必要讲究作战的策略。

孙子在《计》篇中说的"诡道"，就是克劳塞维茨在《战争论》中说的"诡诈"，也就是利德尔·哈特在《战略论》中说的"间接路线"。然而，与西方军事家、战略家们所不同的是，孙子不仅在世界军事史上最早发现在作战中对敌人实施"诡道"是一种作战的客观规律，凡是讲究作战策略的人，就容易在作战中赢得胜利，凡是不讲究作战策略的人，就客易在作战中失败。而且，孙子还总结了在战争中实施"诡道"的十二种方法，中国的兵家们以后就把这十二种方法习惯地叫作"诡道十二法"。

以下，我就把"诡道十二法"分为四组，分析一下"诡道"十二法的内在机制，让大家看一看在战争中实施"诡道"为什么容易取得胜利：

第一组"能而示之不能，用而示之不用，近而示之远，远而示之近"。这是"诡道"的前四法，也是典型的诡诈、欺骗、作战的"间接路线"。

所谓"示之"，就是"示形于敌"的意思，就是搞"诡道"的统兵之将，要善于把自己作战的真实意图和真相隐蔽起来，搞欺骗，故意给敌人制造我军的假象，让敌人接受的是我军的假象。那么，把我军的真实意图和真相隐蔽起来，而给敌人以我军的假象，对我军有什么好处呢？其好处就在于"先见弱于敌，而后战也"《六韬·龙韬·军势》，好处就在于在我军还没有和敌人发生正面冲突之前，就可以使用"诡道"，首先示弱于敌，再和敌人发生正面战斗，就容易获得胜利了。

例如"诡道十二法"中的第一法"能而示之不能"，此法的意思是：我军的真实意图本来是要进攻敌军，我军也具备进攻敌军取胜的实力，可是，我军却设法把进攻敌人的真实意图和真实实力隐蔽起来，欺骗敌军，给敌军以我军不想进攻敌人、也没有强大实力的假象。那么，这样欺骗敌军对我军有什么好处呢？其一，敌人必然会被我军的假象所蒙蔽，错以为我军不想进攻，于是，敌人首先在精神上放松了警惕，在精神上削弱了积极防御的意识；第二，敌人还错以为我军缺乏进攻敌军的能力或实力，所以敌人在物质准备方面也必然不再采取积极防御的措施了。然而，就在这时，我军进攻敌军的真实意图和真实能力出现了，我军向敌人发起了进攻，同时在战场展现出我军具备敌人意想不到的强大进攻实力！所以，这时我军对敌人发起进攻，便很容易取得胜利，敌军也会因为没有做好防御的准备而导致失败。这就叫"先见弱于敌而后战"，也就是对敌人采取"能而示之不能"的"诡道"策略给我军带来的好处。

又如，"诡道十二法"中的第二法"用而示之不用"。此法的意思是：带领我军作战的本来是一个比敌军将领更有能力、更高明的统兵之将，可是，我军却向敌人故意散布带领我军作战的并不是一个比敌军将领更高明、更有能力的人的信息，示敌以假象，想方设法让敌军上当受骗，麻痹敌人。用这种"用而示之不用"的欺诈方法，也容易在作战之前就达到削弱敌军精神力量和物质准备的效果，使敌军在决战时措手不及，容易导致失败。

"近而示之远，远而示之近"，也就是中国明清之际总结出来的"三十六计"中的"声东击西"。典型的战例发生在公元前206年，大将韩信统率大军要渡黄河，进攻魏王豹的军队。韩信的真实意图是想在距魏王豹的位置较远的"夏阳"（今陕西韩城南）渡过黄河，但却故意制造假象，在距魏王豹较近的"临晋"征集渡过黄河的器材。魏王豹上当受骗，将自己的主力部队集中到"临晋"一带，而在"夏阳"一带放松了警惕。于是，韩信在"夏阳"渡河成功，进而大胜魏王豹。外国"声东击西"的典型战例是"二战"中的诺曼底登陆。盟军司令艾森豪威尔的本意是把法国的诺曼底作为盟军登陆的地点，但却向希特勒的德军散布假情报，宣传盟军将要在离英国较近的法国加莱地区登陆，并且在加莱地区实施飞机重点轰炸，假装频繁地往加莱地区调动兵力。希特勒上当受骗，于是把德军的防御主力部队集中到加莱地区。结果，盟军于1944年6月6日在法国的诺曼底成功登陆。

第二组"利而诱之，乱而取之，实而备之，强而避之"。这是"诡道十二法"中的中间四法，其精神实质也是打仗不能硬打硬拼，不能只走"直接路线"。因为打仗拼的是敌我双方的实力，必须根据双方实力的不同而采用不同的作战方法，要讲究策略。

"利而诱之"，是指当敌人的作战实力比我方强大时，我方先不要进攻敌人，而要用利害关系引诱敌人把兵力分散开来，等敌人的兵力分散开来，各个地点的兵力弱小以后，我方再用强大的兵力，逐次对敌人的各个地点进攻并取胜。

"乱而取之"，是指如果敌军治军严明，队伍整齐，团结一致，不好对付，我方就要想办法（例如派间谍）先把敌军的队伍搞乱，削弱敌军的战斗力，然后再采取有效的措施，夺取敌人的目标。

"实而备之"，是说如果敌军的战斗力强大，我军必须做好相应的战斗防御准备，不可以掉以轻心。

"强而避之"，是说当敌强我弱时，我军并不是非要用弱小的兵力同敌人硬拼不可，而是必须暂时避开敌军对我军进攻的锋芒，待我军力量强大或者具备对我军有利的作战条件时，再同敌军展开战斗。

要想成功地做到"利而诱之，乱而取之，实而备之，强而避之"，有一个非常重要的前提条件，那就是统兵之将必须使用好间谍，首先把敌人的情况侦察、了解清楚。孙子在《孙子兵法》的第六篇《虚实》和第十三篇《用间》中，系统地论述了有关问题。

第三组"**怒而挠之，卑而骄之，佚而劳之，亲而离之**"。"诡道十二法"最后的这四法是针对敌军及其将领们而言的。因为敌军的统兵之将和军队是构成敌军战斗力的重要因素。在两军决战之前，首先在敌军将领和军队的身上做文章，也可以削弱敌军的战斗力，进而赢得战争胜利。

所谓"怒而挠之"，是指通过侦察，了解到敌军的统兵之将有脾气暴躁、爱发火的特点，那么，我军便可以利用他的这个性格缺点，想方设法挑逗他不断发火、丧失理智，产生错误指挥。

所谓"卑而骄之"，是说如果敌军统兵之将的性格有稳重冷静、指挥作战小心谨慎的特点，我军已经了解清楚，那么也可以利用他的这个性格特点，设法让他骄傲自满起来，轻举妄动，发生错误指挥。

"佚而劳之"，是针对敌人的军队说的，意思是我军如果通过侦察，发现前来的敌军经过休整，有充沛的战斗力，就可以想办法采取各种措施，使敌军劳累不堪，削弱其战斗力，然后再同敌军作战。

"亲而离之"，也是针对敌人的军队而说的，意思是我军如果通过侦察，发现敌军上上下下团结一致、亲密无间，那么就要让我方潜伏在敌军中的奸细破坏敌军的团结，用这种方法削弱其军事实力。以后，孙子在《孙子兵法》第十一篇《九地》中，比较详细地说明了用这种"亲而离之"的方法可以达到什么样的效果，他说："所谓古之善用兵者，能使敌人前后不相及，众寡不相恃，贵贱不相救，上下不相收，卒离而不集，兵合而不齐。"显然，如果把敌军搞成这样一种一盘散沙的状态，敌军就无法正常作战了。

至于"**攻其无备，出其不意**"，则是孙子对"诡道十二法"精神实质的一个总结和概括。

所谓"攻其无备"，是说我军只要进攻，就要进攻敌人精神和物质准备不足、力量虚弱的地方或地点，因为这样容易赢得战斗的胜利。用现代英国战略学家利德尔·哈特在《战略论》中的话来说，"攻其无备"就是要想让进攻战取得胜利，必须"沿着一条抵抗力最小的路线采取行动"[①]。

所谓"出其不意"，主要是针对敌人的精神状态而言的，即我军所采取的军事行动必须令敌人始料不及，有突然性和隐蔽性，无法对付。只有这样的军事行动才能达到预期的理想效果。还是用利德尔·哈特在《战略论》中的话来说，就是我军的军事行动和作战如果要想奏效，就必须"选择一条敌人期待性最小的行动路线"[②]。

孙子在《孙子兵法》第一篇《计》里所说的"**攻其无备，出其不意**"，也就是他以后在第六篇《虚实》里所说的"出其所不趋，趋其所不意"。这两种说法本质上是同一个意思，都是就进攻战而言的。因此，孙子在《孙子兵法》第一篇《计》中所论述的"诡道十二法"，其总的精神实质不是侧重于"防御"，而是侧重于"进攻"；即使进行"防御"，"实而备之，强而避之"，防御的最后目的还是为了进攻。这是我们在研读"诡

①利德尔·哈特：《战略论》，第468页，战士出版社1981年版。
②利德尔·哈特：《战略论》，第468页，战士出版社1981年版。

道十二法"时要把握好的一个大问题。我在以后还要展开论述。

孙子在《计》篇第五段话中所说的**"此兵家之胜，不可先传也"**，意思是说，虽然打仗不能硬碰硬，不能只是走直接路线，而是要善于行"诡道"，走间接路线，讲究策略，而且，现有"诡道十二法"可供人们参考和选择，可是，一个统兵之将在战争中究竟应该怎样具体地行"诡道"，采用"诡道十二法"中的哪一种方法对付敌人，并没有一定之规；而必须根据战争中的实际情况，根据不同的天时地形条件，根据不同的敌军和敌军统兵之将的特点，而灵活机动地使用，否则，呆板地、程式化地使用，则是我们现在所说的"机械主义"或"教条主义"。荀悦在《汉纪·高祖皇帝纪》中说过："权不可预设，变不可先图，与时迁移，随物变化。"荀悦讲的就是作战方法和策略必须根据战争中的具体情况而随时、随地、随着战争的发展变化而灵活地、创造性地运用的道理。而有关灵活地、创造性地在战争使用正确的作战方法和策略的问题，孙子是在《孙子兵法》的第五篇《势》中详加论述的，这个问题也就是他所说的"奇""正"问题。我以后再给大家讲解。

在讲解完"兵者，诡道也"这段话的内容之后，我还想讲以下三点，请大家注意：

第一，孙子是在《孙子兵法》的第一篇《计》中讲"诡道"的，是在论述如何制定战争计划和实施战争计划的大前提下讲"诡道十二法"的。我过去在讲课时已经讲过，"战略"的核心内容、实质性内容是制定战争计划和实施战争计划，而"诡道"只是"战略"中的策略使用问题,策略要服从"战略",而不能代替"战略",不能代替在调查研究敌我两国全部情况的基础上制定战争计划,也不能代替按照战争的规律实施战争计划。换句话说,打仗、赢得战争胜利决不能抛开战争计划,而只依靠"诡道"和"诡道十二法"!然而,现在学术界却有人把一部《孙子兵法》的整个精神实质归结成行"诡道",这实际上是企图以策略取代"战略",片面地宣传什么"兵不厌诈"和"兵以诈立"。这是对中国古籍《孙子兵法》精神实质的严重歪曲。

第二,与我所说的第一点有直接联系,现在还有些人对《孙子兵法》中"兵以诈立"的说法作不适当的宣传,随意夸大"诡道十二法"和"三十六计"的作用,甚至提出"商者,诡道也"的口号,把欺骗同行、客户看作企业发展的成功之路。这更是无稽之谈,与企业的发展必须讲诚信相冲突,这是一条歪道、邪路。

第三,学术界还有人以中国古代道家的老子讲过"以正治国,以奇用兵"的话为根据,声称搞政治是不讲"诡道"、不讲欺骗的。这种说法显然不符合国内外政治界的实际情况。我认为,古今中外有不少人,在政治上搞了许多欺骗人的"诡道"名堂,只不过凡是在政治上搞"诡道"、搞欺骗人的政客,大多终会垮台、身败名裂罢了。

【中西比较】

今天看来,孙子在《孙子兵法》中所论述的战争方法论是比较全面的。他既强调"战略"的重要性,强调为了取得战争的胜利必须进行"庙算"，必须制定战争计划和按照战争计划采取行动，又强调统兵之将在作战中要讲策略，要对敌人行"诡道"，不能只走"直接路线"，而要先走一条"间接路线"，在削弱敌人的战斗力以后，再走"直接路线"，这样容易战胜敌人。

而近代西方的军事理论家克劳塞维茨的战争方法就有很大的片面性。克劳塞维茨在论述战略问题时，非常重视制定战争计划和实施战争计划，但是他却轻视"诡诈"、策略。当然，克劳塞维茨并不是完全否定"诡诈"、策略在战争中的作用，他在《战争论》中不但考证过战略 (strategy) 这个概念最初就来源于诡诈 (strategem) 这个词，而且，他多多少少也肯定过"诡诈"在战争中的作用。例如，他在《战争论》中这样说过："任何一次出其不意都是以诡诈为基础的"，"出敌不意是取得优势的手段"，"除此之外，就其精神效果来看，它还可以看作是一个独立的因素"，等等[1]。然而，他在《战争论》中用大量的篇幅、更多强调的却是"成功的出敌不意并不容易做到"，"在战术上容易实现出敌不意，而在战略上实现出敌不意难"，"佯动是比真正的进攻较弱的一种兵力运用，因此只有在特定条件下才能采用。……经过战斗取得的胜利效果总是最大的，因此从一个战线和方向突然转到另一个战线和方向，只能看作一种不得已的下策"[2]，等等。所以，克劳塞维茨总是强调诡诈"在战略范围内通常只起很小的作用"；"指挥

①克劳塞维茨著，军事科学院译：《战争论》，第210–216页，商务印书馆1978年版。
②克劳塞维茨著，军事科学院译：《战争论》，第14–15页，商务印书馆1978年版。

官能够经常深刻地体会到这个平凡的道理，因此他不喜欢狡猾灵活的把戏。单调而严肃的必然性经常迫使他不得不采取直接行动，使他没有玩弄这种把戏的余地。总之，在战略这个棋盘上，是不存在诡诈和狡猾所不缺少的灵活性的"，"对统帅来说，正确而准确的眼力比诡诈更为必要，更为有用"[①]。

克劳塞维茨过分强调战争必须按必然性的战争计划进行，而轻视"诡诈"，轻视策略思想的形成，可能是因为西方的战争发展到了拿破仑阶段，规模变得宏大，兵力的多少对于战争胜负能够起到决定作用，"诡诈"、策略的作用确实降低了，只要作战一方具有强大的兵力，便可以决定胜败结局。此外，这也和克劳塞维茨是一个德国人有关，许多德国人向来比较古板，以处理问题不灵活而著称。克劳塞维茨的这种轻视"诡诈"、策略的战争方法，实际上就是认为只要兵力多、军事力量强大，就足以赢得战争的胜利。这种过度重视军事暴力的战争理论在近现代西方战史上，特别是在两次世界大战中产生过很大影响，是造成人类生命和财产损失巨大的原因之一，因此"二战"后，受到了英国战略学家利德尔·哈特的严肃批评。

利德尔·哈特正是在吸收了包括《孙子兵法》在内的前人思想和总结两次世界大战经验教训的基础上，才在《战略论》中提出了他的"大战略"理论。而"大战略"的精神实质，也就是《孙子兵法》中所说的"兵者，诡道也"，亦即"先见弱于敌而后战也"。有关这个问题，我将在讲解《孙子兵法》的第三篇《谋

---

① 克劳塞维茨著，军事科学院译：《战争论》，第216—218页，商务印书馆1978年版。

攻》时再详加论述。

六、"庙算"——认真制定"国家战略"计划的重要性

【原文】

夫未战而庙算胜者,得算多也;未战而庙算不胜者,得算少也。多算胜,少算不胜,而况于无算乎!吾以此观之,胜负见矣。

【述评】

孙子在《计》篇中论述了他的战争观、战略要素观、君将关系、统兵之将在战争的军事总任务以及"兵者,诡道也"以后,便开始论述"庙算"即制定战争计划的重要性了。《计》篇中的最后一段话非常重要,乃是这一篇的"压轴戏"。

我在前面已经讲过,在中国古代社会,"庙算"就是一个国家如果遇到战争等国家大事,国君往往要把朝中的重臣、文武百官召集到朝堂之上,一起分析敌我两国的全部情况,讨论、研究怎样对付,最后拿出处理意见和战争计划。西方近代军事学家克劳塞维茨在《战争论》中曾经明确指出,所谓"战略"就是制定战争计划和实施战争计划。实际上,制定战争计划就是寻找战争规律的过程,实施战争计划就是按照战争规律而采取行动的过程,只有自己国家和军队的认识和行动符合战争的客观规律,才能赢得战争胜利。所以,制定好战争计划对于赢得战争胜利非常重要。

大家在研读《计》篇中的最后一段话时要注意三点:

其一，"庙算"的过程，就是国君带领文武百官讨论和制定战争计划的过程。但是，在"庙算"时讨论和最后制定的战争计划，并不仅仅是单纯的"军事计划"和"作战计划"，而是整个国家的"国家战略"计划，"国家战略"计划里既包括"军事计划""作战计划"，也包括政治、经济、外交等"子计划"，甚至还包括为了赢得战争胜利而在君臣之间进行人员的具体分工、具体的作战方针和策略。因为战争决不仅仅是一个国家军事部门和统兵之将的事情，赢得战争胜利，涉及一个国家的政治、经济、外交、军事等各个领域，需要各条战线的努力和配合。总之，制定战争计划是"国家战略"的重要组成部分，是一个系统工程，制定好战争计划并不容易。

其二，孙子在这段话中所强调的重点，不仅是为了赢得战争的胜利必须进行"庙算"、必须制定战争计划，而且是在进行"庙算"时，必须"多算"，而不能"少算"，更不能"不算"，不能不制定战争计划就盲目地发动和应对战争。他认为在制定战争计划或"国家战略"计划时，必须严肃、认真，不可一蹴而就，要下大功夫。他还认为，从一个国家在进行"庙算"的过程中究竟是"多算""少算"还是"不算"的情形，就可以大体上预见一个国家在战争中的胜负结局了；如果不进行"庙算"的话，这个国家会在战争中失败无疑！

其三，从孙子对"庙算"问题的全部论述看，他认为战争并不是一个怪物，战争的胜负结局不是不可知的，不是不可预测的，而是可知的，是可以预测的。显然，孙子在《计》篇中所论述的"庙算"论，是朴素的唯物主义可知论，而不是唯心主义的不可知论。他在《计》篇中所论的战争观和"国家战略"观,也是一种基本正确的唯物主义战争观和战略理论。

【中西比较】

与孙子一样,西方近现代一些著名的军事家、战略家也很重视制定战争计划,他们有很多这方面的经验和论述,值得我们研究、借鉴。

例如,近代英国军事理论家富勒在他的《战争指导》一书中写道:"对于拿破仑来说,拟就一个战役计划,像是从事一项精确的艺术工作。正如他所说的:'一到宣布战争的时刻,总有许多事情要做,所以提前预见这一点是很聪明的。''我已经习惯于在三、四个月以前就思考我应该做的事情。不过,我总是做最坏的估计。''在战争中,要有估计,否则将一无所获。''我习惯采取多种防患措施,从来不靠什么机会。''只有拟定出一个深思熟虑的计划,才有可能在战争中成功。'

"有一次,他向罗德里尔泄露了这个成功的秘密。他说:'如果说,看来我经常对一切都胸有成竹,那是因为我在做一件事情之前,早就考虑很久了;我对所有可能发生的事情,几乎都是预先作过考虑的,我能够在别人猝不及防的情况下知道自己说什么话和采取什么行动。这完全不是冥冥之中有什么天才对我突然启示。我总是在工作:吃饭的时候在工作,看戏的时候在工作,夜里醒来也在工作。'

"拿破仑在开始他的每一个战役之前,都要预先制定一个严密的计划,其中包括几个不同的方案,每一个方案都有一种假设情况。这是拿破仑设想敌人可能采取的行动。这个计划就是他的意图，不同的方案包含着他对计划可能作出的修改。计划一旦付诸实行，剩下的问题也就是继续进行'探索'……"①

利德尔·哈特和富勒一样，认为制定战争计划不但要考虑在战争中会出现多种可能，要包括几种不同的作战方案，而且要考虑到战争形势还会发生变化，战争计划也要有灵活性，要根据形势的变化及时加以修改。他在《战略论》中这样写道：

"计划也像果树一样。一棵果树如果不分枝丫，当然不可能指望它结出果子。计划如果只有一个方案，只有一个目标，那它就像一根不能结果的光杆木头；

"没有作战方案，这与战争的本质正好是矛盾的。法国的包尔色特在十八世纪提出了一个明智的论断，他说得非常透澈：'任何一个战争计划，都必须包含几个作战方案，须要经过慎重的思考，要使几个方案中总有一个能够保证夺取胜利。'

"为使计划得以实现，在拟定计划时，必须考虑到敌人所具有的抵抗能力。克服敌人抵抗的最好办法，是要使计划能适应条件的变化，能随时加以改变。为了达到这个目的，须使计划具有灵活性，同时保持主动权……"②

不过，在西方军事家和战略家们中，最重视战争计划问题的人，还要数克劳塞维茨。在《战争论》中，克劳塞维不仅在军事科学史上第一次提出了"战争无非是政治通过另一种

---

① 富勒：《战争指导》，第37页，解放军出版社1985年版。
② 利德尔·哈特：《战略论》，第461—462页，战士出版社1981年版。

手段的继续"的正确论断,而且围绕着这个科学论断,系统
地论述了如何预测行将到来的战争的整体形态特点;如何规
划、设计战争所应达到的"政治目的""军事目标"和使用"暴
力手段"的大小;如何确定基本的战略方针、作战的方法和步
骤①……

尤其值得我们注意的是,克劳塞维茨和孙子一样,也是从
"政治"即"国家战略"的角度出发,而不是从单纯的军事角
度出发论述战争计划问题。这就说明,克劳塞维茨和孙子一
样,不愧是思想深刻的杰出军事理论家和战略家。而他们的区
别仅仅在于,孙子的军事思想和战略思想还属于朴素的唯物主
义性质,孙子所论述的战争计划的内容还比较简单、粗略,而
克劳塞维茨的军事思想和战略思想则已经达到科学形态,克
劳塞维茨所论述的战争计划的内容相当成熟和系统。

【《计》篇内容提要】

总而言之,《孙子兵法》第一篇《计》中共有六段文字,
在这六段文字中,孙子先后论述了六个方面问题,即 (1) "什
么是战争",即孙子的战争观;(2) 构成战争的敌我双方五大
战略要素,以及预测战争胜负的计算方法,即"五事七计";
(3) 国君和统兵之将的关系,即"国家战略"与"军事战略"
之间的关系;(4) 统兵之将在战争中的军事总任务,即造"势";
(5) 统兵之将的作战策略,即"兵者,诡道也";(6) 认真制定
"国家战略"计划,即"庙算"的重要性。

---

① 见《战争论》"第八篇 战争计划 (草稿) ",第851—947页。

上述六个方面可以归结为一句话，即它们论述的都是孙子的战争观和方法论，所表达的都是孙子"重战""重智""重计"的思想。这六个方面的问题孙子在《计》篇中还讲得比较简单、抽象，但是，他在《孙子兵法》的以后篇章中，还会进一步展开论述这六个方面问题，会论述得越来越复杂、越来越具体。由此可见，孙子在《孙子兵法》中所使用的确实是从简单到复杂、从抽象到具体、从全局到局部的思路和方法。

我想用下面的话来概括《孙子兵法》第一篇《计》的内容：

"本篇立足于'国家战略'的高度，论述了国君带领文武百官，运用智谋，从敌我两国的全面情况出发，谋划战争和制定战争计划的重要性；论述了构成战争的敌我双方五大战略要素和预测战争胜负的方法；论述了君将关系、统兵之将在战争中的总任务以及作战策略；强调了在战前进行'庙算'和'多算'的重要性。

"孙子在本篇中，实际上提出了自己朴素的唯物主义战争观和方法论，表达了'重战''重智''重计'的思想。

"本篇列于《孙子兵法》十三篇之首，在《孙子兵法》全书中起到了纲举目张的作用。"

第二节 《作战》二：孙子论战争与国家
经济、政治、民生的关系

《孙子兵法》的第二篇是《作战》。在这一篇中，孙子进一步论述而且深化了他的战争观和方法论，论述了战争与国家经济、政治、民生的关系，并且提出了"兵贵胜，不贵久"的"国家战略"方针，以及"取用于国，因粮于敌"等战争中的军事后勤原则。

在具体讲解这一篇内容之前，我还是首先解释这一篇的篇名，概述这一篇的主题和中心思想。

【篇名】

什么是"作战"？《说文解字》对"作"的解释是"作，起也"，对"起"的解释是"起，能立也"。民国时期《孙子兵法》的研究者陈启天对"作"的解释是："作，有兴起造作之意"[①]；而"战"，指的就是"战争"。所以，"作战"二字联起来使用，就是"准备战争""开始进行战争"的意思。

那么，什么是"准备战争""开始进行战争"呢？

我在本书的上编"西方战略理论的形成和发展"中讲过，克劳塞维茨认为"属于战争的活动可以分为两大类：仅仅属于战争准备的活动和战争本身的活动"："仅仅属于战争准备的活动"，就是一个国家在和平时期为了发动战争或者应付战争而征募兵员、装备军队、训练军队的活动，这些活动涉及一个国家的政治、经济、外交、军事、文化等社会生活的各个领域，克劳塞维茨把在和平时期征募兵员、装备军队、训练军队等准备战争的方法叫作"铸剑术"；所谓"战争本身的活动"，克劳塞维茨认为就是在战争时期和战场上，军事统帅和军队的"作战活动"，克劳塞维茨把军事统帅带领导军队在战争时期和

---

① 钱基博：《孙子章句训义》之"作战篇第二"引用，见《孙子集成》，第341页，上海古籍出版社2011年版。

战场上怎样作战的"作战方法"叫作"击剑术"。而孙子在《孙子兵法》第二篇《作战》中所讲的内容，实际上就是"准备战争的活动"对于"战争本身的活动"的影响和制约关系，主要讲的内容又是国家经济财政对战争的制约关系。

　　具体地说，在《作战》篇中，孙子认为，一个贤明的国君和一个优秀的统兵之将，从一个国家的和平时期准备战争、开始进行战争时起，就必须清醒地认识到，战争不是一个单纯的军事问题和作战问题；因为军事作战与国家的经济、政治、民生有紧密的联系；打仗，归根结底打的是金钱和国家财政、物质资源的消耗；而如果长期进行战争，过度消耗金钱和国家的经济财政，必然会危及国家的政治稳定和人民生活的切身利益，因此，一个国家决不能长期处于战争状态。如果国家长期处于战争状态，战争旷日持久，必然会导致国家综合国力耗尽、经济财政资源枯竭、百姓生活贫困，甚至社稷不保的严重后果。

　　正是在揭示战争与国家政治、经济、民生四者之利害关系的基础上，孙子提出了"兵贵胜，不贵久"的"国家战略"方针，以及为了节省国家经济财政开支而"因粮于敌"等军事后勤原则。所以，应该说孙子在《作战》篇中所论述的内容，是对他在《孙子兵法》第一篇《计》中论述的战争观和方法论的深化和补充。《作战》篇和《计》篇一样，孙子也是主要讲给国君听的，是国君带领文武百官进行"庙算"、制定"国家战略"计划时需要认真考虑的问题。

　　《作战》篇内共有七段文字，一段一层意思。以下我便分七个小专题加以述评，并且进行中西比较。

一、孙子论战争与国家经济的关系——打仗打的实际上是金钱和物质经济资源的消耗

【原文】

孙子曰：凡用兵之法，驰车千驷①，革车千乘②，带甲十万③，千里馈粮；则内外之费，宾客之用④，胶漆之材⑤，车甲之奉，日费千金，然后十万之师举矣。

【述评】

这段话的意思是，孙子说：要想准备战争、开始进行战争，需要一千辆四匹马拉的轻便、快速战车，需要一千辆运载军备、粮秣的辎重车辆，需要由十万个穿好军装、武装好的军人组成的军队，供给军队吃的粮食要从千里之外运到战场上；这样一来，一个国家在战争时期的金钱物资消耗，国内外的开销，外交使节的往来开支，作战器械的花销，武器装备和修理车辆的费用，每天都要达到一千金之巨，然后，十万大军才能出动，开始进行战争。

在《作战》篇的第一段话中，孙子讲的就是战争与国家经济财政的关系，就是打仗实际上打的是金钱和物质经济资源的消耗。当然，在中国古代社会，在春秋时期，每打一场战争不一定总是像孙子所说的那样，需要"驰车千驷，革车千乘，带

---

①驰车：轻便、快速的战车。
②革车：运送作战物资的车辆。
③带甲：武装好的军人。
④宾客：与外国往来的使节。
⑤胶漆之材：维修作战器械的物资。

甲十万,千里馈粮,……日费千金",但是,一场战争要是真打起来,长期进行下去,金钱和物质资源的消耗毕竟是相当惊人的!与孙子处于同一历史时期的管子在《管子·参患》篇中就说过:"一期之师,十年之蓄积殚;一战之费,累代之功尽。"墨子在《墨子·七患》中也说过:"仓无备粟,不可以待凶饥;库无备兵,虽有义不能征无义。"孙子、管子和墨子说的都是战争与国家经济的关系,是打仗打的实际上是国家财政、经济资源消耗的道理。

在《作战》篇的第一段话中,孙子讲的不仅是战争与国家经济财政的关系,而且还是克劳塞维茨在《战争论》中所说的"战争准备的活动"对"战争本身的活动"的影响和制约关系。如果一个国家在和平时期经济建设搞得好,兵员充足,装备先进,军队训练有素,一旦发生战争,显然就容易打败另一个国家经济建设搞得不好,兵员不足,装备落后,军事训练差的军队。恩格斯在《反杜林论》中说:"暴力的胜利是以武器的生产为基础的,而武器的生产又是以整个生产为基础,因而是以'经济情况',以暴力所拥有的物质资料为基础的","没有什么东西比陆军和海军更依赖经济前提。装备、编成、编制、战术和战略,首先依赖于当时的生产水平和交通状况"[①]。孙子在两千多年以前就能认识到打仗归根到底打的是金钱和物质资源消耗,认识到"战争准备的活动"对于"战

---

① 恩格斯:《反杜林论》,见《马克思恩格斯选集》第三卷,第277–278页,人民出版社1990年版。

争本身的活动"有制约作用，认识到国民经济搞得好坏对战争的胜负能够起到基础作用，这是很深刻的思想，是非常了不起的! 我国台湾的《孙子兵法》研究者钮先钟先生对孙子的有关论述评价很高，他说:"孙子可能是全世界上第一位注意到战争与经济有密切关系存在的思想家。"[①]

【中西比较】

利德尔·哈特在《孙子兵法》的英译本"前言"里曾经说，克劳塞维茨《战争论》中的观点比《孙子兵法》"落后"。有很长一段时期，我对利德尔·哈特的这种说法很不理解，我在研究西方战略与《孙子兵法》时总有这样一个疑问: 生活于19世纪30年代的军事思想家克劳塞维茨，他的观点怎么会比生活于公元前5世纪的孙子"落后"呢? 后来，随着研究工作的不断深入，我才恍然大悟，原来，利德尔·哈特说克劳塞维茨比孙子的思想"落后"，指的是孙子在《孙子兵法》的《作战》篇中，早已论述过战争与国家经济的关系问题，而克劳塞维茨在《战争论》中，却忽视了战争中的经济问题。忽视战争与国家经济之间的密切关系，这的确是克劳塞维茨战争和战略理论中的一个重大的理论缺陷，也是他的战争和战略理论与《孙子兵法》的一个重大区别。

造成克劳塞维茨忽视战争与经济之间有密切关系的一个致命的原因，是他在《战争论》中所说的"战略"基本上只是战争时期战场上的"作战战略"。虽然他的战略理论中也包含

---

① 钮先钟:《孙子三论》，第20页，广西师范大学出版社2003年版。

个别的"军事战略"甚至"国家战略"的成分或因素，但是，他始终认为"战略"就是军事统帅在战争时期和战场上"对战斗的运用"；至于战争与经济的关系、"战争准备的活动"对"战争本身的活动"的制约问题，他认为那些都不是一个军事统帅应该考虑的问题，而是国家领导人及其政府要考虑的问题，所以，这些问题并不在他研究"作战战略"的范畴之内。这种情况正如我在"西方战略理论的形成和发展"时讲过的那样（见本书第二章第一节之第三点）：

克劳塞维茨"由于种种原因，他比较轻视'战争准备的活动'对于'战争本身的活动'、对于战争胜负的影响，他非常错误地把一个国家在和平时期的军队建设、武器装备的建设和军队给养的准备工作，基本上（而不是全部）排除在他的'作战战略'研究的视野之外。"克劳塞维茨明确地说过，他这样做的理由是：

"'战争理论则研究如何使用训练好的手段〔指训练好的军队〕来达到战争目的。它〔指狭义的战争艺术〕只需要上述知识和技能的结论，也就是说，只需要它的主要结果，我们把这种理论叫作狭义的战争艺术。'

"因此，克劳塞维茨便得出了以下一个片面的结论：

"'配备武器和装备本质上不在斗争〔即战争〕这个概念之内'；

"以上克劳塞维茨的这些说法，实际上等于说，一个国家在和平时期'战争准备的活动'，对于战争时期'战争本身的活动'、对于战争的胜负没有多大影响；和平时期的军队建设、武器装备的建设和军事后勤的准备工作，对于战争时期的军队作战活动，总是一种既成的、不再变化发展的事实；作为从事战争的主体，装备好和训练好的军队，在战争中只有数量方面和精神方面的差别，而无需计较作战时在物质方面、武器装备方面的差异。正因为克劳塞维茨关于'战争艺术的区分'理论中，存在有这样严重的片面性，即他轻'物质'而重'精神'，所以，他在《战争论》中总是强调军队的数量和军人的精神状态对于战争胜负起决定作用，却几乎看不到物质资料的生产方式、人类社会中的经济活动、一个国家包括武器装备生产在内的和平时期'战争准备的活动'，对于战争时期'战争本身的活动'也就是对于'作战活动'和'作战方法'所起到的基础性作用和根本性的变革作用。"

由此可见，因为克劳塞维茨在《战争论》中所说的"战略"只是战争时期战场上的"作战战略"，而不是包括和平和战争两个时期在内的"军事战略"，更不是包括政治、经济、外交、军事内容的"国家战略"，所以，他在《战争论》中没有像孙子在《孙子兵法》中那样关注并且研究战争与国家经济方面的问题。就这一点来说，他的战略思想确实比孙子"落后"。

西方战略理论忽视战争与国家经济有密切联系的片面倾向，直到利德尔·哈特出版了《战略论》、保罗·肯尼迪出版了《大国的兴衰》以后，才被克服。关于这方面问题，我以后在讲解《孙子兵法》第三篇《谋攻》和第四篇《形》时，再加以论述。

二、孙子论战争与国家经济、政治三者之间的关系——一个国家不可以长期处于战争状态

【原文】

其用战也胜，久则钝兵挫锐①，攻城则力屈②，久暴师则国用不足。夫钝兵挫锐，屈力殚货③，则诸侯乘其弊而起④，虽有智者，不能善其后矣。故兵闻拙速⑤，未睹巧之久也。夫兵久而国利者，未之有也。故不尽知用兵之害者，则不能尽知用兵之利也。

【述评】

在《作战》篇的第一段话中，孙子是站在"国家战略"的高度论述战争与国家经济财政的关系，是告诉国君，打仗打的是金钱和物质经济资源的消耗。而在《作战》篇的第二段话中，他同样站在"国家战略"的高度，告诉国君必须注意以下三个问题：其一，战争不仅与国家的经济财政有密切的关系，而且与国家政治也有密切的联系；其二，一个国家如果长期处于战争状态，在经济上就会导致国力不足，进而在军事上就会遇到挫折，发生政治危机；其三，一个国家不可以长期处于战争状态，打仗有利也有弊，不能只看其利，不见其弊。

孙子在论述上述三个问题时，使用的是中国古代朴素的

①钝兵挫锐：指军队疲惫，锐气被挫伤。
②力屈：指攻城时军队力量被耗尽。
③殚货：国家的财政经济枯竭。
④弊：困乏，疲惫。
⑤拙速：不灵巧而迅速。

逻辑推理，论述步步深入，有很强的说服力。他是这样进行逻辑推理的：第一，（既然打仗打的是金钱、国家物质资源的消耗，那么，一个国家就不可以长期地处于战争状态；因为）打仗的目的是为了赢得胜利，如果国家长期陷入战争，物质经济资源不断消耗，就会影响到军队的战斗力，挫伤军队的锐气，在"攻城"的战斗中失败；第二，既然长期处于战争状态会导致国力不足，在军事上遇到挫折，那么，周围的诸侯国势必就要利用我国的经济危机和军事危机，纷纷对我国发起进攻。到了那时，我国即使有再高明的贤君良将，也难以挽救国家的政治危机了。第三，（所以，我孙子）只听说过用不灵巧的作战手段和方法迅速取得战争胜利的，没有见过总是用耍花样子的方法打仗能够长久的。那种长期陷入战争状态而对国家有利的事，是从来没有过的。因此，不完全了解战争对国家可能有害的人，也就不完全了解战争对国家可能有利。

孙子在两千多年前的中国古代社会，不但能够发现战争与国家经济财政有密切联系，而且能够发现战争与国家政治也有密切联系，他的这种经济、政治、军事三者息息相关、相互影响的论述，包含整体性、关联性的辩证思维，也包含朴素的经济基础决定政治的上层建筑和军事的合理猜测，是非常可贵、值得肯定的。

此外，孙子所作出的"兵闻拙速，未闻巧之久也"的论断，应该说也是基本正确的。我国有《孙子兵法》的研究者把孙子说的这句话理解成孙子只主张在军事上打速决战而反对打持久战。我认为这样理解并不符合孙子的本意。因为孙子是站在

"国家战略"的高度论述战争与国家经济、政治、军事之间关系的,也是站在"国家战略"的高度,提出"兵闻拙速,未闻巧之久也"这个论断的。我们不应该只用单纯的军事观点或单纯的作战观点片面地理解孙子的战略理论。

【中西比较】

在西方战略思想史上,无论是近代的克劳塞维茨还是现代的利德尔·哈特,在他们的《战争论》或《战略论》中,都没有论述过战争与经济、政治、军事之间的关系问题,尤其是他们对战争不仅有利而且可能有害缺乏辩证的分析,他们往往只论述战争对国家如何有利,而忽视战争对国家还可能有害的一面。这种状态,直到当代美国战略学家保罗·肯尼迪发表了《大国的兴衰》和《战争与和平的大战略》之后,才在理论上扭转了西方战略思想上的片面性。与此有关的问题,我也会在后面加以论述。

三、国君和统兵之将必须掌握的军事后勤原则

【原文】

善用兵者,役不再籍①,粮不三载②,取用于国,因粮于敌,故军食可足也。

【述评】

孙子认为,既然战争与国家经济、政治有密切联系,打仗

---

①籍:名册,此处指按名册征发。
②载:运送,运输。

实际上打的是金钱、物质资源消耗,那么,指导战争的国君和统兵之将不但要注意一个国家不能长期陷于战争状态,以免使国家的经济资源消耗殆尽,军队疲惫不堪,出现政治危机,而且还要注意在战争开始以后,必须掌握这样几个军事后勤原则,那就是《作战》篇第三段话中所说的:第一,从老百姓那里征募兵员、服劳役的活动应有限制;第二,运输给前方军队使用的运输粮食活动,也不能太频繁;第三,战争中的物质资源需要,主要靠国内供给,但是,粮草的日常消耗还要设法在敌国就地解决,而不能全部依靠本国,只有这样,军队的后勤物资供应才能得到满足、保证。

很清楚,孙子在这里提出的三条军事后勤原则,都和国家经济有关,其精神实质都是在准备战争和进行战争时,要设法减轻国家的经济负担。这些军事后勤原则既是国君带领文武百官们在进行"庙算"、制定战争计划时要掌握的"国家战略"原则,也是统兵之将在实施战争计划时要注意贯彻的"军事战略"原则。这些军事后勤原则已经超出了单纯的"作战战略"范畴。

此外,我们还要注意到,孙子在论述"役不再籍,粮不三载,取用于国,因粮于敌"的军事后勤原则之前,首先说的前提是"善用兵者"。因为掌握这些后勤原则的,不仅是在战争时期在战场上的统兵之将,而且还包括在和平时期和战争时期指导战争的国君;又因为孙子所说的"善用兵",不仅指的是克劳塞维茨在《战争论》中所说的统兵之将的"作战活动",而且包括"战争准备的活动"和"战争本身的活动"都在内的"广义的战争"和"广义的战争艺术"，所以，孙子所说的"善用兵者"中的"兵"字，就不是一个"狭义的战争"，而是一个"广义的战争"即"大战争"的概念；而孙子所说的"善用兵"，也就不是克劳塞维茨所说"狭义的战争艺术"即"作战方法"，而是"广义的战争艺术"。有关这方面问题，我也要在讲解《孙子兵法》第三篇《谋攻》时，再加以论述。

【中西比较】

值得注意的是，西方著名军事学家和战略学家如克劳塞维茨、利德尔·哈特和保罗·肯尼迪等人，在他们的著作中都没有论述过要设法减轻战争中国家的经济负担问题。

克劳塞维茨只是在《战争论》的第五篇第十四章"给养"中，表示"在现代战争中，给养的重要性比以前大得多"①，给养的问题会给战争的胜负带来相当大的影响。他还认为，在战争中，军队的给养一般说来只是对作战的防御一方有利，而对进攻一方不利，因为"防御者不会缺乏给养，在自己国土上这一点非常明显〔由本国供给〕，在敌人国土上也是这样〔可以掠夺当地居民〕。但是，进攻者却不是这样，他远离自己的给养基地，只要他继续前进，甚至在停止〔前进〕时的最初几个星期内，他每天都必须筹备必要的给养，在这种情况下，很少能不感到〔给养的〕缺乏或困难"②。他还这样说过：

"这种困难如果是在下述两种情况下发生的，就会变得特别严重。第一，在胜负未分的前进途中。这时候，防御者的

①克劳塞维茨著，军事科学院译：《战争论》，第436页，商务印书馆1978年版。
②克劳塞维茨著，军事科学院译：《战争论》，第452—453页，商务印书馆1978年版。

给养都在自己身边，而进攻者的给养却只能放在自己的后方，进攻者的大量军队必须集中，因而不能占领广大地区，而且只要会战行动一开始，甚至他的辎重队也不能跟上来。在这种情况下，如果事先没有做好准备，在决定性的会战的前几天，就会有一些部队缺乏给养，而这种办法决不能促使军队很好地进行会战。

"第二，当交通线过长时，在前进路程的最后一段路程上缺乏给养，特别是在贫穷、人烟稀少、居民多半怀有敌意的国家进行〔前进〕时更是如此……

"给养方面的困难往往使军队的伟大胜利的光芒消失，各种力量耗尽，退却成为不可避免，真正战败的各种症候就会逐渐增加。"[1]

由此可见，克劳塞维茨是很重视"军队的给养"即军事后勤工作的重要性的，他在《战争论》中，主要是联系"进攻"和"防御"这两种作战形式论述军事后勤工作的重要性。然而，他从来没有把军事后勤工作与国家经济联系起来加以论述，更没有论述过在战争中要减轻国家经济负担的问题。他只是从"军事战略"着眼，认为军队的给养、后勤工作搞得好坏与战争的胜负有关联。总之，他缺乏孙子那种从"国家战略"的高度论述军事后勤活动的深刻思想。

至于利德尔·哈特和保罗·肯尼迪在《战略论》《大国的兴衰》中，则根本没有论述过军事后勤方面的问题。

---

[1] 克劳塞维茨著，军事科学院译：《战争论》，第452—453页，商务印书馆1978年版。

四、孙子论战争与国家经济、政治、民生四者之间的关系——战争旷日持久地进行下去，还会造成"百姓贫"和"国之贫"的严重后果

【原文】

国之贫于师者远输，远输则百姓贫。近于师者贵卖，贵卖则百姓财竭，财竭则急于丘役①。力屈、财殚，中原内虚于家②。百姓之费，十去其七；公家之费，破车罢马③，甲胄矢弩④，戟楯蔽橹⑤，丘牛大车⑥，十去其六。

【述评】

孙子认为，战争不仅与国家的经济、政治有密切的联系，而且还与民众的生活、老百姓的切身利益有紧密的联系，他实际上认为战争与国家经济、政治、民生这四者之间会相互作用、相互影响。他的结论是，如果战争旷日持久地进行下去，必然会造成民生凋敝、老百姓的生活陷入困境，进而引起国家财政危机等严重后果。

在论述战争与经济、政治、民生的关系时，孙子使用的也是中国古代朴素的逻辑推理，推理步步深入，有很强的说服力。在《作战》篇的第四段话中，他是这样进行推论的：第一，长期地进行战争之所以会使一个国家陷入贫困局面，远道运

①丘役：军赋。
②中原：指国内。
③破车罢马：战车损害，战马疲劳、生病。
④甲胄矢弩：护身的铠甲、头盔、箭、发箭的弓。
⑤戟楯蔽橹：指各种进攻和防御用的兵器。
⑥丘牛大车：指辎重车辆。

输战斗部队所需要的物资是一个重要原因（因为远道运输这些物资要征集众多的老百姓参与，这些老百姓都脱离了正常的生产劳动），所以，必然会导致老百姓的生活陷于贫困。第二，再加上靠近军队活动的地区物价飞涨，使得民众的财富枯竭，但老百姓的财富越枯竭，为了把战争继续下去，国家却反而不得不加紧向民众增收赋税和增加徭役（如此便形成了一种恶性循环），国家财力就会越来越吃紧，军队的战斗力就会越来越疲弱，国库就会变得空虚，国内家家户户也会变得空虚。在战争中，全国百姓的财富会损失十分之七；国家的财富也由于要解决战车的损坏、战马的疲病、兵器装备战具的损耗、辎重车辆损坏等问题，损失十分之六。

孙子不仅能够把战争与国家的经济、政治联系起来进行考察，而且能够把战争与民生联系起来进行考察，把战争与国家政治、经济、民生四者看作一个相互关联、相互影响、相互作用的整体，通过综合分析来论说战争不可以持久地进行下去的理由，这是孙子战争和战略理论中的一个耀眼的亮点，同时也是《孙子兵法》区别于西方战略理论的一个特色。

【中西比较】

在西方近代克劳塞维茨的《战争论》中，根本没有论及战争与民生的关系问题；在利德尔·哈特的《战略论》和保罗·肯尼迪的《大国的兴衰》《战争与和平的大战略》中，也没有论及民生问题。利德尔·哈特只是在《战略论》中论述检验"大战略"是否正确的标准时，提到"战争的目的是要获得一个较好的和平"，"人民的物质生活状况比战前有所改善"（见本书第三章第三节）。

五、统兵之将在战争中必须掌握好的军事后勤原则和军事奖励政策

【原文】

故智将务食于敌。食敌一钟①，当吾二十钟；萁秆一石②，当吾二十石。故杀敌者，怒也；取敌之利者，货也③。故车战，得车十乘已上，赏其先得者，而更其旌旗，车杂而乘之，卒善而养之，是谓胜敌而益强。

【述评】

孙子认为，既然战争与国家经济、政治、民生有相互关联的利害关系，那么，在战争发生以前，在国君和文武百官制定战争计划时，不仅要注意不要让战争长期地进行下去，以免让国家陷入经济、政治危机，而且在战争发生以后，统兵之将也要注意掌握有利于国家经济、政治、民生的军事后勤原则和奖励政策。所以，在《作战》篇的第五段话中，孙子便告诫统兵之将，在战争时期，一定要尽量从敌人那里攫取本国军队所需要的粮食，从敌人那攫取粮食一钟，会大大节省从本国运输粮食的各种成本，相当于从本国运来粮食二十钟；从敌人那里获得供给战马和大牛食用的饲料一石，相当于从本国运来饲料二十石。除了要贯彻这样的军事后勤原则以外，还要贯彻这样

————————————————

①钟：容量单位，一钟是六十四斗。
②萁秆：指喂牛马的饲料。
③货：用财货奖励将士。

的奖励政策：一方面，要激发我军将士对于敌人的仇恨，激励他们在战场上勇敢杀敌，而另一方面，又要奖励那些攫取敌军物资装备的军人。凡是在车战中能够缴获十辆以上敌军车辆的人，就要奖励那个先获得者，然后注意更换车上的旗帜（把敌军的旗帜换成我军的旗帜），把更换了旗帜的车辆和我军原有的车辆混合编组，为我军所使用，还要好好对待、使用俘虏过来的人，以充实我军的实力。只有贯彻好这样的军事后勤原则和奖励政策，才能够战胜敌人而发展壮大自己。

从以上的这些论述中我们可以发现，孙子不是从单纯的军事和作战角度看待战争问题的，他是从战争与国家经济、政治、民生的关联之处，从"国家战略"的全局角度看战争问题的。他之所以说"食敌一钟，当吾二十钟；蒽秆一石，当吾二十石"，是因为统兵之将如果在战争中贯彻攫取敌人粮草的军事后勤原则，能够大大地减少国家财政开支和老百姓的负担；他之所以说"车战得车十乘以上，赏其先得者"，也是因为在战争中如果贯彻这样的奖励政策，可以节省武装军队的经济成本，对国家和民众有利。至于"车杂而乘之，卒善养之，是谓胜敌而益强"，实际上就是两千多年之后我们革命军队中常常说的"化敌为我""以战养战"的方针政策。

值得注意的是，在这段话中，孙子还把懂得并且能够贯彻"务食于敌"原则的统兵之将称为"智将"，而在《孙子兵法》十三篇中，"智将"这种称呼只在《作战》篇这里出现过一次。那么，什么叫作"智将"呢？

据我个人理解，孙子虽然在《孙子兵法》第一篇《计》里，在论述战争的五大战略要素即"道""天""地""将""法"时，认为"将"必须具备有"智""信""仁""勇""严"所谓"五德"，可是，孙子在《作战》篇第五段话中所说的"智将"，决不是说统兵之将必须要有"智慧"的意思，而是说，统兵之将必须有"政治"头脑，有"大智慧"，要了解战争与国家经济、政治、民生有关系。孙子认为，只有了解战争与国家经济、政治、民生有关系的统兵之将，才能自觉地在战争中贯彻上面所说的那些军事后勤原则和奖励政策，换句话说，孙子是把具有"政治"头脑、有"国家战略"眼光的将领叫作"智将"。"智将"是孙子对有"政治"头脑的统兵之将的一种美称。

【中西比较】

"务食于敌"和"卒善养之，是谓胜敌而益强"都是中国兵家和兵学的优良传统。这些优良传统在中国现代毛泽东指挥的革命战争和解放战争中得到了发扬光大。而在西方战争和战略发展史上，很少见到有这样的理念和实践。克劳塞维茨在《战争论》中，也没有论述过"务食于敌"的军事后勤原则和奖励政策，但是，他几次论述过一个优秀的、合格的军事统帅不但要懂军事，而且还要懂得政治。他的原话是这样说的：

"虽然统帅不必是学识渊博的历史学家，也不必是政论家，但是他必须熟悉国家大事，必须对传统的方针、当前的利害关系和存在的各种问题，以及当权人物等有所了解和有正确的评价[1]；

---

①克劳塞维茨著，军事科学院译：《战争论》，第130页，商务印书馆1978年版。

"统帅要成为政治家，但他仍不失为一个统帅，他一方面要概括地了解一切政治关系，另一方面又要确切地知道用自己所掌握的手段〔指军队、暴力〕能做些什么[①]；

"要使整个战争或者我们称之为战局的战争中的大规模军事行动达到光辉的目标，就必须对较高的国家关系有远大的见解，在这里军事和政治就合而为一，统帅同时也就成为政治家。"[②]

克劳塞维茨关于军事统帅不但要懂军事而且还要懂政治的论述，或许能够让我们进一步理解孙子所说的"智将"的深刻含义，理解为什么只有"智将"才能够在战争中自觉、认真地贯彻他所论述的军事后勤原则和奖励政策。总之，孙子所说的"智将"也就是有政治头脑、懂得从国家战略全局考虑问题的统兵之将。

六、孙子论"兵贵胜，不贵久"的"国家战略"方针

【原文】

故兵贵胜，不贵久。

【述评】

这是孙子在《作战》篇中所作的第一个结论，也是他提出的一条"国家战略"方针。

"贵"在中国古代是表示价值的概念。孙子认为战争贵在

---

①克劳塞维茨著，军事科学院译：《战争论》，第86页，商务印书馆1978年版。
②克劳塞维茨著，军事科学院译：《战争论》，第87页，商务印书馆1978年版。

赢得胜利，而不贵在进行得长久，也就是认为战争的手段和方法必须为战争的胜利目的服务；战争打得旷日持久会影响打仗的初衷，失掉打仗的价值。这是他在《作战》篇中的画龙点睛之笔，是他在总结中国古代战争经验教训以后得出的一条规律性结论。在制定战争计划、实施战争计划时能否贯彻这条战略方针，涉及一个国家经济、政治、民生各个领域和国家的命运。

【中西比较】

西方近现代军事家和战略家们都没有类似孙子在《孙子兵法》提出过的"兵贵胜，不贵久"的思想。因为西方传统兵学往往只见战争之利而不见战争之弊；如果能够认识到"兵贵胜，不贵久"，就不仅要认识到战争对一个国家既有利、又有弊，而且必须认识到国家经济作为战争"手段"在战争中的基础作用。战争假如旷日持久，必然伤及一个国家的经济基础，这样的战争就没有价值了。

西方兵学只见战争之利而不见战争之弊的传统偏见，直到当代美国战略学家保罗·肯尼迪于1987年出版了《大国的兴衰》以后，才多多少少发生改变。

20世纪80年代末，针对美国和苏联的军备竞赛愈演愈烈，世界大国创造的经济财富投入军事过少会危及国家的安全，而投入过多又会造成经济下滑，同样会危及国家安全，于是使得各国政治家、军事家、战略家们感到困惑，保罗·肯尼迪在《大国的兴衰》中，考察了世界近现代500年以来众多国家领导人制定和实施"国家战略"的成败得失、经验教训，以及大国兴衰的原因、普遍规律。保罗·肯尼迪认为，近500年来曾

经成为世界大国的葡萄牙、西班牙、荷兰、法国、英国、苏联和
美国之兴衰的原因和规律是：一方面，大国之兴，兴于这些国
家领导人所制定和实施的"国家战略"之正确，兴于这些国家
科学技术的发展和政治组织形式的有益变革，以及随之而来
的国家经济的发展、综合国力和军事实力的强盛；正是这些
强大的实力决定了这些国家在国际关系中处于领先大国的地
位。但是，另一方面，正当这些国家居于领先大国的地位时，
如果这些国家的领导人把国家的经济财富"过度"地投入军事
领域，寻求对外扩张，长期地打仗，那么，就必然会使经济财富
发生短缺，综合国力下降，随之整个国家地位下降而沦为一个
弱国、小国。所以，大国兴衰的关键在于一个国家"国家战略"
的好坏，在于国家创造的经济财富能否"适度"地投入军事领
域。总之，要想避免国家衰落，就必须避免过度地进行对外扩
张和长期地进行战争。

实际上，两千多年前的孙子在《作战》篇里，早已阐发过
与保罗·肯尼迪相类似的战略思想。孙子在《作战》篇中的辩
证思维很鲜明：一方面，他强调一个国家在准备战争、开始进
行战争时，必须具备强大的经济、财政实力，没有强大的实力
就无法发动战争或者应对战争；另一方面，他又强调在战争中
必须注意节约财政开支，掌握好有利于国家的军事后勤原则
和奖励政策，特别是注意不要把战争搞得旷日持久，否则，一
个国家就会发生经济危机、军事危机、民生危机甚至政治危
机，后果将不堪设想。

七、"知兵之将"在国家中的重要地位

【原文】

故知兵之将，生民之司命①，国家安危之主也。

【述评】

这是孙子在《作战》篇中作的第二个结论。请大家注意，他在这里说的不是一般意义上的统兵之将，而是"知兵之将"。"知兵之将"在《孙子兵法》中也只在这里出现过一次。那么，什么叫作"知兵之将"呢？孙子决不会无缘无故在"将"之前加上"知兵"二字。

据我的理解，所谓"知兵之将"，也就是他在《作战》篇第五段话中所说的"智将"，也就是有"政治"头脑，有"大智慧"，懂得战争与经济、政治、民生有联系，既懂军事又懂政治的那种带兵之将。这种带兵之将既知道为什么要掌握好有利于节约国家经济开支的军事后勤原则，又能够自觉地贯彻"务食于敌"和"卒善养之"的政策。而只有这样的"知兵之将"，即有"国家战略"、"政治"头脑的带兵之将，才能像孙子所说的那样，充当掌握民众命运和国家安危的主人。另一方面，我们还要注意，孙子在这段话中所说的"知兵"中的"兵"字，也是一个大概念，在此，"兵"不仅仅指"军事""军队""战争"等，更指的是包含经济、政治、军事、外交等要素或内容的"大战争""大战略"。与此有关的内容，我会在《孙子兵法》的下一篇《谋攻》中加以论述。

---

①司命：中国古代天文学的星名，这里是指掌握命运的人。

【中西比较】

西方的军事家和战略学家们从来没有像孙子这样,把既懂军事又懂政治的统帅看得这么高,除非军事统帅和国家元首是同一个人,像法军统帅和皇帝拿破仑那样一身兼有二职。

【《作战》篇内容提要】

综上所述,孙子在《孙子兵法》的第二篇《作战》中,先后论述了七个方面问题:(1) 打仗打的是金钱和物质资源消耗,即战争与国家经济的关系;(2) 一个国家不可以长期地处于战争状态,即战争与国家经济、政治三者之间的关系;(3) 国君和统兵之将必须掌握的军事后勤原则;(4) 战争旷日持久地进行下去,会造成"百姓贫"和"国之贫"的后果,即战争与国家经济、政治、民生四者之间的关系;(5) 统兵之将在战争中必须掌握的军事后勤原则和军事奖励政策;(6)"兵贵胜,不贵久"的"国家战略"方针;(7)"知兵之将"在国家中的重要地位。

我认为,孙子在《作战》篇论述的战争与经济、政治、民生关系的内容,也应当属于其战争观里的重要组成部分,换句话说,在孙子的战争观里,除了他自己所说的构成战争的"道""天""地""将""法"这五大战略要素之外,"经济""政治""民生"也是组成战争的重要战略要素,只不过孙子没有把这些重要的内容放在同一篇中讲罢了。也正因为如此,应该说,孙子在《作战》篇里讲的内容,乃是对《孙子兵法》第一篇《计》中所讲的战争观和方法论的深化和补充。

可以用下面的话来概括《作战》篇的主要内容:

"本篇同样从'国家战略'的高度，论述了战争对一个国家可能有利、也可能有害；论述了如果战争打得旷日持久，必将导致国家财政枯竭、军事实力耗尽、百姓生活贫困，进而危及国家政治的严重后果。在揭示了国家经济、政治、军事、民生四者关系的基础上，孙子提出了'兵贵胜，不贵久'的战略方针，以及'因粮于敌'等军事后勤原则和奖励政策，强调了'知兵之将'在国家和民众生活中的重要地位。

"本篇内容是对《计》篇所论述的战争观和方法的深化和补充。孙子提出的'兵贵胜，不贵久'实际上是一条'国家战略'方针，包含有战争的手段和方法必须服从战争胜利目的的思想，具有中国传统兵学的特色。"

第三节 《谋攻》三：孙子的"大进攻"理论

我在前面已经讲过，在《孙子兵法》十三篇中，非常重要、很有价值、值得我们注意的是前四篇；而在《孙子兵法》的前四篇中，内容最奇特而深刻、最值得我们仔细研究的又是后两篇，即《谋攻》和《形》。因为在《谋攻》和《形》这两篇里，深藏有现代西方战略学家们所阐发的"大战争"和"大战略"的精彩内容。换句话说，正是在《孙子兵法》的第三篇《谋攻》和第四篇《形》里，孙子论述了中国古代朴素而深刻的"大战争"和"大战略"理论。

孙子在世界战争和战略理论史上所创建的"大战争"和"大战略"理论，就其理论层次和内容来说，比克劳塞维茨在

《战争论》中所构建的"作战战略"理论更加深刻、更加高明，也更加符合人类指导战争的实际情况，其中包含中国传统文化中的"仁"，也就是西方传统文化中所说的"人道主义"的合理内核；但《孙子兵法》的基本内核又不能归结为"人道主义"和"和平主义"，而是一种比单纯的"作战战略"理论更加合理、内容更加充实和丰富的战争和战略理论。

孙子在《孙子兵法》中创建的"大战争"和"大战略"理论，比西方现代战略学家利德尔·哈特在《战略论》中所提出的"大战略"理论早了两千多年。在《孙子兵法》产生两千多年后的1946年，利德尔·哈特在吸收了《孙子兵法》中有关"大战争"和"大战略"的思想资料，在总结两次世界大战经验教训的基础上，才撰写出世界战略名著《战略论》，才促使整个西方的战争与战略理论发生了一次质变和飞跃，从而使得"大战略"理论成为了现代以美国为首的西方国家治国安邦的国策。那么，西方战略理论发生的这种质变和飞跃说明了什么呢？我认为，它以铁的事实有力地说明：东、西方战略文化和军事文化的发展变化是一个双向的、相互吸收和交流、取长补短的过程。中国近代的战略文化和理论不仅吸收过西方的战略文化和理论，西方的战略文化和理论同样也吸收过中国古代的战略文化和理论。东、西方的战略文化和理论是在彼此吸收中国人和西方人各自特有的思维方法、行为方式和价值观中前进和发展的……

但值得注意和发人深思的是，长期以来，我国学术界恰恰对于《谋攻》和《形》这两篇《孙子兵法》中非常重要的内容缺乏仔细、深入的研究。我认为，这主要因为一些研究者并不了解西方的"大战争""大战略"理论，已经习惯用"单纯军事观点"考察分析《孙子兵法》，研究工作又不够细致等，所以，得出了一些颇值得商榷的结论。例如：

李零先生在他撰写的《兵以诈立：我读孙子》一书中，认为孙子在《谋攻》篇中讲的只是"攻城"的问题[①]；

杨杰先生认为孙子在《形》篇中所说的"善守者，藏于九天之下"，讲的只是"筑城"的问题[②]；

尤其是关于孙子在《谋攻》篇中所提出的著名论断"不战而屈人之兵"和"必以全争于天下"，一些专家、学者们的争论意见很多，有着种种不同的理解。至今，仍存在郭化若先生认为"不战而屈人之兵"是"唯心论"、军事科学院部分学者认为"不战而屈人之兵"是"片面的"，以及吴如嵩先生认为"不战而屈人之兵"和"必以全争于天下"是"不能实现的理想"这样至少三种不同的评论意见[③]。

为了搞清楚问题的是非和《孙子兵法》的战略理论真相，

---

①见李零：《兵以诈立：我读孙子》，第120—141页，中华书局2006年版。

②见杨杰：《孙子兵学新论》，引自《孙子二十讲》，第240页，华夏出版社2008年版。

③吴如嵩：《"不战而屈人之兵"与"威慑战略"》，见《徜徉兵学长河》，第55—57页，解放军出版社2002年版。吴如嵩在该文中写道：郭化若"始终认为'不战而屈人之兵'是'对战争的唯心论表现'"；军事科学院部分学者在1977年出版的《孙子兵法新注》中认为："孙武认为'百战百胜，非善之善者也'，只有'不战而屈人之兵'，才是'善之善者也'，这是片面的，……是一种不符合战争实际的唯心思想。""我〔吴如嵩〕也指出：'……追求"必以全争于天下"，这其实只是一种理想境界而已。……从孙子追求至善至美的这个意义上说，无疑是有唯心主义杂质的。这也正是我们应当剔除的糟粕。'"

还是需要我们对《谋攻》篇和《形》篇的内容做一番认真而仔细的综合分析。

在这一节,我首先讲解《谋攻》篇,先解释一下这一篇的篇名。

【篇名】

什么叫"谋攻"呢?《说文解字》对"谋"的解释是"虑难曰谋",对"虑"的解释是"谋思也",所以,"谋"是"使用智慧、深入思考"的意思。而《说文解字》对"攻"的解释是"攻,击也",故"攻"含有"主动进攻"的意思。因此,"谋攻"二字联起来使用,则是"使用智慧,主动进攻"之意,它所强调的重点并不是一般的进攻,而是进攻时要动脑筋、多用智慧("虑难"),要主动对敌人发起进攻。因此,我们仅仅从《谋攻》这一篇的篇名,就立刻可以察觉到,孙子所说的"谋攻",与西方克劳塞维茨在《战争论》中所说的那种只用流血的暴力手段进攻敌人不同,二者是有很大区别的。

那么,孙子在《谋攻》篇里说的"谋攻"又是怎样的一种进攻呢?怎样的进攻才算是使用智慧、主动地对敌人发起进攻呢?

从孙子在《谋攻》篇里对"谋攻"所作的全部论述看,我认为,孙子所说的"谋攻",至少有下面三个方面重要的内容和特点:

第一,"谋攻"的第一个特点是进攻战从和平时期就开始了,这种进攻战贯穿于和平和战争两个时期,而且指导这种进攻战的主角并不是统兵之将,而是一国国君。

因为从孙子对"谋攻"所作的全部论述看,"谋攻"不是仅仅发生在战争时期的那种军事进攻,不仅仅是统兵之将在战场上带领军队对敌军实施的暴力进攻；而且是一国之君带领全国、指导全国军民对敌国实施的全时期、全领域、全手段的全面进攻、总体进攻。这种进攻贯穿在和平和战争两个时期，所以，领导和指导这种进攻战的主角并不是统兵之将，而是一国之君。所谓"谋攻"，实际上就是"国家战略"性质的进攻，应该叫作"大进攻"。

第二，"谋攻"的另一个特点是在进攻战中要使用各种手段，不仅要使用军事暴力手段，还要使用非军事暴力手段。

孙子在《谋攻》篇里非常明确地把"谋攻之法"称为"全争"，他说："必以全争于天下，故兵不顿而利可全，此谋攻之法也。"所谓"全争"，也就是在同敌国争天下的过程中，必须使用非军事暴力手段和军事暴力手段在内的各种手段、综合手段、全部手段，正如孙子自己所说的那样："上兵伐谋，其次伐交，其次伐兵，其下攻城。"进攻战要在谋略、外交、军事、暴力的各个斗争领域全面展开，进行全面的斗争。所以，孙子所说的"谋攻之法"和"全争"，实际上也就是克劳塞维茨和利德尔·哈特这些西方军事家和战略家们所说的"大战争""大战略"。

第三，"谋攻"还有一个特点，那就是"大进攻"的进攻战要分两个阶段进行。

从孙子在《谋攻》篇中所作的全部论述看，他认为"全争"的进攻战一般要分两个阶段进行：第一阶段，国君要指导全国军民从和平时期开始，便在谋略、外交、军事各个领域，对敌国主动地进行斗争和进攻，力图用兵不血刃、非暴力的方式方法削弱敌国的综合国力，迫使敌国服从我国的意志；用孙子的话来说，就是要争取达到"不战而屈人之兵"的效果。第二阶段，如果敌国在综合国力被大大削弱的情况下仍不屈服，那么，我国再使用以军事暴力为主要手段的方法对敌国实施进一步的进攻。孙子认为，对敌国采用这种"全争""大进攻"战法的好处是"兵不顿而利可全"，也就是说，既可以减少我国因为一味地使用单纯的军事暴力进攻敌人而造成的大量人力、财力的损失，又可以达到使敌国屈服、使我国在"大战争"中攫取最大收益的目的。

由此可见，孙子在《谋攻》篇中所阐述的"大进攻"理论的总特点，不是像克劳塞维茨在《战争论》中所说的那种使用单纯的军事暴力手段进攻那样，只是把战争胜利的希望和重点放在战争时期和战场上，而是使用非军事暴力和军事暴力相结合的手段，把战争胜利的希望和重点放在了和平时期，但是，与此同时，又并不放弃在战争时期和战场上使用军事暴力。至于孙子在《谋攻》篇里所说的"不战而屈人之兵，善之善者也"，也只不过是"大进攻"第一阶段所要争取达到的理想结果；可是，"不战"并不意味着不是战争，而是意味着用非暴力的手段而达到"屈人之兵"的战争目的。如果用非暴力手段达不到"屈人之兵"的战争目的，"大战争"便进入了它的第二阶段，在"大战争"的第二阶段，才使用以军事暴力为主要手段的方法进行战争，以达到"百战百胜"、使敌国彻底屈服于我国的"大战争"目的。

我认为，实际上在孙子以前和孙子以后的一些中国兵家著作中，也都表述过与《孙子兵法》中相类似的这种"大战争"和"大战略"思想。其中，有的主张用非暴力手段赢得战争的胜利；有的主张用政治手段、军事威胁、军事暴力手段或者多种手段结合起来的方法赢得胜利；还有的明确认为用暴力取胜不如用非暴力取胜。例如：

在孙子以前，《逸周书·柔武》中已经有"善战不斗"的说法；

在孙子以后的兵家著作《尉缭子》中有这样的话："凡兵，有以道胜，有以威胜，有以力胜"；"兵有胜于朝廷，有胜于原野，有胜于市井"；"不暴甲而胜者，主胜也；陈（阵）而胜者，将胜也"；"曲胜，非全也"；"曲谋败国"。《管子·兵法》里有这样的话："至善不战。"《六韬》里也有这样的话："上战无与战"；"全胜不斗，大兵无创，……无甲兵而胜"；"夫先胜者，先见弱于敌而后战也，故事半而功倍也"。

孙子以后，《唐太宗李卫公问对》中也有这样的话："有国有家者，曷尝不讲攻守也"；"吾谓'不战而屈人之兵'者，上也；'百战百胜'者，中也；深沟高垒以自守者，下也。以是较量，孙武著书，三等皆具焉"。

由此看来，无论是在孙子以前还是在孙子以后的一些中国著名兵书中，也都阐发过与《孙子兵法》中《谋攻》篇里相类似的"大战争"和"大战略"思想。这些思想的共同特点都是认为打仗的手段不能只限于暴力一种，打仗的时间和空间也不能只限于战争时期和战场上，赢得战争胜利的手段和方法有多样性、层次性和阶段性，用非暴力的手段比用单纯的军事暴力取胜于敌更有优越性，亦即都有一些"大战争""大战略"的思想或因素，但是，这些兵学著作中所表述的"大战争""大战略"思想，都不如孙子在《孙子兵法》的《谋攻》篇中阐发得深刻而系统。了解这些兵学著作中的一些说法，很有助于我们正确理解孙子在《谋攻》篇中所论述的"大进攻"理论。

下面，我就分六个小专题，述评《谋攻》篇中孙子论述的内容，并且进行中西比较。

一、只要能够赢得战争胜利，使用非暴力手段和暴力手段都是好的战争方法；但是，使用非暴力手段赢得战争胜利才是最好的方法

【原文】

孙子曰：凡用兵之法，全国为上，破国次之；全军为上，破军次之；全旅为上，破旅次之；全卒为上，破卒次之；全伍为上，破伍次之。[①]是故百战百胜，非善之善者也；不战而屈人之兵，善之善者也。

【述评】

在以上所引《谋攻》篇中的第一段话中，孙子论述的主题是：为了达到战胜敌人或者使敌人屈服的目的，在战争中使用哪一种手段更好？我认为，为了正确理解这段话的精神实质和全部内容，有两个关键字的字义必须弄清楚，这两个字就是"全"和"破"。《说文解字》对"全"的解释是"完

---

① 军、旅、卒、伍是中国古代军队的编制单位，旧说12500人为军，500人为旅，100人为卒，5人为伍。

也……纯玉"，即"一块完整的纯粹玉石"；而《说文解字》对"破"的解释是"石碎也"，即"把一块石头打碎"。由此看来，孙子在《谋攻》篇一开始所说的"全国""全军""全旅""全卒""全伍"，显然就是不使用暴力手段而完整地拿下敌国、敌军、敌旅、敌卒、敌伍的意思；所说的"破国""破军""破旅""破卒""破伍"，就是通过使用暴力手段而打破、打败敌国、敌军、敌旅、敌卒、敌伍的意思。

　　所以，《谋攻》篇中第一段话之完整的意思就是，孙子说：在所有的战争方法中，都是以不使用暴力手段而完整地拿下敌国为上策，而以使用暴力手段打破、打败敌国为下策；以不使用暴力手段而完整地拿下敌军为上策，而以使用暴力手段打破、打败敌军为下策；以不使用暴力手段而完整地拿下敌旅为上策，以使用暴力手段打破、打败敌旅为下策；以不使用暴力手段而完整地拿下敌卒为上策，以使用暴力手段打破、打败敌卒为下策；以不使用暴力手段而完整地拿下敌伍为上策，以使用暴力手段打破、打败敌伍为下策。因此，无论是在国家对国家、军队对军队、旅对旅、卒对卒、伍对伍之各个不同等级的战争或者战斗中，通过使用暴力手段而打败敌人的斗争方法，即使赢得胜利达一百次，也不是最好的方法啊！只有不使用暴力手段而达到使敌人屈服我方意志的斗争方法，才是最好的方法啊！

　　我在"《孙子兵法》导论"中曾经说过，《孙子兵法》有"言简意丰""文略而意深"的特点。我国著名哲学家冯友兰先生也说过，中国古代哲学家们的著述言论都很简短，习惯用名言隽语表达丰富而深刻的思想，所著述的内容"明晰不足而暗示有余"，就像中国古代诗人创作的诗歌，"诗人想要传达的往往不是诗中直接说了的，而是诗中没有说的。照中国的传统，好诗'言有尽而意无穷'。所以聪明的读者能读出诗的言外之意"[1]。冯友兰先生的这些看法，我非常同意。我认为，在《孙子兵法》的《谋攻》篇的第一段话中，也包含着很丰富的思想，有以下几个方面孙子没有直接说出来的"言外之意"：

其一，孙子认为战争有大小不同的规模、层次和等级。因为在《谋攻》篇的第一段话中，孙子按照从大到小的顺序，已经把战争明确地划分为五个不同的规模、层次和等级，即"国家"级（"全国为上，破国次之"）；"军队"级（"全军为上，破军次之"）；"旅"级（"全旅为上，破旅次之"）；"卒"级（"全卒为上，破卒次之"）；"伍"级（"全伍为上，破伍次之"）。这五级战争，实际上也就是西方军事理论家克劳塞维茨在《战争论》中所说的"大战争""战争""主力会战""战役""战斗"；只不过，孙子还没有用像西方近代军事理论家那样明晰的语言表述出来。

其二，孙子有朴素但又明显的"大战争""大战略"思想。因为在《谋攻》篇第一段一开始，孙子说的就是"凡用兵之法"，亦即战争方法或打仗的方法，然后，他紧接着说"全国为上"，意思是以不使用暴力手段而完整地拿下敌国、迫使敌国屈服为上策。这种不使用暴力手段而完整地拿下敌国、迫使

---

[1] 冯友兰《中国哲学简史》，第10—11页，北京大学出版社1996年版。

敌国屈服的情形，按照现代人的理解，就是两国还没有使用军事暴力，暴力战争还没有发生，两国还处于非暴力战争的和平时期，可是，孙子却把这种发生在和平时期、没有使用暴力手段而完整地拿下敌国、迫使敌国屈服的情形，纳入"用兵之法"的范畴里，称之为"用兵之法"，即打仗的方法或战争的方法。这就说明，在孙子的心目中，"战争"的外延已经超出了暴力战争时期而扩展到了和平时期，"战争"的手段也可以是非暴力，不仅限于暴力。换言之，孙子所说的"战争"概念是很大的，内涵也是很丰富的，它囊括了我们今天所说的"和平时期"和"战争时期"两个时期，包容了非暴力手段和暴力手段。总之，孙子认为还在和平时期，不使用暴力手段而仅仅使用非暴力的手段，便把敌国拿下，使敌国屈服，这种情形也叫作"用兵之法"，也叫作"战争"，孙子所说的这种"战争"，不正是克劳塞维茨在《战争论》中所说的那种包括平时和战时在内的"广义的战争"即"大战争"吗？孙子所说的这种"用兵之法"，不也正是克劳塞维茨所说的那种"广义的战争艺术"，也就是利德尔·哈特在《战略论》中所说的那种"大战略"吗？由此看来，在中国古代的《孙子兵法》中，早就具有两千多年之后西方军事家和战略学家们才阐发的"大战争"和"大战略"理论，只不过当时《孙子兵法》中的"大战争""大战略"理论是朴素的而已。

其三，孙子之"大战争""大战略"所追求的，当然是战争和战略的胜利。孙子在《谋攻》篇的第一段话中，虽然通过在"大战争"（国家级）、"战争"（军队级）、"主力会战"（旅级）、"战役"（卒级）、"战斗"（伍级）中使用暴力手段而赢得战争胜利和不使用暴力手段而使敌人屈服的比较，得出了"百战百胜，非善之善者也；不战而屈人之兵，善之善者也"的结论。但是，他的战争和战略理论所追求的当然是战争和战略的胜利，只不过是"大战争"和"大战略"的胜利而已。

然而，我国《孙子兵法》的研究者吴如嵩却说："《孙子兵法》虽然是一部兵书，但是他的最高追求却不是战争，不是追求战争的胜利。它说：'不战而屈人之兵'才是'善之善者也'"；"孙子最理想的战略追求是'不战而屈人之兵'"；"孙子关于用兵打仗最根本的指导思想是追求一个'善'字"[1]。

我认为，吴如嵩的这些说法并非孙子的本意。因为孙子所说的"百战百胜，非善之善者也；不战而屈人之兵，善之善者也"本来有两层含义：第一层意思是，无论"百战百胜"还是"不战而屈人之兵"都是战争，所追求的都是战争的"胜利"即"屈人之兵"；只要达到了"胜利"即"屈人之兵"的战争目的，"百战百胜"和"不战而屈人之兵"都是"善"的、好的；第二层意思，孙子是在肯定无论"百战百胜"还是"不战而屈人之兵"都是"善"的、好的这个大前提下，在他比较在战争中是使用暴力手段还是不使用暴力手段的时候，才认为"百战百胜，非善之善者也；不战而屈人之兵，善之善者也"，所以，后面所说的"善"不"善"、好不好，仅仅是就战争中所使用的暴力手段和非暴力手段而言的。战争的"手段"总是为"目的"

---

[1] 吴如嵩：《〈孙子兵法〉的军事思想及现代价值》，载《光明日报》2007年3月22日。

服务的。孙子决不会只追求战争"善"的手段而不追求战争的
"胜利"和"屈人之兵"的目的，孙子的战争和战略理论所追
求的目的无疑只有一个，那就是"大战争"和"大战略"的"胜
利"即"屈人之兵"！因此，吴如嵩先生怎么能够说《孙子兵
法》的"最高追求不是战争，不是战争的胜利"呢？吴如嵩先
生还说"孙子最理想的战略追求是'不战而屈人之兵'"，"孙
子关于用兵打仗最根本的指导思想是追求一个'善'字"，这
种似是而非的说法显然是混淆了战争的非暴力手段和战争
所要达到的"屈人之兵"的战争目的，把非暴力手段看成了孙
子战争、战略追求的"理想"目的。在这里，值得我们特别注
意的是，正是因为一些《孙子兵法》的研究者误解了孙子关
于"不战而屈人之兵，善之善者也"的本意，把"不战"（不打
仗、不斗争）视为战争、战略的目的，才出现了《孙子兵法》是
一部宣扬"人道主义""和平主义"，追求"和谐世界"之著作
的许多错误言论。①

【中西比较】

总之，孙子在《谋攻》篇的第一段话中，实际上论述了两
个问题，即（1）战争可以分为国级、军级、旅级、卒级、伍级五
个不同的大小规模、层次和等级，即"大战争""大战略"的
问题；（2）在"大战争""大战略"中，使用非暴力手段比使用
暴力手段更好的问题。在第一个问题上，西方著名的军事学
家和战略学家如克劳塞维茨和利德尔·哈特持有和孙子同样

---

① 参见中国孙子兵法研究会编《孙子兵法与和谐世界》中的一些文章，军事科学出
　版社2010年版。

的观点。他们也都认为战争可以分为大小不同的规模、层次和等级，也都承认"大战争""大战略"的存在。例如，克劳塞维茨在《战争论》中所说的"广义的战争"，实际上就是"大战争"；所说的"广义的战争艺术"，就是"大战略"。可是，在第二个问题上，克劳塞维茨的观点与孙子恰恰对立、截然相反。克劳塞维茨并不认可"不战而屈人之兵，善之善者也"，而是主张在战争中只有使用军事暴力手段"消灭敌人军队"，才能"屈人之兵"，赢得战争胜利。克劳塞维茨甚至批评孙子"不战而屈人之兵，善之善战也"的论断是"一种必须消除的错误思想"，"从仁慈产生的这种错误思想正是最为有害的"。克劳塞维茨公然声称，在战争的问题上不要讲"仁慈"和"人道"，不必回避"流血的屠杀"，"关于那些不流血而获得胜利的统帅的一切，是我们不想听的"等等[1]。正如我前面讲过的那样，克劳塞维茨的这些观点后来受到了利德尔·哈特的严肃批评（参见本书第三章第一节"利德尔·哈特对克劳塞维茨战略理论的严肃批评"）。

二、在"大战争""大战略"的进攻战中，有哪些手段可供使用？而使用暴力手段为什么不好？

【原文】

故上兵伐谋，其次伐交，其次伐兵[2]，其下攻城。攻城之

---

[1] 克劳塞维茨著，军事科学院译：《战争论》，第24页，第300—301页，商务印书馆1978年版。

[2] 伐谋、伐交、伐兵：分别指用计谋、外交、武力手段战胜敌人。

法为不得已。修橹轒辒,具器械^①,三月而后成,距闉^②,又三月而后已。将不胜其忿而蚁附之^③,杀士三分之一而城不拔者,此攻之灾也。

【述评】

孙子在《谋攻》篇的第一段话中,主要论述的内容是在"大战争""大战略"的进攻战中,使用非暴力手段比使用暴力手段好。可是,为什么说使用非暴力手段比使用暴力手段好呢? 非暴力手段有哪些呢? 孙子在《谋攻》篇的第二段话中作了回答。他对在"大进攻"中使用的手段按照从最好到最不好的顺序,作了一次系统的价值评估。所以,《谋攻》篇第二段话的意思就是:

(在"大战争"的进攻战中) 用智谋进攻敌人是上策,其次是使用外交手段,再次是动用军队,最不好的进攻手段是使用暴力进攻敌国的城市 (国都)。用军事暴力进攻敌国的城市是万不得已时才使用的方法,因为要进攻敌国的城市,需要花费数月的时间修造攻城用的大盾、楼车,准备好各种攻城的器材;还要再花数月的时间构筑在敌人城下攻城用的土山;临到攻城之日,统兵之将见敌人的城市久攻不下而火冒三丈,驱使将士们像蚂蚁群那样爬梯子和土山,蜂拥而上,可是,即便将士们在这样的进攻战中伤亡了三分之一,敌人的城市还不一定能攻下来,这样的进攻战简直就是一场

---

①修橹轒辒,具器械:指准备攻城用的器械。
②距闉:指为了攻城而堆土山。
③蚁附之:形容攻城的将士们像蚂蚁群一样爬土山和梯子。

灾难啊!

由此看来,孙子认为在"大战争""大进攻"中,最好的战略手段首先是"伐谋",用"智谋"进攻(不动用军队和武力);其次是"伐交",用外交手段进攻(也不动用军队和武力);再次是"伐兵",使用军事手段(但不一定发生暴力冲突,也可以只是威胁敌人);最坏的方法是使用军事暴力手段"攻城";因为攻城时,敌我双方都要把战争暴力发挥到最大的程度。孙子说"攻城之法为不得已",利德尔·哈特在《战略论》中也说过:"在所有各种作战行动当中,'攻城'是最为不利的一种战斗方式。"[1]那么,为什么说"攻城之法为不得已","'攻城'是最为不利的一种战斗方式"呢?那是因为,敌人之"城"一般说来就是敌国的"国都""首都",是敌国最大、最后防御的堡垒,敌国的"国都"一旦陷落,意味着整个敌国、整个敌人族群全都要被消灭。所以,"攻城"也就意味着敌我两国的"大战争"发展到了最后、最高的阶段,暴力冲突达到了白热化、你死我活的地步。孙子说"攻城"有三大问题:一是"攻城"的准备时间耗费长;二是"攻城"时的物资器具消耗大,双方伤亡的人数多;三是敌人的城市(国都)还不一定能攻下来。所以,孙子把用暴力手段"攻城"说成是一场灾难,"攻城之法为不得已"……

总之,孙子在《谋攻》篇的第二段话中,不但对进攻战中的非暴力手段和暴力手段进行了一番系统的价值评估,而

---

[1]利德尔·哈特:《战略论》,第49页,战士出版社1981年版。

且列举了中国古代进攻战中所使用过的"伐谋""伐交""伐兵""攻城"等多种具体的进攻方法和手段。在这些方法和手段中，他认为以消耗双方人力、物力最少的非暴力手段为最好，以消耗双方人力、物力最多的暴力手段为最坏，后一种进攻战是国君和统兵之将在"不得已"的情况下才可以使用的。那么，孙子的这种进攻战理论说明了什么呢？其背后隐藏着怎样一种思想和价值观呢？

我认为，这种进攻战理论说明孙子有一种爱人、爱物和珍惜人、珍惜物的思想和价值观；这种思想和价值观也就是中国古代儒家代表人物孔子所说的"仁"、孟子所说的"亲亲而仁民，仁民而爱物"，从而表达了中国古代传统文化中的"仁"即"人道主义"的精髓。孙子所提倡的"不战而屈人之兵，善之善者也"，不仅是战略上一种求"真"（即追求人类社会中战争之客观历史发展规律）的战争哲学理想追求、一种求"善"的战争道德理想追求，同时也是一种求"美"的战争美学理想追求。因此，我们决不应该把孙子在战略上的这种对"真""善""美"的理想追求，像一些《孙子兵法》研究者所说的那样，归结为"唯心论""片面的"或"不能实现的理想"。因为，自从两千多年前孙子提出这种包含爱人、爱物和珍惜人、珍惜物的"真、善、美"的"大进攻"理论以来，人类社会在战争与和平的征程中，一直在朝着孙子所追求的这种目标上努力前进，同拿破仑战争和两次世界大战相比较，如今世界上大规模的暴力战争越来越少见，战争的重点已经越来越向消耗人力、物力少的非暴力的和平时期转移，这种战争的历史必然发展趋势怎么能够说是"唯心论""片面的""不能实现的理想"呢？

【中西比较】

我在本书第二章第五节"系统的'防御'和'进攻'理论"中，已经介绍过克劳塞维茨的"进攻"理论。现在，就可以拿克劳塞维茨的进攻理论同孙子的"大进攻"理论进行一番比较了。我认为，这两种进攻理论有下述三个方面不同：

其一，从进攻的时间过程来说，孙子所说的"大进攻"贯穿于平时和战时；从进攻的手段来说，孙子的"大进攻"包括有"伐谋""伐交""伐兵""攻城"等非军事暴力和军事暴力多种手段；从领导进攻战的主角来说，孙子的"大进攻"战的主角并不是统兵之将，而是一国之君，所以，孙子的进攻理论是一种"大进攻"理论。这种"大进攻"理论实质上属于"国家战略"进攻的性质，属于孙子朴素的"大战争""大战略"理论的一部分重要内容。而克劳塞维茨在《战争论》中所说的"进攻"只发生在战争时期和战场上，只是由军事统帅指导下的一种军事暴力进攻，属于"作战战略"的性质。克劳塞维茨的进攻理论缺乏"大战争"和"大战略"的内容，他否认进攻战的手段有多样性，当然，他更忽视非军事暴力手段在进攻战中的作用。克劳塞维茨在《战争论》中明确地说过："进攻行动本身就是一个完整的概念"；"进攻也不像防御那样有不同的等级"；"当然，进攻在威力、速度和力量方面是有巨大差别的，但这种差别只是程度上的不同，而不是方式的不同。……

最后，进攻中可以使用的手段通常只限于军队"。①

其二，正因为孙子的进攻理论是一种"大进攻"理论，孙子所说的"进攻"从和平时期就开始了，又贯穿在和平时期和战争时期，在"大进攻"中可以采取"伐谋""伐交""伐兵""攻城"等多种不同的非军事暴力手段和军事暴力手段，所以，按照孙子所说的这些进攻手段和进攻方法，一个国家在和平时期便可以做到大大削弱敌国的国力和军力，争取达到"不战而屈人之兵"的目的；如果敌国不屈服，进入战争时期，又容易在敌国的国力和军力被大大削弱的情况下战胜敌人。所以，孙子在《谋攻》篇中所说的这种在和平时期和战争时期综合使用各种手段进攻敌人的"大进攻"理论，无疑是一种能够增强进攻一方力量的"强势"进攻理论。可是，因为克劳塞维茨在《战争论》所说的进攻理论只是一种在战争时期和战场上使用的"作战战略"性质的进攻理论，克劳塞维茨所说的"进攻"缺乏手段的多样性，只是一种单纯的军事暴力进攻，所以，随着战争的展开，其进攻的力量会变得越来越弱小。克劳塞维茨本人在《战争论》中也感觉到了他的进攻理论有这个问题，所以，他在《战争论》中明确地说过：与"防御是较强的作战形式"恰恰相反，"进攻是一种较弱的作战形式"；"进攻力量的削弱是战略上的一个主要问题"；"大多数战略进攻只能进行到它的力量还足以进行防御以等待媾和的那个时刻为止。超过这一时刻就会发生剧变，就会遭到还

①克劳塞维茨著，军事科学院译：《战争论》，第775-776页，商务印书馆1978年版。

击，这种还击的力量通常比进攻者的进攻力量大得多。我们把这个时刻叫作进攻的顶点"。克劳塞维茨把"进攻的顶点"又称作"胜利的顶点"，他同时认为，"胜利的顶点"也就是进攻者"失败"的起点[1]。总之，克劳塞维茨的进攻理论与孙子的"大进攻"强势进攻理论恰恰相反，乃是一种"弱势"进攻理论。

其三，无论是对于克劳塞维茨还是对于孙子的进攻理论，我们都要作实事求是的、辩证的分析。虽然克劳塞维茨在《战争论》中所论述的"作战战略"性质的进攻理论不像孙子的"大进攻"理论那样战略层次高、思路开阔、内涵深刻、进攻的手段丰富，但是，仅仅就"作战战略"的范围来看，克劳塞维茨的进攻理论又比孙子阐述得更为细致、系统而且科学。例如，克劳塞维茨总是把"防御"和"进攻"视作一对矛盾的作战形式加以论述，他在论述"防御"时不离开"进攻"，在论述"进攻"时又不离开"防御"。他在《战争论》中不仅深刻地论述了进攻力量的逐渐削弱问题、"进攻的顶点"问题，而且还论述了"战区进攻"甚至"寻求决战的战区进攻"和"不求决战的战区进攻"问题[2]。而这些问题都是孙子在《孙子兵法》中没有涉及的。

---

[1] 克劳塞维茨著，军事科学院译：《战争论》，第778、781、783、838页，商务印书馆1978年版。

[2] 参见吴琼：《统帅的艺术：战略——克劳塞维茨〈战争论〉十讲》，第220–229页，清华大学出版社2014年版。

三、孙子论"全争"("大战争")以及"全争"的优越性

【原文】

故善用兵者,屈人之兵而非战也,拔人之城而非攻也,毁人之国而非久也。必以全争于天下,故兵不顿①而利可全。此谋攻之法也。

【述评】

这是《谋攻》篇中的第三段话,是孙子对他的"大进攻"理论所作的一个内容小结。这段话的意思是:

善于打仗、讲究进攻方法的人,能够做到不使用暴力手段("非战")而使敌人屈服,能够做到不使用暴力进攻的方法("非攻")而拿下敌人的城市,能够做到不花费旷日持久的时间("非久")而毁灭敌国。而要想让进攻战达到如此地步,就必须在与敌国争天下的过程中进行"全争"(大战争),只有对敌国实施"全争"(大战争),才能达到使本国的军队在进攻战中不受到大的挫折而本国的利益又可以得到保全的目的。所以,"全争"(大战争)也就是"谋攻之法"(使用智慧,主动进攻的方法)。

孙子在《谋攻》篇中所说的这段话,终于揭开了他所说的"谋攻"即使用智慧、主动进攻是什么的谜底,那就是所谓"谋攻"也就是"全争",即对敌国进行"大战争""大战略""大进攻"。而他所说的"必以全争于天下,故兵不顿而利可全",实际上讲的是"大战争""大战略""大进攻"的优

———————————

①顿:指受到挫折,力量疲惫。

越性，那就是这种进攻战的优点是一个国家能够以最小、最少的人力、物力、财力消耗，而赢得最大、最多的国家利益。如果用现代英国大战略学家利德尔·哈特在《战略论》中的话来讲，那就是："最聪明的方法是选择和结合使用最有效的手段，以达到最适合、最深入和最经济的目的。换句话说，就是要使获胜的国家能以最小的军事消耗和最低限度的损失，来使敌人屈服，并争取在战后获得好的前途。如果获胜的国家自己也遭到惨重的损失，战后弄得精疲力竭，那么，即使获得最具有决定性的胜利，实际上也是没有任何价值的。"[1]

总而言之，孙子在《谋攻》篇的前三段话里，论述的内容实际上就是"大战争""大战略""大进攻"的问题。他不仅认为使用非暴力手段而使敌人屈服是最好的打仗方法，而使用极端的军事暴力手段"攻城"是一场灾难，而且认为，一个国家按照"伐谋""伐交""伐兵""攻城"的先后顺序，如果使用最低限度的非暴力手段能够达到"不战而屈人之兵"的目的，则最好、最善、最美、最为理想；否则，如果使用非暴力手段达不到"屈人之兵"的目的，敌人不屈服，进入战争时期的话，因为敌国的综合实力在和平时期已经被削弱，那么，在战争时期，同国力被削弱的敌人进行以军事暴力为主的手段继续展开斗争，就会减少暴力使用的程度，缩短暴力斗争所耗费的时间，大大节省双方人力、物力、财力的消耗（"兵不顿"），增加、增大赢得战争胜利、使敌国屈服的机率

---

[1]利德尔·哈特：《战略论》，第300页，战士出版社1981年版。

（"利可全"）。

所以，"谋攻"和"全争"仍然是"战争"，只不过是比单纯的战争时期和战场上的军事暴力战争的时间更加广泛、手段更加复杂、水平也更加高明的"广义的战争"即"大战争"而已。这种"大战争"的特点是：第一，把战争从单纯的战争时期扩大到了和平时期；第二，把战争的手段从军事暴力扩大到了包括非军事暴力；第三，把操作战争和战略的主体由统兵之将变成了一国之君；第四，把"直接路线"战略变成了"间接路线"战略；第五，把以单纯的军事暴力手段而"消灭敌人军队"以赢得战争"胜利"的目的变成了"屈人之兵而非战也，拔人之城而非攻也，毁人之国而非久也"的手段和目的。然而，我们必须看到，孙子所说的"谋攻"和"全争"，其最终目的毕竟还是寻求战争和战胜敌人、使敌人屈服，它并不绝对地排斥暴力。因此，总的说来，"谋攻"即"全争"理论的基本内核并不是"和平主义""人道主义"和追求"和谐世界"，但是，在孙子的"谋攻"即"全争"理论中，又包含反对旷日持久地长期进行暴力战争，反对过度地使用军事暴力和造成双方人力、物力、财力大量消耗的"善""仁"或"人道主义"的合理内核。这个合理内核则是我们应当充分予以肯定的！

孙子的"全争""谋攻"即"大进攻"理论，如以下图表7所示。

图表7　孙子的"全争""谋攻"即"大进攻"理论

战争的本体	从事、指导战争的方法			手段、目的	策略	最终目的
全争（大战争、广义的战争）	和平时期	谋攻之法（大战略、广义的战争艺术）	一级战略	国家战略：国君的"大战争"指导艺术	用非暴力的斗争手段 全国　全军 全旅　全卒 全伍 "不战而屈人之兵，善之善者也"	先见弱于敌而后战也	兵不顿而利可全
			二级战略	政治战略伐谋　外交战略伐交　军事战略伐兵			
	战争时期（狭义的战争）		三级战略	作战战略：统兵之将的作战指导艺术 伐攻兵城（狭义的战争艺术）	用暴力的斗争手段：破国　破军 破旅　破卒 破伍 "百战百胜，非善之善者也"		
			四级战略	将士们的作战方法：行军作战　驻军用间　治军			

(大进攻) → 其他敌对国家

正因为孙子在《谋攻》篇里所论述的"大战争""大战略""大进攻"理论是基本正确的,在这个理论中包含许多丰富的深刻的内容,这些理论内容在今天仍然有实用价值,所以,这个理论受到了西方一些著名战略学家的高度评价。例如,美国当代战略学家、《大战略》一书的作者约翰·柯林斯不仅充分肯定了孙子"大战略"思想的正确性和合理性,而且揭示了利德尔·哈特的"大战略"理论的思想来源正是中国古代的《孙子兵法》。

柯林斯这样说:"包括威胁、谈判、经济诈骗和心理战等内容的大战略,否定了自克劳塞维茨时代以来人们普遍的一种看法,即战略仅仅是'为了达到战争目的而对战斗的应用'。相反,大战略的含义与利德尔·哈特的如下结论是完全一致的:'真正的目的与其说是寻求战斗,不如说是寻求一种有利的战略形势。这种战略形势是如此有利,以致于即使它本身不能收到决定性的效果,那么在这个形势的基础上再打一仗,就肯定可以收到这种决定性的效果。'也许有人认为,这不完全是个新观点。孙子早已认识到:'不战而屈人之兵,善之善者也。'"①

【中西比较】

西方的"大战争"和"大战略"理论有一个逐渐形成和发展的过程,比中国《孙子兵法》中朴素的"大战争"和"大战略"理论的产生晚了两千多年。

---

① 约翰·柯林斯著,军事科学院译:《大战略》,第47—48页,军事科学出版社1978年版。

　　因为克劳塞维茨在《战争论》中所研究、论述的"战争"只不过是"狭义的战争",是发生在战争时期和战场上的军事暴力战争;他所说的"战略"也只是"作战战略",只是军事统帅在战争时期和战场上的"作战方法",所以,他在《战争论》中并没有论述国家领导人在平时和战时如何使用政治、经济、外交等非暴力和暴力的综合手段指导"大战争"和"大战略"的问题。这种情况一直到两次世界大战之后才有了改变。利德尔·哈特总结了两次世界大战的经验教训,特别是因为吸收了中国《孙子兵法》中朴素的"大战争""大战略""大进攻"的思想,才在他撰写的《战略论》中阐述了比较科学的"大战争"和"大战略"理论。

　　正如我在本书第三章介绍过的,利德尔·哈特认为克劳塞维茨在《战争论》所讲的"作战战略",本质上是一种浪费战争双方国家资源的"消耗战略";而最好的打仗方法并不是一味地在战争时期和战场上与敌人硬打硬拼,而是要在战略上走一条"间接路线",即首先使用"诡诈"或者叫作"谋略"("诡诈"和"谋略"在英语中是同一个单词"strategem"),想方设法在和平时期用非暴力手段削弱敌国的国力;如果敌国不屈服,再在战争时期和战场上用"战斗"等军事暴力手段"打垮敌人",等等。利德尔·哈特在《战略论》中明确地论述了"大战略"的手段、方法和目的,他说:

　　"所谓'大战略',或者称高级战略,其任务就在于调节和指导一个国家或几个国家的所有一切资源,以求达到战争的政治目的;而这个目的,正是由基本政策,即国家政策所决定的。

"……为了达到削弱敌人抵抗意志的目的，大战略更应该注意和利用的，是其全部力量，即财政上的压力，外交上的压力，商业上的压力，以及从重要性说来并不算最后一项的思想道义上的压力……"[1]

由此可见，指导实施"大战争"和"大战略"的主角乃是国家领导人，"大战争"和"大战略"的手段和工具比克劳塞维茨的"作战战略"也更加多样化了。利德尔·哈特的"大战略"理论基本上来自《孙子兵法》中的《谋攻》篇，当然，又对孙子朴素的"大战争"和"大战略"的理论内容有所发展。也正因为如此，利德尔·哈特才用下面这样一段话，概括了孙子和他自己的"大战略"理论的实质性内容，他说："最完美的战略，也就是那种不必经过严重战斗而能达到目的的战略——所谓不战而屈人之兵，善之善者也。"[2]

四、孙子论作战方法也有多样性，军事实力的大小决定作战方法

【原文】

故用兵之法，十则围之，五则攻之，倍则分之，敌[3]则能战之，少则能逃之，不若则能避之。故小敌之坚，大敌之擒也。

---

[1]利德尔·哈特：《战略论》，第449~450页，战士出版社1981年版。

[2]利德尔·哈特：《战略论》，第453页，战士出版社1981年版。

[3]敌：与敌人兵力相等。

【述评】

在《谋攻》篇的前三段话中，孙子主要是从"国家战略"的高度，论述了"大战争"和"大战略"手段和方法的多样性，强调一个国家必须从和平时期开始，就要向敌国展开包括非暴力手段和军事暴力手段在内的"大进攻"。而在我上面引用的《谋攻》篇的第四段话中，他转而论述"军事战略"和"作战战略"领域中的问题，强调统兵之将在战争时期和战场上的"作战方法"也必须有多样性和灵活性，他反对在作战时只走"直接路线"同敌军硬打硬拼。所以，《谋攻》篇的第四段话的意思则是：

（打仗的方法有多样性）所以，打仗的方法是，我军的兵力如果是敌人的十倍，就可以采用包围战（迫使敌人投降）；如果是敌人的五倍，就可以采用进攻战（打败敌人）；如果是敌人的两倍，就可以想方设法把敌人的兵力分散开来（然后，集中我军的兵力，分别把敌人的兵力一部分一部分地消灭掉）；如果我军与敌人的兵力一样多，也要设法战胜敌人；如果我军的兵力比敌人少，也可以不打，逃走；如果我军的兵力不如敌人那么多，还可以暂时避免和敌人发生冲突，设法避开敌人（等待对我军有利的条件具备时，再同敌人战斗）。因为当我军的兵力比敌人弱小时，如果一味地和敌人硬打硬拼，那么，我军必然会成为强大敌人的俘虏。

在以上这段话中，孙子实际上论述了两个方面问题：第一，作战方法不是由统兵之将随意决定的。军事实力的大小决定了作战方法。在作战中究竟选择哪一种作法方法，有不以人的主观意愿为转移的强迫性、必然性，是统兵之将手中掌握的兵力大小以及作战双方军事力量的大小强弱，决定了作战方法；如果不顾自己一方兵力的弱小，违背用兵的规律，同强大的敌人硬打硬拼，只能导致作战失败；第二，作战方法有多样性和灵活性，不可千篇一律，当兵力和军事实力比敌人弱小时，"逃之""避之"也属于"用兵之法"的范畴。"逃之""避之"的目的是为了保存我军的实力，避免全军覆没，以便以后和敌人再战。也就是说，作战方法必须服从最后战胜敌人的作战目的。这种"少则能逃之，不若则避之"的作战方法具有中国传统兵学的特色，在西方军事著作中就很少有这样的提法。以后在中国革命战争中，在井冈山时期，毛泽东和朱德提出的游击战"十六字诀"（"敌进我退，敌驻我扰，敌疲我打，敌退我追"）就继承并发扬了《孙子兵法》中这种灵活的作战传统。"十六字诀"的精神实质也是当中国工农红军的兵力弱小时，决不能同强大的国民党军队硬打硬拼……

【中西比较】

在西方军事思想史上，从来没有哪一个军事思想家像中国的孙子那样，系统论述过军事实力决定作战方法，以及作战方法的多样性和灵活性。只有英国早期资产阶级军事思想家劳埃德提出过一种"不用战斗就可以解决整个战争"问题的"机动"学说；德国早期资产阶级军事思想家标洛提出过一种"避免正面战斗"学说；克劳塞维茨在《战争论》中，论述过"向本国腹地退却"（诱敌深入）的理论，可是，他们都没有更加深入地论述过作战方法是由军事实力决定的用兵规律。

五、孙子全面论述国君与统兵之将之间的辩证关系

【原文】

夫将者，国之辅也，辅周则国必强，辅隙①则国必弱。故君之所以患于军者三：不知军之不可以进而谓之进，不知军之不可以退而谓之退，是谓縻军②；不知三军之事而同三军之政者，则军士惑矣；不知三军之权而同三军之任③，则军士疑矣。三军既惑且疑，则诸侯之难至矣，是谓乱军引胜④。

【述评】

在孙子所论述的"全争"的进攻战中，有一个问题不容回避，那就是对敌国实施的整个"大进攻"要由一国之君来领导，无论在和平时期还是在战争时期都是如此，国君是指导"大进攻"的主角。但是，如果在和平时期达不到"不战而屈人之兵"的目的而进入战争时期，带领军队在战场上作战的统兵之将在"大进攻"中会起到更加重要的作用，那么，在战争时期，国君和统兵之将之间的关系又应该怎样正确处理呢？谁应该服从谁呢？

孙子在《孙子兵法》的第一篇《计》中，已经论述过国君与统兵之将之间应有的基本关系（也就是"国家战略"与"军事战略"之间的关系），他认为，在战争中统兵之将必须服从国君，因为国君所操作的"国家战略"涉及战争的全局，而

---

①隙：缝隙。此处指为将者谋略失误。
②縻军：束缚军队。
③权：权变。任：指挥。
④乱军引胜：乱了自己的军队，导致敌军获得胜利。

统兵之将在战争时期所操作的"军事战略"和"作战战略"只涉及战争的局部，统兵之将在战场上所担负的军事总任务是造"势"，以赢得作战胜利，而完成这个军事总任务也是为了配合战争的全局胜利而进行的（"计利以听，及为之势，以佐其外"）。而在我上面所引用的《谋攻》篇的第五段话中，孙子仍强调在战争时期，统兵之将总的说来要服从国君，但是，另一方面，因为治国的规律与治军规律、作战规律不同，各有各的特点，国君不一定懂得治军的规律和作战的规律，所以，国君对于统兵之将在战争时期和战场上的作战、治军工作又不应该过多地加以干涉；否则，就会给统兵之将带来严重的危害。因此，《谋攻》篇第五段话的意思就是，孙子说：

统兵之将是辅佐国君的，辅佐得周全，那么国家必然强盛；辅佐中有纰漏，那么必然会导致国家衰弱。所以，（国君对于统兵之将在战争时期和战场上的工作不能过分地加以干涉）国君过分干涉统兵之将给军事作战带来的危害有三个：其一，国君并不了解战场上的实际情况，当军队不应该进攻时却命令军队进攻，当军队不应该退却时却命令军队退却，国君这样做，叫作束缚住了军队的手脚；其二，国君并不了解军中的事务，却直接参与、干涉军中的军政工作，那么，统兵之将和士兵们就会迷惑不解；其三，如果国君不了解军事行动应随机应变、机动灵活而直接指挥军事行动，那么，统兵之将和士兵们又会心生疑虑。全军都产生迷惑、疑虑（思想和行动得不到统一），那么，其他的国家便会乘机发难，我国的灾难就要到来了。所以，国君过分干涉军中的事务，就叫作搞乱自己的军队而便于让敌军取得胜利。

我在过去讲过，国君与统兵之将的关系是战争中最重要的人事关系，实际上这也就是全局性的"国家战略"与"军事战略"的关系。在这个问题上，孙子既强调统兵之将总的来说必须服从国君，局部必须服从全局，同时，又强调治国规律不等于治军规律和作战规律，国君对统兵之将的工作不能过分干预，因为战争的局部性工作有一定的独立性和特殊性。所以，孙子对君将关系的看法是比较全面、辩证而合理的，是应该给予肯定的。后来在中国革命战争中，毛泽东继承并发展了孙子的君将关系的思想，毛泽东认为这个问题也就是在军事上和战略上的各级领导工作中的"集中"与"分散"的关系问题。

毛泽东指出："应该集中的不集中，在上者叫作失职，在下者叫作专擅，这是在任何上下级关系上特别是在军事上所不许可的。应该分散的不分散，在上者叫作包办，在下者叫作无自动性，这也是在任何上下级关系上特别是在游击战争的指挥关系上所不许可的"，"一方面反对绝对的集中主义，同时又反对绝对的分散主义，应该是战略的集中指挥与战役战斗的分散指挥"；而在上下级领导与被领导的关系上，究竟是应该集中还是应该分散，最终还是要具体问题具体分析，一切都应当"根据实际情况决定之"[1]。

【中西比较】

在君将关系，也就是"国家战略"与"军事战略"的关系问

---

[1] 毛泽东：《抗日游击战争的战略问题》，见《毛泽东选集》第二卷，第435-437页，人民出版社1991年版。

题上，西方的军事家和战略学家们一般总是更多地强调军事统帅必须服从国家元首及其政府，而很少论及国家领导人要少干涉军事统帅的军事和作战活动，所以有片面性。

例如，克劳塞维茨在《战争论》中论述制定"战争计划"的问题时，就涉及"政治"与"军事"之间的关系。他认为"战争计划"的主体部分只能由国家领导人及其政府设计、决定，而不应该由军事统帅和军事当局决定；确定战争的主要路线和指导战争的主要观点，也只能是"政治"观点。当然，他也曾指出，在制定"战争计划"时并不需要政治当局越俎代庖，去考虑战争中所有军事活动的细节安排，他认为那些军事活动的细节安排乃是军事当局和军事统帅应该考虑的事情，可是，他在《战争论》中，根本没有论及国家领导人要少干涉军事统帅的军事工作和作战活动。

至于利德尔·哈特和保罗·肯尼迪，在他们的战略著作中则总是强调"军事战略"必须服从"国家战略"，在论述国家领导人和军事统帅关系的问题上也有明显的片面性。

六、孙子论"知胜之道"

【原文】

故知胜有五：知可以战与不可以战者胜；识众寡之用者胜；上下同欲者胜；以虞①待不虞者胜；将能而君不御②者

———————

①虞：有准备。

②御：干预。

胜。此五者，知胜之道也。故曰：知彼知己者，百战不殆①；不知彼而知己，一胜一负；不知彼，不知己，每战必殆。

【述评】

孙子是很重视在战争中掌握作战规律的。他认为统兵之将如果在战争中不能认识并且掌握作战规律，就不可能赢得胜利。所谓"知胜之道"，也就是在作战中统兵之将应该认识并且掌握的作战规律。在《谋攻》篇的最后一段话中，孙子论述了这个问题。这段话的意思是：

统兵之将在战争中应该了解并且掌握的致胜规律有五个：知道在什么情况下可以同敌人作战、什么情况下不可以同敌人作战，容易赢得胜利；知道自己手中掌握的兵力比敌人多还是比敌人少，而采用不同的作战方法，容易赢得胜利；自己一方的军队团结、同心协力，容易赢得胜利；自己的军队备战充分、周密，而敌人方面备战不充分，容易赢得胜利；统兵之将的能力强而不受国君过分干预，容易赢得胜利。以上五个就是致胜的规律。所以说，要想做到作战一百次都不失败，首先就要做到既了解敌人的情况，又要了解自己的情况；不了解敌人一方的情况而只了解自己一方的情况，可能这次作战能获得胜利，而下次作战却遭到失败；如果既不了解敌人的情况，又不了解自己一方的情况，那么每次作战必然会失败。

任何一个统兵之将打仗都是为了达到胜利的目的，但是，赢得胜利不是没有规律的，而是有规律的。孙子对于作战胜负

---

① 殆：危险。

的问题持有唯物主义可知论。他不仅认为作战胜负有规律可循，总结出了五种赢得胜利的具体规律，而且论述了了解敌我双方两方面的情况乃是取得作战胜利的关键，这种思想是很深刻、正确的。孙子高度重视军事和战略领域的认识论和实践规律，他主张力争达到"全知"，其实在《孙子兵法》的第一篇《计》里，他已经论述过"五事七计"的重要性，认为只有全面地掌握敌我两国"道""天""地""将""法"五方面的所有情况，并且进行一番比较，才能预测出战争的胜负，制定出正确的战争计划。此后，在《孙子兵法》的第十篇《地形》中，他还论述了"知天知地，胜乃不穷"的问题；在第十三篇《用间》里，他更进一步论述了使用间谍、全面了解敌情的重要性。所有这些论述都说明，孙子不愧是中国古代社会一位伟大的唯物主义军事思想家。

也正因为如此，毛泽东对孙子的"知彼知己者，百战不殆"等论断，曾给予很高的评价。毛泽东在《中国革命战争的战略问题》中说："军事的规律，和其他事物的规律一样，是客观实际对于我们头脑的反映，除了我们的头脑以外，一切都是客观实际的东西。因此，学习和认识的对象，包括敌我两方面，这两方面都应该看成研究的对象，只有我们的头脑（思想）才是研究的主体。有一种人，明于知己，暗于知彼，又有一种人，明于知彼，暗于知己，他们都是不能解决战争规律的学习和使用的问题的。中国古代大军事家孙武子书上'知彼知己，百战不殆'这句话，是包括学习和使用两个阶段而说的，包括认识客观实际中的发展规律，并按照这些规律去决定自己行动克服当前敌人而说的，我们不要看轻这句话。"①

【中西比较】

西方近现代的军事家和战略学家们与孙子一样，也是非常重视研究战争认识论和掌握战争致胜规律的。在这方面，克劳塞维茨对于军事科学有重大的理论贡献。与孙子相比较，克劳塞维茨的唯物主义战争认识论比孙子的战争认识论大大地前进、深化了一步，有以下两个方面突出的特点：

其一，在《战争论》中，克劳塞维茨提出了一整套比孙子更加系统、深刻的认识和指导战争的方法，特别是他认为战争规律有"概然性"。其理论要点是：

（1）指导战争必须从客观实际出发。

克劳塞维茨说："一切具有具体目的的规定都不应该以任意的假定为根据，而必须以实际情况为根据"；"情报是指我们对敌人和敌国所了解的全部材料，是我们一切想法和行动的基础"；"战争中得到的情报，很大一部分是相互矛盾的，更多的是假的，绝大部分是相当不确定的。这就要求军官具有一定的辨别能力，这种能力只有通过对事物和人的认识和判断才能得到。在这里他必须遵循概然性的规律"②。

（2）必须根据交战国双方的政治因素和政治关系的"概然性"制定战争计划。

克劳塞维茨说："政治……是孕育战争的母体，战争的轮

---

①《毛泽东选集》第一卷，第181–182页，人民出版社1991年版。

②克劳塞维茨著，军事科学院译：《战争论》，第93页，第1088页，商务印书馆1978年版。

廓在政治中就已经隐隐形成";"政治因素对制订整个战争计划和战局计划,甚至往往对制定会战计划,却是有决定性影响的";"在每次战争中,首先应该根据政治因素和政治关系产生的概然性来认识战争的特点和主要轮廓"①。

(3) 战争规律在战争中是有变化的,所以,战争计划还必须根据战争规律的变化不断地加以修改。

克劳塞维茨说:"由于各种情况和估计的不可靠,以及偶然性的不断出现,指挥官在战争中会不断发现与原来预期的不同,他的计划,或者至少同计划有关的一些设想,会因而受到影响。如果这种影响很大,以致不得不完全取消既定的计划,那么通常就必须以新的计划来代替它。……我们对这些情况的认识不是一次得来的,而是逐渐得来的。"②

(4) 作战指挥也要遵循"概然性的规律"。

克劳塞维茨说:在战争中存在着两种"相互作用",即"双方计划和行动的相互作用";"实际上,只有战斗的开始阶段可以完全由计划决定。至于战斗的过程只能通过新的、根据具体情况发出的指示和命令来确定";而指挥作战的"全部困难在于""在实施中始终遵循既定的原则","如果事先已经冷静地考虑过一切,曾经毫无偏见地寻找过和研究过可能性最大的情况,那么,就不应该放弃既定的看法,应该对新接到的情报进行分析,把几个情报进行相互比较,并派人搜集

---

① 克劳塞维茨著,军事科学院译:《战争论》,第135页,第862页,第896页,商务印书馆1978年版。

② 克劳塞维茨著,军事科学院译:《战争论》,第69页,商务印书馆1978年版。

新的情报等等。这样，错误的情报往往立即就被否定，或者最初得到的一些情报就得到证实。在这两种情况下，都可以作出确切的判断，并根据这种判断定下决心。如果还不能作出确切的判断，那么，就应该懂得，在战争中不冒险就将一事无成；战争中的性质根本不允许人们经常看清楚前进路上的一切"；"但是，甚至在冒险中，也还有机智，有谨慎，不过它们要用另一种标准来衡量罢了"①。

其二，克劳塞维茨认为，因为战争规律本身有"概然性"的特点，国家领导人和军事统帅在认识战争规律时，又不可避免地掺杂有个人的主观因素，所以，反映和掌握战争规律决不是纯客观的"科学"，而是一种"艺术"。

克劳塞维茨说："我们首先必须承认，只有根据对各种关系的总的观察（包括了解当时的具体的特点），才能判断即将来临的战争、战争可以追求的目标和必要的手段。其次，我们必须承认，这种判断像在军事活动中的任何判断一样，决不可能是纯客观的，它取决于君主、政治家和统帅的智力特点和感情特点（不管这些特点是否集中在一个人身上）。②

"在这里智力活动离开了严格的科学领域，即离开了逻辑学和数字的领域，而成为艺术（就这个词的广义而言），也就是成为一种能够通过迅速的判断从大量事物和关系中找出最重要和有决定意义的东西来的能力。这种迅速的判断显然

---

① 克劳塞维茨著，军事科学院译：《战争论》，第42页，第989—996页，第1084—1085页，商务印书馆1978年版。
② 克劳塞维茨著，军事科学院译：《战争论》，第865页，商务印书馆1978年版。

就是或多或少不自觉地对各种因素和关系进行比较，这比进行严格的推论能够迅速地抛开那些关系不十分密切和不重要的东西，能够迅速地找出关系最密切和最重要的东西。

"因此，为了明确进行战争要使用多少手段，必须考虑敌我双方的政治目的；必须考虑敌国和我国的力量和各种关系；必须考虑敌国政府和人民的特性，它们的能力，以及我方在这些方面的情况；还必须考虑其他国家的政治结合关系和战争可能对它们发生的影响。不难理解，考虑和比较这些错综复杂地交织在一起的多种多样的事物是一道难题，只有天才的真正的眼力才能在其中迅速地找出正确的东西，仅靠呆板的研究是决不可能掌握这些复杂的事物的。

"从这个意义上讲，拿破仑说得很对：这是一道连牛顿那样的人也会被吓退的代数难题。"[1]

由此可见，与孙子"知彼知己"的战争认识论相比，克劳塞维茨对战争认识论的论述已经大大地深化了，而且相当系统细致。在克劳塞维茨逝世以后，西方的军事著作和战略著作中再也见不到像克劳塞维茨这样有关战争认识论问题的精彩论述了。

【《谋攻》篇内容提要】

总而言之，孙子在《孙子兵法》的第三篇《谋攻》中，一共论述了六个方面很重要的问题，即(1)只要能够赢得战争胜利，使用非暴力手段和暴力手段都是好的战争方法，但是，使用非暴力手段赢得胜利才是好中最好的方法；(2)在"大战

---

①克劳塞维茨著，军事科学院译：《战争论》，第864页，商务印书馆1978年版。

争”"大战略"的进攻战中,有哪些手段可供使用,而使用暴力手段为什么不好;(3) 孙子论"全争"以及"全争"的优越性;(4) 孙子论作战方法也有多样性,军事实力的大小决定作战方法;(5) 孙子全面论述国君与统兵之将的辩证关系;(6) 孙子论"知胜之道"。

我想用下面的话概括《谋攻》篇的内容:

"本篇从谋划和实施'国家战略'进攻的高度,而且联系为了赢得战争胜利使用什么进攻手段好的问题,论述了'不战而屈人之兵'的理想战略追求和'必以全争于天下'的现实战略追求,以及'十围五攻'等军事作战原则;全面论述了国君与统兵之将之间的辩证关系,以及'知彼知己,百战不殆'等'知兵之道'。

"正是在本篇中,孙子首次在世界军事和战略理论史上表达了'大战争''大战略''大进攻'的理论,其精神实质是'兵不顿而利可全',亦即国君必须从和平时期开始,就要主动地对敌国展开非暴力和暴力手段相结合的全面战争,力争用兵不血刃的非暴力手段赢得胜利,不得已时,再同敌人展开暴力交战,目的是既要赢得胜利,又要减少国家因为单纯地使用暴力交战而造成的人力、物力损失。力主实施'大战争'和'大战略'是中国传统兵学与西方近代军事学、战略学在战争方法和价值观方面存在的重大差异。

"在孙子'不战而屈人之兵,善之善者也'的论断中,蕴藏有'仁'即人道主义的合理内核。"

第四节 《形》四：孙子的"大防御"理论

《形》是《孙子兵法》十三篇中非常重要、很有国家战略学研究价值，值得我们仔细研究、高度重视的一篇。这一篇的内容不但很奇特，而且其理论思维也相当深刻。

三国时期的大政治家和大军事家曹操曾经在《孙子略解》中夸奖《孙子兵法》"审计重举，明画深图，不可相诬"。我认为，如果说曹操所说的"审计""重举""明画"分别是指《孙子兵法》的前三篇《计》《作战》《谋攻》的内容的话，那么，曹操所说的"深图"，指的就是孙子在《形》篇中论述的内容。

《形》篇的重要性一点儿也不亚于《谋攻》篇。因为孙子在《谋攻》篇里所论述的内容主要是"进攻"，但并不仅仅是一般的军事进攻或作战进攻，而是"大进攻"，是一国之君领导全国民众和军队对敌国进行的"全争"即"国家战略"性质的进攻；而孙子在《形》篇里所论述的内容，主要是"防御"，但并不仅仅是一般的军事防御或作战防御，而且是"大防御"，是国君领导全国民众和军队对敌国进行的全面防御即"国家战略"性质的防御。换言之，孙子在《谋攻》里所讲的"进攻"、在《形》篇中所讲的"防御"，都是最高战略级别的，分别包含军事作战进攻和军事作战防御内容在内的"国家战略"性质的"大进攻"和"大防御"。无论是"大进攻"还是"大防御"，都要在国君的指导下进行。

我们还应该注意到，《孙子兵法》中的第三篇《谋攻》和第四篇《形》这两篇一前一后，紧密相衔结，恰恰在内容上构成了相辅相成的一对姊妹篇，这两篇之间有着深刻的内在联系和合理性安排。因为有了《谋攻》篇中的"大进攻"理论，又有了《形》篇中的"大防御"理论，孙子朴素的"大战争"和"大战略"理论才得以完整，在世界战争和战略理论发展史上，才可以说孙子首创了一个真正完整的"大战争"和"大战略"的理论体系。

虽然《谋攻》和《形》都是阐述"大战争"和"大战略"理论的，但是，这两篇的主题又有很大的区别。区别在于，如果说在《谋攻》里，孙子是紧密联系战争所要达到的致胜目的，着重论述一国之君必须从和平时期开始，就要领导全国使用非暴力和军事暴力相结合的手段，向敌国展开"大进攻"的话，那么，在《形》里，孙子则是紧密联系战争所特有的矛盾和运动形式"进攻"和"防御"，着重论述一个国家的综合国力和军事实力的极端重要性，论述国君在和平时期必须领导全国主动地进行积极的"大防御"，而这种积极的"大防御"的本质内容就是发展、壮大本国的综合国力和军事实力（"形"），以便在暴力战争还没有发生的和平时期，就使本国的国力和军力强大起来，从根本立于不败之地；而敌我两国一旦进入战争时期，由于本国的国力和军力通过积极防御而更加强大，便很容易在进攻战中战胜敌军，赢得胜利。

尤其值得我们注意的是，孙子在《形》篇中还论述了这样一个问题，那就是由国君领导的"大防御"要想真正获得成功，必须从"政治"上着手，必须采取"修道而保法"的政治改革手段，即对内修"仁政"、保"法治"；只有对国内修"仁政"、保"法治",才能够切实发展、壮大本国的国力和军力,形成我强敌弱的战略态势,从而在战争时期的进攻战中很容易地战胜敌人。孙子把一国之君的这种"大防御"的运作过程和运作方法叫作"胜兵先胜而后求战",又叫作"善战者,胜于易胜者也"。由此可见,在《形》篇里,孙子虽然是从"防御"和"进攻"这两种战争所特有的运动形式开始论述问题的,但是,他在这一篇所论述的实质性内容,乃是在"大战争"中必须优先发展、壮大一个国家的综合国力、军事实力,是国君的"治国"艺术问题,更是处理好"国家发展战略"和"国家安全战略"之间的关系问题。

因此,我认为《孙子兵法》中《形》篇的内容非常重要,孙子在这一篇讲的内容不仅是"大战争""大战略""大防御"的理论,而且是治理国家的理论,是"治国"的艺术,是"富国"才能"强兵"的大道理。"富国强兵"是我国几千年来的优秀军事文化传统和战略文化传统。《管子·治国》里有这样的话,"国富者兵强,兵强者战胜",孙子在《形》篇中讲的是和《管子·治国》同样的道理。民国时期的徐世昌在为《孙子兵法》的研究者蒋百里和刘邦骥撰写的《孙子浅说》所作的序中,通过中西战略理论的比较,也发现孙子在《形》篇中所论述的是"善治国而兼善治兵"的理论,他说孙子在《形》篇里开了一付"医国之方"。

徐世昌的原话是这样说的:"古之善治国而兼善治兵者……皆先求自治,而后用以制敌者也。今观孙子之书,其第一之《计》篇,有曰'主孰有道';第四之《形》篇,有曰'修道保法'。刘〔邦骥〕君揭明其为'主德内攻'之纲要。然则孙子虽云兵权谋家，因亦制敌之方，基于自治，……不徒诩其制敌之神奇，务求其自治之巩固。医国之方其在是与？"[1]

下面，我就开始讲解《形》篇，首先讲一下《形》篇的篇名。

【篇名】

什么是"形"？正如我在本书中多次讲过的那样，《孙子兵法》里有一些重要的概念和范畴都是"大概念""大范畴"，这些概念和范畴在不同的语言环境中有不同的含义，必须具体问题具体分析，"形"也是这样。孙子在《孙子兵法》的第五篇《势》中说："强弱，形也。"他在《形》篇中的最后一段话的结尾处，更以高山流水的力量强大比喻实力强大的军队能够打败实力弱小的军队："故胜兵若以镒称铢，败兵若以铢称镒。胜者之战民也，若决积水于千仞之谿者，形也。"这些都是《孙子兵法》中的"内证"，说明孙子在《形》篇中所说的"形"，指的是"实力"，是实力的强弱大小，而且，从孙子在《形》篇中所论述的全部内容看，《形》篇中的"形"不但有"军事实力"的含义，而且有"国家综合实力"的含义。所以，在《形》篇中，"形"是一个本体论的概念，而不是一个方法论的概念。

我在前面已经讲过，孙子在《形》篇中主要是联系"防御"和"进攻"这对战争所特有的矛盾和战争的两种运动形式，论述国家实力和军事实力的重要性。既然"进攻"和"防

---

[1]徐世昌：《孙子浅说序》，见《孙子集成》，第96—98页，齐鲁书社1993年版。

御”是战争所特有的一对矛盾和战争的两种运动形式，那么，既然孙子把《孙子兵法》的第三篇篇名题为《谋攻》，为什么不把第四篇的篇名题为《谋守》呢？那是因为，无论是“进攻”还是“防御”或“防守”，都只是战争特有的运动形式；而内容决定形式，战争的运动形式是由战争的内容决定的。而战争的内容就是“形”，就是国家实力和军事作战实力，一个国家、一支军队在战争中特别是在战略上究竟是采取“进攻”还是“防御”的斗争形式，是由一个国家的综合国力和军事作战实力的强弱大小决定的。一般说来，在战争中和战略上，国力、军力强大的一方必然要采取“进攻”的作战形式，而国力、军力弱小的一方必然要采用“防御”或“防守”的作战形式，这是不以人们的主观意志为转移的。孙子在《形》篇中，从一开始就讲“进攻”和“防御”，讲“攻”和“守”，他是从论述“攻”“守”这一对战争运动的形式开始“破题”的。可是，他在继续论述“攻”“守”的过程中，始终没有离开决定“攻”和“守”这对战争运动形式的内容——“形”即战争双方的实力。“形”即战争双方的实力，像一个“幽灵”那样，始终徘徊、游荡在孙子对“攻”和“守”问题之全部论述中。这种情况一直持续到《形》篇的最后一段话、最后两个字，孙子才把从根本上决定战略上“攻”和“守”这两种战争形式的谜底揭开，他说：“胜者之战民也，若决积水于千仞之谿者，形也”，这也就是说，他认为决定战争胜负的关键问题、决定一个国家和一支军队在战争中是采用“攻”还是“守”的战争形式的根本问题，乃是这个国家及其军队是否具备强大的实力，而强大的实力又靠一个国家在战争还没有发生之前的和平时期进行"大防御"而取得。正因为如此，孙子在《形》篇中虽然论述的是"大防御"理论，但是他又认为"大战争""大战略""大防御"能否获得成功，其关键问题在于国君所领导的"大防御"能否通过积极的防御而发展、壮大本国的国力和军力——"形"，因此，孙子不是把这一篇的篇名题为《谋守》，而是题名为《形》。

《形》篇中的文字不多，可以划分为三个段落，下面，我便分三个小专题讲解这三段话的内容，并且进行中西比较。

一、善于打仗的人，在战争中总是先进行防御，然后等待有利的时机对敌进攻；防御时要善于隐藏自己的实力，进攻时要搞得轰轰烈烈

【原文】

孙子曰：昔之善战者，先为不可胜，以待敌之可胜。不可胜在己，可胜在敌。故善战者，能为不可胜，不能使敌之可胜。故曰：胜可知而不可为①。不可胜者，守也；可胜者，攻也。守则不足，攻则有余。善守者，藏于九地②之下；善攻者，动于九天③之上。故能自保而全胜也。

【述评】

这段话的意思是，孙子说：过去善于打仗的人，总是首先

①胜可知而不可为：实力的强弱可预知，但并不一定能最终转化为胜利。
②九地：地下极深之处。
③九天：天上极高之处。

使自己一方不被敌人战胜，然后，等待有利的时机再战胜敌人。不被敌人战胜的原因，在于自己的作为；能不能战胜敌人，还要看敌人那方面的情况。所以善于打仗的人，能够不被敌人战胜，可是，却不一定就能够战胜敌人。所以说：不被敌人战胜的原因是可知的，但战胜敌人却不是我方一定能做到的。只有做好防御，才能让自己立于不败之地；只有搞好进攻，才能战胜敌人。我方之所以要进行防御，是因为实力不如敌人强大；我方之所以能够进攻，是因为实力比敌人强大了。善于防守的人，要善于隐藏自己的实力，要把自己的实力隐藏在地下极深之处；善于进攻的人，对敌进攻时要搞得轰轰烈烈，大张旗鼓地展开，惊天地，泣鬼神。防御和进攻只有搞成这样，才算是防御和进攻都取得了胜利，从而保全了本国的利益。

上面这段话中，孙子实际上论述了以下三个方面问题，有很深刻的含义：

第一，虽然孙子在这段话中讲的只是打仗要先防御、后进攻的问题，虽然他在讲从防御转向进攻的条件时没有提到"形"即"实力"，没有明确地说从防御转入进攻的根本条件是取决于一个国家的国力、军力要超过敌国、敌军，但是，他在这段话中已经明确地说道："守则不足，攻则有余。"那么，什么叫作"守则不足，攻则有余"呢？曹操在《孙子略解》中诠释说，所谓"守则不足，攻则有余"实际上就是守因实力不足、攻因实力有余的意思，是守还是攻，取决于双方"实力"即"形"的大小对比，曹操的原话是这样说的："吾所以守者，力不足也；所以攻者，力有余也。"意思是我之所以防守，是因为

"实力"不如敌人强大；而我之所以由防守转入进攻，是因为"实力"比敌人强大了。民国时期的蒋百里和刘邦骥在《孙子浅说》中则更一针见血地指出，是守还是攻，其背后是"形"即战争"实力"的强弱大小在起决定作用，他们在诠释孙子的话"先为不可胜，以待敌之可胜"时说："'先为不可胜'者，先为敌人不可胜我之'形'也；'待敌之可胜'者，待敌人有可胜之'形'也。"意思是要想做到防御战不被敌人所战胜，靠的是防御一方必须具备有一定的"形"即战争实力；而等待战胜敌人的有利时机，实际上等待的是防御一方通过防御积蓄起强大的"形"即战争实力，形成了可以战胜敌人的实力。

总之，孙子在《形》篇的第一段话里所说的主要意思是，"形"即战争的实力大小强弱决定了战争双方战略上的攻守形势，要想从战略防御转入战略进攻，"形"即战争实力必须比敌人强大。

第二，我在"《孙子兵法》的三大特点"中曾经讲过，《孙子兵法》里的一些重要概念、范畴和原理既有"整体性""综合性""关联性"的优点，同时又有"笼统性""模糊性"、欠分析的缺点。所以，孙子在《形》篇第一段话中所讲的先防御、后进攻的原理，"先为不可胜，以待敌之可胜"的原理，尽管也适用于一般的军事作战领域，但是，从孙子在《形》篇中所论述的全部内容看，他主要论述的并不只是一般的军事、作战领域的防御和进攻，而是更高层次的、一国之君领导的"国家战略"性质的"大防御""大进攻"。因为孙子就在《形》篇的第一段话中说了这样一句奇特的话："善守者，藏于九地之

下；善攻者，动于九天之上。"请问："善守者"为什么要"藏
于九地之下"呢？"善攻者"为什么要"动于九天之上"呢？
孙子在这里所说的"善守者"和"善攻者"指的是什么呢？是
进行防御的统兵之将及其军队要"藏于九地之下"，对敌人
展开进攻的统兵之将及其军队要"动于九天之上"吗？不是。
我认为，孙子在这里所说的"善守者，藏于九地之下"，是指
善于打仗的人在进行防御时，要善于把通过积极防御所积蓄
起来的"实力"，隐藏得很深很深，让敌国、敌人发现不了；而
"善攻者，动于九天之上"，是指善于打仗的人在本国通过积
极防御，国力、军力发展、壮大了以后，在向敌国发动进攻战
时，要善于把积蓄起来的强大的国力、军力一下子统统释放出
来，把进攻战搞得轰轰烈烈，惊天地，泣鬼神。因此，我认为孙
子在这里所说的"善守者""善攻者"，指的主要不是在战争
时期和战场上作战的统兵之将，而是领导一个国家进行战略
防御战和进攻战的国君；因为只有国君指导下的"大防御"和
"大进攻"，才具备在"大防御"时把国力、军力"藏于九地之
下"，在"大进攻"时把国力、军力一下子释放出来，在进攻战
中搞得轰轰烈烈……

　　第三，孙子在《形》篇讲的第一段话，同时也大体描绘了
一个国家从国家战略防御开始，通过积极防御不断地发展、
壮大本国的国力、军力，当国力、军力超过敌国之后，再向敌国
发动大张旗鼓的进攻战而取得胜利的全过程。

　　【中西比较】

　　与孙子一样，西方许多军事家和战略学家也很重视"防

御"和"进攻"的问题,特别是集西方军事思想之大成的克劳塞维茨,对"防御"和"进攻"的问题做过迄今为止军事科学史上最有系统、最为详细而且颇有深度的论述,这些论述在许多问题上与孙子的论述惊人地一致,甚至比孙子论述得更加明确。

例如,孙子说"昔之善战者,先为不可胜,以待敌之可胜",也就是主张打仗要先做好防御,再转入进攻。法军统帅拿破仑有一句名言:"整个战争的艺术,就是先作合理周密的防御,然后再进行快速、大胆的进攻。"[1]克劳塞维茨在总结拿破仑战争经验的基础上,也认为不仅打仗要先防御、后进攻,而且进一步提出了"防御带有消极目的,但却是强而有力的作战形式,进攻带有积极目的,但却是比较弱的作战形式"[2]的著名论断,同时,他在军事科学史上首次提出了"积极防御"的主张。克劳塞维茨还认为,从防御转入进攻的决定性条件乃是"造成对自己比较有利的兵力对比",他说:"由于人们在防御中取得胜利就通常可以造成对自己有利的兵力对比,所以以防御开始而以进攻结束,是战争的自然进程。"[3]

又如,孙子说"守则不足,攻则有余。善守者,藏于九地之下;善攻者,动于九天之上",也就是认为在战争中,实力不足的一方才防守,实力壮大了才进攻;防御时要善于悄悄地积蓄自己的实力,进攻时要充分地发挥出实力,搞得轰轰烈烈。克

①见富勒:《战争指导》,第41页,解放军出版社2006年版。
②克劳塞维茨著,军事科学院译:《战争论》,第14页,商务印书馆1978年版。
③克劳塞维茨著,军事科学院译:《战争论》,第477页,商务印书馆1978年版。

劳塞维茨不仅在《战争论》中论述过与孙子相同的观点，而且认为"防御"只能是相对的，而"进攻"才是绝对的，在相对的"防御"中包含有绝对的"进攻"，而且，相对的"防御"最后会发展成为绝对的"进攻"。他这样说："防御的概念〔即防御的本质〕是什么？是抵御进攻。防御的特征是什么？是等待进攻。具有这一特征的军事行动就是防御行动，在战争中只有根据这一特征才能同进攻区别开来"；"但是，纯粹的防守同战争的概念〔即战争的本质'斗争'〕是完全矛盾的，在战争中防守只能是相对的"，"我方要真正进行战争，就必须对敌人进行还击"；"防御无非是一种较强的作战形式，人们想利用这种形式赢得胜利，以便在取得优势后转入进攻，也就是转向战争的积极目的"；"应该把转入反攻看作是防御发展的必然趋势，是防御的一个基本组成部分"；"迅速而猛烈地转入反攻（这是闪闪发光的复仇利剑）是防御的最光彩的部分"[1]。

除此之外，在《战争论》中，克劳塞维茨在总结18世纪末至19世纪初欧洲各国人民反对外来侵略的历史经验基础上，还一一论述了"积极防御"理论、"人民战争"理论、"向本国腹地退却（诱敌深入）"理论、"战区防御"和"战区进攻"理论，以及"进攻力量在前进过程中将逐渐削弱"等理论。所有这些论述都说明，在论述"防御"和"进攻"时，克劳塞维茨和孙子的理论思维路线是完全一致的，他们都认为"形"即战争

---

[1] 克劳塞维茨著，军事科学院译：《战争论》，第475—477页，第495—496页，商务印书馆1978年版。

实力的大小强弱是决定防御战和进攻战能否取得胜利的根本，他们二人都无愧为历史上伟大的军事思想家。

可是，我们在充分肯定孙子和克劳塞维茨对世界军事科学做出杰出贡献的同时，也要看到他们在"攻守"理论上的重大区别和各自的缺陷，甚至是非常值得我们注意的重大缺陷。这种区别和缺陷主要有两个：

其一，孙子在《形》篇中，一开始就是站在"国家战略"的高度论述防御和进攻问题的。孙子所说的"形"，首先指的是国家实力，其次才是军事实力和作战实力。孙子认为，国君只有领导全国进行国家一级的积极"大防御"，发展、壮大了本国的国力和军力，超过了敌国，才能转入"大进攻"和军事作战进攻，在进攻战中战胜敌人。而克劳塞维茨在《战争论》中，总是站在一个军事统帅的立场上，从"军事战略"而不是从"国家战略"的高度论述防御和进攻问题。他所说的战争"实力"，指的仅仅是战争时期和战场上的军事作战实力。换句话说，孙子是立足于真正的战争"全局"，论述防御和进攻问题的，他在《形》中所讲的"形"即战争实力，含有多级、多层次的丰富内容；而克劳塞维茨只是站在战争"局部"，即站在"军事战略""作战战略"的较低战略层次上论述防御和进攻问题。他在《战争论》中所讲的"实力"，内容相对贫乏、单一，只意味着战争时期和战场上的军事"暴力"。这是克劳塞维茨的军事理论逊色于《孙子兵法》的重要表现。

其二，当然，仅就战争时期战场上的军事、作战的防御和进攻而言，孙子对进攻和防御问题的论述又不如克劳塞维茨论述得深刻、系统、细致。尤其是在论述战争时期战场上的"防御方法"时，孙子在《孙子兵法》的第三篇《谋攻》中，只是说"少则能逃之，不若则能避之"，孙子的这种防御方法是消极的，缺乏克劳塞维茨在《战争论》中所论述的防御方法的那些多层次、多手段的积极性。这是《孙子兵法》的一个重大理论缺陷。《孙子兵法》中的这个重大理论缺陷后来为中国传统兵家所继承，构成了中国传统兵学的一个重大理论缺陷——有关这个问题，我准备以后再写专文，详加论述。

二、一个国家的统兵之将在战争时期战场上取得的进攻战胜利，归根到底，来自国君在和平时期通过积极防御而发展、壮大本国的国力和军力，在"大防御"中取得的胜利；而要想赢得"大防御""大进攻"的胜利，关键的举措是必须"修道而保法"，从政治上着手解决问题

【原文】

见胜不过众人之所知，非善之善者也；战胜而天下曰善，非善之善者也。故举秋毫①不为多力，见日月不为明目，闻雷霆不为聪耳。古之所谓善战者，胜于易胜者也。故善战者之胜也，无智名，无勇功。故其战胜不忒②，不忒者，其所措必胜，胜已败者也。故善战者，立于不败之地，而不失敌之败也。是故胜兵先胜而后求战，败兵先战而后求胜。善用兵

———————————

①秋毫：秋天里野兽身上长出的细毛。比喻微小的事物。
②不忒：没有差错。

者,修道而保法①,故能为胜败之政②。

【述评】

以上这段话是《形》篇里的核心段落,是最重要的一段话,其意极深,战略意境极高,但也是长期以来一些《孙子兵法》的研究者难以理解、诠释得最含糊不清的一段话。有些研究者对这段话进行曲解,而有些研究者索性回避解释。因为这段话实在太重要、太有战略学理论价值了,所以,在这里,我再分三个小专题进行解说。

1.见胜不过众人之所知,非善之善者也;战胜而天下曰善,非善之善者也。故举秋毫不为多力,见日月不为明目,闻雷霆不为聪耳。古之所谓善战者,胜于易胜者也。故善战者之胜也,无智名,无勇功。故其战胜不忒,不忒者,其所措必胜,胜已败者也。

这段话的意思是:那种一般的多数人都知道、看得也听得清清楚楚的胜利,并不是最好的胜利;那种在战争时期和战场上通过暴力交战而搞得轰轰烈烈("动于九天之上")而天下人都交口称赞的胜利,并不是最好的胜利。(这种统兵之将在战场上搞得轰轰烈烈的胜利,天下人都看得明明白白,听得清清楚楚。)这种情形就像是用手掌托举起一片细小的兽毛,说不上一个人有大力气;能够看到天上的太阳和月亮,说不上一个人的眼睛明亮;能够听到霹雷之声,不可以说一个人的听

---

①保法:指确保必胜的法度。
②政:即"政治",对国家正确的治理。

觉就灵敏。古时候被称为善于打仗的人，乃是那种在打仗之前已经在国力方面获得了胜利，从而在打仗中容易取得作战胜利的人（可是，正因为一般人只看到和听到了那种在战场上通过暴力交战而搞得轰轰烈烈的胜利，却不了解这些在战场上取得的胜利，是来自在打仗之前那种已经在国力上获得的胜利），所以，善于打仗的人在打仗之前已经取得国家实力胜利的功劳，被埋没了，天下的人并不称赞他有大智大勇大功劳。其实，正是那位在两军交战之前已经获得实力胜利、然后在交战时很容易赢得最终胜利的人，才能够在战争中取胜无差错；之所以取胜无差错，是因为他所采取的措施有取胜于敌人的必然性，是战胜了已经失败的敌人。

请读者特别注意，在以上这段话中，孙子所说的"善战者之胜也，无智名，无勇功"，指的并不是在战争时期和战场上指挥军队同敌军作战、取得进攻战胜利的统兵之将（这样的统兵之将的功劳尽人皆知，当然不会"无智名，无勇功"，他已经受到了一般人的交口称赞），而是指领导"大防御"和"大进攻"的一国之君！孙子这段话的意思实际上是：正是由于善于打仗的国君在"大防御"中，领导全国进行积极防御而发展、壮大了本国的国力和军力（"形"），在国力和军力上已经超过了敌国，具备了战胜敌国的根本条件，在国力和军力上已经赢得了胜利，所以，到了两军交战的战争时期和战场上，统兵之将才容易凭借国君创造的已有的强大军力，去战胜敌人。然而，令人遗憾的是，一般的民众却只看到了统兵之将在战场上同敌人作战时取得的那种轰轰烈烈的胜利，而没有看到国君在"大防御"中领导全国进行积极防御，发展、壮大本国的国力、军力，在国力、军力上已经超过敌国而取得的胜利。因此，真正的"善战者"乃是领导"大防御"和"大进攻"的一国之君，国君才是立大功的大智大勇之人！由这样的国君领导的"大防御"和"大进攻"无疑会赢得"大战争"的胜利，因为由他指导的"大防御"在本国军队在战场上战胜敌人以前，已经在国力和军力上战胜了敌人，国力和军力的强大才是战胜敌人的根本条件。

2.故善战者，立于不败之地，而不失敌之败也。是故胜兵先胜而后求战，败兵先败而后求胜。

这段话的意思是：所以善于打仗的人，是那种首先能够做到积极防御而不被敌人打败，然后又能抓住对自己有利的时机进攻打败敌人的人。所以说，能够在战争中赢得胜利，总是因为在实力上已经战胜了敌人，然后再同敌人交战；在战争中之所以失败，是因为在实力上已经失败于敌，却想在交战中侥幸取胜。

显然，孙子在这里总结出了一条具有普遍意义的战争指导规律，它既适用于"大战争"，又适用于战争时期和战场上的军事、作战领域。这条战争指导规律主要强调的还是"形"，即战争实力的重要性，是战争实力决定了攻守态势，没有强大的实力而对敌人发起进攻，只能导致失败的结局。

3.善用兵者，修道而保法，故能为胜败之政。

这段话的意思是：善于打仗的人，必须在国内行"仁政"而保"法治"，从政治上着手，才能够从根本上解决军事上的胜败问题。

从某种意义上来说，这是全部《孙子兵法》中最紧要的一段话。这段话中的"道"，指的并不是"道路"或者"规律"，而是一个政治概念，是孙子在《孙子兵法》第一篇《计》中所说的"道者，令民与上同意也"，也就是后来儒家孟子所说的"仁政"；这段话中的"保法"，指的也不是像有些研究者所解释的那样，"指确保必胜的法度"①，而是指国君在国内必须实行"法治"，必须实施春秋末期代表新兴地主阶级利益的法家的那一套治国、改革的措施。这正像战国时期法家代表人物商鞅所说的"凡战法必本于政胜"，也正像民国时期徐世昌所说的，孙子这段话说的是"军政与内政之关系"，是"善治国而兼善治兵者"，是一付"医国之方"。总之，我们决不要看轻了孙子说的这段话，不要只是从单纯的军事观点理解孙子这段话的深刻含义。

我个人始终认为，孙子不仅是中国古代兵家的杰出代表，也是中国古代的法家先驱之一。中国古代的兵家一般来说也都是法家，而不是不愿意讲"兵旅之事"的儒家。1972年在山东银雀山出土的竹简《孙子》佚文《吴问》中，有吴王和孙子的问答。孙子主张国君要对人民使用"亩大""税轻"的政策；吴王听孙子这样说以后，说："善，王者之道，……厚爱其民者也。"②由此可见，孙子在当时很有可能是一个主张进行政治改革又行"仁政"的法家……

①军事科学院《孙子》注释小组：《孙子兵法新注》，第28页，中华书局2005年版。
②见银雀山汉墓竹简《孙子兵法》，下编"吴问"，文物出版社1976年版。

【中西比较】

我在前面已经讲过,克劳塞维茨在《战争论》中总是立足于低层次的"军事战略",而不是站在"国家战略"的高度论述"防御"和"进攻"的问题,他在《战争论》中所说的"实力",指的也仅仅是战争时期和战场上的军事、作战实力。这是因为,克劳塞维茨认为如何发展、壮大一个国家的国力,那是国家领导人要操心的事情,并不在《战争论》的研究范围之内,所以,他自然也没有像古代中国的孙子那样,从"国家战略"的高度论述"大防御"和在和平时期必须通过积极防御而发展、壮大国家实力的问题。

可是,我们必须看到,克劳塞维茨在《战争论》的第八篇即最后一篇"战争计划(草稿)"中,还阐发了一些具有全书结论性质的"政治"决定"军事"的思想,这些思想是和孙子在《孙子兵法》里所阐述的"政治"决定"军事"思想相一致的。那就是克劳塞维茨强调指出,一个国家的领导人及其政府和军事统帅要想正确地制定战争计划,指导战争,从而赢得对外战争的胜利,最为关键的问题是要搞好"政治"即"国家战略",要把国家的政治发展方向和道路搞正确,变落后的国家政治制度为先进的国家政治制度,总之,必须首先把"国策"和"内政"搞好。

例如,针对欧洲军事界一些在拿破仑战争结束以后那种认为国家政治不应当干预军事工作的错误意见,克劳塞维茨深刻地指出:"军事"总是要受到"政治"干预的,问题不在于"军事"要摆脱"政治"的干预,而在于"政治"本身是正确的、先进的，还是错误的、落后的。如果一个国家的"政治"是正确而先进的，它自然会对战争的胜利产生有利的影响。

又如，针对当时欧洲军事界一些人认为国家政治的正确与否同军事工作无关的错误思想，克劳塞维茨指出：这种思想是违背战争和战略学的科学原理的，如果一个国家的政治制度不先进、国内外的政策不正确，却要求军事统帅和军队在对外战争中不断地取得胜利，那是军事统帅和军队做不到的，只会对军事工作和对外战争产生有害的作用和影响。

再如，针对1815年拿破仑在政治上垮台以后，欧洲各国的封建势力一方面企图复辟封建制度，另一方面又企图在对外战争中侥幸取胜的投机心理，克劳塞维茨在《战争论》中强调：这种企图和想法是不合理的、自相矛盾的、实现不了的；要想在对外战争中赢得胜利，欧洲各国必须在政治上改弦更张，停止封建复辟活动，变落后、错误的国家政治制度为先进、正确的国家政治制度，否则，便休想在对外战争中取得胜利的结果①。

克劳塞维茨关于"政治"与"军事"关系的许多论述，与孙子在《孙子兵法》中的有关论述惊人地一致。他们都认为只有从"政治"上着手，才能从根本上顺利解决"军事"问题；都认为只有治好"国"，才能治好"兵"；也都认为为了赢得对外战争的胜利，必须在国内搞政治改革，变落后的国家政治制度为先进的国家政治制度。从这个角度看，孙子和克劳塞维茨都

---

①参见吴琼：《统帅的艺术：战略》，第266—274页，清华大学出版社2014年版。

不愧是他们所处历史时代的英雄和理论巨人，他们都走在了时代的前列。

三、孙子论战争的胜负，归根结底取决于国家综合实力的强弱大小

【原文】

兵法：一曰度①，二曰量②，三曰数③，四曰称④，五曰胜。地生度，度生量，量生数，数生称，称生胜。故胜兵若以镒称铢⑤，败兵若以铢称镒。胜者之战民也⑥，若决积水于千仞之谿者⑦，形也。

【述评】

古今中外军事界人士有一个重要的共识，即打仗打的是实力，"战争是力量的竞赛"⑧，"强胜弱败"是战争中的普遍规律，从长期看，军事实力强大的军队总是能够打败军事实力弱小的军队，一般说来，在战争中军事实力的强大弱小对于战争的胜负结局是最重要的，而统兵之将在战场上指挥艺术的

---

①度：指度量土地面积。

②量：指计量物产收成。

③数：指兵力的数量。

④称：指敌我双方的军力对比。

⑤镒和铢都是古代中国的重量单位，镒比铢重500多倍。

⑥战民：与敌人作战。

⑦千仞：800丈高。谿：即山间的流水道。

⑧毛泽东：《论持久战》，见《毛泽东选集》第二卷，第470页，人民出版社1994年版。

高低对于战争的胜负结局所起到的作用是第二重要的①。但是,一支军事实力强大的军队的军事实力又是从哪里来的呢?强大的军事实力只能来自一个国家强大的综合国力。孙子在《形》篇里的第三段话中,讲的就是这个道理,讲的就是战争的胜负归根结底是由国家综合国力的强弱大小决定的,同时,他还提出了一种预测战争胜负的方法。

因此,孙子在《形》篇里的第三段话中讲的就是预测战争胜负的方法,他说:第一,要看一个国家的国土资源有多大多小;第二,要看这个国家综合国力的强弱大小;第三,要看这个国家军队实力的大小;第四,要看在战争中两军的实力对比;第五,由此便可以预测战争的胜负结局。因为,国家的国土资源决定了国家综合实力的大小;国家综合实力的大小决定了军事实力的大小;军事实力的大小又决定着战场上两军的实力对比;从战场上两军实力对比的情况,就可以预测到战争的最后胜负结局。因此(战争的胜负归根结底是由国家综合实力的强弱大小决定的),一个国家、一支军队之所以会赢得战争的胜利,是因为在实力上远远超过了敌人,就像用数百倍的实力,去对付实力弱小的敌人;而敌人之所以失败,是因为实力太弱小,就像用一倍的兵力,去对付相当于自己兵力数百倍的对手。总之,要想在战争中赢得胜利,就应该像被积于高处的山间积水,一下子倾泻而下那样,关键在于要有强大

---

①克劳塞维茨在《战争论》的第三篇第八章"数量上的优势"中,结合欧洲近代许多战例论述了这个问题。见《战争论》,第204—209页。克劳塞维茨说:"由此可见,在目前的欧洲,即使最有才能的统帅,也很难战胜拥有一倍优势的敌军。"等等。

的实力。

以上孙子的这种从"大战争"的全局到作战"局部"、从分析国家的国土资源和综合国力出发，认为一个国家的综合国力大小决定着军事实力大小，而两国的军事实力对比又决定着战争最后胜负结局的预测方法，是符合"大战争"本身的胜负逻辑和人类认识"大战争"胜负结局的逻辑的。它说明孙子预测战争胜负的方法并不简单和肤浅，其中包含很深刻的内容。此外，这种预测战争的方法还有一些"言外之意"，即在我国春秋时期通过"大战争"的手段不断地兼并他国国土的重要性。孙子实际上认为，一个国家只有通过"大战争"多多兼并他国的国土资源，才能够不断地发展、壮大本国的综合国力，在战争中不断赢得胜利；而不断地在战争中取得胜利，又可以进一步兼并他国的国土资源，如此，形成一种良性循环，使一个国家完成"霸王之兵"、统一中国的大业。

【中西比较】

我在前面已经讲过，虽然克劳塞维茨也很重视"防御"问题，在《战争论》中系统地论述过有关"防御"的方方面面问题，在某些问题上甚至比孙子论述得更为细致而深入，可是，他只是站在一个军事统帅的立场上论述军事、作战领域的防御，从来没有能够像孙子那样，站在"国家战略"的高度涉足"大防御"领域，更没有论述过国家综合国力对战争的胜负起决定作用，也不可能从"大防御"的高度提出预测战争胜负的方法。

第二次世界大战结束时，虽然利德尔·哈特提出了著名的"大战略"理论，可是，他创建的西方现代"大战略"理论实际上论述的只是"大进攻"理论，是一个国家的领导人及其政府怎样从和平时期开始，就要对敌国实施包括政治、经济、外交、军事、文化等各种手段在内的"国家战略"进攻，即对敌国搞"和平演变"，削弱敌国的综合国力；而如果"和平演变"没有获得成功，进入战争时期，则在战场上进一步用武力战胜敌人。从思想资料来源上讲，利德尔·哈特的这种"大战略"和"大进攻"理论，主要吸收的是孙子在《孙子兵法》第三篇《谋攻》里论述的"大进攻"的战略理论，至于孙子在《孙子兵法》第四篇《形》里论述的"大防御"理论，利德尔·哈特却忽视了，没有注意到它有巨大的理论价值；虽然不能说利德尔·哈特忽视国家综合实力的重要性，但是，他在《战略论》中，的确没有专门论述过"大防御"即"国家战略"防御的问题。

能够认识到国家综合实力的极其重要性，能够认识到军事实力来自国家的综合国力，认识到国家综合国力的大小强弱最终决定战争的胜负结局，不但需要一个军事家和战略家具有深邃的、穿透一个国家和平时期和战争时期的、真正的"大战争"和"大战略"的眼光，而且，还需要一个军事家和战略家具备丰富的直接、间接的战争经验，具有广阔的历史视野。从这个角度来看，两千多年前的孙子能够认识到国家的综合国力的大小强弱最终决定战争的胜负结局是非常不容易的！

自从《孙子兵法》产生之后，过了两千多年，当代美国的历史学家和战略学家保罗·肯尼迪出版了《大国的兴衰》，他在该书中总结了500年来葡萄牙、西班牙、荷兰、法国、英国、美国和苏联等世界大国兴衰的历史经验教训。保罗·肯尼迪强调,一个国家要想成为一个真正的世界大国、强国,关键的问题是要搞好"国家战略";既要搞好"国家发展战略",又要搞好"国家安全战略";在"国家发展战略"和"国家安全战略"中,又要以搞好"国家发展战略"为重点,也就是说,一个国家要想成为真正的大国、强国,必须有一个"欣欣向荣的经济基础";另一方面,保罗·肯尼迪又认为,一个国家要想成为一个真正的大国、强国,还要注意在"国家战略"之下的政治、经济、外交、军事、文化各种"子战略"之间的关系处理上有个"轻重缓急"之分,也就是必须少对外进行军事扩张,否则,国家生产力会因为对外不断军事扩张而使一个大国、强国沦为一个小国、弱国①。实际上,两千多年前的孙子在《孙子兵法》的第四篇《形》中,早已阐述过"形"即国家综合实力的重要性,阐述过在战争中导致军事作战胜利的军事实力来自国家实力,国家实力的发展、强大是取得"国家发展战略"和"国家安全战略"胜利的根本保证。总之,保罗·肯尼迪在《大国的兴衰》中提出的很多见解与两千多年前《孙子兵法》中的见解相似,进一步深化、发展了孙子的"大进攻"和"大防御"理论,这是值得我们予以肯定的。

【《形》篇内容提要】

综上所述,孙子在《孙子兵法》的第四篇《形》中,先后论述了三个很重要的战略问题:(1)善于打仗的人在战争中总是先进行防御,然后等待有利的时机对敌进攻;防御时要善于

---

① 参见吴琼:《统帅的艺术:战略》,第369-398页,"保罗·肯尼迪'真正的大战略'理论",清华大学出版社2014年版。

隐藏自己的实力，进攻时要搞得轰轰烈烈；（2）一个国家的统兵之将在战争时期战场上取得的进攻战胜利，归根到底，来自国君在和平时期通过积极防御而发展、壮大本国的国力、军力，在"大防御"中而取得的胜利；而要想赢得"大防御""大进攻"的胜利，关键的举措是必须"修道而保法"，从政治上解决问题；（3）战争的胜负归根结底取决于国家综合实力的强弱大小。

可以用下面的话小结一下《形》篇的内容：

"本篇从谋划'国家战略防御'的高度，并且联系'防御'和'进攻'这种战争特有的矛盾和运动形式，论述了在和平时期通过积极防御以提高国家的综合实力和军事实力，对于在战争时期赢得军事作战胜利的重要性；还从时间顺序上，大体论述了一个国家由战略防御走向战略进攻的全过程；最后，总结了一种预测战争胜负的方法。

"孙子在本篇中提出的'修道而保法，故能为胜败之政''先为不可胜，以待敌之可胜''胜兵先胜而后求战'等原则，涉及'国家发展战略'和'国家安全战略'的关系。这些原则在世界政治、经济、军事学术史上具有普通的真理意义和极为深刻的内涵，值得我们高度重视，进一步研究。"

第七章 《孙子兵法》中四篇

——军事战略：统兵之将的作战指导艺术

我在前面已经讲过，《孙子兵法》十三篇的理论体系，大体上是按照从大到小、从高到低、从战争的全局到局部、从"国家战略"到"军事战略"再到"战术"这样的一种逻辑顺序展开论述的。

在《孙子兵法》的前四篇《计》《作战》《谋攻》《形》中，孙子主要论述的是他的"大战争""大战略""大进攻""大防御"理论，是"国家战略"和国君的"'大战争'指导艺术"。孙子认为，为了赢得"大战争"的胜利，一国之君必须在暴力战争发生以前的和平时期，在了解敌我两国"道""天""地""将""法"等全部战略要素的基础上，通过"庙算"而制定战争计划，注意实施"兵贵胜，不贵久"的战略方针，不仅要使用"全争"的大进攻手段削弱敌国的国力，而且要使用积极防御的大防御手段，发展、壮大本国的国力、军力，以便创造出一个我强敌弱的大战略态势，力争达到"不战而屈人之兵"的理想结果。

可是，理想并不等于现实，"不战而屈人之兵"的理想由于多种复杂的原因，不是一定能够实现的，兵戎相见、流血的暴力战争往往不可避免。于是，一个国家便从和平时期进入战争时期，战争的胜负就要靠在战场上真刀实枪的两军交战见分晓了,专门负责军事工作和指挥作战的统兵之将的"军事战略"搞得好不好,对于战争的胜负就起了决定作用。孙子认为,一旦进入战争时期,虽然从总体而言,统兵之将仍然要接受国君的领导,"军事战略"要受到"国家战略"的制约,但是,国君治国和统兵之将治军、作战毕竟不同,各有各的规律,统兵之将所操作的"军事战略"搞得好坏,便能够对国君所操持的"国家战略"产生反作用,有时甚至能够对"国家战略"起决定作用,可以决定"国家战略"和整个国家的生死存亡。总之,国家进入战争时期之后,统兵之将的作用和其操作的"军事战略"的重要性就上升了。这就是孙子在《计》篇中说"兵者,国之大事,死生之地,存亡之道",又在《作战》篇中发出"知兵之将,生民之司命,国家安危之主也"感慨的缘故。

《孙子兵法》中间的四篇,即第五篇《势》、第六篇《虚实》、第七篇《军争》、第八篇《九变》,其内容主要论述的就是"军事战略",也就是统兵之将的作战指导艺术。

《孙子兵法》中四篇的内容也是有内在联系的。总的说来,这四篇讲的都是在战争时期和战场上,在"战斗"尤其是在大规模的两军决战发生以前,指挥作战的统兵之将必须把国君划拨给自己的那部分兵马粮草即"形"(部分国力),通过自己充分地发挥主观能动性,在战场上想方设法人工地造成一种我强敌弱的战略态势("势"),掌握作战中的主动权、自由权,集中起兵力打击敌人,同时又要尊重作战的客观规律,各种军事活动不可以片面地求"快"、图"利",自己的头脑要灵活机动，以便在决战中最后战胜敌人，赢得战争的胜利，其中：

《孙子兵法》的第五篇《势》，主要讲的是统兵之将在战争中总的军事任务，是要把国君交给自己的那部分"形"（兵马粮草、部分国力），如何通过自己的主观努力，设法在战争中创造出一种比敌人更强大的"势"即军事实力。

第六篇《虚实》，主要讲的是通过侦察等手段，在摸清敌情的基础上集中兵力打击敌人虚弱兵力的问题。孙子认为，统兵之将要想掌握战争中的主动权、自由权，必须处理好敌我双方的"虚""实"关系，行"诡道"，以便在决战之时以我方的实有兵力战胜敌人的虚弱兵力。

第七篇《军争》，主要是讲统兵之将在战争中不但要发挥自己的主观能动性，而且要尊重客观规律，必须处理好行军和作战中的"迂"和"直"、"利"和"害"的辩证关系，决不可以片面地贪"快"、求"胜"、图"利"；否则，欲速则不达，反倒会得到失败的结果。

第八篇《九变》，主要是讲因为战争实践活动有复杂而多变的特点，统兵之将的思想方法也要适应多变的战争实践。统兵之将必须具有较全面的军事素质和修养，在战争中切忌头脑陷入主观片面和思想僵化、死板；否则会导致"覆军杀将"的严重后果。

再者，应当看到《孙子兵法》的中间四篇有以下三个特点：

其一，这四篇中包含不少朴素的唯物论和辩证法内容，哲理性很强，有许多精彩的名词隽语，其理论内容精致，研读起来颇引人入胜。

其二，在这四篇中涌现出一系列重要的、成双成对的军事概念或范畴。它们不仅本身存在着对立统一的关系，而且与其他成双成对的军事概念或范畴之间也存在着有机的联系。它们总是与人类的主体活动、与敌我之间在战争中的"利害"关系紧密地联系在一起，反映了战争中的一个个全局性侧面。其中，大多数概念或范畴是西方军事学中所没有的，具有中国特色，从而构成了中国传统兵学的军事基础理论。

其三，方法论色彩鲜明，许多作战方法便于实际运用。孙子论述的一些战争指导规律有普遍的真理性，它们不仅适用于军事领域，也适用于人类社会中的其他领域。孙子在这四篇中论述的一些中国古人特有的思维方法和行为方式，实际上早已经融入中国人的日常生活中，至今仍然在起作用。

下面，我首先讲解《孙子兵法》第五篇《势》的内容。

第一节　《势》五：怎样在战争中造"势"、用"势"，以强击弱

在具体讲解《势》篇之前，为有助于大家掌握《势》篇中的全部内容，请大家要注意以下三点：

第一，《势》篇的内容与《孙子兵法》的第一篇《计》有内在联系。

孙子在《孙子兵法》的第一篇《计》中讲了一段话，他说："计利以听，乃为之势，以佐其外。势者，因利而制权也。"这

段话的意思是说：当一国之君带领朝中的重臣、文武百官，根据敌我两国的全部情况和双方的利害关系，通过"庙算"而制定出战争计划，当统兵之将也同意贯彻实施这个战争计划以后，统兵之将在战争中所要承担的总的军事任务，就是"为之势"即造"势"、用"势"，在大战争中辅佐国君；而所谓造"势"、用"势"，也就是统兵之将在战争时期和战场上要根据敌我两军形成的利害关系变化，使用好手中的军权。《孙子兵法》第五篇《势》的内容，就是对《计》篇中这段话内容的全面展开。孙子在《势》篇中论述的主题和中心思想，就是统兵之将在战争时期和战场上怎样"为之势"即怎样造"势"、用"势"；在造"势"、用"势"时必须注意哪些问题，以及造"势"、用"势"的目的是什么，等等。

第二，《势》篇的内容与前一篇，也就是与《孙子兵法》的第四篇《形》也有有机的联系。

《孙子兵法》的第四篇是《形》，而第五篇就是《势》。我们平时经常说"形势"，把"形"和"势"两个字连在一起使用。那么，为什么孙子在讲完"形"的问题以后，紧接着又讲"势"的问题呢？《形》和《势》这两篇在内容上又存在着怎样的一种内在联系呢？原来，孙子在《形》篇中论述的主题是"国家战略"性质的"大防御"，主要讲的是一个国家综合实力的重要性。他认为，一国之君只有在和平时期领导国家进行积极的"大防御"，发展、壮大了本国的国力、军力，统兵之将在战争时期和战场上才容易以强大的军事实力战胜敌人，赢得战争的胜利。而孙子在《势》篇中论述的主题，就是统兵之将在战争时期和战场上怎样把国君交给自己的那些兵马粮草即"形"（部分国力），通过充分发挥自己的主观能动性，人工地创造出一种比原来既有的"形"更强大的、甚至比敌人军事实力更强大的军事实力"势"。由此可见，由论述"形"的问题而进一步论述"势"的问题，由《孙子兵法》的第四篇《形》而进展到第五篇《势》，标志着孙子已经从主要论述"国家战略"的问题，转而开始论述"军事战略"的问题；从论述国君的"大战争"指导艺术，转而开始论述统兵之将的作战指导艺术。

第三，孙子在《势》篇中所讲的"形势""奇正""虚实"等概念或范畴，所涉及的都不仅仅是战争中局部性的作战"战术"问题，而主要是带有全局性的"军事战略"和全局性的"作战战略"问题。

孙子在《势》篇里不但讲了"形势"问题，而且还论述了"奇正""虚实"等问题。"形势""奇正""虚实"这些概念或范畴都是中国古代兵学里特有的概念或范畴，都是西方军事理论著作中所没有的。正是这些概念或范畴，构成了中国古代兵学特有的军事理论基础。这些概念或范畴已经形成了一个多层次、彼此相互联系、内容又有区别的有机系统。它们不仅涉及战争和作战中局部性的"战术"问题，而且涉及战争和作战中带有全局性的"军事战略"和"作战战略"问题，它们主要是统兵之将在战争中、在作战时所要通晓的军事基础理论和指挥作战时的理论武器。因此，这些概念和范畴是需要我们花大力气进行研究的。

可令人遗憾的是，我国一些《孙子兵法》的研究者却对这些重要的军事概念或范畴缺乏仔细研究。例如，吴如嵩先生在他撰写的《〈孙子兵法〉的军事思想及现代价值》一文中这样说："这里，我只想就孙子战术思想的三大支柱略加阐述。……他〔指孙子〕在军事学上，首创了一系列概念范畴，其中'形势''虚实''奇正'三个范畴构成了孙子战术思想的三大支柱"；"我们知道，'形势'是讲军事力量的积聚，'奇正'是讲军事力量的使用，'虚实'是讲军事力量选择的打击目标。……一支军队由军队士气和兵力、兵器构成了一种军事力量，这就是'形势'；正确地指挥这支军队并灵活地使用其变换战术，这就是奇正；根据敌情我情，巧妙地选择这支军队的最佳作战方向，这就是虚实"[①]，等等。

吴如嵩先生把《孙子兵法》中的"形势""奇正""虚实"问题只归入孙子的"战术思想"里，并且认为这些概念、范畴"构成了孙子战术思想的三大支柱"，这种说法是颇值得商榷的。再说，他对这些概念、范畴的一系列诠释也并不符合孙子的本意。为了弄清楚孙子的本意，我们必须对《势》篇的内容做一番全面的考察和综合分析。

下面，我还是首先从《势》篇的篇名开始讲起。

【篇名】

究竟什么是"势"呢？我认为，"势"是一个高度抽象又比较复杂、实际上包含有三重含义的综合性概念。

---

①吴如嵩：《〈孙子兵法〉的军事思想及现代价值》，见《光明日报》2007年3月22日。

其一，《说文解字》对"势"的解释是："势者，盛力，权也。"所以，"势"首先是"盛大的权力"的意思。

其二，正是在《势》篇中，孙子自己说了这么一句话："激水之疾，至于漂石者，势也。"意思是强大而湍急的江河之水奔腾向前，水势是那样的强大、疾速，以至于能够把大石头都冲击得漂起来而没有沉下去，这就是"势"。由此可见，《孙子兵法》中所说的"势"，不仅指的是统兵之将在战争中手里掌握的一种盛大的军权，而且指的还是统兵之将在作战时使用这种军权与敌人作战时，发挥和表现出来的一种强大的军事实力。

其三，中国古代社会法家的代表人物慎到"贵势"，韩非在《韩非子·难势》中引用慎到的话说："势者，言人之所设也。"意思是说，"势"这种盛大的权力和强大的力量，是靠人发挥主观能动性而创造出来的[1]。由此看来，孙子在《孙子兵法》里所说的"势"，所说的统兵之将在战争中手里掌握的那种盛大的权力，那种在作战中表现出来的强大的军事实力，还需要统兵之将充分发挥自己的主观能动性而创造。总之，所谓"势"，就是统兵之将在战争时期和战场上手中掌握的一种强大的军权和军事实力，这种军权和军事实力一方面来自一国之君授给统兵之将的那部分国家实力（"形"，表现为打仗时必须具备的兵马粮草），另一方面，又必须通过统兵之将自己主观能动性的发挥才可以获得。统兵之将发挥主观能

---

[1] 参见吴琼：《法律、专政和所有制——评慎到法学思想》，载《人民日报》1974年2月5日。

动性而造"势"、用"势"的目的，是为了在两军决战的关键时刻，以自己一方强大的军事实力压倒敌方的军事实力，最后赢得战争的胜利。

所以，我们必须看到《孙子兵法》中的"形"和"势"既有密切的联系，又是有很大区别的。"形"和"势"指的都是"实力"，但是，"形"更多的是指国家实力，是两军交战之前一国之君交给统兵之将手中的那部分军权和部分国家实力（兵马粮草）；而"势"则是统兵之将在战争时期和战场上通过发挥自己的主观能动性而创造出来的一种军事实力。民国时期《孙子兵法》的研究者钱基博先生在其撰写的《孙子章句训义》中已经发现了"形"和"势"的这种区别，他说："'形'与'势'不同：'形'者，量敌而审己，筹之于未战之先。'势'者，因利而制权，决于临战之日。"我个人经过多年研究认为，"形"和"势"的关系就像两个棋者下棋，在正式下棋之前，双方拥有的棋子相同，即拥有的"实力"相同，也就是"形"同；但是，两个棋者一旦下起棋来，"实力"就不同了，棋手就凭借原有的相同的"形""实力"，通过发挥自己的主观能动性，表现出了不同的作战"实力"，这就是包含主观能动性的"势"的不同。最后，"势"力强大的一方终究会战胜"势"力弱小的一方（当然，两军交战前双方的"形"往往并不相同）。

《势》篇里共有五段文字。孙子在这五段话中，先后论述了统兵之将在战争中和战场上怎样造"势"；怎样正确地使用战略战术；在两军决战时怎样用"势"；怎样在作战中凭借"势"而行"诡道"；怎样使用手中的军权。下面，我就分五个小专题讲解《势》篇的内容。

一、统兵之将要想在战争中创造出强大的军事实力,一靠治理好军队,二靠运用好军事指挥通信工具,三靠运用好战略战术,四靠处理好战争中的"虚实"关系

【原文】

孙子曰:凡治众如治寡,分数①是也;斗众如斗寡,形名②是也;三军之众,可使必受敌③而无败者,奇正④是也;兵之所加,如以碬⑤投卵者,虚实⑥是也。

【述评】

这段话的意思是,孙子说:凡是治理众多的军队像治理少数几个军人那样简单,靠的是对军队的分层管理;凡是与众多的敌军作战就像与少数几个敌人作战那样容易,靠的是使用军事指挥通迅手段;要想让全军部队在同敌军作战时不致失败,靠的是在战争中使用好战略战术;到了两军交战之时,要想让我军进攻敌人时的力量强大,就像用坚石砸破一个鸡蛋那样有力,靠的是处理好战争中敌我之间的"虚""实"关系。

---

①分数:军队的组织管理编制。

②形名:中国古代军队使用的指挥通讯手段。

③必受敌:一旦(一说"必"应为"毕")遭到敌人的进攻。

④奇正:中国古代军队作战中的正兵与奇兵。

⑤碬:磨刀石。此处指坚硬的石头。

⑥虚实:一指军情的伪和真,二指军事力量的弱与强。

毛泽东在《论持久战》中曾经指出："基于战争的特殊性，就有战争的一套特殊组织，一套特殊方法，一种特殊过程。这组织，就是军队及其附随的一切东西。这方法，就是指导战争的战略战术。这过程，就是敌对的军队互相使用有利于己不利于敌的战略战术从事攻击或防御的一种特殊的社会活动形态。"①而孙子在《势》篇中所讲的"分数""形名""奇正""虚实"等内容，实际上也就是毛泽东在《论持久战》里所讲的"战争的一套特殊组织""一套特殊方法""一种特殊过程"等。孙子认为，统兵之将在战争中必须依靠战争所特有这一套军事组织、工具、方法，充分发挥出自己的主观能动性，处理好战争的特殊过程，才能在战争中创造出强大的军事实力即"势"，最后在决战中战胜敌人。

孙子在《势》篇中所讲的"分数""形名""奇正""虚实"，其实也就是统兵之将在战争中"为之势"即造"势"的四种招数、具体方法。正是这四种造"势"的招术、方法，可以说构成了孙子军事艺术学的总纲目。

1.孙子军事艺术学的第一种军事艺术即统兵之将造"势"的第一招，就是"治众如治寡，分数是也"。统兵之将为了造"势"，首先要运用好军队特有的组织编制、分层管理体制，即运用好"分数"。这里的"分"，指的就是军队的各级组织编制，分层管理；"数"，指的是组织编制共有几个层次。孙子在《孙子兵法》的《谋攻》篇中说，在中国古代春秋时期，当时

---

① 毛泽东：《论持久战》，见《毛泽东选集》第二卷，第480页，人民出版社1990年版。

的中国军队组织编制一般有国、军、旅、卒、伍五级，五个层次；而现代中国的军队组织和编制的层次就更多了，全国军队以下可以划分为军区、兵团、军、师、旅、团、营、连、排、班等多层多级，每层每级都有一个或几个领导，从大军区和军兵种司令到班长，等等。而在中国古代社会，最高最大的军事首长就是统兵之将，统兵之将就依靠这样多层次的组织编制管理部队，指挥军队打仗。孙子说，设立这样的组织编制的目的，就是"治众如治寡"，意思是统兵之将就是依靠这样的组织编制，管理由众多的军人组织起来的部队，一级管理一级，每一级最后都由统兵之将管理，这样，统兵之将管理全军众多的军人，就像管理几个军人那样简单，容易管理。古代的"分数"学也就是现代的"军制学"。

但我们必须注意这样一个问题，那就是军队的组织编制的建立和分层管理工作，并不是在战争发生之后才开始进行的活动，而是在战争还没有发生之前的长期和平时期就要组织好、管理好，这种组织和管理工作，实际上横跨于一个国家的和平和战争两个时期，它首先属于"军事战略"而不只是属于"作战战略"的范畴；当然，它更不是像吴如嵩先生所说的那样仅仅属于"战术"范畴。

2.孙子军事艺术学的第二种军事艺术即统兵之将造"势"的第二招，是"斗众如斗寡，形名是也"。统兵之将为了造"势"，在战争时期和战场上必须运用好"形名"，即战争中的军事指挥通信工具。中国古代打仗时，要使用鼓、金、旌旗，现代战争要使用电子通信联络、卫星导航等更先进的军事指挥通信工具。孙子《势》篇中所说的"形名","形"指的是中国古代军队的运动方向,是前进还是后退,是向左还是向右运动;"名"就是军队运动的代号、军事指挥工具,例如,击鼓是命令军队向前冲锋,鸣金是让部队后退、收兵,旌旗向左挥动,是命令部队向左前进,向右挥动,是命令部队向右开去,等等。这些军事指挥通信工具在战场上能起到什么作用呢?孙子说"斗众如斗寡",意思是统兵之将使用这些军事指挥通信工具,便于协调、指挥军队的行动,与众多的敌人作斗争,而与众多的敌军作战就像与少数几个敌人作战那样容易,得心应手,不费大力气。古代的"形名"学就是现代的"信息学"和"指挥学"。

军事指挥通信工具系统也不是在战争发生以后才建立起来、开始使用的,而是在和平时期就要建立好、使用好,所以,古今中外的军队在和平时期经常搞军事演习,熟练地掌握好这些工具,以便在战时顺利使用。

3.孙子所说的第三种军事艺术即统兵之将造"势"的第三招,乃是"可使必受敌而无败者,奇正是也"。孙子认为,要想让我军在与敌军作战时不致失败,也就是能够取得胜利的话,要靠统兵之将正确地使用战争指导规律,处理好"奇"与"正"也就是克劳塞维茨在《战争论》中所说的"军事科学"与"军事艺术"的关系。因为孙子在《势》篇里的第二段话中专门详细地论述了这个问题,我在讲解《势》篇的第二段话时,再讲解这个问题。

4.孙子所说的第四种军事艺术亦即统兵之将造"势"的第四招,则是"兵之所加,如以碫击石者,虚实是也"。因为孙子在《孙子兵法》的下一篇即第六篇《虚实》中专门论述这个问题，所以，我也将在讲解《虚实》篇时，再讲解这个问题。

毛泽东在《论持久战》中还指出："指导战争的人们不能超越客观条件许可的限度期求战争的胜利，然而可以而且必须在客观条件的限度之内，能动地争取战争的胜利。战争指挥员活动的舞台，必须建筑在客观条件许可之上，然而他们凭借这个舞台，却可以导演出很多有声有色、威武雄壮的话剧来。"[①]同样，我们应该看到，在古代战争中，无论是国君授于统兵之将的军权和那部分国力"形"（兵马粮草），还是军队组织编制"分数"和军事指挥通信工具"形名"，都是统兵之将在开始打仗时既有的东西即"客观条件"，古代的战略战术和在战争中如何处理"虚实"关系，也是一般的统兵之将都知道的。但是，能不能在这些既有的客观条件下凭借战争这个"舞台"造好"势"、用好"势"，最后以强大的军事实力战胜敌人，就只有靠统兵之将主观能动性的发挥了。因此，孙子在《势》篇中始终强调两个问题：一是军事实力对战争的胜负起决定作用；二是强大的军事实力只能靠统兵之将充分发挥自己的主观能动性才能获得。

【中西比较】

同孙子的军事思想一致，西方近代军事理论家们也很重视强大的军事实力在战争中的作用，重视人的主观能动性在战争中的作用。例如，克劳塞维茨就非常重视人的精神状态

①毛泽东：《论持久战》，见《毛泽东选集》第二卷，第478页，人民出版社1990年版。

对军事实力的大小起到的重要作用，他在《战争论》中说了一段非常著名的话："战争就其本意来说就是斗争，因为在广义上称为战争的复杂活动中，唯有斗争是产生效果的要素。斗争是双方精神力量和物质力量通过物质力量进行的一种较量，不言而喻，在这里不能忽视精神力量，因为正是〔人的〕精神状态对军事力量具有决定性的影响。"①克劳塞维茨也很重视军事统帅在战争中运用好战略、战术问题，可是，他在《战争论》中并没有论述过军队的组织编制问题，没有论述过军事指挥通信工具问题，没有论述过孙子在《孙子兵法》所说的"虚实"问题。他更没有从军事全局的高度，把军事统帅凭借军队的组织编制、军事指挥通信工具、正确地处理战略战术和"虚实"关系，统统地联系在一起，通过军事统帅主观能动性的充分发挥，从而形成一个具有整体性和综合性的"势"的概念。克劳塞维茨以后，西方军事理论著作中也不见有类似中国传统兵学中所具有的"势"的那种高度抽象的整体性概念。

"势"这种高度抽象的、包含有人的主观能动性在内的综合性概念的形成，说明孙子的整体性理论思维能力很强；而西方军事理论著作中缺乏类似"势"这样的高度抽象概念，说明西方军事家们的整体性理论思维比较弱，这不能不说是西方军事理论中的一个弱点。

①克劳塞维茨著，军事科学院译：《战争论》，第101页，商务印书馆1978年版。

二、必须创造性地在战争中使用正确的战略战术，战争指导规律随着战争实践的发展而发展

【原文】

凡战者，以正合①，以奇胜②。故善出奇者，无穷如天地，不竭如江河。终而复始，日月是也；死而复生，四时是也；声不过五，五声③之变，不可胜听也；色不过五，五色④之变，不可胜观也；味不过五，五味⑤之变，不可胜尝也。战势不过奇正，奇正之变，不可胜穷也。奇正相生，如循环之无端⑥，孰能穷之？

【述评】

孙子在《势》篇的第一段话里说过，"三军之众，可使必受敌而不败者，奇正是也"，意思是要想让全军部队在同敌军作战时不致失败，靠的是在战争中使用好战略战术。而以上所引《势》篇的第二段话，孙子讲的就是人们在战争中怎样才能使用好战略战术的问题。因为这个问题非常重要，涉及深层次的军事学基础理论，所以，我想再分两个小专题加以解说。

1.凡战者，以正合，以奇胜

这句话的意思是：凡是打仗，人们在作战中都必须使用

---

①以正合：指打仗时要以堂堂之兵迎敌。引申为要使用正确的战略技术。

②以奇胜：指打仗时要出奇兵，才能取得胜利。引申为要使用创造性的战略技术。

③五声：中国古代音乐中的五个音阶，即宫、商、角、徵、羽。

④五色：青、赤、黄、白、黑五种颜色。

⑤五味：酸、辛、苦、甘、咸五种味道。

⑥循环之无端：（像）圆环一样无始无终。

"正确"的战略战术,但是,要想取得作战胜利,使用正确的战略战术时又必须来点儿"奇",即要有创造性。

"奇"和"正"的问题是中国古代统兵之将在作战中遇到的大问题。宋代的《孙子兵法》研究者王晳说:"奇正者,用兵之钤键,制胜之枢机也。"[1]中国历代研究《孙子兵法》的人对"奇正"问题也都很重视,可是,对于"奇""正"这两个概念的外延、内涵如何理解,又存在很大的意见分歧,真可谓众说纷纭,莫衷一是。据统计,仅在《十一家注孙子》一书中,对"奇""正"的不同诠释就有8种之多,有的解释甚至相去甚远,例如,曹操既说"正者,当敌;奇兵从傍击不备也"[2],又说"先出合战为正,后出为奇"[3]。著名的《唐太宗李卫公问对》甚至用了大量文字篇幅专门讨论"奇正"问题。有的研究者认为"奇""正"讲的是兵力的不同配置,有的人认为"奇""正"讲的是不同的战法、阵法,还有的人认为"奇""正"讲的是军事地理等问题。

我经过多年的研究,特别是经过对中国传统兵学和西方军事学的比较研究,认为孙子在《势》篇中所讲的"正",引申为人们在战争中使用的所有"正确"的即"科学"的战争指导规律、战略战术;而"奇",指的是人们在使用这些战争指导规律、战略战术时,又必须有创造性和灵活性,使用时要讲究运用的"艺术",而不能死板地照搬照用,过于僵化。因为凡

---

[1]曹操等注,杨丙安校理《十一家注孙子校理》,第89页,中华书局2004年版。
[2]曹操等注,杨丙安校理《十一家注孙子校理》,第87页,中华书局2004年版。
[3]曹操等注,杨丙安校理《十一家注孙子校理》,第86页,中华书局2004年版。

是所谓正确的、科学的战略战术，都是前人在以往战争中获得的、被战争实践证明是成功的、有用的作战经验，如《孙子兵法》里所讲的"十则围之，五则攻之"等，一般来说，只要兵力十倍于敌便使用包围战，只要兵力五倍于敌便使用进攻战，就可以取得作战的胜利；但是，由于战争总是在发展变化，人们每一次作战时遇到的具体环境条件和对手不同，所以，在运用这些正确的战争指导规律、战略战术时，又必须根据具体条件和不同的对手而灵活使用，必须有创造性，否则，即使是正确的战争指导规律、战略战术也达不到预期目的，也不能取得作战胜利[1]。

例如，在我国的战国时期，大将田单统率的齐国军队被燕国的军队包围，使用一般的突围方法难以成功。田单便找来一千多头牛，牛角上插上尖刀，牛尾上拴上用油浸过的茅草，用火点着；又选精兵五千，打扮成凶恶鬼神的模样，趁夜半时分燕军酣睡之时大举突围。燕军以为"天兵天将"从天而降，于是大乱，齐军突围成功。这就是中国古代军事史上著名的"火牛阵"。"火牛阵"突围成功，既符合《孙子兵法》中所说的"攻其无备，出其不意""乱而取之"的正确作战原则，同时又"正"中有"奇"，用的是奇特的"火牛阵"，完全符合孙子所说的"凡战者，以正合，以奇胜"的用兵规律。

又如，公元前204年，大将韩信率兵数万，于井陉口（今

---

[1] 毛泽东在读《后汉书·皇甫嵩传》时，曾经对孙子在《孙子兵法》中所讲的"凡战者，以正合，以奇胜"有一个批语："正，原则性；奇，灵活性。"见《毛泽东读文史古籍批语集》，第134页，中央文献出版社1993年版。

河北井陉西北）以东摆"背水阵"，斩杀了赵将陈馀，又追擒赵王歇，大获全胜。这也是"凡战者，以正合，以奇胜"的一个典型战例。此战之后，韩信的部下问韩信，兵法上说打仗必须"右倍山陵，前左水泽"，将军您这次却摆了个"背水阵"，为什么取得胜利了呢？韩信答道：兵法上还讲"陷之死地而后生，置之亡地而后存"了呢！"背水阵"就是根据后面这条兵法原则而获胜的。

由此可见，使用兵法必须灵活，要具体问题具体分析，使用什么兵法、怎样使用，一切要以具体的时间、环境条件和不同的对手来选择。

众所周知，凡是正确的、科学的、有效的作战方法都来自战争实践，受到过战争实践的检验，并且以"原则""规则"等形式，被一代又一代职业军人以口头或文字的方式传授下来。前人传授给后人的这些正确的战争指导规律，就是孙子所说的"正"；所谓"正"，指的是正确的战略战术中的通则、共性。但是，人们在使用这些战略战术时的环境条件和对手又是特殊的、具体的，不结合特殊的、具体的环境条件而使用，就是机械主义、教条主义，就要打败仗。而能够结合特殊的、具体的环境条件，创造性地便用这些正确的战略战术就叫作"奇"，所谓"奇"，就是来点儿变化，把普遍正确的战争指导规律变成特殊正确的战争指导规律。《说文解字》把"正"解释成"是也"，而把"奇"解释为"异也"，这种解释在军事学和战略学中完全适用，"正"就是正确的战略战术、"通则"；"异"就是在使用这些"通则"时要有"异"、有"奇"，要有灵活性和创造性。

2.故善出奇者，无穷如天地，不竭如江河。终而复始，日月是也；死而复生，四时是也；声不过五，五声之变，不可胜听也；色不过五，五色之变，不可胜观也；味不过五，五味之变，不可胜尝也。战势不过奇正，奇正之变，不可胜穷也。奇正相生，如循环之无端，孰能穷之？

孙子非常重视人们在战争中必须创造性地使用战争指导规律的问题。他不仅认为人们在战争中必须使用正确的战争指导规律（"凡战者，以正合"），必须结合作战的具体情况创造性地使用战争指导规律（"以奇胜"），否则无法获得胜利，而且他还认为"奇"中有"正"（在特殊的战争指导规律中，总包含普遍正确的战争指导规律），"正"中有"奇"，又通过"奇"而得以表现出来（在普遍正确的战争指导规律中积累着特殊性战争指导规律中的正确因素，又通过特殊性的战争指导规律而表现出来），这样，战争指导规律中的"奇"和"正"彼此依存，相互转化，互相促进，互相丰富和共同前进发展，从而使人类的作战方法和战略战术水平不断发展、提高，军事理论不断丰富发展。这是一个永无止境、无穷无尽的辩证发展过程。因此，在我上面引用的《势》篇第二段话之后半段话中，孙子所说的意思就是：

所以说，善于创造性地使用战略战术的人，他们在战争中不断地丰富、发展着战略战术，使得战略战术像天和地那样每时每刻都呈现出不同的模样；像大江大河那样永远前进、奔流不息。战略战术这种不断变化丰富发展的情形，就像天上的太阳和月亮，太阳和月亮每天都升起而又落下，但是，每一天时时都在变化，不是原来的样子；又像每一年都有春夏秋冬四季，可是，每一年的春夏秋冬都不相同，各有各的特殊景象；战略战术的发展变化又像音律中高低不同的五音，虽然音阶只有宫、商、角、徵、羽五种，但是音乐家只凭借这五种音阶的变化，就能演奏出让人们听不够的美妙音乐；又像绘画中使用的五种颜色，颜色只有赤、黄、青、白、黑五种，可是画家们用这五种颜色，却可以画出让人们看不够的不同美术作品；这种情况还像所有的食物只含有酸、辣、苦、甜、咸五种味道，可是，厨师们就是用包含这五种味道的食材，烹调出各种各样的美味，让人们品尝不够。统兵之将在战争中造"势"、用"势"也是同样的情形，战略战术中总有特殊性和普遍性，特殊性和普通性总是随着人们在战争中不停地使用战略战术而发生变化，这种变化是无穷无尽的。特殊性转化为普遍性，普遍性又转化为特殊性，战略战术的特殊性和普遍性在人类从事战争的活动中总是相互转化、相互促进、共同发展、共同提高的，就像圆环一样无始无终，有谁能够穷尽它呢？

总之，孙子在《势》篇的第二段话中，所强调的是统兵之将要想在战争中战胜敌人，必须造"势"、用"势"，具备有强大的军事实力，而为了具备强大的军事实力，又必须创造性地使用正确的战略战术；战略战术、战争指导规律总是随着战争实践的发展而不断发展、提高的，人们在作战中每一次创造性地使用战略战术，都会丰富和发展作战方法，提高军事理论的内容水平，这是一个永无休止的过程。

孙子在《势》篇中所论述的战争指导规律的"奇""正"关系，从哲学角度看，实际上也就是毛泽东在他撰写的《矛盾论》中所讲的矛盾的个性和共性的关系。毛泽东说："这一共性个性、绝对相对的道理，是关于事物矛盾的问题的精髓，不懂得它，就等于抛弃了辩证法。"①两千多年前的孙子竟然能够如此正确而深刻地论述"奇正"的问题，是令人感到非常惊讶的!

【中西比较】

孙子在《势》篇中论述的"凡战者，以正合，以奇胜"，以及"奇正之变，不可胜穷也"的两个问题，实际上就是"军事科学"和"军事艺术"的关系，以及军事科学理论的发展规律问题。对这两个问题，孙子论述得都非常简单，有点儿晦涩，所以令读者感到难懂，使《孙子兵法》研究者产生不少分歧。但恰恰是在这两个问题上，克劳塞维茨在总结西方战史经验的基础上，认真地进行过理论探索和相当深入的研究，得出了一些今天看来仍然是正确的结论。这些结论已经构成了军事科学基础理论中的重要组成部分。我在这里只简要介绍一下他的观点。

1.克劳塞维茨是在《战争论》的第二篇第三章中论述"军事科学"与"军事艺术"关系问题的。他认为："凡是单纯以探讨知识为目的都叫科学"，科学"以研究求知为目的"，人们在科学活动中为了求得新知识，总有一定既有的理论、定律和旧

①毛泽东：《矛盾论》，见《毛泽东选集》第二卷，第320页，人民出版社1990年版。

知识可以遵循，这些理论知识是既有的、现成的，人们只是用这些既有的、现成的理论、定律和旧知识进行机械般的思考、计算，并不需要付出多大的创造力；而人类所从事的艺术活动则"以培养能力为目的"，"凡以创作和制造为目的都属于艺术的领域"，人们在艺术活动中并不必遵循一定的理论定律，只需充分发挥自己的创造力，即可解决艺术创作问题[1]。

可是，军事活动则不然，克劳塞维茨这样说："但是，在战争中决不是这样。在战争中，人们的精神不断起着反应，客观情况不断发生变化，这就要求指挥官必须把全部知识变成自己的东西，必须能随时随地定下必要的决心。因此，他的知识必须同思想和实践完全融为一体，变成真正的能力。"[2]

这就是说，指挥官在军事活动中既不可能像在科学活动中那样，依靠现成的军事理论进行机械般的计算，用"身外之物"般的理论定律处理遇到的每一道作战难题，也不可能像在艺术活动中那样，抛开旧理论、旧经验，任凭自己创造力的自由发挥；而是既要尊重旧知识、旧军事理论、旧经验，又不可以完全受它们摆布，而是要发挥自己的创造力，也就是要始终从作战的实际情况出发，把一般的军事理论和作战的具体实践相结合，创造性地运用军事理论，把军事理论转换成一种符合作战具体情况的特殊的战略战术，一种与自己的思想、行动融会贯通的指导战争的"能力"。他认为，指挥官只有这样做，才能够从容不迫地驾驭战争。

---

①克劳塞维茨著，军事科学院译：《战争论》，第132—134页，商务印书馆1978年版。
②克劳塞维茨著，军事科学院译：《战争论》，第132页，商务印书馆1978年版。

克劳塞维茨的以上这些论述，不正是孙子在《势》篇里所讲的"凡战者，以正合，以奇胜"吗？

由此看来，无论是中国古代的孙子，还是西方近代的克劳塞维茨，都是既反对指挥官在战争中忽视军事科学理论（因为忽视军事科学理论也就是忽视一般的战争客观规律）而随心所欲地作战的唯心主义作战方法，又反对不顾作战的具体情况，只知生搬硬套军事理论的机械主义作战方法。

2.克劳塞维茨是在《战争论》的第二篇第四章中论述军事科学理论的发展规律问题的。孙子在《势》篇中，只是用"奇正之变，不可胜穷也"和一些"象术推理"，朴素而生动地论述了特殊性的战争指导规律和普遍性的战争指导规律之相互依存、相互转化、共同发展的道理。而克劳塞维茨对军事科学理论发展规律的论述，则比孙子更加系统、深刻而精彩，他的主要观点是：

（1）科学的军事理论只能来源于军人的战争实践，最终的来源是军人的直接战争经验。

（2）无论是来自军人的直接战争经验的战争指导规律（作战方法），还是来自他人的间接战争经验的、具有理论形态的战争指导规律（军事理论和军事条令），在战争中都不可以机械地照搬照用。

（3）具有理论形态的战争指导规律可以从逻辑上分为"原则""规则""细则""守则"等几种抽象的表达方式。它们既意味着对军人有一定的约束力，又意味着给军人在作战中以一定的自由。但是，在战争中不应该使用"法则"这个概念,因为如果使用"法则"这个概念,就等于剥夺了人们在战争中根据具体情况而主动、灵活、机动地使用战略战术的权力。即便"原则"和"规则",也只不过是军人在战争中的"指南",在特殊情况下,军人还有不遵守"原则"和"规则"的权力。

(4) 来自军人直接战争经验的作战方法并不是纯主观、纯粹特殊的东西,其中总包含一定客观的、反映了普遍性的战争指导规律的因素和成分。

(5) 具有普遍性的战争指导规律和具有特殊性的战争指导规律总是互相依存、互相转化,共同发展和提高的。这种发展永无止境。

三、在敌我两军进行交战的关键时刻,军事实力必须强大凶猛,作战的节奏必须非常迅速

【原文】

激水之疾①,至于漂石者,势也;鸷鸟②之疾,至于毁折者,节也③。是故善战者,其势险,其节短,势如彍弩④,节如发机⑤。

【述评】

这段话的意思是,孙子认为:强大而湍急的江河之水奔腾

---

①激水之疾:强大而湍急的江河之水奔腾向前。

②鸷鸟:鹰、雕之类的猛禽。

③节:(出击的) 时机与节奏。

④彍弩:拉满弦的弓弩。

⑤发机:触发弩机的按钮,把利箭发出去。

向前，冲击力是那样强大，流速是那样疾快，以至于能够把大石头冲击得漂起来而不沉下去，这是因为奔腾的河水之中有强大的动能和势力；凶猛的鹰雕俯冲的速度是那样疾快，以至于能够将物体毁坏折断，这是因为鹰雕俯冲的速度节奏迅速。所以，善于作战的统兵之将在两军进行交战的关键时刻，其手中掌握着的军事实力也必须运用得强大凶猛，作战的节奏也必须迅速，应该像一张拉满弦的大弩，充满了动能和势能，用手一触动弩机的按钮，大弩上的利箭就猛地疾飞出去。

在战争中，两军在正式交战之前都要进行许多军事活动，例如驻军、行军、前进、后退、修路、架桥、偷袭、包围、突围，等等，但是，关键性的军事活动还是两军交战、真刀实剑地战斗，而两军决战胜负的决定性因素，又是军事实力的大小和作战的节奏问题。孙子在这段话中所讲的，就是在决战中使用军事力量的大小和作战的节奏，他用激水冲石和鸷鸟毁节作比喻，把抽象思维和形象思维结合起来，生动地论述了在两军交战的关键时刻，军事实力必须强大而作战节奏必须加快才能取胜的用兵规律。他所论述的这条用兵规律也是正确的，是古今中外军事界人士达成的一种共识。

【中西比较】

同孙子的观点相一致，西方的克劳塞维茨也很重视战斗和两军决战，也强调在两军进行决战之时必须使用强大的军事力量，提高作战的速度。他在《战争论》中说过的军事名言是："战斗是真正的军事活动，其余一切活动都是为它服务的"；"每个战略行动都可以归结到战斗这个概念上，因为战略行动就是运用军队，而运用军队始终是以战斗这个概念为基础的"。他还说过，"数量上的优势不论在战术上还是在战略上都是普遍的致胜因素"，"必须在决定性的地点把尽可能多的军队投入战斗"，"决定性的地点的兵力优势，在我们欧洲的这种情况下以及一切类似情况下，是十分重要的"，"首要的规则是把尽量多的军队投入战场"[①]。他又说过，"必须永远把主力会战看作是战争的真正的重心"，"应该把主力会战看作是战争的集中表现"[②]，等等。显然，他所说的必须在战斗中、在决定性的地点投入尽可能多的军队，形成"兵力优势"，也就是孙子在《孙子兵法》中所说的强大的军事实力"势"。

当克劳塞维茨在论述关系两国生死存亡的"全面战争"时，他更强调作战必须高速度，加快作战的节奏。他说在"全面战争"中，"所有力量的集中打击"都必须指向敌人"整体所依顿的重心"，"速战速决是进攻战的一个重要特点"[③]。在《战争论》中，他甚至用了一个和《孙子兵法》几乎一模一样的比喻，强调军事统帅在进攻中必须使用强大的军事力量，高速度地进攻敌人，他说："进攻应该像一支用强大力量射出去的箭，不应该像一个逐渐膨胀而最后破裂的肥皂泡。"[④]这个比

①克劳塞维茨著，军事科学院译：《战争论》，第204—207页，商务印书馆1978年版。

②克劳塞维茨著，军事科学院译：《战争论》，第283页、第298页，商务印书馆1978年版。

③克劳塞维茨著，军事科学院译：《战争论》，第879页、第884页，商务印书馆1978年版。

④克劳塞维茨著，军事科学院译：《战争论》，第944页，商务印书馆1978年版。

喻，可以说就像孙子在《势》篇中所说的"势如彍弩，节如发机"的翻版……

四、统兵之将在作战中只有凭借手中掌握着的军事实力，熟练地使用军队的组织编制和军事指挥通信工具，才能够行使好"诡道"策略，主动地摆布敌人，战胜敌人

【原文】

纷纷纭纭，斗乱①而不可乱也；浑浑沌沌，形圆②而不可败也。乱生于治，怯生于勇，弱生于强。治乱，数也；勇怯，势也；强弱，形也。故善动敌者，形之③，敌必从之；予之，敌必取之。以利动之，以卒④待之。

【述评】

这是一段引起历代《孙子兵法》研究者不少意见分歧的话，可是，这段话又很重要，在西方的军事理论著作中很少有这样精彩的内容。其实孙子这段话是专门讲作战中的策略"兵者，诡道"的，是讲在作战时对敌人行"诡道"的必要条件。这段话的基本意思是：统兵之将在作战中必须注意使用策略，对敌人行"诡道"，要欺骗敌人；而要行使好"诡道"，统兵之将就必须凭借手中掌握的军事实力（"势"），熟练地使用好军队的组织编制和军事指挥通信工具（"分数"和"形名"）。

---

①斗乱：在混乱中作战。
②形圆：布阵有章法。
③形之：指以假象欺骗敌人。
④卒：指精锐部队。

在研读这段话时我们一定要注意，《孙子兵法》中的一些重要概念范畴既有"整体性""综合性"又有"模糊性""多义性"。例如，这段话中的"形"就有三种不同的含义：（1）"浑浑沌沌，形圆而不可败也"中的"形"，指的是在两军作战对阵时，统兵之将要熟练地使用军事指挥通信工具布阵指挥，使自己所布下的阵势周全有力，面对敌军应付自如，这个"形"，是"形名"中的"形"。（2）而"强弱，形也"中的"形"，无疑是指军事实力的大小。（3）而"故善动敌者，形之，敌必从之"中的"形"，又是特指"示形于敌"，即故意欺骗敌人，给敌人以假象，也就是毛泽东在《中国革命战争的战略问题》中所说的"我们可以人工地造成敌人的过失，例如孙子所谓'示形'之类（示形于东而击西，即所谓声东击西）"[①]。总之，上面孙子这段话里所说的同一个"形"字，有三种不同的含义，我们决不要把它们的不同含义混淆在一起，否则必然导致理解上的混乱！

因此，上面所引孙子这段话的完整意思就是：

敌我两军在战场上激烈地争斗厮杀，人多马杂，混乱不堪（纷纷纭纭），但是，统兵之将的军事指挥艺术不可以乱了套；战场上的斗争形势浑沌模糊，情况不明（浑浑沌沌），可是，只要统兵之将所布下的阵势周全有力，应付自如，我军就不会失败。（我军在作战时必须讲究策略，行"诡道"，欺骗敌人；）我军本来治军有方，却故意给敌人一副治军混乱的样

①毛泽东：《中国革命战争的战略问题》，见《毛泽东选集》第一卷，第209页，人民出版社1990年版。

子；我军本来英勇善战，却故意给敌人一副胆怯的模样；我军的实力本来强大，却故意假装实力弱小。军队究竟治理得乱还是不乱，靠的是统兵之将能否使用好军队的组织编制（分数）；在战场上本来英勇善战却敢于装出胆怯的样子，靠的是统兵之将手中掌握有强大的军事实力（势）；是向敌人示强还是故意示弱，全靠统兵之将对军事力量的灵活把握（形之）。因此，善于调动敌人行动的统兵之将，必须做到只要给予敌人以我军的假象，敌人一定会上当；只要制造出假象，敌人一定会受到蒙蔽。统兵之将要善于用利害关系主动调动敌人的军事行动，要善于用假象摆布敌人，以精锐部队待敌来战。

【中西比较】

在西方著名的军事理论著作中，很少见类似孙子这样精彩的论述。

五、在战争中只能凭借军事实力战胜敌人，在使用军事实力时要做到因势利导

【原文】

故善战者，求之于势，不责①于人，故能择人而任势。任势者，其战人也②，如转木石。木石之性，安则静，危则动，方则止，圆则行。故善战人之势，如转圆石于千仞之山者，势也。

【述评】

我国古代社会法家的代表人物韩非子，在《韩非子·难

①责：索取、要求。
②战人：指挥部队作战。

势》中说过两句推崇"权力"和"势位"的话，一句是"贤智未足以服众，而势位足以诎贤也"，意思是一个人只凭借自己的智慧和贤能，是不能够让众人服从自己的，相反，一个人只要占据了有实力的地位，手中有了权力，则能够令有智慧和贤能的人相形见绌；另一句话是"尧为匹夫，不能治三人，而桀为天子，能乱天下"，意思是当中国古代的圣君"尧"只是一个无权无势的普通人时，管不了几个人，而暴君"桀"却只因为占据了"天子"这样有权有势的位置，所以才能够把天下搞乱。孙子也重"势"，重视军权和军事实力，所以他在以上所引《势》篇第五段话的前半段的意思是说：善于打仗的统兵之将，只信服自己手中的军权，在作战中只想凭借自己手中掌握的军事实力而争取赢得作战的胜利，而不是把作战胜利的希望寄托在有贤、有智的人身上，反之，统兵之将之所以选取和任用贤人、智者，是为了更好地增加手中的军权和在作战中使用军事实力。

在以上所引《势》篇第五段的后半段话中，孙子强调的是，统兵之将在作战时要善于使用自己手中的军权和自己掌握着的军事实力，要做到因势利导，要善于根据作战的具体环境和具体情况的不同而灵活地使用手中的军权和军事实力，在两军交战的关键时刻，让手中掌握的军权和军事实力发挥出强大的战胜敌人的作用。因此，他在《势》篇第五段话里的后半段话中所说的具体意思就是：凭借手中掌握着的军权和军事实力率领军队同敌人作战，就像人们运转木头和石块。木头和石块的特点是，把它们放置在平坦的地方，它们就稳定而安静；把它们放在陡斜的地方，它们就要滚动。方形的木头和石块容易稳定，而圆形的木头和石块则容易滚动。所以，善于打仗的统兵之将，也要掌握好手中的军权、军事实力，要像运转木头和石块那样做到因势利导，让手中掌握的军权和军事实力，有如从八千尺高的山上推转下来的圆石那样，有强大的力量和疾快的速度，这就叫作使用盛大的军权和军事实力。

【中西比较】

在西方著名的军事理论著作中，也很少见类似孙子这样精彩的论述。

【《势》篇内容提要】

综上所述，在《孙子兵法》的第五篇《势》中，孙子一共论述了五个问题：(1) 统兵之将要想在战争中创造出强大的军事实力，一靠治理好军队，二靠运用好军事指挥通信工具，三靠运用好战略战术，四靠处理好战争中的"虚实"关系。(2) 必须创造性地在战争中使用正确的战略战术，战争指导规律随着战争实践的发展而发展。(3) 在敌我两军交战的关键时刻，军事实力必须使用得强大凶猛，作战的节奏必须非常迅速。(4) 统兵之将在作战中只有凭借手中掌握着的军事实力，熟练地使用军队的组织编制和军事指挥通信工具，才能行使好"诡道"、策略，主动地摆布敌人，战胜敌人。(5) 在战争中只能凭借军事实力战胜敌人，在使用军事实力时要做到因势利导。

我想用下面的话概括《势》篇的内容：

"本篇内容从'国家战略'深入到了'军事战略'领域，开始论述统兵之将在战争时期和战场上的作战指导艺术。孙子要求统兵之将在战争中必须充分发挥自己的主观能动性,使用好军队的组织管理体制和军事指挥通信工具,创造性地运用好战略战术,处理好敌我之间的'虚实'关系,在两军交战的关键时刻以强大的军事实力战胜敌人。同时,孙子还论述了战争指导规律随着战争实践的发展而发展,以及统兵之将在战争中使用军事实力要因势利导等问题。

"本篇实际上论述的是中国古代军事基础理论。孙子在本篇中首次系统地提出了一些具有中国兵学特色的军事概念或范畴,如'形势''分数''形名''奇正''虚实''势节'等,这些概念或范畴需要我们继续深入研究。"

第二节 《虚实》六:怎样在战争中处理好 "虚实"关系,以"实"击"虚"

《虚实》是《孙子兵法》中非常重要而且内容很奇特的一篇。在这一篇中,围绕着"虚"和"实"这一对中国传统兵学中所特有的、高度抽象的概念或范畴,孙子把统兵之将在战争中必须掌握作战的主动权、自由权;必须讲究策略,对敌人行"诡道";必须全面地了解敌情,同时全面地对敌人封锁我军军情;必须集中兵力打击敌人等问题巧妙地糅合起来,加以论述,论述得相当新颖,读起来引人入胜,令人拍案叫绝。

表面上看来,《虚实》篇的内容是专门讲统兵之将的作战方法的,特别是专门讲作战方法中的策略即"兵者,诡道"的,但实际上,孙子在《虚实》篇里主要强调的是在战争中搞好军事情报工作的重要性，是全面掌握敌情、同时对敌人全面封锁我军军情的重要性，是统兵之将在战争中不仅要善于治理军队、率领军队作战，而且要善于指导军队的情报工作和军队自身的安全工作，要把治军、作战和情报、安全工作统统地领导起来。

长期以来，《孙子兵法》的一些研究者对《虚实》篇的内容缺乏仔细而深入的研究，对《虚实》篇中潜在的唯物主义认识论、辩证法和作战方法的学术价值、实用价值估计不足，还没有进行深入的发掘。而实际上，这一篇中的理论思维相当深刻，朴素的唯物论色彩非常鲜明，逻辑推理步步深入，说孙子在这一篇中的许多论述"充满了辩证法"也不过分。

在具体讲解《虚实》篇之前，我想首先讲一讲《虚实》篇在整个《孙子兵法》中所处的地位，即《虚实》篇与《孙子兵法》的第五篇《势》、第一篇《计》、第十三篇《用间》，在内容上的有机联系。

第一，从《孙子兵法》的第五篇《势》和第六篇《虚实》之间的内在联系看，孙子在《势》篇第一段话结束时说了这么一句话："兵之所加，如以碫投卵者，虚实是也。"意思是，当我军在与敌军进行交战的关键时刻，我军的军事实力（"势"）必须非常强大，要做到像用手举起一块磨刀石砸破一个鸡蛋那样凶猛有力；孙子还说：要想使军事实力达到这样强大凶猛的程度，靠的是统兵之将在战争中处理好敌我之间的"虚实"关系。然而，孙子在《势》篇里，只是简单地讲了这么一句话，并没有说什么是"虚实"，也没有说为什么统兵之将处理好"虚实"关系，就能够得到我军兵力"以碫投卵"的那种打击敌军的效果。而紧接着第五篇《势》、第六篇《虚实》的内容就是回答上述问题的；换句话说，《虚实》篇的内容就是对前一篇《势》中的那句话的全面展开；从《孙子兵法》的第五篇《势》，进入到第六篇《虚实》，孙子是从统兵之将在战争中怎样造"势"的议题，进入了在战争中怎样用"势"的议题。

第二，从《虚实》篇与《孙子兵法》的第一篇《计》之间的内在联系看，孙子在《计》篇中，有一段话是专门讲"兵者，诡道"的，讲了"诡道十二法"，并且认为"诡道十二法"的精神实质是"攻其无备，出其不意"。然而，统兵之将在战争中怎样对敌人行"诡道"，怎样才能在战争中抓住并且贯彻"诡道十二法"的精神实质，在作战全局上怎样做才算"攻其无备，出其不意"呢？孙子在《计》篇中并没有回答。而孙子在《虚实》篇的第二段所说的第一句话就是："出其所不趋，趋其所不意。"其实，"出其所不趋，趋其所不意"也就是"攻其无备，出其不意"的意思。由此可见，《孙子兵法》的第六篇《虚实》所论述的全部内容，正是回答第一篇《计》中所提出的统兵之将在战争中怎样对敌人行"诡道"，贯彻"诡道十二法"的精神实质，在作战全局上怎样做才算是"攻其无备，出其不意"的问题。

第三，《虚实》篇与《孙子兵法》的最后一篇即第十三篇《用间》也有内在联系。孙子在《用间》篇里，讲的是使用间谍、侦察敌情的方法，是全面掌握敌情对于赢得战争胜利的极端重要性。他在《用间》篇里说了一段非常值得我们注意的话，他说："非微妙不能得间之实。微哉！微哉！无所不用间也。"意思是，从间谍那里了解敌情的真实情况不容易，真是微妙啊！微妙啊！凡是有关战争的所有事，都离不开间谍们所提供的情报。而在《虚实》篇中，孙子所论述的内容不仅是统兵之将在战争中使用间谍、了解敌情的重要性，而且是在使用间谍、了解敌情的同时，还要在战争中对敌人封锁我军军情的重要性。孙子认为在战争中全面了解敌情和向敌军全面封锁我军军情的工作同等重要。他在《虚实》篇中，甚至用了和《用间》篇相类似的词语和口气，说向敌军全面封锁我军军情的工作应该达到这种地步："微乎！微乎！至于无形；神乎！神乎！至于无声"，"故形兵之极，至于无形；无形，则深间不能窥，智者不能谋"等。由此可见，孙子在《虚实》篇里讲的实际上是侦察和反侦察的问题，是军事情报战即现代战争所说的信息战的问题，是情报战和信息战如何配合军事作战的大问题！

下面，为了解说好《虚实》的内容，我还是从这一篇的篇名开始讲起。

【篇名】

要想做到正确理解《虚实》篇里的全部内容，关键在于要搞清楚"虚"和"实"这两个概念的确切含义。一些《孙子兵法》的研究者正是因为没有搞清楚这两个概念的含义，所以没有能够正确理解《虚实》篇里的一些内容，甚至对其中的一些内容作了种种误解、误释。

其实，"虚""实"是两个内涵完全对立、意思完全相反的概念或范畴，尤其是这两个内涵完全对立、意思完全相反的概念或范畴，又具有两重不同的含义，即不同的本体论含义和不同的认识论含义。这两重不同的对立、相反的含义绝对不可以混淆!

1. 就"虚""实"的本体论含义即"虚""实"本身的含义而言,《说文解字》对"实"的解释是:"实,富也。"所以,"实"是指一个事物本身的内容"充实","质料""富有",不虚弱,不空虚;而"虚"恰恰相反,是指一个事物的内部缺乏质料和内容,"虚弱""贫乏",甚至"空虚"。

实际上,"虚"和"实"这一对在本体论意义上内涵完全对立、意思完全相反的概念,早已融入我们中国人的日常生活中,构成了我们表达事物本身的内容、质料的一对常用的词语。例如,中医医生在给病人看病时,常常说这个人的"体实",那个人的"体虚",指的就是这个人的身体健康,元气足,不虚弱,而那个人的身体不健康,不结实,缺乏元气,气质虚弱。又如,同样是一斤大米,用来烧一小锅米饭,米粒在小锅里集中在一起,就是"实"的;而重量相同的一斤大米,如果用来煮一大锅粥,米粒分散在大锅的汤水中,我们就说这锅中的大米"虚"或者"稀"。

孙子对中国传统兵学理论的一个重要贡献,就是把"虚实"这一对内涵对立、意思完全相反的概念或范畴引入了军事学领域,用"虚实"来表达作战中的兵力集中和兵力分散的问题。孙子在《虚实》篇中论述的意思是:假如敌我两军各自都是由十万人组成,如果我军已知敌人的十万人部队分散在十个不同的地点,又知道对我军有利的战时、战地,那么,我军就可集中起十万兵力,在十个不同的地点,先后一个一个地进攻,击败兵力分散、在十个地点上兵力虚弱的敌人。这就叫作我"实"敌

"虚"。因为兵力集中、军事实力强大的军队是"实"的,而兵力分散、军事实力弱小的军队是"虚"的,以我军之"实"攻敌军之"虚",有取得胜利的必然性。

2.就"虚""实"的认识论含义即事物的真相能不能被人们所认识而言,"实"是指人们能够认识到事物的真相,一个事物的表里如一,现象反映本质,真而不假,人们能够通过一个事物的现象看清其本质;而"虚"恰恰相反,认识论上的"虚"是指一个事物有假象,表里不一,其本质不容易被人们发现,"虚假"不真实。

"虚"和"实"这一对在认识论意义上的内涵对立、意思相反的概念,也很早就融入了我们的日常生活之中,是我们中国人观察事物常用的一对词语。例如,我们平常在议论人品时,常常说这个人"实"(实在),那个人"虚"(虚伪),说的就是这个人表里如一,脾气性格和内心世界能够表露于外,容易被大家所认识;而那个人恰恰相反,他表里不一,"虚伪"不真,常常给人以假象,善于掩盖自己的真实面目。又如,同样是一斤大米,无论是用来烧一小锅米饭,还是煮一大锅粥,如果把你的双眼用黑布蒙上,你就分辨不出哪个是大米饭,哪个是大米粥,此为认识论上的"虚";而如果把你双眼上的黑布去掉,你就能够分辨出哪个是大米饭,哪个是大米粥,此即为认识论上的"实",即能够看清事物的真面目。

孙子把"虚实"这一对认识论上意思相反的含义也引入了军事学领域,用"虚实"来表达在战争中,我军一方面必须对敌人封锁我军军情,同时,又要全面掌握敌情。孙子认为,我军要想赢得战争的胜利,既要尽量设法让敌人无从了解我军的兵力部署情况,无从了解我军想在何时、何地向敌人发起进攻,使敌人无从掌握我军军情,这就叫作我"虚";而另一方面,我军又要尽量设法了解清楚敌人的兵力部署情况,了解敌人想在何时、何地向我军发起攻击,全面掌握敌军的动态、情况,这就叫作敌"实"。也正因为我"虚",即敌人了解不到我军的真实情况,摸不到我军的行动规律,而我军却能掌握敌人的真实情况和行动规律,即敌"实",所以,敌人为了对付我军,其军事力量只能分散开来,处处设防,敌人的兵力不能集中起来使用,这就叫作敌"虚"(本体论意义上的"虚"),而我军却因为掌握了敌情和敌人的行动规律,所以能够集中我军的兵力,打击敌人各点上的虚弱兵力,这就叫作我"实"(本体论意义上的"实")。

　3.孙子在《虚实》篇中,是以统兵之将在战争中必须掌握作战的主动权和自由权("致人而不致于人")而"破题",论述"虚实"关系的。那么,统兵之将怎样才能掌握作战的主动权和自由权呢?孙子认为,为了掌握战争中的主动权、自由权,统兵之将必须讲策略,行"诡道",走一段曲折的路,那就是必须首先做到全面了解敌情,同时让敌人了解不到我军军情,做到敌"实"而我"虚"(认识意义上的"实""虚"),在我军能够做到全面掌握敌情和敌人的行动规律,而敌人不了解我军军情和我军行动规律的基础上,我军才能集中优势兵力,而在敌人不得不分散在各地设防的各个地点上,以我军的优势兵力战胜敌人的虚弱兵力。这就叫作我"实"而敌"虚"(本体论意义上的"实""虚")。也就是说,要想在战争中战胜敌人,统兵之将必须讲策略，行"诡道"，走一条曲折的路；不先走第一步，做到敌"实"而我"虚"，让我军首先掌握敌情和敌人的行动规律，而敌人掌握不了我军的军情和行动规律，就做不到第二步我"实"而敌"虚"，即做不到我军能够集中兵力，而敌人不得不分散兵力，也就是不可能做到以我军的优势兵力去战胜敌人。

由此可见，孙子在《虚实》篇所讲的主题，就是"虚"和"实"这一对矛盾的对立统一关系；是"虚""实"这对矛盾着的双方的区别、联系和互相转化；是在战争中首先要做到认识论上的敌"实"我"虚"（我知敌而敌不知我），然后才能做到本体论上的我"实"敌"虚"（我能够集中优势兵力，各个歼灭敌人）。所以，我认为《孙子兵法》中《虚实》篇的内容很奇特，思辨性很强，说它"充满了辩证法"也不过分。

《虚实》篇里的文字可以划分为五段话，下面，我就分五个小专题加以讲解。

一、统兵之将要掌握战争的主动权、自由权，要善于用利害关系削弱敌人的军事实力

【原文】

孙子曰：凡先处①战地而待敌者佚，后处战地而趋战②者劳。故善战者，致人而不致于人③。能使敌人自至者，利之

---

①处：到达，占据。

②趋战：仓促应战。

③致人而不致于人：能调动敌人，而不被敌人调动，指有主动权。

也；能使敌人不得至者，害之也。故敌佚能劳之，饱能饥之，安能动之。

【述评】

这段话的意思是，孙子说：凡是首先抢占到两军即将决战的地点进行防御、等待敌人进攻的军队，就主动、有战斗力、处于优势地位；凡是后来才赶到两军即将交战的地点、进行进攻的另一方军队，就被动、劳累，处于劣势地位。所以，善于打仗的人，总是能够先发制人，而不受敌人的制约。要想让敌人自愿前来进攻我军，就要设法让敌人知道前来进攻对敌人有利；要想让敌人不来进攻，就要设法让敌人知道前来进攻对敌人有危害。因此，示敌以利害，就能够用利害让休整好、有战斗力的敌军陷入劳累，吃饱了而陷入饥饿，从安定有秩序而陷入行动混乱。

毛泽东在《论持久战》中十分重视一支军队在战争中的主动权和自由权。毛泽东说："行动自由是军队的命脉，失去了这种自由，军队就接近于被打败或被消灭。一个士兵被缴械，是这个士兵失去了行动自由被迫处于被动地位的结果。一个军队的战败，也是一样。为此缘故，战争的双方，都力争主动，力避被动。"①在《虚实》篇的第一段话里，孙子讲的就是统兵之将在战争中掌握主动权、自由权的重要性，一方面，自己一方的军队在战争中必须力争主动，处处先发制人，有自由，处

①毛泽东：《论持久战》，见《毛泽东选集》第二卷，第487—488页，人民出版社1990年版。

于优势地位；另一方面，又要迫使敌人陷入被动，失去自由，在战争中始终处于劣势地位。而迫使敌人陷入被动、失去自由的方法，就是示敌以利害，实际上也就是要用假情报欺骗敌人、迷惑敌人、调动敌人。在孙子所说的"能使敌人自至者，利之也；能使敌人不得至者，害之也"这段话中，其实还包含这样一层隐藏的意思，那就是：如果我军实际上已经充分做好了防御准备，已经知道敌人前来进攻必遭失败，那么，就可以故意向敌人散布假情报，让敌人错以为前来进攻对敌人有利，用这种方法诱使敌人前来进攻；反之，如果我军并没有做好防御的准备，担心敌人前来进攻对我军不利，那么，又可以散布假情报，让敌人错以为前来进攻对他们不利，用这种方法防止敌人进攻。因此，散布假情报，欺骗敌人，对敌人搞"诡诈"，以利害示敌，乃是"劳"敌、"饥"敌、"动"敌，即削弱敌人的战斗力、最后战胜敌人的一个重要前提条件。

【中西比较】

在西方著名的军事理论著作中，很少见类似孙子这样精彩的论述。但是，在《战争论》的第五篇，当克劳塞维茨论述到"防御是较强的作战形式"时，曾经论述过"地形之利"的问题。这些论述有助于我们理解孙子在《虚实》篇中所说的"凡先处战地而待敌者佚，后处战地而趋战者劳"。

为什么"凡先处战地而待敌者佚，后处战地而趋战者劳"呢？

克劳塞维茨认为，那是因为凡是在两军发生决战之前抢先占领决战地点的军队，只能是等待敌人前来进攻的防御者，而防御者因为抢先占领了即将发生两军决战的地点，就具有三个优势：第一，有熟悉地形的优势，即比后来的敌人有熟悉地形、利用地形的条件，"防御者可以充分利用地形，这是很明显的"①。第二，有时间之利，即比后来的进攻者有更多的时间做好决战准备。第三，有侦察敌情、隐蔽自己和出其不意之利。克劳塞维茨说："防御者所以能够通过各种猛烈程度和各种样式的袭击在出敌不意方面占有优势，是因为进攻者必须在大小道路上前进，因而不难被侦察出来，而防御者可以隐蔽地配置〔军队〕，在决定性战斗时刻以前，进攻者几乎无法发现他。"②

二、全面摸清敌情和对敌人全面封锁我军军情，是在作战中取得主动权和自由权的先决条件

【原文】

出其所不趋，趋其所不意。行千里而不劳者，行于无人之地也；攻而必取者，攻其所不守也；守而必固者，守其所不攻也。故善攻者，敌不知其所守；善守者，敌不知其所攻。微乎③！微乎！至于无形；神乎④！神乎！至于无声，故能为敌之司命。进而不可御者，冲其虚也；退而不可追者，速而不可及也。故我欲战，敌虽高垒深沟，不得不与我战者，攻其所必救也；我

①克劳塞维茨著，军事科学院译：《战争论》，第481页，商务印书馆1978年版。
②克劳塞维茨著，军事科学院译：《战争论》，第481页，商务印书馆1978年版。
③微：微妙。
④神：神奇。

不欲战，画地而守之，敌不得与我战者，乖其所之也。

【述评】

孙子在前面《虚实》篇的第一段话中说了两层意思：一是统兵之将在战争中必须掌握主动权、自由权；二是为了掌握住战争中的主动权、自由权，要善于用利害关系削弱敌人的实力。而在以上所引《虚实》篇的第二段话中，他进一步强调，统兵之将在战争中必须担负起侦察和反侦察的领导工作，必须在作战的过程中切实做到全面摸清敌情，同时对敌人全面封锁我军军情，这是我军攻必取、守必固、行军不劳累、撤退时敌人追不上，在作战中取得主动权和自由权的先决条件。

《虚实》篇中的第二段话内容很丰富，这段话除了孙子用文字已经表达的意思以外，还有一些没有明确用文字表达出来的"暗示"；这些"暗示"所强调的，正是要想在作战中取得主动权和自由权，必须全面摸清敌情和对敌人全面封锁我军军情。所以，《虚实》篇第二段话的完整的意思就是：

我军要进攻，就必须进攻敌人不注意防守的地方；我军要采取军事行动，一定要出乎敌人的意料之外。我军行军千里，却不劳累，是因为（事先经过侦察，已知敌人不会阻拦）行军于敌人不会阻拦的地区。凡是我军进攻，一定会夺取的地点，都是那些（事先经过侦察，已经知道）敌人不好好防守的地点。凡是我军防守，一定会防守得巩固的地方，都是那些

---

①画地而守：不认真防守，只画出营地界线。
②乖其所之：改变敌人进攻的方向。

（事先经过侦察，已经知道）敌人不想好好进攻的地方。（而另一方面）善于进攻的军队之所以获得成功，是因为（对敌人封锁了进攻部队的军情）敌人不知道在哪里防守；善于防守的军队之所以防守得成功，是因为（对敌人封锁了防守部队的军情）敌人不知道要从哪里进攻。微妙啊！微妙啊！我军的行动是那样的诡秘，对敌人来说已经达到了"无形"的地步；神奇啊！神奇啊！我军的动态是那样的隐蔽，对敌人来说已经达到了听不到我军一点儿声音的程度。（也正因为我军对敌人封锁了我军军情，我军才能获得主动、自由；也正因为敌人无法掌握到我军的动态，敌人才失去了主动权、自由权。）于是，我军主宰了敌人的命运。当我军进攻时，敌人之所以没能够防御好，是因为（我军事先经过侦察，已经知道）我军进攻的是敌人兵力虚弱的地方。当我军退却时，敌人之所以追不上，是因为（我军事先经过侦察，已经知道）敌人根本就追不上。所以，我军要想发起进攻战，敌人即使垒高墙、挖深沟，也不得不出来应战，那是因为（我军事先通过侦察，已知）决战之地是敌人必须出兵的救援之地；而我军要是不想同敌人展开决战，即便我军不设防，在防守之地只用手画营地界线，敌人也不会前来作战，那是因为（我军事先通过侦察，已知敌人想要前来决战），我军早已想方设法让敌人改变了进攻的方向、地点。

【中西比较】

在西方著名的军事理论著作中，很少见有类似孙子这样精彩的论述。

三、只有既摸清了敌情，又对敌人封锁了我军军情，我军才能够集中兵力，在对我军有利的战时、战地战胜兵力虚弱的敌人

【原文】

故形人而我无形①，则我专而敌分②；我专为一，敌分为十，是以十攻其一也，则我众而敌寡；能以众击寡者，则吾之所与战者约矣③。吾所与战之地不可知，不可知，则敌所备者多；敌所备者多，则吾所与战者寡矣。故备前则后寡，备后则前寡，备左则右寡，备右则左寡，无所不备，则无所不寡。寡者，备人者也；众者，使人备己者也。故知战之地，知战之日，则可千里而会战；不知战地，不知战日，则左不能救右，右不能救左，前不能救后，后不能救前，而况远者数十里，近者数里乎？以吾度之④，越人之兵虽多，亦奚益于胜败哉？故曰：胜可为也，敌虽众，可使无斗⑤。

【述评】

这段话是《虚实》篇的核心段落，孙子论述了《虚实》篇的主题和中心思想，那就是：只有既摸清了敌情，又对敌人封锁了我军军情，也就是首先做到了认识论上的敌"实"

①形人而我无形：即做到我知敌情，而敌不知我情，敌"实"而我"虚"（认识论上的"实""虚"）。
②我专而敌分：我军兵力集中，敌人兵力分散，即我"实"而敌"虚"（本体论上的"实""虚"）。
③约：兵力少而虚弱。
④度：揣度，推断。
⑤无斗：无法战斗。

我"虚"，我知敌而敌不知我，我军才能集中兵力，在对我
军有利的战时、战地战胜兵力虚弱的敌人，也就是做到本
体论上的我"实"敌"虚"（以我军集中而强大的兵力，战胜
兵力分散而虚弱的敌人）。因此，孙子在这段话中说的意思
就是：

因此，我军首先要做到摸清敌人那方面的情况，而不能
让敌人掌握我军的情况。正因为我军摸清了敌人的情况而敌
人不了解我军的情况，我军的兵力才能集中，而敌人的兵力
不得不分散开来，处处设防。我军在一个战斗地点上能够把
所有兵力集中在一起，而敌人却不得不把兵力分散到十个地
点上，处处设防，不能集中，那就等于在需要进行战斗的地点
上，我军能够以十倍于敌的优势兵力，攻击只有我军十分之一
的敌人兵力啊！于是，在战斗中，我军的兵力肯定多，而敌人
的兵力肯定少。既然我军以众多的兵力攻击敌人很少的兵力，
那么，我军必然会战胜力量弱小的敌人。再加上（我军通过侦
察，已知在哪里展开战斗对我有利）敌人并不知道在哪里展
开战斗；敌人不知道在哪里展开战斗，所以敌人就要把兵力
分散开来，在许多地点上进行防御。既然敌人把自己的兵力
分散开来，在许多地点上进行防御，那么，能够集中兵力的我
军在每一个战斗地点上，就是和兵力少的敌人作战了。这样
一来，就造成了敌人在前面备战而后面的兵力少，在后面备战
而前面的兵力少，在左边备战而右面的兵力少，在右边备战而
左边的兵力少，在所有的地点上备战，而所有地点上的兵力都
少的虚弱局面。这里说的"兵力少"，说的是不得不处处设防

的敌人；所说的"兵力多"，指的是叫敌人不得不处处设防的
我军。因此，当我军（通过侦察）已知何地何时应当同敌人进
行会战时，就可以不惜奔袭千里长途赶来同敌人会战；可是，
敌人却不知我军何地何时要同其展开会战，于是，当会战发生
的时候，左边的敌人救不了右边的敌人，右边的敌人救不了
左边的敌人，前面的敌人救不了后面的敌人，后面的敌人救
不了前面的敌人。更何况，兵力分散在前后左右的敌人，都相
隔几十里，到会战发生时，谁也来不及救谁；即使兵力分散的
敌人与敌人之间只相隔几里，就来得及在会战发生时相互支
援吗？据我推断，我们吴国的军队要是同越国打仗，虽然越国
的军队比吴国的军队人数多，但是（只要采取我上面说的这
种作战方法）越国又怎么可能凭借人数多就决定战争的胜败
结局呢？因此，我说赢得战争胜利是可以办到的，即使敌人的
人数多，用我说的这种作战方法，也能够使敌人发挥不出战
斗力。

　　孙子所说的这段话的精神实质，就是统兵之将在战争中
为了赢得胜利，必须采取"集中优势兵力，各个歼灭敌人"的
作战方法。在孙子提出这种作战方法之后的两千多年，在中
国的解放战争中，毛泽东也非常重视这种作战方法，提出了著
名的"十大军事原则"①，继承并发展了孙子关于"集中优势
兵力"的思想，以指导中国人民的解放战争，促进了中国革命
的胜利。可是，我们必须注意到，孙子在论述只有集中优势兵

────────────

①毛泽东：《集中优势兵力，各个歼灭敌人》，见《毛泽东选集》四卷合订本，1093—
　1097页，人民出版社1968年版。

力才能战胜敌人时，是以首先摸清敌情、同时对敌人封锁我军军情为前提条件的。十分重视通过侦察而全面地掌握敌情，十分重视对敌人封锁我军军情，要求统兵之将把情报、安全和作战工作有机地结合、领导起来，是孙子兵学思想的一大特色。关于这个问题，我以后在讲解《孙子兵法》第十三篇《用间》时，还要详加论述。

【中西比较】

西方著名军事家和军事理论家也非常重视在战争中集中兵力的问题。克劳塞维茨在《战争论》中，对集中兵力的问题，论述得比孙子更为系统。他不仅论述过"空间上的兵力集中"问题，而且还论述了孙子没有论述过的"时间上的兵力集中"问题，他不仅提出了"战略上最重要而又最简单的准则是集中兵力"的著名论断，而且根据欧洲作战经验，总结了在空间上"集中优势兵力"的一些策略手段。例如，克劳塞维茨认为，为了集中使用兵力，军事统帅必须敢于把军队的主力投放在主要战场上，同时，决心接受在次要战场上的损失，等等①。可是，克劳塞维茨没有能够把集中兵力的问题和全面掌握敌情、同时对敌人全面封锁我军军情的问题紧密联系起来论述，没有能够像孙子那样，把后者当作实现前者的一个前提条件，此外，克劳塞维茨还轻视在战争中使用"诡诈"策略。这都是在集中兵力的问题上克劳塞维茨不如孙子的地方。

---

① 克劳塞维茨著，军事科学院译：《战争论》，第209页，商务印书馆1978年版。

四、侦察和掌握敌情要经过一个过程，这个过程贯穿于战争的始终

【原文】

故策之而知得失之计，作之而知动静之理，形之而知死生之地，角之而知有余不足之处。

【述评】

在战争中掌握敌情既然非常重要，那么，是不是通过我军的间谍侦察活动，立刻就可以掌握敌情、毕其功于一役呢？孙子的回答是否定的。他认为，因为战争是发展变化的，敌情也一直在变化，所以，侦察、掌握敌情要经过一个过程，这个过程要贯穿于战争的始终，而且，侦察敌情不只是我军间谍的事情，统兵之将也必须亲力亲为。所以，在以上《虚实》篇的第四段话，孙子的意思是：

在战争刚刚开始、双方制定作战计划时，我军就要通过侦察掌握敌人的作战计划，并且分析敌人作战计划中的长短得失；在战争已经发动、持续进行的过程中，还要不断地掌握敌人的动态和行动规律；在决战发生以前，我军要通过侦察或小规模的战斗挑动手段，摸清对我军有利或不利的地形特点；只有在两军真正展开决战的时候，才能够完全、准确地知道敌我双方各自具有的优势、劣势在哪里。

【中西比较】

克劳塞维茨在《战争论》中，虽然没有像孙子那样论述过侦察和掌握敌情的活动要贯穿于战争的全过程，但是，他比孙

子更加深刻地论述了国家元首和军事统帅所制定的战争计划总是"概然性"的,战争计划必须随着战争的发展变化而不断地加以修改。

克劳塞维茨认为,所谓"战略",其核心内容或者本质内容就是制定战争计划并且实施战争计划,"战略"不仅是一种囊括战争整体及其中的各个部分、环节以实现"军事目标"和"政治目的"的系统工程,而且还是一种控制战争全过程的动态系统。整个战争计划,其中包括各个战局的方案、"政治目的"和"军事目标"的选择,以及各场战斗和军事行动的运用和部署,"大多只能根据那些与〔战争〕实际并不完全相符的预想来确定,而许多涉及细节的规定根本不能事先作好"①,所以,制定战争计划和实施战争计划是一个相当复杂、有矛盾的认识和实践过程。从认识论上讲,实施战略总是"概然性"的,总是"确实性"和"不确定性"的辩证统一,也就是说,是不可能一劳永逸地绝对符合战争的客观实际、毕其功于一役的,"战略在任何时刻都不能停止工作"②。换言之,战争计划(包括"政治目的"的确定、"军事目标"的选择、一系列战斗的运用和部署)在具体实施的过程中,总是需要根据战争中所发生的实际情况的发展变化,不断地加以反馈、调节和修改,直到战争完全结束,双方最后签订和约为止。这就使克劳塞维茨的战略观在实际运用到战争中时,可以转化为一种人们在战争中不断地调查研究、优化决策、反馈调节、及时修改战争

①克劳塞维茨著,军事科学院译:《战争论》,第175页,商务印书馆1978年版。
②克劳塞维茨著,军事科学院译:《战争论》,第175页,商务印书馆1978年版。

计划和实施新的战争计划的系统决策方法。这种战略决策方法，把确定目标的功能和实现目标的功能结合起来，要求人们的主观战略认识必须自觉地追随并且符合战略的客观实际，从而体现了战略整体与其各个部分之间的普遍联系和相关变化的内在逻辑①。显然，克劳塞维茨关于战争计划必须随着战争的发展变化而不断地加以修改的理论，是比孙子在《虚实》篇中所论述的侦察、掌握敌情要贯穿战争全过程的论述更加丰富而深刻的。

五、侦察、了解敌情和对敌人封锁我军军情的情报活动要高度保密，要做到极致

【原文】

故形兵②之极，至于无形。无形，则深间不能窥，智者不能谋。因形而错胜于众③，众不能知。人皆知我所以胜之形，而莫知吾所以制胜之形，故其战胜不复④，而应形于无穷。

【述评】

这段话的意思是，孙子认为：干扰敌方判断，向敌人示以假象（形兵）的极致，就是要做到敌军发现不了一点儿形迹的地步。正因为敌军发现不了一点儿我军情报工作的形迹，我军

---

① 参见吴琼：《〈战争论〉诠释》之"克劳塞维茨的战略观"，第282-295页，华文出版社2001年版。

② 形兵：对敌军示以我军假象。

③ 错胜于众：把胜利摆在人们面前。

④ 战胜不复：每次战胜敌人的方法都不重复。

对敌人封锁了我军军情,所以才使得深藏在我军内部的敌人间谍窥探不到我军的真实动态,从而也使敌人中有智谋的人想不出对付我军的好办法。因为我军的情报工作做得好,因为我军了解的都是敌人的真实情况而敌人了解的都是我军的虚假情况,从而导致了我军能够赢得作战的胜利;但是,把我军取得胜利的结果摆在众人面前,众人并不知道我军的情报工作在其中起的作用,人们只从表面上知道我军采取的一系列措施取得了作战胜利,却不知道我军所采取的一系列导致作战胜利的正确措施,是以获得正确的情报为前提条件的。因此,我军在每一次作战中采用的战胜敌人的方法都不是重复的,而侦察、了解敌情和对敌人封锁我军军情的情报活动也是不断发展、变化无穷的。

【中西比较】

在西方著名的军事理论著作中,很少见类似孙子这样的论述。

六、"作战战略"最重要、最简单的准则是避"实"击"虚",因势利导

【原文】

夫兵形①象水:水之形,避高而趋下,兵之形,避实而击虚;水因地而制流,兵因敌而制胜。故兵无常势,水无常形,能因敌变化而取胜者,谓之神。故五行无常胜②,四时无常

---

①兵形:打仗的情况和规律。
②五行无常胜:金、木、水、火、土相生相克,说不上谁胜谁败。

位①，日有短长②，月有死生③。

【述评】

孙子在《虚实》篇里所论述的中心议题是：统兵之将在战争中必须掌握主动权、自由权；而能不能掌握主动权、自由权的关键，又是一个在战争中怎样使用"势"即怎样使用军事实力，以及怎样以"实"击"虚"的问题。

毛泽东在《论持久战》中说过："主动和战争力量的优势是不能分离的，而被动则和战争力量的劣势分不开。战争力量的优势或劣势，是主动或被动的客观基础"，"因而也是和主观指导的正确或错误分不开的"④。那么，统兵之将在主观上怎样指导战争、正确地使用"势"即军事实力，才能始终掌握战争中的主动权、自由权呢？孙子在《虚实》篇中的最后一段话中，用一系列生动的比喻即"象数推理"，强调了两点：

第一，"作战战略"最重要、最简单的准则是"避实而击虚"，也就是要讲策略，对敌人行"诡道"，不能硬碰硬。一方面，当我军的实力弱小时，不能和实力大的敌人硬拼；另一方面，要善于和敌人周旋，想办法逐渐削弱敌人的实力，待我军的实力强大以后，再以我"实"击敌之"虚"，这样才能赢得胜利。

第二，打仗是发生在敌我双方的事，战争又是发展变化的，所以，一定要随时掌握敌人的动态，根据敌我双方军事实力的

①四时无常位：春夏秋冬循环往复，不会停留在一个季节固定不变。
②日有短长：一个白天和另一个白天太阳的长短都不完全一样。
③月有死生：月亮总有圆缺变化。
④毛泽东：《论持久战》，见《毛泽东选集》第二卷，第488页，人民出版社1990年版。

对比、变化，不断地调整作战计划、方案，因势利导地使用军事力量。

因此，孙子在《虚实》篇的最后一段话里讲的意思就是：

统兵之将在战争中使用军事力量应该像水的运动规律和形状。水的运动规律总是从上方流向下方，而不是从低处流向高处；在战争中使用军事力量也应该避开实力强大的敌人，待我军实力变强时，再打击实力弱小的敌人。水的特点是因地势不同而流动的方向不同，打仗也应该根据敌情的不同而采取不同的方法，这样才能取胜。所以，同敌人作战时使用军事力量并没有一成不变的方法，就像水的流动没有固定的形状，能够做到因敌情的变化而随时改变作战的方法从而取胜的统兵之将，才可以称得上是用兵如神。所以，统兵之将要做到因势利导，根据不同的情况使用不同的作战方法。作战方法不可以固定不变，就像"五行"中的金木水火土，金木水火土之间总是相生又相克，周而复始地互相取代，说不上谁胜谁败；又像每一年都有春夏秋冬四季，年年春夏秋冬都循环往复，没有哪个季节能够固定住；还像天上的太阳，太阳每天都升起又落下，但每一天升起又落下的时间都不一样；又像夜空中的月亮，月亮总是有时圆有时缺，圆缺永远在变化之中。

【中西比较】

在西方著名的军事理论著作中，也很少见有类似孙子这样精彩的论述。

【《虚实》篇内容提要】

总而言之，孙子在《虚实》里先后论述了六个方面问题：

（1）统兵之将要掌握战争中的主动权、自由权，要善于用利害关系削弱敌人的军事实力。（2）全面摸清敌情和对敌人全面封锁我军军情，是在作战中取得主动权和自由权的先决条件。

（3）只有既摸清了敌情，又对敌人封锁了我军军情，我军才能够集中兵力，在对我军有利的战时、战地战胜兵力虚弱的敌人。（4）侦察、掌握敌情要经过一个过程，这个过程贯穿于战争的始终。（5）侦察、了解敌情和对敌人封锁我军军情的情报活动要高度保密，要做到极致。（6）"作战战略"最重要、最简单的准则是避"实"击"虚"，因势利导。

应该用下面这段话来概括《虚实》篇的内容：

"本篇联系战争中敌我双方的作战活动，要求统兵之将必须掌握战争的主动权、自由权，其方法是要善于用利害关系削弱敌人的军事实力，特别要在战争中始终摸清敌情，同时向敌人封锁我军军情，在认识论上做到我知敌而敌不知我，即敌'实'我'虚'，因为只有做到敌'实'我'虚'，做到战争认识论上的我知敌而敌不知我，才能做到战争本体论上的我'实'敌'虚'，使我军能够集中兵力，在对我军有利的战时、战地，以强大的军事实力通过一次又一次的战斗，战胜兵力分散的敌人。

"在本篇中，孙子还论述了侦察、了解敌情和对敌人封锁我军军情的情报活动，要贯穿战争的始终，要高度保密，以及作战的基本准则是'避实而击虚'等问题。

"把'虚实'概念引入军事理论是孙子对中国传统兵学的重大理论贡献之一，也是他对世界军事理论做出的一个重大贡献。"

第三节　《军争》七：行军、作战切勿
片面地求"直"、求"快"，必须尊重客观规律

　　我在前面已经说过，《孙子兵法》十三篇中间的四篇《势》《虚实》《军争》和《九变》，总的来说，论述的都是"军事战略"，都是统兵之将在战争时期和战场上的作战指导艺术，但是，孙子在这四篇之中的前两篇《势》《虚实》和后两篇《军争》《九变》里，所论述的作战指导艺术的侧重点并不相同：

　　在《势》篇和《虚实》篇里，孙子重点论述的是统兵之将为了赢得战争胜利，在战争中必须充分发挥自己的主观能动性造"势"、用好"势"，创造性地使用战争指导规律，并且处理好敌我之间的"虚""实"关系，以便在两军交战的关键时刻以"强"击"弱"、以"实"击"虚"，以军队强大的实有兵力战胜兵力虚弱的敌人；而在《军争》篇和《九变》篇中，孙子重点论述的不仅是统兵之将为了赢得战争胜利，必须充分发挥自己的主观能动性，而且是在处理战争中的一切问题时，要注意从战争的实际情况出发，尊重客观规律，即统兵之将所发挥的主观能动性必须建立在尊重客观规律的基础上。孙子认为，在战争中如果不从客观实际出发，不尊重战争的特点和客观规律，如果统兵之将的主观世界包括自己的头脑和思想方法不符合战争实践的客观要求，那么只能导致作战失败，甚至导致"覆军杀将"的严重后果。

　　以上我说的，就是《孙子兵法》中间四篇的前两篇和后两篇在内容上的内在联系。

下面，我就开始讲解《孙子兵法》的第七篇《军争》，首先，还是讲一讲这一篇的篇名。

【篇名】

孙子在《军争》篇一开始就说："凡用兵之法，将受命于君，合军聚众，交和而舍，莫难于军争。"那么，什么是"军争"呢？

顾名思义，"军"就是"军队"的意思，"争"是"争夺"的意思。孙子在《军争》篇中所说的"军争"的意思很具体，指的是敌我两军在作战中，都要抢先争夺交战之前对自己有利的地形、地点，看哪一方能够首先争抢到，因为抢先争夺到交战之前对自己有利的地形、地点，就能获得作战的优势。在前一篇《虚实》中，孙子已经说过抢到这种地形、地点所带来的好处，他说"凡先处战地而待敌者佚，后处战地而趋战者劳"。

可是，孙子又说在"用兵之法"中，"莫难于军争"，也就是说，在统兵之将的作战指导艺术中，没有比率领军队抢夺交战之前对自己有利的地形、地点更难办的事情了。问题在于，孙子为什么说在"用兵之法"中"莫难于军争"呢？统兵之将率领军队抢夺这种地形、地点难在哪里呢？

原来，这种在交战之前对一支军队有利的地形、地点，一般来说，决不是近在眼前、唾手可得的，为了抢夺到这种地形、地点，一支军队往往要走很长很长的路，长途跋涉，在行军途中会遇到很多障碍和困难，要花费很长的时间。西方军事学家克劳塞维茨在《战争论》中说过："从军队开始集中到战斗成熟（即战略上已经把军队派到战斗地点，战术上已经给各个部分规定了位置和任务），这段时间在大多数情况下是很长

408

的。"①我认为，孙子和克劳塞维茨所说的这些地形和"战斗地点"，一般指的都是重要的战略地形和"战斗地点"。

既然从军队开始集合起来到抢先占领到交战之前的重要地形和战斗地点，需要经过一段很长的时间；既然前往这样的地形、地点，军队要长途跋涉，会遇到不少障碍和困难（有时还不免会和敌人遭遇，发生小规模的战斗），那么，对于一个指导军队行军、作战的统兵之将来说，就必然会遇到一个非常难办的指导艺术问题，那就是如何恰当、正确地处理行军的速度和后勤保障等方面的矛盾。具体说，在行军途中为了快速抵达目的地，究竟是不顾一切地硬是走一条"直线"，还是从行军的实际情况出发而走一条"曲线"；为了快速抵达目的地，究竟是为了轻装前进就丢掉一些军事装备和后勤物资，还是携带必要的军事装备和物资；以及为了快速抵达目的地，统兵之将在行军途中还要不要遵守一系列正确的战略战术原则问题。正是这些问题，使统兵之将感到难办，也在考察、考验统兵之将的作战指导艺术，能够看出他"用兵之法"的水平高低。

孙子对于这些问题的回答是：统兵之将在"军争"中，必须从战争的实际情况出发，尊重战争的客观规律。他反对为了完成"军争"的任务而主观片面地走"直线"、图"快捷"。他告诫统兵之将，在"军争"时，决不可以只从自己的主观愿望出发，做违背战争规律的事。以上就是孙子在《军争》篇里所

---

① 克劳塞维茨著，军事科学院译：《战争论》，第386页，商务印书馆1978年版。

阐发的主题和中心思想。

《军争》篇的特点是，孙子在这一篇中阐述了一些很珍贵的军事唯物论和军事辩证法思想，而且孙子所阐发的这些军事唯物论和军事辩证法思想，又和中国道家创始人老子的哲学思想有一定的联系。我相信，在研读了《军争》篇以后，大家会得出这样一个结论，那就是中国的兵学代表作《孙子兵法》中所包含的中国古代朴素唯物主义和原始的辩证法并不简单、并不浅薄，而是相当正确而深刻的！

整个《军争》篇的内容可以划分为四个小专题加以论述。下面，我就开始讲解。

一、统兵之将在同敌人"军争"时，要懂得"迂"与"直"、"患"与"利"的军事辩证法

【原文】

孙子曰：凡用兵之法，将受命于君，合军聚众①，交和而舍②，莫难于军争。军争之难者，以迂为直，以患为利。故迂其途，而诱之以利，后人发，先人至。此知迂直之计者也。

【述评】

这段话的意思是，孙子说：在领兵打仗的军事艺术中，最难办的事是统兵之将接受了国君的指令，从集合起众多的军队，直到把部队带领到交战之地而驻扎、对阵之前，通过长途

---

①合军聚众：聚集起民众，组成军队。

②交和而舍：敌我两军交战之前在即将发生战斗的地点上对峙，分别驻扎在自己一方的营垒里。

行军同敌人争夺对自己有利的地形、战斗地点了。同敌人争夺这种地形、地点之所以困难，就在于统兵之将懂不懂得为了快点儿抵达这个地点，为了行军走一条"直线"而首先必须走一条"曲线"；为了争夺先军之"利"而首先必须迎接和处理好"患难"。所以，统兵之将为了快点儿抵达目的地，行军必须走一条"曲线"，必须用利害关系诱使敌人去走一条"直线"，只有这样做，才能得到我军比敌人后出发，却比敌人抢先抵达目的地的好结果。这就叫作统兵之将懂得"迂"与"直"、"患"与"利"的军事辩证法。

在以上孙子说的这段话中，包含一些精彩的军事唯物论和辩证法的内容，而且正如我说过的那样，这些唯物论和辩证法的内容还和道家老子的哲学思想有一定的联系。

这是因为，孙子在这段话里讲的是两军为了争夺交战之前对自己有利的地点，哪一方能够首先抵达的问题；是为了抢先抵达那个地点而必须提高行军的速度问题；是长途行军究竟是走一条直线还是走一条曲线的问题。如果统兵之将率领军队走一条直线，那就意味着行军的路程短、速度快、遇到的困难少，可以抢先抵达目的地；而如果走一条曲线，就意味着行军的路程长、速度慢、遇到的困难多，比敌人晚一步抵达目的地。当然，从主观愿望来说，任何一个统兵之将都想走一条直线，先敌一步抵达交战前的目的地，有谁愿意故意走一条曲线、比敌人落后一步呢？然而，一般说来，从开始行军（特别是战略行军）到抵达目的地，这段路程总是很长的；在行军途中，不可避免地会遇到许多自然障碍、敌人设置的障碍、意想

不到的困难和突发事件；长途行军跋涉总是要花费很多时间
的。总之，这样的行军实际上决不会是一条笔直又笔直的直
线！也正因为如此，一个明智的统兵之将带领部队行军，必须
从这种行军的实际情况出发，按照行军的客观情况和规律走
一条曲线，而不能违反规律，一厢情愿地硬是走一条直线。如
果统兵之将真地能够从实际情况出发，按照行军的客观规律
而走一条曲线的话，特别是，与此同时，统兵之将能够想方设
法，用利害关系诱使敌人违背规律，去走一条直线，那么，即
使这支军队比敌人晚出发，也很可能会比敌人抢先一步抵达
目的地；相反，如果统兵之将不从行军的实际情况出发，违背
规律，硬是走一条直线，那么，往往事与愿违，本来想先敌一
步抵达目的地，结果即使比敌人早出发，却会造成比敌人晚一
步到达目的地的坏后果。

比孙子年长一些的中国古代道家代表人物老子在《道德
经》中有两句名言，一句是"曲则全，枉则直"，另一句是"反
者道之动"。所谓"反"，有两层意思，其一是"相反"，其二是
"复归"。老子的意思是，处理问题往往要从对自己不利的反
面着手，从实际情况出发走一条曲折的路，最后才能收到更
顺利地达到目的、对自己有利的正面效果，这是宇宙万物运动
发展的一种规律。孙子在《军争》篇第一段话中说的"迂直之
计"，讲的是和老子同样的哲学道理，即统兵之将在"军争"
的行军中，只有从实际情况出发，按照行军中的客观规律行
动，走一条花费时间长、速度慢、困难多、表面上对自己不利
的曲线，反倒会收获走一条花费时间少、速度快、困难少、实

际上的直线，得到对自己有利的好结果。

毛泽东在《中国革命战争的战略问题》一文中，也论述过和孙子"迂直之计"几乎一样的军事辩证法，而且认为这样从实际情况出发、辩证地处理问题是人们处理许多问题时必须遵循的规律。毛泽东的原话是这样说的："革命和革命战争是进攻的，但是也有防御和后退——这种说法才是完全正确的。为了进攻而防御，为了前进而后退，为了向正面而向侧面，为了走直路而走弯路，是许多事物在发展过程中所不可避免的现象，何况军事运动。"①

孙子以后，中国有不少军事思想家和哲学家也对孙子的"迂直之计"给予了很高评价。例如，战国时期著名的哲学著作《荀子·议兵》中有这样的话："后之发，先之至，此用兵之要术也。"

【中西比较】

在西方著名的军事著作中，很少见类似孙子这样深刻的辩证论述。只有西方现代战略学家利德尔·哈特在《战略论》中说过这样一句话："在战略上，最漫长的迂回道路，常常又是达到目的的最短途径。"②利德尔·哈特说的这句话分明来自中国的《孙子兵法》，是对孙子"迂直之计"说法的一种发挥，所不同的是，利德尔·哈特是从一般的战略角度讲"迂直之计"的。

---

① 毛泽东：《中国革命战争的战略问题》，见《毛泽东选集》第一卷，第196页，人民出版社1990年版。
② 利德尔·哈特：《战略论》，第12页，战士出版社1981年版。

二、统兵之将在同敌人进行"军争"时，要正确处理行军途中的"利""弊"关系

【原文】

故军争为利，军争为危：举军①而争利，则不及；委军②而争利，则辎重捐③。是故卷甲而趋④，日夜不处，倍道兼行，百里而争利，则擒三将军⑤，劲者先，疲者后，其法十一而至⑥；五十里而争利，则蹶上将军⑦，其法半至；三十里而争利，则三分之二至。是故军无辎重则亡，无粮食则亡，无委积则亡⑧。

【述评】

统兵之将在同敌人进行"军争"时，还会遇到这样一个军事后勤工作中的矛盾，那就是如果军队在行军途中携带全部军事装备和辎重，会影响行军的速度；但是如果不带必要的装备和辎重，当行军抵达目的地而与敌人交战时，由于军事装备和辎重没有带足，会影响战斗力的发挥，容易导致战斗失败。那么，应该怎样正确处理这个矛盾呢？

孙子认为，"军争"的最终目的并不是为了单纯与敌人争

①举军：全军携带所有的装备物资。
②委军：丢弃一些物资行军。
③辎重捐：军用器械只好丢弃。
④卷甲而趋：将士卷起铠甲，急速前进。
⑤三将军：三军主帅。
⑥十一而至：只有十分之一的人到达。
⑦蹶上将军：使前军将领遭遇挫折。
⑧委积：储备的军用物资。

行军的速度，而是为了在抵达目的地之后的交战中战胜敌人。如果只为提高行军的速度而丢弃必要的装备和辎重，缺乏后勤保障，不但会影响军队在行军途中的战斗力，而且，在抵达目的地之后、同敌人交战时，也容易导致战斗失败。因此，在同敌人"军争"时，统兵之将一定要从行军、作战的实际需要出发，按照军事后勤的规律办事，在行军中携带必要的装备和辎重，避免交战时导致失败的结果。因此，在《军争》篇的第二段话中，孙子所说的意思是：

在"军争"中潜存着对我军有利的结果，也潜存着对我军不利的危害（全在于我军采用哪一种"军争"方法）：我军如果携带全部装备和辎重同敌人争夺先军之利，肯定会影响行军的速度；但如果丢弃必要的装备和辎重，轻装前进（那么，行军的速度虽然加快了，）可是同敌人交战时所必需的装备和维持我军生活需要的物资粮食可就没有了。所以，如果让我军将士们卷起身上穿的铠甲而轻装前进，日夜不停，以加倍的速度连续行军一百里，同敌人争夺先军之利，那么，（由于我军缺乏装备、辎重、粮草，到交战时）全军将领可能被敌人俘虏，体力强的士卒先赶到战场，而体力弱的士卒还落在后面，可能只有十分之一的部队抵达交战的地点（我军必遭失败）；我军如果用轻装前进的方法行军五十里，那么（由于同样的原因）前军将领也会遭到挫折，只会有一半部队抵达行军的目的（也会在交战中失败）；即使这样行军三十里同敌人争利，也只会有三分之二的部队抵达目的地（我军照样会失败）。所以说，军队不带辎重，交战时就容易失败；不带粮食，就无法生存；

不带足储备的物资，就无法从事大规模军事活动，也会导致作战失败。

应该看到，孙子在以上这段话中主要说了三层意思：

第一，他非常重视军事后勤工作在战争中的作用，认为后勤工作做得好不好关系到战争的最终胜负，统兵之将要把军队的后勤工作领导起来，否则无法完成作战任务。

第二，他认为高速度行军，同敌人"军争"只是手段，取得战斗胜利才是目的。所以，必须正确处理行军速度和携带后勤物资之间的矛盾，决不能为了提高行军速度而丢弃行军途中和进行战斗时所必需的军事装备和辎重、生活物资。手段要为目的服务。

第三，统兵之将要处理好"军争"中、行军途中"利"与"危""害"的矛盾。

道家老子有一句名言："祸兮，福之所倚；福兮，祸之所伏。"意思是，在人类社会中做任何事都有"利""弊"二端，"祸"就潜伏在"福"里，"福"也潜伏在"祸"里，就看人们怎么正确处理了。就拿孙子的"军争"来说吧！携带军事装备和辎重物资，从表面上看，会影响行军的速度，是个"祸""害"，对"军争"不利，但是从长远看，从战略全局看，却对"军争"之后的两军交战有利，有利于我军赢得交战胜利，所以，这个"祸"又是"福"，这个"福""利"本来就潜伏在"祸""害"里。这就叫"祸兮，福之所倚"。相反，丢弃了军事装备和辎重物资，从表面上看会提高部队的行军速度，似乎是个"福"，对部队"军争"有利，可是从长远看，从战略全局看，却对"军争"后的两军交战不利，不利于我军在交战中赢得胜利，所以，这个"福"又是个"祸"，而这个"祸""害"本来就潜存在"福""利"里。这就叫作"福兮，祸之所伏"。因此，统兵之将必须懂得辩证法，懂得老子所说的"祸""福"相互倚伏、相互转化的对立统一关系，必须懂得孙子所说的"军争为利，军争为危"，正确地处理"军争"中的利弊得失关系。

【中西比较】

在西方著名军事著作中，很少见类似孙子这样深到的论述。

三、统兵之将在率领军队行军、作战时，必须尊重所有正确的军事原则和军事规律

【原文】

故不知诸侯之谋者，不能豫交①；不知山林、险阻、沮泽②之形者，不能行军；不用乡导者，不能得地利。故兵以诈立③，以利动，以分合为变者也④。故其疾如风，其徐如林，侵掠如火，不动如山，难知如阴，动如雷震；掠乡分众，廓地分利，悬权而动⑤。先知迂直之计者胜，此军争之法也。《军政》曰："言不相闻，故为金、鼓；视不相见，故为旌旗。"夫金、鼓、旌旗者，所以一人之耳目也，人既专一，则勇者不得

①豫交：与诸侯国结交。
②沮泽：沼泽地。
③兵以诈立：战争的胜利是建立在诡诈之上的。
④分合为变：根据情况的发展变化而分散兵力或集中兵力。
⑤掠乡分众，廓地分利，悬权而动：根据形势的变化，将掠夺来的物资、土地分配给有功者；权衡利弊得失后再采取行动。

独进,怯者不得独退,此用众之法也。故夜战多火鼓,昼战多旌旗,所以变人之耳目也。

【述评】

孙子在《军争》篇里所说的"军争",正像他在《军争》篇第一段话中所说的,指的是从统兵之将"受命于君"即从接受国君的作战指令开始,集合起来众多的军队,带领部队进行长途行军,目的是先敌人一步抵达交战时的战斗地点。这是一个需要花费很长时间的行军过程,要走几十里甚至几百里、上千里的路,行军途中要克服各种各样的障碍和困难,兵力有时要集中,有时要分散;有时行军的速度要加快,有时要缓慢;有时遇到敌人要进攻,有时又要停下来进行防御。在以上所引《军争》的第三段话中,孙子很生动地刻画了统兵之将率领军队同敌人进行"军争",在行军途中进行的种种军事活动。他所强调的是,统兵之将在率领军队行军、作战时,一定要尊重所有正确的军事原则和军事规律。因此,这段话的意思就是:

在行军中,如果从一开始就不掌握其他国家的谋略计划,就不可以同这些国家打交道;如果行军之前没有派人了解清楚将要通过的山林、险阻、沼泽地的地形特点,就不能开始行军;如果没有使用熟悉这些地形的向导带路,军队就不能得到这些地形给军队带来的好处。所以在行军、作战途中,必须依靠对敌人使用诡诈之术而取得成功,必须看是否对我军有利而采取军事行动,必须根据情况的发展变化而分散兵力或者集中兵力。有时，军队的行动要快如疾风；有时，又要像一片森林移动那样徐缓、稳重；应该进攻时，宛如迅猛的烈火，势不可当；应该防御时，又要像山岳一般，岿然不动；应该隐蔽时，要像完全融入黑夜里那样，让敌人摸不到我军的一点儿动态；一旦采取军事行动，我军就要像从天上滚下的惊雷，让敌人惊慌失措，无法应付。至于掠取敌人后方的粮食物资，下发给我军的各个部队，开拓敌国的土地，分配给我军的有功者等事，则要根据当时的具体情况，相机处理。总之，按照正确的原则和规律行军、作战，费时、费力，表面上看来走的是一条曲折之路，但实际走的是一条快捷、成功的直线，这就叫作事先懂得"迂直之计"的统兵之将的"军争"艺术啊！古代的兵书《军政》里说："在战场上之所以使用金、鼓，是因为统兵之将的口头命令传达不到；之所以挥动旌旗，是因为统兵之将的指挥动作部队不容易看到。"作战时之所以使用金、鼓、旌旗，就是为了让作战部队只听到一个指挥声音，只服从一个人的指挥动作，让部队统一行动。众将士只有服从统一指挥，勇敢的人才不会单独前进，胆怯的人才不会单独后退，这就是用军事指挥通信工具统一众将士行动的方法。所以，夜里作战多使用火把和战鼓，白天作战多使用旌旗，为的就是让将士们的耳目适应白天、黑夜所处的不同环境，统一部队的行动。

如果归纳一下，孙子在《军争》篇的第三段话中，主要让统兵之将在行军、作战中注意三个问题：

其一，在行军、作战之前，就要了解行军途中要经过的那些国家的谋略计划，以及行军途中要经过的种种地形特点，在行军途中要让熟悉这些地形的向导给部队引路。

其二，行军、作战必须尊重所有正确的军事原则和军事规律，与敌人进行"军争"切勿片面地求"直"、求"快"，否则会欲速而不达。

其三，在行军、作战中，还必须使用好金、鼓、旌旗等军事指挥通信工具。

【中西比较】

在西方著名的军事理论著作中，也很少见类似孙子的这些论述。

四、统兵之将在作战时，需要掌握的其他一些作战指导艺术

【原文】

故三军可夺气①，将军可夺心②。是故朝气锐，昼气惰，暮气归③。故善用兵者，避其锐气，击其惰归，此治气者也；以治待乱，以静待哗④，此治心者也；以近待远，以佚待劳，以饱待饥，此治力者也。无邀正正之旗⑤，勿击堂堂之陈⑥，此治变者也。故用兵之法，高陵勿向⑦，背丘勿逆⑧，佯北勿

---

①气：军队的士气。

②心：军心。

③朝气锐，昼气惰，暮气归：战斗初期士气旺盛，中期急惰，后期士气衰竭。

④哗：喧哗骚动。

⑤无邀正正之旗：不要进攻战旗整齐的敌人。

⑥勿击堂堂之陈：不要攻击阵容广大的军队。"陈"同"阵"。

⑦高陵勿向：不要仰攻高地。

⑧背丘勿逆：不要迎战背靠高地之敌。

从^①，锐卒勿攻，饵兵勿食，归师勿遏，围师必阙^②，穷寇勿迫。此用兵之法也。

【述评】

孙子在以上《军争》篇的第四段话中，主要讲了两层意思：其一，统兵之将在作战时，需要掌握治"气"、治"心"、治"力"的军事斗争艺术。其二，作战时决不可以硬碰硬，不可以进攻处于优势的敌人，更要防止中敌人的诱兵之计。

1.统兵之将在作战时，需要掌握治"气"、治"心"、治"力"的军事斗争艺术。

在孙子以前，中国古兵书《司马法》里就有"凡战，以力久，以气胜"和"本心固，新气胜"的说法。在记载中国春秋时期历史的《左传》中，也有齐伐晋时，曹刿说"夫战，勇气也"的记载。

"气""心""力"是我国古代兵学中所特有的三个军事概念或范畴，它们分别指两军作战时军队的精神力量"士气"、心理的稳定"军心"、军队的精神力量和物质力量相结合表现出来的"军事实力"。孙子认为，为了赢得作战的胜利，统兵之将必须懂得"治气""治心""治力"的军事斗争艺术，在作战过程中，一方面要想方设法增强我军的精神力量"士气"，稳定我军的军心，提高我军的军事实力，与此同时，又要想方设法削弱敌人的精神力量"士气"，破坏敌人的军心，削弱敌

①佯北勿从：不要追击假装败走的敌人。
②围师必阙：包围敌人时，要给敌人留一个逃走的缺口（让一部分敌人逃走，以便从整体上削弱敌军抵抗力）。

人的军事实力。只有从这三个方面下手，才有助于我军取得胜利，这既是一种军事斗争艺术，也是一种作战指导规律。因此，孙子在《军争》篇第四段的前半段话里所说的意思就是：

赢得胜利可以从争夺军队的士气入手，统兵之将也可以通过争夺军心的方法解决问题。（两军作战时有这样一个规律）一支军队刚刚开始投入战斗时士气旺盛，战斗力强；到了战斗中期，士气往往减弱；到了后期，士气往往衰竭。所以，善于打仗的统兵之将，要懂得在敌人的士气旺盛时避免战斗，等敌人的士气衰竭时再战斗，这就是"治气"的斗争艺术；我军的军心要稳定，以等待敌人的军心发生混乱，我军内部要治理得秩序井然，以等待敌人方面发生哗变，这就是"治心"的斗争艺术；我军要抢先一步抵达战斗地点，而让敌人从远处前来作战，我军于是得到了休整，而敌人却劳累不堪，我军吃饱了喝足了，有战斗力，而敌人却饥饿，战斗力被削弱，这就是"治力"的斗争艺术啊！

2.作战时决不可以硬碰硬，不可以进攻处于优势的敌人，更要防止中敌人的诱兵之计。

孙子在《军争》篇第四段的后半段中讲的意思是：

我军决不要进攻那种战备充分、战旗严整的敌人，也决不可以攻击那种实力雄厚、阵容有序的军队，这就叫作根据敌人军队的不同而使用不同方法的军事艺术。所以，统兵之将在作战时要注意使用以下的作战指导艺术：当敌人已经占据高地处于优势时，我军不要仰攻；当敌人背靠山丘有优势时，我军不可以从正面攻击；当敌军假装退却时，不要追击；当敌人士气高涨、战斗力强时，不可以进攻；当敌军派出"钓鱼"的小部队引诱我军上钩、出击时，我军不要出动；当敌军班师回国时，不要阻拦；围困敌人，必须网开一面；对那些战败后逃跑的敌人，我军不要穷追不舍。以上这些，就是作战的指导艺术。

以上，孙子在《军争》篇第四段中的后半段话里所说的"用兵之法"，被以后《孙子兵法》的研究者称为"用兵八法"。对孙子讲的所谓"用兵八法"，研究者们做了一些不同的诠释，各有各的理解。我个人认为，孙子讲的这些"用兵之法"，在他当时所处的中国古代社会的具体战争环境条件下很可能是正确的，但是，到了两千多年后的现代，有的就不一定完全正确了。可是，我认为贯穿在孙子"用兵之法"中的作战不能硬碰硬、必须根据具体情况和敌人的不同而采用不同的作战方法这一精神实质，无疑还是正确的。

【中西比较】

在西方著名的军事理论著作中，也很少见类似孙子这样的论述。

不过，利德尔·哈特在《战略论》中讲了一段话，这段话很可能是在他读了《孙子兵法》之后，对孙子关于"围师必阙"用兵之法的一种解释和发挥。利德尔·哈特认为，"围师必阙"实际上是"削弱敌人抵抗的一种最好的方法"，而且，这种方法不仅适用于军事斗争领域，还适用于政治斗争领域。

利德尔·哈特是这样说的："在战略上有一条简单粗浅的原则，这就是：当敌人占据着坚固的阵地而要攻克这些阵地必须付出很大的牺牲时，你应该给他们留出一条撤退的道路，因为这是削弱敌人抵抗的一种最好的方法。这条原则同样地适用于政治和军事，特别适用于战争。为了夺得胜利，你有必要给敌人准备一架梯子，使他能够自动地走下去。"①

【《军争》篇内容提要】

综上所述，孙子在《军争》篇中论述了四个问题：(1)统兵之将在同敌人"军争"时，要懂得"迂"与"直"、"患"与"利"的军事辩证法。(2)统兵之将在同敌人进行"军争"时，要正确处理行军途中的"利""弊"关系。(3)统兵之将在率领军队进行行军、作战时，必须尊重所有正确的军事原则和军事规律。(4)统兵之将在作战时，需要掌握的其他一些作战指导艺术。

我想用下面这些话概括《军争》篇的内容：

"孙子在本篇中以统兵之将带领军队进行长途行军，如何才能先敌一步、抢先夺得有利的地形、战斗地点为例，说明在战争中充满了矛盾的事物和关系；提出了'军争之难者，以迂为直，以患为利'和'先知迂直之计者胜'的著名论断；论述了不同的'军事'方法既有其利又有其危，统兵之将在行军、作战时必须从实际情况出发，按照正确的军事原则和军事规律办事，才能化患为利，做到'后人发，先人至'，否则，如果只见'军争'之利而不见其危，片面地求'直'、求'快'、贪'利'，只会欲速而不达，欲'直'而更'迂'，失去很多的

---

① 利德尔·哈特：《战略论》，第502页，战士出版社1981年版。

利益。

"孙子在本篇中提出的'迂直之计'里，包含了丰富的唯物主义和辩证法内容。他在本篇中还系统地论述了具有中国兵学特色的'治气''治心''治力''治变'学说，并且总结出了'高陵勿向''穷寇勿迫'等作战指导艺术。"

第四节 《九变》八：作战必须 灵活机动，攻敌顾我

《孙子兵法》的第八篇是《九变》。与《孙子兵法》第七篇《军争》所论述的主题相一致，孙子在《九变》中论述的主题，也是统兵之将在率领军队同敌人作战时，必须从战争的实际情况出发，在尊重战争客观规律的前提下发挥自己的主观能动性；但是，与《军争》篇不同的是，孙子在《九变》篇中所论述的内容有下述两个突出特点：

第一，孙子在《九变》篇中所论述的重点内容，不仅是统兵之将的作战方法必须符合作战的正确原则和客观规律，而且是因为战争本身有不断发展变化、瞬息万变的特点，统兵之将的主观世界也必须符合变化多端的客观战争实际，自己的头脑和思想方法不能僵化、死板，而应该灵活多变，以适应多变的、不同的作战环境，灵活、机动地处理问题；如果统兵之将不注意加强自己的思想方法修养，头脑和性格总是僵化、死板、片面，就会导致极其危险甚至"覆军杀将"的可悲结果。所以，孙子在《九变》篇里论述的内容很有"攻敌顾我"的中

国传统兵学特色。他在这一篇中论述的内容，不仅是统兵之将的作战指导艺术，而且是统兵之将自己的思想方法和自身的思想修养问题。这些内容是西方军事著作和战略著作没有涉及的，值得我们认真研读。

第二，《九变》不但是《孙子兵法》中间四篇即孙子论述"军事战略"问题的最后一篇，而且是他论述包括"国家战略"和"军事战略"在内的、全部战略问题的最后一篇，也就是说，当孙子论述完《九变》中的战略问题以后，他就要从论述战略问题而在下一篇《行军》里转入论述"战术"问题了。所以，孙子在《九变》篇中所论述的重点内容，与前面七篇的内容重点还有一个显著不同的特点，即他不是重点论述统兵之将在战争中应该做什么、怎样做，而是重点论述统兵之将在战争中不应该做什么、应当避免做什么。换句话说，孙子在《九变》篇中总结的并不是作战成功的经验，而基本上是作战失败的教训。这也是《九变》篇值得我们注意的一个特点。

下面，我还是先从《九变》篇的篇名讲起。

【篇名】

"九"在《孙子兵法》中也是一个"大概念"，有多种含义，在有的语言环境下，"九"指的是一个数目，即"八"加"一"，而有时，"九"则表示"多"。《孙子兵法》之《九变》篇中的"九变"，就是"多变"，事物总是在不断变化的意思。《周易·系辞上》说："一阖一辟谓之变。"意思是，"变"就是在一张一合不断地变化。《说文解字》对"九"的解释是："阳之变也，像其屈曲究尽之形。"意思是，"九"就像天上的太阳，无时无刻不在变化，阳光一会儿晦暝，一会儿又辉煌灿烂，形象变化多端，不可穷尽。

孙子在《九变》篇中所说的"九变"有两层意思，一层意思是说，战争、战况、战情总在不断地变化，变化贯彻于战争的始终，世界上没有不变化的战争。另一层意思是，统兵之将在战争中遇到的也是不断变化的战争环境，不断变化的天气和地形，不断变化的战情、战况、利弊得失，所以，自己的头脑、思想方法和处理问题的方法也应该适应复杂多变的战争客观实际，必须灵活多变。

《九变》是《孙子兵法》中文字最少、篇幅最小的一篇，只有三个段落，我便分三个小专题讲解这一篇的内容。

一、统兵之将在战争中会遇到种种不同的战区、战况和战情，要善于用不同的方法去应付

【原文】

孙子曰：凡用兵之法，将受命于君，合军聚众，圮地①无舍，衢地②交合，绝地③无留，围地④则谋，死地⑤则战。涂有所不由，军有所不击，城有所不攻，地有所不争，君命有所不受。故将通于九变之地利者，知用兵矣；将不通于九变之利

---

①圮地：难以通行的地区。
②衢地：四通八达的地区。
③绝地：难以生存的地区。
④围地：四面都是险阻，难以逃出的地区。
⑤死地：军队只有拼死作战才能存活的地区。

者，虽知地形，不能得地之利矣。治兵不知九变之术，虽知五利，不能得人之用矣。

【述评】

众所周知，战争是人类从事的一种特殊的实践活动，这种实践活动的一个突出特点就是在不断地发展变化，变化贯彻战争的自始至终。统兵之将处在不断变化、种种不同的战争环境中，必须根据不同的战区、战情、战况，具体问题具体分析，采用有变化的不同方法，分别对待和处理遇到的问题，决不能用一种态度和方法处理不同的问题。孙子在《九变》篇的第一段话中，讲的就是统兵之将在战争中必须用不同的方法灵活地处理问题的道理。因此，这段话的意思就是：

孙子说：统兵之将从国君那里接受了作战指令，集合众多的军队以后，就要注意在战争中遇到五种不同的地区时，要使用有变化的、五种不同的处置方法：一是遇到难以通行的地区时，不要驻军；二是在通过我国和其他国家交界的地区时，要搞好外交关系；三是在通过难以生存的地区时，军队不要多停留；四是当军队陷入险恶、难以逃出的地区时，需想方设法逃离出去；五是当军队陷入必须拼命一战否则就不能存活的境地时，就只能拼死一战了。（再者，统兵之将不是在什么情况下都要有所作为，在以下五种情况下，就不要有所作为：）一是在行军途中，有些道路根本就不要通过；二是对有些敌人，根本就不要去攻击；三是遇到有些城池，根本就不要去攻取；四是对有些地区，根本就不要去争夺；五是对国君发来的命令，有些可以不接受、不执行。因此，只有通晓根据不同

的、有变化的战地、战时、战况，只采取有利于我军的多变的
方法处置问题的统兵之将，才称得上是懂得军事艺术的统兵
之将；那种虽然懂得地形学，却不懂得根据不同的地区而采取
只对我军有利的方法加以对付的统兵之将，则不可能从地形
中得到对我军有利的东西。而那些只知道在战争中遇到五种
地区使用五种不同的方法对我军有利，但是却不知道战争总
是在发展变化，因而作战指导艺术也应该不断发展变化的统
兵之将，则根本不能任用，不能在战争中使用他们。

　　显然，孙子在这段话中所强调的是因为战争总在不断地
发展变化，所以，统兵之将的头脑也要随之而灵活多变，遇
到各种不同的问题时，必须使用多变的、不同的应对方法。当
统兵之将遇到五种不同的地区时，只有使用有变化的、有区
别的方法去应对，才能获得"五利"；只有用多变（"九变"）
的、灵活的作战艺术去应对发展变化的战区、战情、战况，才
能让我军获得多种利益（"九变之利"）。在这段话中，孙子所
说的"将不通于九变之利者，虽知地形，不能得地之利矣"中
的"将"，实际上指的是那种理论脱离实际、只懂得地形学而
在实际战争中不会灵活处置地形，不会从具体地形中给军队
带来好处的统兵之将。孙子所说的"治兵不知九变之术，虽知
五利，不能得人之用矣"中的"人"，实际上指的是那些只知道
用五种不同的方法通过五种不同的地区能够给军队带来五种
好处（"五利"），然而却不懂得战争总是在不停地发展变化，
必须用不断发展变化的军事艺术对付不断发展变化的战时、
战地、战情、战况的人。孙子为什么认为这样的人根本不能任

用、不能在战争中使用（"不能得人之用"）呢？因为一个统兵之将如果只知"五利"（在通过五种不同的地区时使用五种不同的方法，能够给军队带来五种好处）还不行，因为战争是不断发展变化的，除了已知的五种战区、战情、战况之外，统兵之将还会遇到第六种、第七种、第八种战区、战情、战况。如果一个统兵之将只知道"五利"，以后再遇到其他有变化的多种不同的战区、战情、战况怎么应对呢？所以，孙子认为那些思想僵化、缺乏灵活性，只知道"五利"而不知道"九变之术"（必须用不断发展变化的军事艺术，对付不断发展变化的战时、战地、战情、战况）的人，是不能在战争中使用的。

【中西比较】

在西方著名的军事理论著作中，很少见类似孙子这样的论述。

二、在多变的军事艺术中，只有一个不变的行为准则——那就是趋利避害

【原文】

是故智者之虑，必杂于利害。杂于利而务可信也①，杂于害而患可解也②。是故屈诸侯者以害，役③诸侯者以业，趋④诸侯者以利。

---

①杂于利而务可信：在考虑到利害两方面时，在不利中要看到有利的一面，才能促使军情向有利的方向发展。

②杂于害而患可解：在考虑到利害两方面时，在有利中要看到有害的一面，才能设法解除祸害。

③役：役使。

④趋：奔走。

【述评】

孙子认为，虽然因为战争总是发展变化的，统兵之将也必须用多变的、不同的军事艺术处理不同的问题，可是，在多变的军事艺术中又有不变的东西，那就是统兵之将必须用既有"利"又有"害"的二重性的观点观察、分析处理自己所遇到的所有问题。对于战争中遇到的所有问题，都要考虑这样做对我军有利还是有害。趋利避害是军事艺术中的一个不变的行为准则。也就是说，在战争中凡是对我军有利的事情，就要去做；凡是对我军不利的、有害的事情，就不要去做，同时，这个准则也是军队同其他国家打交道时必须遵循的行为准则。所以，孙子在《九变》篇中第二段话里讲的意思是：

有智慧的统兵之将在考虑和处理任何问题时，都要想一想这样做对我国和我军有利还是有害。只有在考虑到有害一面的同时，看到有利的一面，才能想办法去达到有利的结果；也只有在考虑到有利一面的同时，看到还有对我国和我军有害的另一面，才能想办法去解除祸害。（这也是军队同其他国家打交道时的行为准则）要想让其他国家屈从于我，就要告诉它，不照我说的去做，对它有害；要想让其他国家为我所用，就要告诉它，不照我说的去做，对它有危险；要想让其他国家依附于我，就要告诉它，照我说的去做，对它有利。

"利"和"害"，可以说是《孙子兵法》和中国传统兵学（包括世界兵学）中的一对最高的概念或范畴，这对概念或范畴贯穿于"国家战略""军事战略"和"战术"之各个层次的战争指导规律之中，表达的是人们在战争中的行为后果。孙子说"智者之虑，必杂于利害。杂于利而务可信也，杂于害而患可解也"，实际上就是认为"趋利避害"应该成为人们在战争中考虑和处理一切问题的行为准则。孙子的这种思想符合战争指导的实际情况，是很深刻的。

【中西比较】

在西方著名的军事理论中，也很少见类似孙子这样的论述。

三、统兵之将在战争中不能主观地、一厢情愿地处理问题，思想方法和性格不可过于死板、僵化

【原文】

故用兵之法，无恃其不来，恃吾有以待也；无恃其不攻，恃吾有所不可攻也。故将有五危：必死①，可杀也；必生②，可虏也；忿速③，可侮也；廉洁，可辱④也；爱民，可烦⑤也。凡此五者，将之过也，用兵之灾也。覆军杀将，必以五危，不可不察也。

【述评】

孙子进一步说道，战争不仅是不断变化发展的，而且是非常复杂的，统兵之将在战争中不但要根据不同的战争环境、战情、战况，使用不同的作战方法和军事艺术，让"趋利避害"成

---

①必死：只知死拼。

②必生：只知活命。

③忿速：性格急躁易怒。

④可辱：使其受到污辱。

⑤可烦：使其烦恼、劳顿。

为自己考虑和处理一切问题的行为准则，而且还要考虑到在战争的发展过程中存在着多种可能性，绝对不能主观、片面、一厢情愿地考虑和处理问题，自己的思想方法和性格不可过于死板、僵化。因此，他在《九变》篇的最后一段话中说的意思就是：

打仗的方法，不能主观地寄希望于敌人不会向我军开来，而要立足于我军已经做好了敌人可能向我军开来的作战准备；不能片面地寄希望于敌人不会向我军进攻，而要依靠我军已经做好了敌人可能向我军进攻的防御准备。所以，统兵之将（如果思想方法和性格过于死板、僵化）可能会导致发生以下五种危险：一是如果只想同敌人死命地拼杀，就可能被敌人诱杀；二是如果只想活命，就很可能被敌人俘虏；三是如果自己的性格、脾气急躁易怒，很可能会受到敌人的欺侮而轻举妄动；四是如果自己过于廉洁好名，就很可能会受到敌人的污辱，名声被玷污；五是如果自己过于仁慈爱民，也很可能被敌人利用，给自己带来烦乱。而以上所有五种危险的发生，都是统兵之将自己的过错（怨不得他人），如果得不到改正，往往会给带兵打仗带来灾难。全军的覆灭，统兵之将被杀，必定来自统兵之将的思想方法和性格弱点所导致的这五种危险。对这五种危险及其造成的严重后果，是不可以不认真考察、研究的。

战争不仅是人类从事的一种特殊实践活动，是不断发展变化的，而且是敌我双方从事的一种对抗性活动。战争的胜负关系到将士们的生死和国家的存亡。两千多年前的孙子能够从战略上把战争胜负的一个重要原因归结到指导军队作战的统兵之将的主观世界上，从统兵之将自身的思想方法甚至性格特点上寻找原因，并且警告说，如果统兵之将自己的思想方法和性格过于死板、僵化，有片面性，不加改正，不加强自身的思想修养，不适应战争的客观要求，最终会造成"覆军杀将"的严重后果。孙子的这些论述也是符合战争指导的实际情况的，具有中国传统兵学"攻敌顾我"的特色，非常正确！

【中西比较】

在西方著名的军事著作和战略著作中，很少见类似孙子这样的论述，更没有人能够像孙子在《孙子兵法》的《九变》中那样，从哲学高度、从统兵之将自己的思想修养和思想方法中总结战争胜负的原因，总结战争的经验教训。

克劳塞维茨是很重视人的"精神力量"在战争中起到的能动作用的。他在《战争论》中，围绕着军事统帅如何实施军事战略、贯彻战争计划的问题，运用了大量哲学、心理学、伦理学和军事学的知识，对贯穿在战争中的"精神要素"的种类、价值、作用以及来源等问题，进行过相当艰苦和细致的分析、研究，具有开拓性，并且取得了一定的研究成果。尤其是他在《战争论》中专门研究过"统帅的才能"问题，认为一个合格的军事统帅除了必须具备一般普通军人和军事指挥官所应具备的良好素质以及种种精神外，还应该具有"极高的精神力量""综合力和判断力"、战略上的"洞察力"，等等①。然

①见《战争论》之第三篇第三章《精神要素》和第四章《主要的精神力量》。

而，克劳塞维茨只是从认识论的角度论述了人的"精神力量"和"统帅的才能"问题，他从来没有从思想方法和性格特点方面论述过军事统帅必须提高自己的思想修养，克服性格弱点，克服思想上的主观性、片面性、死板、僵化等问题。

【《九变》篇内容提要】

总之，孙子在《九变》篇中只论述了三个问题：（1）统兵之将在战争中会遇到种种不同的战区、战况和战情，要善于用不同的方法去应付。（2）在多变的军事艺术中，只有一个不变的行为准则——趋利避害。（3）统兵之将在战争中不能主观地、一厢情愿地处理问题，思想方法和性格不可过于死板、僵化。

应当用以下几句话概括《九变》篇的内容：

"在本篇中，孙子认为统兵之将在遇到不同的战区、战况、战情时，必须用不同的方法去应对，有所不为才能有所作为。他还提出了'智者之虑，必杂于利害'的军事行为准则，要求统兵之将的思想和军事素质要全面，头脑、思想方法甚至性格必须灵活机动，切不可片面、死板、僵化。

"孙子在本篇中论述的内容，有'攻敌顾我'的中国传统兵学的理论特色。"

第八章 《孙子兵法》后五篇

——战术专题：行军、驻军、治军、
作战和侦察敌情的方法

　　我在前面已经讲过几次，整个《孙子兵法》的理论体系大体上是按照从大到小、从高到低、从战争的全局到战争局部、也就是从"国家战略"到"军事战略"再到"战术"这样的一个逻辑顺序展开论述的。所以，当孙子在《孙子兵法》的前四篇论述完"国家战略：国君的'大战争'指导艺术"以后，又在中四篇论述了"军事战略：统兵之将的作战指导艺术"以后，他便从《孙子兵法》的第九篇《行军》开始，论述《孙子兵法》的后五篇，即五个"战术"专题了。

　　所谓"战术"，就是统兵之将和中、下级指挥官甚至还包括普通士兵在内，在战争中使用的低层次的作战方法和处理问题的方法。这些低层次的方法往往处理的并不是战争全局性的谋略问题，而是战争中局部性的具体问题。这些问题所涉及的内容有的意义非常重大，例如孙子所说的"令之以文，齐之以武"的治理军队的方法问题；"夫霸王之兵，伐大国"的战略性战术措施；不是普通的间谍，而是使用好"大战略"间谍对取得"大战争"胜利的重要作用，等等。但是，有的内容又相当零碎、具体甚至细小，例如一支军队怎样行军、怎样驻军；统兵之将怎样观察判断敌情；我军打入敌军内部的间谍怎样观察判断敌军的动态；军队通过不同的地区、地形和开进敌国深处时的注意事项；在战斗特别是在两军进行大规模决战时用火器进攻敌人的方法，等等。在《孙子兵法》的后五篇《行军》《地形》《九地》《火攻》《用间》中，孙子论述的都是这样一些战争局部性的具体问题，而不是全局性的"国家战略"和"军事战略"的谋划问题。

在具体讲解《孙子兵法》后五篇之前，我认为有必要首先提醒大家注意有以下五个问题：

第一，低层次的、局部性的"战术"问题对于赢得整个战争胜利也很重要。

虽然在《孙子兵法》的后五篇里，孙子论述的基本都是"战术"问题，可是，我们决不要以为处理好"战术"问题不重要。因为，正如毛泽东在《中国革命战争中的战略问题》一文中指出的："全局性的东西，不能脱离局部而独立，全局是由它的一切局部构成的。"[①]在中国古代战争中，国君和统兵之将所制定的全局性的战争计划，毕竟要靠众多的将士们组成的军队通过一系列战术行动去落实；如果这些局部性的战术行动不成功，全局性的战争计划也会受到影响。有时，如果对全局有决定性意义的战术行动发生重大失误、遭到失败，甚至会引起战争全局变坏。人们常常说"一着不慎，满盘皆输"，指的就是这种情形。因此，孙子在论述"国家战略"和"军事战略"以后，又用五篇的篇幅专门论述"战术"专题，是很有道

---

① 毛泽东：《中国革命战争中的战略问题》，见《毛泽东选集》第一卷，第175页，人民出版社1990年版。

理的，可谓颇具匠心，考虑问题全面、周到，有辩证法头脑；如果孙子在论述了"国家战略"和"军事战略"之后，不再论述"战术"问题，那么，可以说孙子在《孙子兵法》中所创建的朴素的战争和战略理论体系就不算完整，孙子也就没有资格被世人称为一个伟大的军事学家和战略学家。

第二，"战略"和"战术"的划分、区别具有相对性，孙子在论述"战术"问题时，不免会出现一些"战略"内容。

孙子在《孙子兵法》的后五篇里，虽然论述的基本是"战术"问题，但是，在这五个"战术专题"中，又不时地出现了一些"军事战略"甚至"国家战略"的内容和成分。这并不足为奇，而是不可避免的事情。因为"战略""战术"的划分、区别本来就不是绝对的，而是相对的，而且，无论是"战略"还是"战术"都是有层次的。也就是说，同一个军事行动，从这个角度看是战略问题，而从另一个角度看又是战术问题。

例如军队的"行军"问题，克劳塞维茨在《战争论》的第二篇第一章"战争艺术的区分"中明确地说过："战术是在战斗中使用军队的学问"，"是这些战斗本身的部署和实施"；"战略是为了战争目的运用战斗的学问"，是"为了达到战争的目的对这些战斗的运用"，可是，"一定会有一些活动既可以列入战略范畴，也可以列入战术范畴"①。

"行军"就是如此。克劳塞维具体分析道："战斗内的行军……是我们称之为战斗的那种活动的不可分割的一部分"，

①克劳塞维茨著，军事科学院译：《战争论》，第103-105页，商务印书馆1978年版。

"行军的内部部署永远同战斗的准备有关系，它是可能发生的战斗的预先部署，因此具有战术的性质"；而"战斗外的行军无非是为了要实现战略决定"，所以"战斗外的行军是一种战略手段，但它并不因而仅属于战略，军队在行军中随时都可能进行战斗，所以，行军既要服从战略规律，又要服从战术规律"①。

实际上，不仅"行军"如此，"野营""舍营"也是如此，它们究竟是战略问题还是战术问题、还是战略与战术的交叉问题，全看从哪个角度进行分析。在这方面，克劳塞维茨在《战争论》中也明确论述过，他认为"战争艺术"可以划分为"广义的战争艺术"（即"大战略"）和"狭义的战争艺术"（即"作战战略"）两大类。他又说道："狭义的战争艺术本身又分为战术和战略。前者〔即'战术'〕研究战斗的〔具体进行〕方式，后者〔即'战略'〕研究战斗的〔综合〕运用"；而"行军、野营和舍营这几种军队的状态，只是由于战斗才同战略和战术发生关系。它们究竟是战术问题还是战略问题，这要看它们是同战斗的方式有关，还是同战斗的意义有关"②。

总之，"战略"和"战术"的区分有相对性，同一个军事行动究竟是属于战略问题还是战术问题，要看从哪个角度进行分析。尽管孙子在《孙子兵法》后五篇的论述中，也出现了一些"军事战略"甚至"国家战略"的内容或成分，但是，整体说

①克劳塞维茨著，军事科学院译：《战争论》，第103—105页，商务印书馆1978年版。
②克劳塞维茨著，军事科学院译：《战争论》，第105页，第109页，商务印书馆1978年版。

来，他在后五篇中基本论述的还是"战术"问题，所以，我便把《孙子兵法》后五篇的内容归入了"战术"范畴，称这五篇都是"战术专题"。

第三，《孙子兵法》后五篇的内容全部来自战争经验，有的内容是对孙子以前的中国古代战争的经验总结。

孙子在后五篇中所论述的"战术"内容相当零碎、具体甚至细小，有突出的方法论性质。例如怎样行军、驻军、治军、作战、观察判断敌情；在本国内、在本国与其他国家的交界处、在深入敌国之后，怎样治理军队、怎样作战，有哪些规律，应当注意哪些问题；战斗取得胜利以后怎么办；为了获取敌国敌军的情报，应该以怎样的态度和方法使用间谍，等等。而所有这些内容和处理问题的方法都来自战争经验，有的内容和方法又来自孙子以前的我国古代社会长期积累下来的战争经验，只不过经过孙子及其门徒的归纳、整理和提高罢了。由于西方军事著作中缺乏专门论述"战术"理论的内容，其战争与战略理论的理论体系很不完整（无论是克劳塞维茨还是利德尔·哈特和保罗·肯尼迪的著作都是如此），所以，孙子在《孙子兵法》后五篇里论述的"战术"理论，今天看起来显得弥足珍贵，具有极高的理论价值和史料价值，有助于我们今天管窥中国古代战争中的种种活动细节，并且可以推测中国古代战争从开始直至结束、取得胜利的全过程、全貌。

第四，在《孙子兵法》的后五篇中，也有少量的理论糟粕。

当然，实事求是地看，在《孙子兵法》的后五篇中，也包含少量的理论糟粕，是需要我们注意和认真加以鉴别的。我们今天没有必要为这些理论糟粕做无谓的辩护。例如，孙子在《九地》篇中所论述的"霸王之兵"和"愚兵之术"等。我们对待《孙子兵法》的正确研究态度，是应当提取其中民主性的精华，摒弃其中封建性的糟粕。

第五，《孙子兵法》后五篇的内容，也是有内在联系的。

现在，我就讲一讲后五篇在内容上的内在联系：

《孙子兵法》的第九篇《行军》、第十篇《地形》、第十一篇《九地》，这三篇内容都和地形、地貌或地区有关，都和孙子在《孙子兵法》第一篇《计》中所讲的"地"（"地者，远近、险易、广狭、死生也"）有联系。

其中第九篇《行军》，孙子主要围绕军队的行军活动，讲的是行军、驻军、治理军队和在战争中观察判断敌情的方法。因为在行军途中不免会和敌人发生小规模的遭遇战，孙子在《行军》篇中还总结出一条最基本的作战战术指导规律。

在第十篇《地形》中，孙子以不同的"地形""地貌"为中心，总结出若干正面的战术原则，又总结出若干反面的、容易导致军队作战失败的经验教训，进而提出了统兵之将在战争中必须遵循的一个最高的行为准则。

在第十一篇《九地》中，孙子按照一支军队从本国出发，经过与其他国家的接壤地区，最后开进敌国深处的行军、作战顺序，论述了"待敌之法"和治理本国军队的一些注意事项，特别是阐述了即将同敌军展开大决战之前应当采取的几个重大举措。

《孙子兵法》的第十二篇《火攻》则和《孙子兵法》的第一篇《计》中所讲的"天"（"天者，阴阳、寒暑、时制也"）有联系。在这一篇里，孙子系统论述了用"火"这种武器进攻敌人、实施火攻的条件和方法。由于"火攻"是中国古代暴力斗争的集中表现，用火器进攻敌人意味着大规模的战斗、战役已经发生，"火攻"相当残酷，后果严重，孙子于是提出了"慎战"的思想。

第十三篇《用间》，孙子讲的是使用间谍、全面掌握敌情、"知彼知己"中的"知彼"的重要性。在这一篇中，孙子论述了间谍的种类、使用间谍的态度和方法，尤其是使用打入敌国内部的"大间谍"即"国家战略"间谍的重要性。

下面，我就开始讲《孙子兵法》的第九篇《行军》。

第一节 《行军》九：行军、驻军、治军和观察判断敌情的方法

在《行军》篇中，孙子围绕一支军队在长途行军中遇到的各种问题以及敌人的军事行动，先后论述了军队在经过四种不同地区时的注意事项；在同敌人接触时，观察判断敌情的方法；如果同敌人发生小规模遭遇战时，一条最基本的作战战术指导规律，以及统兵之将治理本国军队的基本原则。所有这些注意事项、战术指导规律和治军原则，都是孙子对中国古代战争经验的总结和概括，有些甚至是孙子以前的中国兵学家们长期积累起来的战争经验，所以值得我们重视和研究。

【篇名】

"行军"是军事学中的一个专门术语。《说文解字》对"行"的解释是："人之步趋也。"意思就是"人的行走"。"军"，指"军队"。故"行""军"两字连用，意思就是军队从一个地点行走到另一个地点。克劳塞维茨在《战争论》中给"行军"下的定义是："行军就是军队从一个配置地点向另一个配置地点的单纯的转移。"①正如我前面说过的，克劳塞维茨还认为，"战斗内的行军"与准备进行战斗有关，所以，属于"战术"范畴；而"战斗外的行军"虽然是由统兵之将的战略指导决定的，但是，由于军队在长途行军中随时随地都可能遇到敌人，也"随时都可能进行战斗，所以，行军既要服从战略规律，又要服从战术规律"②。

毛泽东在《中国革命战争的战略问题》中，也特别论述过军队的"走"即行军的问题。毛泽东的原话是这样说的："'打得赢就打，打不赢就走'，这就是我们的运动战的通俗的解释。天下没有只承认打不承认走的军事家，不过不如我们走得这么厉害罢了。对于我们，走路的时间多于作战的时间，平均每月打得一个大仗就算是好的。一切的'走'都是为着'打'，我们的一切战略战役方针都是建立在'打'的一个基本点上。"③

---

① 克劳塞维茨著，军事科学院译：《战争论》，第412页，商务印书馆1978年版。
② 克劳塞维茨著，军事科学院译：《战争论》，第105页，商务印书馆1978年版。
③ 毛泽东：《中国革命战争的战略问题》，见《毛泽东选集》第一卷，第230页，人民出版社1990年版。

这也就是说，虽然战争的最后胜负取决于"打"，即取决于两军的决战，但是，为了在战斗中取得胜利，在整个战争中，军队还要进行许多其他的非战斗军事活动；而且，这些活动所花费的时间往往比进行战斗的时间更长久。长途行军就是这样一种花费时间较长的军事活动。更何况"行军"还不仅仅是一个单纯的"走"的问题，在"行军"途中，还有夜里要"驻军"的问题、起火吃饭的问题、随时随地治理军队内部纪律的问题、观察判断敌情的问题、遇到敌人进行战斗的问题，等等。在《行军》篇中，孙子对长途行军中遇到的几乎全部问题都做了论述，有的问题他论述得简单明了，而有的问题他又论述得很细致、生动、绘声绘色。他总结出来的一些观察判断敌情、处理问题的方法，不仅适用于战争领域，而且适用于和平时期，适用于我们日常生活的各个领域，是我们观察人和事经常使用的方法，颇值得研读玩味，对我们待人处事也有益处。因此，值得我们注意。

《行军》篇中共有五段话，我就分五个小专题进行讲解。

一、军队在通过山地、江河、沼泽地、平原时的注意事项
【原文】

孙子曰：凡处军相敌①，绝山依谷②，视生处高③，战隆

①处军：对于军队的处置、部署。相敌：观察、判断敌情。
②绝山：通过山地。依谷：靠近有水草的谷地。
③视生处高：指扎营要选择居高向阳之地。

无登①，此处山之军也；绝水必远水，客②绝水而来，勿迎之于水内，令半济而击之，利，欲战者，无附③于水而迎客，视生处高，无迎水流，此处水上之军也；绝斥泽④，惟亟去无留，若交军于斥泽之中，必依水草而背众树，此处斥泽之军也；平陆处易而右背高⑤，前死后生⑥，此处平陆之军也。凡此四军之利，黄帝之所以胜四帝也⑦。

【述评】

以上是孙子在《行军》篇中所说的第一段话，说的是当军队在长途行军遇到山地、江河、沼泽地、平原这四种不同地区时的注意事项，说的是怎样通过（其中包括驻扎在）这些地区才对军队有利。因此，这段话的完整意思是：

孙子说：军队在行军、驻军和观察判断敌情时，应当注意四个方面问题。

其一，在行军通过山地时，要靠近有水草的谷地（免得一旦被敌人围困而渴死）；驻扎在山地地区时，要驻扎在高地向阳的一面（有助于将士们的身体健康和防御）；如果敌人已经占据了高地，我军不要仰攻（以免向上进攻敌人，使我军吃亏）。这是通过和驻扎在山地时的注意事项。

---

①战隆无登：敌人占据高地，我军不要仰攻。

②客：敌军。

③附：靠近。

④斥泽：有盐碱的沼泽地。

⑤平陆：平原。处易：驻扎在平坦的地方。

⑥前死后生：前低后高。

⑦四帝：中国古代传说中的赤帝（炎帝）、青帝（太皞）、黑帝（颛顼）、白帝（少昊）。

其二，军队通过江河地区时，要驻扎在距离江河稍远一些的地方（以便当敌人向我军进攻时，我军有进退的余地，不能退到江河里去）；敌人如果渡过江河来向我军进攻，我军不要在江河之中迎战，而要在敌人的一部分人已经渡过江河而另一部分还没有渡过时，向敌人发起攻击，这样对我军有利。如果同敌人展开战斗，我军也不要选择在紧靠江河的地方（防止我军战斗一旦失利，退到江河里去）。在江河地区驻军时，要选择向阳的高处，不要选择在逆着水流的下游地区（防止敌人在上游地区决堤，对我军展开"水攻"）。这是我军通过和驻扎在江河地区时的注意事项。

其三，当行军中遇到有盐碱的沼泽地时，要迅速离开，不要停留。如果在这种地区遇到敌人，要抢先占领有水草、背靠树林的干燥地带（以便我军的生存和防御）。这是军队通过沼泽地时的注意事项。

其四，当军队驻扎在平原地区时，要驻扎在地势平坦、背靠高处、前低后高的地方（一旦发生战斗，对我军进攻和防御都有利）。这是军队通过和驻扎在平原地区时的注意事项。

孙子还说，以上军队通过四种不同地区时对军队有利的应对方法，都是远古时代黄帝战胜赤帝、青帝、黑帝、白帝时已经用过的方法。

孙子以上所说的军队在通过四种不同地区的注意事项，实际上也就是军队在通过这四种不同地区时的战术指导规律。我们不要轻视这些战术指导规律，因为能否遵循这些战术指导规律，在通过这四种地区时按照这些注意事项去做，关系到一支军队的切身利益和作战的成败得失，孙子是从能否赢得整个战争的胜利、从战略全局的高度论述这些战术指导规律的。而能够总结出这些战术指导规律，又需要经过相当长一段时期的经验积累。恩格斯在他撰写的名著《自然辩证法》中，曾经以物理学中的"摩擦生热""能量转化"为例，说明人类要想掌握事物的运动发展规律，需要经过一段很长时期的摸索过程，甚至要花费几百年、几千年的时间，是在同大自然打交道的过程中，在实践中通过长期的经验积累才得出的结论[①]。孙子在《行军》篇中提出的这些军队在通过四种地区时的注意事项，或者叫作战术指导规律，也是人类长期战争经验的总结。

就拿"客绝水而来，勿迎之于水内，令半济而击之，利"这句话来说吧。这条战术指导规律就是中国古代军队在长期战争实践中，针对渡河的敌人怎样进行攻击，尝试了各种各样的方法，积累了大量的正反两方面的经验教训，吃了很多苦头，也尝到了一些甜头，才终于搞明白"令半济而击之，利"，从而形成一条屡试不爽的战术指导规律。孙子所说的"凡此四军之利，黄帝之所以胜四帝也"，说的也正是中国古代兵学家能够认识到"此四军之利"很不容易，能够认识到并且在战争中按照这些战术指导规律去做，必须要经过很长很长时间的经验积累过程。

---

①恩格斯：《自然辩证法》，见《马克思恩格斯选集》第三卷，第517—518页，人民出版社1995年版。

【中西比较】

在西方著名的军事著作和战略著作中，很少见类似孙子这样的论述。因为我已经说过，无论是克劳塞维茨还是利德尔·哈特和保罗·肯尼迪，在他们的军事著作或战略著作中，都没有系统地论述过"战术"问题。

但是，在《战争论》的第六篇和第七篇，当克劳塞维茨在分别论述"防御"和"进攻"的问题时，曾经专题论述过"山地防御""江河防御""沼泽地防御""泛滥地防御"，也专题论述过"山地进攻""沼泽地、泛滥地和森林地的进攻"问题[1]。他在论述这些问题时，曾经提出过一些军队在通过这些地区时的注意事项，即战术指导规律。特别值得我们注意而且令人惊讶的是，他说了两段和孙子的战术思想惊人一致的话，这两段话和孙子在《行军》篇中所说的两句话如出一辙。

克劳塞维茨在《战争论》中说的第一句话是："不可为了绝对阻止敌人渡河而沿江河平分兵力（这是危险的），而是应该监视江河，乘敌人渡过江河以后还没有把全部兵力集结起来的机会，在他们还被限制在靠河的一个狭窄地带的时候，从各方面攻击它们。"[2]克劳塞维茨说的这段话，和孙子所说的那句话"客绝水而来，勿迎之于水内，令半济而击之，利"的精神实质相同，都是力主当敌人渡河、其兵力分散时，乘机攻击敌人对我军有利。

---

[1] 克劳塞维茨著，军事科学院译：《战争论》，第572—629页，第797—800页，第805—806页，商务印书馆1978年版。

[2] 克劳塞维茨著，军事科学院译：《战争论》，第986页，商务印书馆1978年版。

克劳塞维茨说的另一句话是:"在战略上人们力图避免向沼泽地进攻,力图绕过沼泽地。"[1]这段话也和孙子所说的"绝斥泽,惟亟去无留"雷同,可以说几乎一模一样!

克劳塞维茨和孙子的一些军事思想和战术思想惊人一致甚至雷同的现象,只能说明这样一个问题,那就是战争规律和战争指导规律确实具有客观性和一定普遍性,在战争中认识和使用这些规律是不以人们的主观意志为转移的,人们不遵守这些规律就会在战争中吃亏;否则,生活在不同的历史时代、不同地域、不同国家的军事理论家和战略学家们就不可能总结出内容基本一致甚至彼此雷同的战术指导规律。

二、驻军、行军时的其他一些注意事项

【原文】

凡军好高而恶下,贵阳而贱阴,养生而处实[2],军无百疾,是谓必胜;丘陵堤防,必处其阳而右背之,此兵之利,地之助也;上雨,水沫至,欲涉者,待其定也;凡地有绝涧、天井、天牢、天罗、天陷、天隙[3],必亟去之,勿近也,吾远之,敌近之,吾迎之,敌背之;军行有险阻、潢井、葭苇、山林、翳荟者[4],必谨覆索之,此伏奸之所处也。

---

[1]克劳塞维茨著,军事科学院译:《战争论》,第805页,商务印书馆1978年版。

[2]养生:水草丰茂、便于放牧。处实:驻军在坚实、地势高处。

[3]绝涧、天井、天牢、天罗、天陷、天隙:指六种特殊险恶的地形、地势,详见后面的"述评"。

[4]潢井、葭苇:长满芦苇的低洼地。山林、翳荟:草木繁茂的山林地。

【述评】

孙子在《行军》篇的第一段话中，说的是军队在通过四种不同的"地区"时的注意事项；而在《行军》篇的第二段话中，说的是军队在一般情况下，在下雨天、在遇到一些比较特殊的"地形"时的注意事项。他这段话的意思是：

军队一般都喜欢驻扎、活动在地势高而向阳、便于生存的地方，而厌恶驻扎、活动在地势低、潮湿、生活不便的环境里。因为只有生活在地势高、向阳、便于生活的环境中，将士们才不容易患各种疾病，保持身体健康；身体健康，作战时才容易赢得胜利。当军队驻扎在丘陵地带、江河堤防地带时，也必须选择向阳的地方活动，军营要背靠着向阳面，这就是"天"给军队带来的好处，"地"给军队带来的利益。当行军途中遇到江河的上游下起暴雨，大量江河之水夹杂着泡沫滚滚冲下来时，军队不可以马上渡河，要等雨水少了、水势平稳之后，再渡过去（以免渡河时发生危险）。如果行军途中遇到以下六种地形、地势时，军队必须及早摆脱开，不要靠近那里，这六种地形是：两岸峭壁、下面有水流的"绝涧"；四面高山、中间低洼的"天井"；三面险山环绕、军队易进难出的"天牢"；荆棘丛生、人难以通过的"天罗"；地势低洼、人容易陷入泥泞中的"天陷"；两面都是高山、中间只夹一条狭谷的"天隙"。（不过）一方面，我军要远离这六种地形，另一方面又要让敌人接近；我军要面对它们，而让敌人靠近它们（把安全、方便留给自己，把危险、麻烦推给敌人）。当通过有险阻、长满芦苇的低洼地、草木繁盛的山林地带时，必须派人谨慎而掩蔽地在这些地方进行搜索，因为这些地带往往潜藏有敌人的伏兵和奸细。

总之，孙子在《行军》篇的前两段话中，论述的都是军队在行军途中遇到各种不同的地区和特殊地形时的注意事项，是一些处理问题的正确原则和方法，是怎样处理问题才对军队有利而不是有害有危险。

【中西比较】

在西方著名的军事理论著作中，很少见类似孙子这样的论述。

三、在战争中观察判断敌情的方法——"相敌三十二法"

【原文】

敌近而静者，恃其险也；远而挑战者，欲人之进也；其所居易者，利也。众树动者，来也；众草多障者，疑也①；鸟起者，伏也；兽骇者，覆也②。尘高而锐者，车来也；卑而广者，徒来也；散而条达者③，樵采也；少而往来者，营军也。辞卑而益备者④，进也；辞强而进驱者⑤，退也；轻车先出居其侧者，陈也；无约而请和者，谋也；奔走而陈兵车者，期也⑥；半进半退者，诱也。杖而立者，饥也；汲而先饮者，渴也；见

---

①疑：迷惑。

②覆：伏兵。

③条达：灰尘分散而细长。

④益备：加紧备战。

⑤进驱：行动上进逼。

⑥期：期待作战。

利而不进者,劳也。乌集者,虚也;夜呼者,恐也;军扰者,将不重也;旌旗动者,乱也;吏怒者,倦也;粟马肉食①,军无悬甀②,不返其舍者,穷寇也。谆谆翕翕③,徐与人言者,失众也;数赏者,窘也;数罚者,困也;先暴而后畏其众者,不精之至也;来委谢者④,欲休息也。兵怒而相迎,久而不合,又不相去,必谨察之。

【述评】

一支军队在行军、驻军和作战时往往会和敌人接触。如何在各种不同的环境条件下,观察敌人的集体行为和个人行为,分析、判断敌人的意图,透过现象看本质,甚至透过敌人制造的种种假象看其真实意图,掌握敌人的行动规律,并且针对敌人的真实意图和行动规律而采取相应的对策,是一支军队在战争中经常遇到的问题。处理好这些问题,关系到能否在最后的决战中战胜敌人。孙子在以上所引《行军》篇中的第三段话中,总结出了三十二种观察判断敌情的方法,被以后《孙子兵法》的研究者们称为"相敌三十二法"。

"相敌三十二法"又可分为五类、五组。以下,我就分五组说明孙子所说的意思:

第一类第一组的内容,主要与我军与敌人在战场上的距离远近有关。孙子说:

①粟马肉食:用粮食喂马,杀牲口以飨军士。
②悬甀:军用炊具。
③谆谆翕翕:说话时低三下四。
④委谢:借故来谈判。

敌人离我军很近，却安静不乱，肯定是因为敌人恃有险要的地形、地势，才不恐惧我军进攻（故我军进攻敌人时要小心）；敌人距离我军较远，却频频向我军挑战，这是敌人引诱我军发起进攻（其中必定有诈，我军不能上当）；敌人只是在一般的平地上驻军，并没有在险要的地方安营扎寨，这也不符合驻军的规律，其中必有对敌人有利的原因（我军必须探明敌人这样驻军的隐情，不可贸然进攻）。

第二类第二组与战场周围草木的动静和鸟兽的活动有关。孙子说：

战场上，远处的树木在剧烈晃动，就可以断定，埋伏在树木中敌人的军马就要向我军发起进攻了；如果发现草丛中有许多障碍物，就可以断定，这些障碍物是敌人设置的，敌人设置这些障碍物的目的，是不想让我军掌握他们的动态；一群小鸟忽然从一片草木丛中惊慌地飞起，可以断定草木丛中必有敌人的伏兵；野兽们忽然从一片山林中惊慌地窜出，可以断定有敌人的兵马埋伏在那里，敌人就要来偷袭我军了。

第三类第三组与敌人那边空中的灰尘形状有关。孙子说：

远处的灰尘向天空高高地升起，那是敌人的战车开来了；灰尘低低地向两旁扩散，那是敌人的步兵在前进；远处的灰尘形状分散开来又细长，一股又一股地向空中升去，那是敌人在打柴，砍伐树木，准备做饭和安营扎寨；敌人那边的灰尘少了，时起时落，说明敌人开始准备宿营、睡觉了。

第四类第四组，通过敌人的言行，判断敌人的真实意图和行为规律。孙子说：

虽然敌人的使者来到我军时说话谦卑，可是，根据我军间谍的汇报，敌人那边却在加紧备战，由此可以断定，敌人就要对我军大举进攻；反之，如果敌人的使者来到我军时言辞强硬，同时，敌人在战场上又摆出一付要进攻我军的模样，那么可以断定，敌人实际上是想退却；敌人的战车突然在战场上离开大部队，占据了侧翼，那是敌人在布阵，想同我军拼死一战；敌人无缘无故地请求停战议和，其中必有阴谋，我军要当心；而敌人如果在战场上东奔西走，战车调来调去，那是真要同我军交战；如果敌人在战场上摆出一副半进半退的奇怪样子，我军要当心，那是敌人在施诱兵之计。

第五类第五组，大多数是打入敌军内部的我军间谍了解敌军动态的方法。孙子说：

敌人的士兵无力地倚着兵器而立，是军营里已经没有粮食吃，敌人饥饿了；敌人争先恐后地抢井水喝，那是缺水，渴了；敌人见到对自己有利的事都不去抢着做，是太劳累了。如果小鸟们都集聚在敌人军营里活动，说明军营里已经没有什么人了；夜里，如果有人在军营里不由自主地大声呼叫，说明敌人心里非常恐惧；军营里杂乱无序，说明敌人的纪律松懈，敌军将领们说的话无人听，失去了威信；指挥战斗的军旗被人胡乱地挥舞，可见敌军的内部秩序已混乱不堪；连小军官都爱发火，说明敌人已经过于疲倦劳累；如果看到敌人营地里有人用粮食喂马、有人杀牲口吃肉、做饭用的炊具不见了，甚至有人不在军营里住宿，这种种现象说明，敌人中的一部分已经沦为穷途末路的土匪、强盗了。如果军官和士兵们说话总是低三下四的，他肯定是办了错事，犯了众怒；如果三番五次地犒赏或惩罚下属、士兵，说明他治军无方，已经黔驴技穷；那种先是对下属粗暴地发脾气，之后又对下属畏畏缩缩、不敢管理的人，也太不精明了！如果敌人派使者来我军，借故请求议和，那不过是敌人想暂时休整一下，以后再同我军作战。只有对那种气势汹汹地开将过来的敌军，既不和我军交战，又不退却，我军必须多加小心，谨慎观察（把敌人的情况、意图了解清楚，再想办法对付）。

孙子在《孙子兵法》中总结出来的以上五类、五组共三十二种在战争中观察判断敌情的方法，无疑是相当系统而珍贵的。它们不但有助于我们了解中国古代战争中敌我两军在战场内外发生的种种活动细节，而且有助于我们领悟到中国古代兵家非常重视透过现象甚至透过假象看本质，非常重视探索人们在战争中的行为规律；其中，有些人的行为规律具有普遍性，不仅表现在军事领域，也可能表现在人类社会的其他领域。例如，孙子所说的"辞卑而益备者，进也；辞强而进驱者，退也"，"谆谆翕翕，徐与人言者，失众也；数赏者，窘也；数罚者，困也"。但是，在了解孙子总结出来的"相敌三十二法"以后，我想提醒大家注意以下三个问题：

第一，孙子在《孙子兵法》中只是根据长期的战争经验，总结出了"相敌三十二法"，"相敌三十二法"只是经验性的，在战争中拿来参考应用就会产生实效，可是，这些经验方法拿来应用为什么会产生对当事人有利的效果，隐藏在"相敌三十二法"中的内在逻辑机制是什么，其认识论机制是什么，孙子并没有进一步加以说明和解释。而在《孙子兵法》产生两千多年后，西方近代军事理论家克劳塞维茨则在《战争论》中，多多少少地探索到了这些在战争中观察判断敌情方法的内在逻辑机制和认识论机制，克劳塞维茨非常明确地把这些在战争中观察判断敌情的方法称为"认识真理〔即（认识人的行为）规律〕的方法"和"认识深藏的真理〔即认识人以假象掩盖行为规律〕"的方法①。有关这个方面问题，我在下面做"中西比较"时还要细说。

第二，孙子在《孙子兵法》中总结出来的"相敌三十二法"，其总的精神是要通过敌人的种种表现而识破敌人的真实意图和行为规律。那么，怎么通过敌人的种种表现而发现敌人的真实意图和行为规律呢？发现敌人的真实意图和行为规律的认识论的内在逻辑机制到底是怎样的呢？根据克劳塞维茨在《战争论》中所做的提示，这里有一个"（A）观察现象→（B）根据过去的战争经验，对现象加以分析研究→（C）看清现象的本质→（D）判断出敌人的真实意图和行为规律"的认识论思维逻辑程序。

例如，"相敌三十二法"中的第一法"敌近而静者，恃其险也"，这一方法的认识论思维逻辑程序是：（A）我军观察到了敌人离我军很近却安静不乱的现象；（B）根据我军过去的战争经验，"敌近而静"的现象不合理、反常；（C）又根据我军过去的作战经验教训，分析敌人之所以"近而静"，多半是因

---

① 克劳塞维茨著，军事科学院译：《战争论》，第138—139页，商务印书馆1978年版。

为敌人已经占据了有利的险要地势、地形；敌人由于占据了有利的险要地势、地形，因此据有了一定的整体实力，是"恃其险也"；(D) 故敌人的主观意图是引诱我军前去进攻。结论是：我军进攻时要小心。

又如，"相敌三十二法"中的第二法"远而挑战者，欲人之进也，其所居易者，利也"，其中的认识论思维逻辑程序是：(A)"远而挑战者"是我军观察到的现象；(B) 根据我军过去的战争经验，这种"远而挑战"的现象也反常，因为敌人本来应该和我军近距离时才作战，相隔距离这么远，仗怎么打呢？(C) 又根据我军过去的作战经验教训，敌人之所以"远而挑战"，很可能其中有诈；(D) 敌人原来是想引诱我军进攻，而进攻敌军对我军肯定不利。结论是：我军现在不能进攻，只能坚守，继续进行观察。

第三，我们还要注意这样一个问题，那就是孙子在《孙子兵法》的第七篇《行军》中总结出的"相敌三十二法"，是和《孙子兵法》第一篇《计》中的"兵者，诡道"有联系的。"相敌三十二法"中的一些内容，实际上就是反对、识破敌人的欺诈、反"诡道"的方法。在《孙子兵法》的第一篇《计》中，孙子曾经说过"兵者，诡道也"，并且总结出了"诡道十二法"，即"能而示之不能，用而示之不用，近而示之远，远而示之近；利而诱之，乱而取之，实而备之，强而避之"等。"诡道"是作战策略，其中一部分内容就是对敌人进行欺骗，给敌人制造假象，而把自己的真相和真实意图隐藏起来，让现象和本质分离开来，产生矛盾，以迷惑对手。而对付"诡道"的有效办法就是不被表面现象和假象所迷惑，要透过现象和假象看本质，利用过去的战争经验分析、研究现象和假象，把隐藏在现象和假象背后的真相、本质、敌人的真实意图和行动规律还原出来。所以，"相敌三十二法"中的一部分方法正是识破敌人的假象、反"诡道"的方法。

所以，战争中的"诡道"、欺诈并不神秘，并不是不可知的和没有办法对付的。孙子自己总结出的"相敌三十二法"中的一部分内容和方法，正是对付敌人的"诡道"、欺诈的方法。

【中西比较】

在西方著名的军事理论著作中，很少有类似孙子这样的论述。即便是克劳塞维茨，因为他撰写的《战争论》主要论述的是"作战战略"，他对"战术"问题并没有作过专门、系统的研究，所以，他对如何观察判断敌情的方法也论述不多。

可是，我想在这里公正地指出，虽然克劳塞维茨在《战争论》里并没有系统、专门地研究"战术"问题，对观察判断敌情的方法也论述不多，但是，就在他对"战术"问题和观察判断敌情方法的一些很有限的论述中，却包含着一些珍贵的、很值得我们认真研究的内容。这些内容之所以可贵，一方面是因为克劳塞维茨反复强调，军人无论是对于"战术理论"还是"战术原则"，都不可以不分具体条件、具体情况而机械地、死板地使用；另一方面，是因为他还把观察判断敌情的方法非常明确地定义为"认识真理〔即认识人的行为规律〕的方法"和"认识深藏的真理〔即认识人以假象掩盖行为规律〕的方法"，而且，他还以西方近代战争中的一系列战术指导规律为例，一方面论述了对于"战术理论"和"战术原则"决不能在战争中机械地、死板地照搬照用，另一方面，他还多多少少揭示了在战争中通过观察现象而发现敌人的真实意图和行为规律的认识论思维逻辑程序。

例如，克劳塞维茨在《战争论》中这样说道："在作战方法中，战术理论最可能成为固定的条文……非不得已，不得用骑兵攻击敌人队形完整的士兵；在敌人进入有效射程以前，不得使用火器；战斗中要尽量节约兵力，以备最后使用；这些都是战术原则。所有这些规定并不是在任何场合都绝对有用的，但是指挥官必须铭记在心，以便当这些规定中所包含的真理可以发挥作用时，不致失去机会。[1]

"如果发现敌人生火做饭的时间反常，就可以断定敌人准备转移，如果敌人在战争中故意暴露自己的部队就意味着准备佯攻，那么这种认识真理的方法就叫作规则，因为从这些明显的个别情况可以推断出敌人的意图。

"如果说，在战斗中一旦发现敌人开始撤退炮兵就应该立即猛烈攻击敌人是一条规则，那就是说，从这样一个个别现象中〔可以〕推测出整个敌情，根据这个敌情得出了〔敌人〕一条行动的规定。这个规定就是：敌人〔之所以开始撤退炮兵，是〕准备放弃战斗，正开始撤退，而这个时候，它不宜进行充分的抵抗，也不像撤退过程那样便于完全摆脱我方〔因此，我方就应该立即猛烈地攻击敌人〕。"[2]

---

[1]克劳塞维茨著，军事科学院译：《战争论》，第139页，商务印书馆1978年版。
[2]克劳塞维茨著，军事科学院译：《战争论》，第139页，商务印书馆1978年版。

四、孙子总结出来的一条最基本的作战战术指导规律

【原文】

兵非益多也，惟无武进①，足以并力、料敌、取人②而已。夫惟无虑而易敌者③，必擒于人。

【述评】

军队在长途行军、驻军、从事各种军事活动时，不可避免地会遭遇敌人，进而发生战斗。那么，在战斗中有没有取胜的规律呢？孙子的回答是肯定的。他在总结长期而大量的作战经验和教训的基础上，在世界军事学术史上首次提出了一条最基本的、正确的作战战术指导规律。孙子认为：

同敌人作战不是我军的兵力越多越好；能不能取得战斗胜利，只在于我军不要仅凭勇气而冒进，要摸清敌情并且集中我军的优势兵力，就能够战胜敌人了；只有那种不肯深谋远虑而又轻敌、轻举妄动的人，才必然会在战斗中失败，被敌人俘虏。

孙子总结出的这条战术指导规律有三个要点：第一，要准确掌握敌情；第二，要做到深谋远虑，分析敌我双方的长短，要扬长避短，而不能只凭勇气在战斗中蛮干；第三，在已经准确掌握了敌情，又分析清楚敌我双方长短的基础上，集中我军的优势兵力，打击敌人的薄弱环节，这样作战，即使我军的兵力比敌人少，但是，由于我军的兵力用在了刀刃上，也能够取得战斗胜利。相反，如果既没有准确掌握敌情，又不分析敌我双方的优势、劣

①武进：迷信武力，鲁莽冒进。
②取人：取胜于敌人。
③易敌：轻视敌人而妄动。

势,自己的兵力集中不起来,再加上轻敌、妄动,只凭勇气而冒进、蛮干,那么,即便自己的兵力比对手多,也必然会在战斗中失败,甚至会被敌人俘虏。

孙子在《孙子兵法》中提出的这条最基本的战术指导规律,是他对战役学和战术学理论做出的重大历史贡献。

【中西比较】

战争的胜负毕竟要靠战斗来解决问题,因此,作战战术指导规律非常重要,是整个战争指导规律中的重要组成部分。在西方军事学术史上,许多著名军事家和军事理论家都想解决作战战术指导规律问题,可是,都没有解决好。

例如,西方近代瑞士籍著名军事理论家若米尼在《战争艺术概论》一书中认为,作战战术指导规律的问题是无法解决的。他说:"经验早已告诉我们,战术上最大的难题就是选择部队战斗部署最好的办法;但我也认识到,若想用一种绝对的方式或独一无二的体系去解决这个大难题,那是断无可能的","如果有人既不考虑为哪个国家,也不考虑对付哪个民族,而想统一毫无差别的战术体系,那就无异是去毁灭军队"。[①]

而西方大多数军事家和军事理论家的一致看法,是认为作战战术指导规律也就是"集中兵力"。

例如,法军统帅拿破仑不但提出过"多兵之旅必获胜"的名言,而且说过:"战争中的第一个原则,就是要求所有的部

---

①若米尼:《战争艺术概论》,第318页、第321-322页,解放军出版社1986年版。

队在战场上集中好了之后才进行会战。"①

又如，奥地利籍早期资产阶级军事思想家卡尔大公认为："在兵力对比完全相等的地方不可能取得良好的成果"，"统帅的重要任务就在于决定打击敌人的时间和地点"，"在预定的地点集结起压倒敌人的优势兵力"②。

再如，克劳塞维茨在《战争论》中，反复强调"集中兵力"对作战胜负起决定作用，他说"作战双方的〔军队〕数量就决定着胜负"，"首要的规则应该是把尽量多的军队投入战场"，"战略上最重要而又最简单的准则是集中兵力"，"必须在决定性的地点把尽可能多的军队投入战斗"，等等③。

然而，在作战中真的是兵力集中得越多就越好吗？再者，集中优势兵力以后，"决定性"地打击敌人少量兵力的时间、地点又在哪里、怎样判定呢？

我个人认为，在这个问题上，最为重要的前提条件还是要像孙子说的那样，必须首先通过侦察了解清楚敌情；只有掌握了敌情，又通过谋算，对敌我双方的长短优劣做出分析、研判之后，才能扬长避短，找出打击敌人的准确时间和地点，集中起必要的优势兵力打击敌人，赢得战斗胜利。否则，兵力集中得再多，又在哪里发挥作用呢？所以，我认为孙子所说的"兵非益多也"是正确的，他所说的"惟无武进，足以并力、料敌、取人而已"是完全正确的，是对中国古代战争中作战成功

---

① 见富勒：《战争指导》，第41页，解放军出版社2006年版。
② 见《论资产阶级军事科学》，第35—36页，军事科学出版社1985年版。
③ 克劳塞维茨著，军事科学院译：《战争论》，第205—206页，商务印书馆1978年版。

经验的正确总结，他所说的"夫惟无虑而易敌者，必擒于人"是对中国古代作战失败经验教训的总结。

总之，孙子在《行军》篇里总结出的这条最基本的作战战术指导规律，即使在今天看来也是科学而合理的。因为现代战争的发展趋势并不是投入作战的兵力越来越多，恰恰相反，而是投入战场上的兵力越来越少，是要对敌人实施"精确打击"！所以，孙子提出的这条作战战术指导规律是他对战役学和战术理论做出的重大理论贡献。

五、治理军队的原则和方法

【原文】

卒未亲附而罚之则不服，不服则难用也；卒已亲附而罚不行，则不可用也。故令之以文，齐之以武^①，是谓必取^②。令素行^③以教其民，则民服；令不素行以教其民，则民不服。令素行者，与众相得也^④。

【述评】

统兵之将在带领部队行军、驻军、作战的过程中，还有怎样治理军队、管理军队的问题。所以，孙子在论述完行军、驻军、作战时应该注意的事项后，又在《行军》篇的第五段话中，开始论述治军的原则和方法，他说：

①令之以文，齐之以武：用思想、精神来教育引导，用军法、军纪来统一行动。
②必取：必然取得胜利。
③素行：平时就贯彻执行。
④相得：相互信任。

如果下属军官和士兵在没有亲近、服从统兵之将时，统兵之将总是用军法、军纪惩罚他们，他们肯定不会自觉地服从统兵之将的领导、指挥；这样一来，统兵之将就很难顺利地使用他们。可是，当下属军官和士兵已经亲近和服从统兵之将，统兵之将却不严格执行军法、军纪，军队也难以完成军事任务。因此，治理部队必须使用两手，掌握"文""武"两个原则：一是用"文"即思想教育、感情笼络的方法教育他们，二是用"武"即军法、军纪来统一部队的步调，这两手都使用，打起仗才能获得胜利。（再者）这"文""武"两手并不是在战争发生以后才开始使用的，而是在战争发生之前的长期和平时期就要使用，平时就使用，到了战时，部队自然习惯、服从；平时不使用，到了战时，部队不可能服从。平时、战时一以贯之地用"文""武"两手对部队实施教育、罚治，统兵之将和官兵们才能相互信任，顺利地完成军事任务。

在军队中流行这样一句话，指挥官是"带兵打仗的"，这就是说，军队指挥官的职责不但要打好仗，而且要带好兵，因为由官兵们组成的军队是完成打仗任务的主要力量，所以，如何治理、管理好军队，是统兵之将除了打仗之外另一个重要任务。治军工作严格说来属于"军事战略"范畴，是平时和战时统兵之将的职责，不只是战争发生以后才着手操持的工作。孙子在《行军》篇的第五段话中，主要强调了两点：一是治军必须从和平时期就要开始抓起，"令素行以教其民"；因为"令素行以教其民，则民服；令不素行以教其民，则民不服"。二是治理军队、管理军队必须用两手，掌握"文""武"兼治的原则，这两手不可偏废。自从孙子在《孙子兵法》里首先提出这种治军的原则和方法以后，"文""武"兼治已经成为世界各国军队治军的普遍方法和原则了。这也是孙子对军事科学所做的一项重大贡献。

【中西比较】

治理军队、管理军队实际上属于"军队建设"的范畴。西方军事家和军事理论家们也是很重视军队建设和治军问题的。例如克劳塞维茨，他在《战争论》中虽然没有像孙子那样提出治理军队和管理军队要用"文""武"两手，但是，他在论述构成战争的五大战略要素之一的"精神要素"时，曾专门论述过"军队的武德"问题，在这个问题上，他论述得比孙子系统，也更加深刻而精彩，他的名言是："军队的武德是战争中最重要的精神力量之一"，"武德是一种可以单独考虑的特殊的精神力量"[1]。

在克劳塞维茨生活的那个时代即18世纪末至19世纪初，欧洲的军事人士普遍认为，要想评估一个国家军队战斗力的大小，应该从军队的"数量"多少和"质量"高低两个方面着眼，而"质量"的高低，首先就要看这支军队能否做到"听从命令，遵守纪律"；因为只有做到"听从命令，遵守纪律"，这支军队的内部才有秩序，团结一致，对外才有战斗力，才能顺利完成各项军事任务，这是军队贯彻执行战争计划、最后赢得战争胜利的一个必要条件。克劳塞维茨之所以把"军队的武德"

---

[1]克劳塞维茨著，军事科学院译：《战争论》，第193—195页，商务印书馆1978年版。

当作"一种可以单独考虑的特殊的精神力量"而专门提出来加以考察和论述，实际上是试图解决资产阶级的"军队建设"和职业军人的"职业道德"问题。当然，他对"军队的武德"做的有关论述也包含一般的军队建设和军人伦理学的有益内容，所以值得我们研究和借鉴。

克劳塞维茨在《战争论》中对"军队的武德"的论述，有以下四个要点：

（1）"军队的武德"在个体军人身上的表现

克劳塞维茨认为，"军队的武德"表现在个体军人身上，就是职业军人所特有的一种敬业精神、献身精神，尤其是团体精神，这些精神又以军队中所特有的一系列规章制度和习惯为纽带，把战争要求军人所必须具备的种种优秀素质、才能和以"智力"为主的精神力量"固定"起来，"粘结"或者"凝结"成了一个特殊的军队团体①。

（2）"军队的武德"在一支军队中的形成和表现

至于一支军队的"武德"，克劳塞维茨认为，如果一支军队中的每一个军人都具有敬业精神、团体精神和献身精神，都能够对上级和军队团体承担责任和义务，都能够"服从命令，遵守纪律，遵循规则和方法"，那么，这支军队就是一支以团体的"荣誉心"为唯一信条维系起来的团结一致、服从命令、纪律严明、经得起胜利也经得起失败的考验、吃苦耐劳、勇猛顽强、无坚不摧、种种精神力量会在战争中全部释放出来的优

---

① 克劳塞维茨著，军事科学院译：《战争论》，第193页，商务印书馆1978年版。

秀军队。这样的军队则是"一支富有武德的军队"①。

特别值得注意的是,克劳塞维茨认为在战争中,"军队的武德"还能起到"统帅的才能"所起不到的特殊作用。他说:"武德同军队各部分的关系就像统帅的天才同军队的整体的关系一样。统帅只能指挥军队整体,不能指挥军队的各个单独的部分。统帅指挥不到的部分,就必须依靠武德。"②

(3)"武德"如果在一支军队中真正成长起来,就会产生巨大战斗力

克劳塞维茨还深刻地指出,"武德"一旦在一支军队中形成并且成长起来,就会形成巨大的精神力量,产生巨大的战斗力,并且能够通过惊人的战绩而表现出来。他认为从古代到近代,西方许多著名的将帅之所以取得了名垂青史的伟大功绩,能够发挥出他们非凡的智慧和才能,都是与他们所统率的军队具有武德的原因分不开的。

克劳塞维茨这样说:"看一看亚历山大统率的马其顿军队,恺撒统率的罗马军团,亚历山大·法尔涅捷统率的西班牙步兵,古斯达夫·阿道夫和查理十二统率的瑞典军队,腓特烈大帝统率的普鲁士军队和拿破仑统率的法国军队,我们就会知道军队的这种精神力量,这种像从矿石中提炼出来的闪闪发光的金属似的优秀品质促成了多少伟大的事业。谁要是不愿承认,这些统帅只是依靠这种精神的军队才在最困难的情况下取得了惊人的成就,显示出他们的伟大,他就是故意无视

---

① 克劳塞维茨著,军事科学院译:《战争论》,第193页,商务印书馆1978年版。
② 克劳塞维茨著,军事科学院译:《战争论》,第194页,商务印书馆1978年版。

一切历史事实。"①

（4）"军队的武德"只能来自军队的后天锻炼和培养，还能成为一种传统力量

克劳塞维茨在《战争论》中强调说，"军队的武德"只能来自对军队后天的锻炼和统帅的培养、造就，而且他还认为"军队的武德"一旦在一支军队中形成和发展起来，就会成长为一种独特的传统力量，往往能够延续传承几代军人之久。

他这样说："这种精神力量只能从两个来源产生，而且只有两者结合在一起才能产生这种精神力量。一个来源是军队经历一系列战争并取得很多胜利，另一个来源是军队经常经受极度的劳累和困苦。只有在劳累和困苦中军人才能认识到自己的力量。一个统帅越习惯向自己的士兵提出要求，他就越相信这些要求能够实现。士兵克服了劳累和困苦，会同战胜了种种危险一样感到骄傲，武德的幼芽才能成长，而且只有在胜利的阳光下才能成长。一旦武德的幼芽长成粗壮的大树，就可以抵御不幸和失败的大风暴，甚至可以抵御住和平时期的松懈，至少在一定时期内是如此。因此，虽然只有在战争中和在伟大的统帅的领导下才能产生这种精神力量，但是，这种精神力量产生了以后，即使这支军队在平庸的统帅领导下和处于很长的和平时期，至少也可以保持好几代。"②

【《行军》篇内容提要】

总的看来，孙子在《行军》篇中论述了五个方面问题：（1）

①克劳塞维茨著，军事科学院译：《战争论》，第195页，商务印书馆1978年版。
②克劳塞维茨著，军事科学院译：《战争论》，第195-196页，商务印书馆1978年版。

军队在通过山地、江河、沼泽地、平原时的注意事项。(2) 驻军、行军时的其他一些注意事项。(3) 在战争中观察判断敌情的方法——"相敌三十二法"。(4) 孙子总结出来的一条最基本的作战战术指导规律。(5) 治理军队的原则和方法。

我想这样概括《行军》篇的内容：

"本篇联系军队在长途行军中遇到山地、江河、沼泽地、平原时的四种地区，从战争中总结出大量的有关行军、驻军、治军、作战和观察判断敌情的经验方法，进而提出一条正确的作战战术指导规律，以及'令之以文，齐之以武'的正确治军原则和方法。孙子在本篇中提出的作战战术指导规律和治军的原则和方法，均对军事科学做出了重要贡献。"

第二节 《地形》十：在不同地形条件下的作战指导规律和治军规律

在讲解《孙子兵法》的第十篇《地形》之前，我想有必要交待一下前一篇即《孙子兵法》第九篇《行军》与这一篇的内在联系。

《行军》篇讲的是军队在通过山地、江河、沼泽地、平原四种"地区"时的注意事项，讲的是观察判断敌情的方法，以及作战战术指导规律和治军的方法，但是，孙子在《行军》篇中，并没有联系更具体的"地形""地势"，论述在不同的"地形""地势"条件下更具体的作战指导规律和治军原则。而从《孙子兵法》的第九篇《行军》过渡到第十篇《地形》，实际上是孙子使用从抽象到具体、从简单到复杂的方法，对作战指导规律和治军原则的进一步论述。孙子在《地形》篇里所论述的内容，是对《行军》篇中所论述内容的进一步深化、扩大、展开和补充。在《地形》篇里，孙子不是论述一般的地形和作战规律、治军原则，而是联系六种不同的具体地形、地势条件，总结出六种更为具体的作战指导规律和六种更为具体的治军原则，进而提出了统兵之将必须尊重"战道"即客观的战争规律，以及不仅要"知彼知己"，而且还要"知天知地"的"全知"问题。

【篇名】

在《孙子兵法》的第一篇《计》里，孙子曾经把"地"列为构成战争整体的五大战略要素中的一个战略要素。他对"地"的解释是："地者，远近、险易、广狭、死生也。"孙子在《行军》篇中所说的"处军"之"地"，指的是军队在行军、驻军时遇到的山地、江河、沼泽地、平原这四种不同的"地区"；而在《地形》篇中所说的"地形"，指的则是地表的形态和地势的高低、险易、广狭，也就是现代地理学讲的"地貌""地势"。

孙子之所以把"地形"作为一个"战术专题"专门加以论述，之所以在《地形》篇里把"知天知地"和"知彼知己"看作是决定战争胜负之同等程度的重要问题来看待，是因为"地貌""地势"即地表的形态和地势的高低、险易、广狭对军队的军事行动和作战的胜负总有影响，有时还会有重大的、决定性的影响。西方军事学家克劳塞维茨在《战争论》中这样说过："在现实中，只有对很小的部队来说，才存在纯粹的、绝对开阔的平原的概念,也就是说才存在对军事行动毫无影响的地形的概念。即使对这样的部队,也只是对它的某一时刻的活动来说才存在这样的地形概念。对较大的部队的活动和持续时间较长的活动来说,地形就必然会发生影响。对整个军队来说,即使在某一时刻,例如在一次会战中,地形不发生影响的情况也几乎是不可想象的","由此可见,地形几乎始终是有影响的。当然,随着地区的性质不同,地形的影响是有大有小的"①。

在《孙子兵法》第十篇《地形》中,孙子首先把地形、地势分为六类,分别论述了这六类地形的特点,以及统兵之将带领部队通过这些地形时的注意事项、应该采取的措施,孙子称之为"地之道",即六种通过这些地形时的作战指导规律。然后,因为部队通过这六种特殊的地形时,情况比较复杂,部队不容易管理,会出现一些意料不到的情况,所以,孙子又总结出六种容易导致作战、治军失败的规律;孙子称之为"败之道",即六种容易导致部队失败的规律。此后,孙子又提出了"战道"和"知天知地"的问题……

《地形》篇共有五段话,以下我就分五个小专题进行讲解。

一、统兵之将遇到六种不同的地形时,应该使用六种不同的作战指导规律

【原文】

孙子曰:地形有"通"者,有"挂"者,有"支"者,有

---

①克劳塞维茨著,军事科学院译:《战争论》,第465页,商务印书馆1978年版。

"隘"者,有"险"者,有"远"者。我可以往,彼可以来,曰"通";"通"形者,先居高阳,利粮道,以战则利。可以往,难以返,曰"挂";"挂"形者,敌无备,出而胜之,敌若有备,出而不胜,难以返,不利。我出而不利,彼出而不利,曰"支";"支"形者,敌虽利我,我无出也,引而去之,令敌半出而击之,利。"隘"形者,我先居之,必盈之①以待敌,若敌先居之,盈而勿从,不盈而从之。"险"形者,我先居之,必居高阳以待敌,若敌先居之,引而去之,勿从也。"远"形者,势均,难以挑战,战而不利。凡此六者,地之道也。将之至任,不可不察也。

【述评】

"地形"即地貌地表的形态和地势的高低起伏、广狭、险易的程度,是军队在行军、作战中遇到的一个大问题。因为"地形"不是其本身的问题,而是和军队在从事战争活动时的主体有密切的关系,它对军队的几乎所有活动都有影响,影响到统兵之将在战争中应该使用什么样的战略战术。这正如克劳塞维茨在《战争论》中所说的:"地区和地貌同军队的〔运输〕给养是有关系的,这是一方面,除此之外,它〔指地区和地貌〕同军事行动本身也有十分密切而永远存在的关系,它不论是对战斗过程〔指战术〕本身,还是对战斗的准备和运用〔指战略〕,都有决定性的影响","地形的作用绝大部分表现在

---

①盈之:用足够的兵力把守。

战术范围,但其结果表现在战略范围"①。

孙子在《地形》篇中,首先把军队在战争中要通过的地形区分出六种,并且把军队通过这六种特殊的地形时,敌我双方的军事活动和利害关系联系起来,从分析这六种地形的特点中,总结出了六种对我军最有利的通过方法,即六种正确的战术指导规律,并且认为,运用好这些指导规律是统兵之将最重要的作战职责。因此,《地形》篇第一段话的意思就是:

孙子说:地形有"通"形、"挂"形、"支"形、"隘"形、"险"形、"远"形六种。

第一种"通"形,就是我军可以顺利地进去,敌人也可以顺利开过来的地形;当我军通过这种地形时,要注意抢先占领向阳的高地,设法让给我军运输粮食的道路畅通便利,使我军的生活得到保障,以利于作战时取得胜利。

第二种"挂"形,就是我军容易开进去,但不容易退出来的地形;当进入这种地形时,要注意敌人的情况,如果敌人还没有做好防御准备,我军进攻敌人就容易取胜,但如果敌人做好了防御准备,我军进攻不但不容易取胜,而且当进攻遇到挫折时就退不出来,这对我军很不利(所以,遇到这种地形,是否要进攻敌人,必须慎重考虑,首先要摸清敌人那方面的防御情况)。

第三种"支"形,就是我军在这种地形中进攻敌人对我军不利,而敌人在这种地形中进攻我军对敌人也不利的地形。

---

① 克劳塞维茨著,军事科学院译:《战争论》,第464页,商务印书馆1978年版。

进入这种地形时，我军要注意，无论敌人怎样用利益来诱使我军，我军也不要出击。对我军最有利的作战方法是，设法引诱敌人先进攻我军，待敌人的部队出来一半时，我军再对敌人发起进攻（这样容易取得胜利）。

第四种"隘"形，是两山之间有一条狭窄的通谷。遇到这种地形时，我军如果能够抢先占领，必须派重兵守卫住狭窄通谷的隘口，做好防御的准备，等待敌人顺着狭窄的通谷前来进攻（以便我军的重兵在隘口处收拾敌人）；但如果是敌人抢先占领了这种地形，敌人已经派重兵守卫住了隘口，我军就不要进攻敌人了。然而，如果敌人并没有派重兵把守隘口，我军则可以进攻敌人。

第五种"险"形，就是地势险恶的地形。如果我军能够首先占领这种地形，必须占据地势高而向阳的地方，以便（在有利的地方，将士们精神饱满地）等候敌人的到来；可是，如果敌人首先占领了这种险恶的地形，我军就不要去争夺，而应该主动退却，不去进攻这种地形里的敌人。

第六种"远"形，就是我军还处于与敌人相隔很远的地方；因为敌我两军还相隔很远，双方的兵力还接触不到，既不可能比出实力高低，又难以向敌人挑战，如果勉强求战，结果则对我军不利（就不要考虑和敌人交战了）。

孙子还说，上述六种地形的六种作战原则，就是"地之道"，即在不同地形条件下的作战指导规律，运用好这些指导规律，乃是统兵之将最重要的职责，不可以不认真地加以考察和研究。

从孙子对六种地形、地势特点的论述,和他对相应的六种"地之道"的论述内容看,他所论述的并不是战略谋划问题,而只是如何处理作战中的局部性"战术"问题。他所说的"地之道",也不是说地形有什么"道义","道"不是一个政治概念;"地之道"说的只是统兵之将在遇到不同的地形、地势时所使用的不同作战方法,即不同的战术指导规律。

【中西比较】

在西方著名军事著作中,很少见类似孙子对地形和"地之道"这样系统的论述。虽然克劳塞维茨在《战争论》中,在论述"防御"和"进攻"时也曾经论及地形与军事活动的关系,可是他并没有总结在不同的地形、地势条件下军事统帅使用的战术指导规律。

二、军队在复杂的地形条件下,容易导致失败的六种规律

【原文】

故兵有"走"者,有"弛"者,有"陷"者,有"崩"者,有"乱"者,有"北"者。凡此六者,非天之灾,将之过也。夫势均,以一击十,曰"走";卒强吏弱①,曰"弛";吏强卒弱,曰"陷";大吏②怒而不服,遇敌怼③而自战,将不知其能,曰"崩";将弱不严,教道不明,吏卒无常④,陈兵纵横⑤,曰

---

①卒:士卒。吏:将吏。
②大吏:偏将。
③怼:心怀怨怒而意气用事。
④吏卒无常:部将、士卒不遵守常规准则。
⑤陈兵纵横:队列、布阵杂乱无序。

"乱";将不能料敌,以少合众,以弱击强,兵无选锋①,曰"北"。凡此六者,败之道也;将之至任,不可不察也。

【述评】

孙子在《地形》篇的第一段话中,虽然论述了古代战争中军队遇到的六种地形,以及统兵之将必须掌握的六种战术指导规律,可是,军队在战争中遇到的地形不可能只是他所说的六种,而是相当复杂、多种多样的。复杂而多样的地形肯定会对军事活动产生不同的影响,加之,在战争中几万甚至十万左右的军队不可能总是在一种地形条件下活动,而是要分散开来,在多样化的地形、地势条件下从事各种各样的活动,这样一来,就会给统兵之将的作战和治军工作增加困难。这种情况,正如西方的克劳塞维茨在《战争论》中所说的那样:在复杂而多样化的地形条件下,"统帅对战斗成果所起的作用就会降低,下级军官乃至普通士兵的作用就会相应地提高。不言而喻,部队越分散,观察越困难,每个行动者就越要独立行动"②。

在我上面引用的《地形》篇的第二段话中,孙子便系统论述了军队在复杂多样的地形条件下容易出现的问题,并且把这些容易出现的问题归纳为六种"败之道",即容易导致军队走向失败的六种规律。他还认为,这六种有规律的失败并不是上天给军队降下的灾难,而都是统兵之将自己要承担的过错,

① 选锋:选择精锐,组成先锋部队。
② 克劳塞维茨著,军事科学院译:《战争论》,第466页,商务印书馆1978年版。

这些过错值得统兵之将好好反思、研究。所以,《地形》篇第二段话的意思就是:

军队在战争中容易走向作战失败的原因有"走""弛""陷""崩""乱""北"六种。这六种容易导致军队走向失败的原因,都不是上天给军队降下来的灾难,而是统兵之将自己作战、治军的过错。

第一种过错叫作"走",就是本来敌我双方的兵力势均力敌,但是,我军却不能把兵力集中起来使用,而是分散开来使用,以我军一倍的兵力同敌人十倍于我的兵力相抗衡,所以导致我军在作战中失败、败走。

第二种过错叫作"弛",就是因为统兵之将平时治军不严,虽然军中的士卒的能力强,但是,军官的管理能力弱,从而导致全军的战斗力不强,进而导致作战失败。

第三种过错叫作"陷",也是因为统兵之将平时管理部队不当,虽然军官的管理能力强,可是,士卒的能力弱,导致整个部队的战斗力弱,进而导致作战失败。

第四种过错叫作"崩",就是因为统兵之将身边的高级将领脾气暴躁,临到战斗时不听统兵之将的指挥,遇到敌人往往自作主张,凭感情忿然出战,导致作战失败。这是统兵之将平日里并不了解他们的素质和能力的缘故。

第五种过错叫作"乱",是因为统兵之将自己能力弱、治军不严,平时对部下、部队的要求不明确,部下和士兵们不守常规准则,没有秩序,到了战时,军纪和部队秩序自然混乱,因而导致作战失败。

第六种过错叫作"北",就是统兵之将在作战前不能掌握敌情,作战时,又以自己的少量兵力对付敌人的众多兵力,以弱军抗衡强军,军中缺乏经过选拔组成的精锐部队,从而导致作战失败。

孙子说,以上六种容易导致部队作战失败的原因有必然性、规律性,统兵之将也要认真考察、研究,处理好这些问题,这也是统兵之将最重要的职责。

在中国的军队里,长期以来流行着这样一句话:"兵熊熊一个,将熊熊一窝。"此话说的就是统兵之将在治军、打仗中的主导、核心和表率作用。从孙子在《地形》篇中对六种"败之道"的全部论述看,他认为无论是军队中的普通士兵、中下级指挥官,还是统兵之将身边的高级将领,也无论在平时还是在战时,他们的过错,归根结底都与统兵之将的领导过错分不开,都是统兵之将平时治军不善、战时管理不严的结果,更何况统兵之将自己在平时和战时还容易犯这样、那样的过错呢!严重的是,这些过错都容易在作战时导致失败!孙子能够把导致战争失败的原因加以系统分析、整理,归纳成六种"败之道",形成规律性的认识,并且要求统兵之将认真加以考察和研究,孙子的这些论述在世界军事学术史上是非常罕见的!

【中西比较】

在西方著名的军事著作中,找不到类似孙子这样深刻的论述。

三、尊重"战道"即战争的客观规律是统兵之将最高的行为准则

【原文】

夫地形者，兵之助也。料敌制胜，计险厄^①远近，上将^②之道也；知此而用战者必胜，不知此而用战者必败。故战道^③必胜，主曰无战，必战可也；战道不胜，主曰必战，无战可也。故进不求名，退不避罪，唯人是保^④，而利合于主^⑤，国之宝也。

【述评】

以上所引《地形》篇中的第三段话虽然不算长，文字不是太多，但理论分量却很重！因为正是在这段话中，孙子表达了他深刻的军事思想和相当高的政治、道德、精神境界。孙子的这段话实际上包含下述三层意思：

第一层意思是，孙子认为"地形"这个构成整个战争的一个重要的战略要素，并不是在统兵之将带领军队打仗时总是起到消极的阻力作用，如果统兵之将能够在战争中处理好"地形"问题，"地形"反倒可以对统兵之将赢得战争胜利提供帮助。在战争中准确地了解、判断敌情，在知彼知己的基础上制定好战胜敌人的计划，计算清楚地形、地势的险易、广狭、死

---

①险厄：地势的险隘。
②上将：即优秀的统兵之将。
③战道：战争规律。
④唯人是保：只求保护民众。
⑤利合于主：符合一国之君的利益。

生、远近，这些都是一个优秀的统兵之将必须掌握的军事技术或艺术，知道并掌握了这些军事技术或艺术，在战争中必然会赢得胜利；不知道或没有掌握这些军事技术或艺术，在战争中必然遭到失败。

第二层意思是，孙子认为尊重"战道"即战争的客观规律是统兵之将最高的行为准则：凡是战争规律提示统兵之将这样做，统兵之将按照战争规律指引的方向去做，就必然会取得胜利的事情，即使国君不允许统兵之将去做，统兵之将也可以不服从国君的命令，而是按照战争规律指引的方向照样去做；凡是战争规律提示统兵之将这样做，统兵之将按照战争规律指引的方向去做，就必然会导致失败的事情，即使国君命令统兵之将一定要去做，统兵之将也可以不去做。

第三层意思是，孙子认为，优秀的统兵之将在战争中的所作所为，如果做得正确，并不是为了贪图名利；如果做错了，也不会逃避自己的罪责。他的所作所为，只求保护百姓的利益，同时，也符合一国之君的利益。只有这样优秀的统兵之将，才称得上是国家的珍宝。

显然，孙子在《地形》篇第三段话中所表达的三层意思，其主要思想乃是统兵之将必须尊重"战道"即战争的客观规律和战争指导规律，尊重和服从战争的客观规律和战争指导规律是统兵之将的最高行为准则；而坚守这种行为准则只有一个目的，那就是为了最终保全国人、军队和国君的利益即整个国家的利益。实际上，孙子所说的这种行为准则，既是一个优秀的统兵之将的军事行为准则，也是一个优秀的统兵之将的政治行为准则和道德行为准则。

两千多年前的孙子不是把服从国君而是把服从"战道"看作一个优秀的统兵之将的最高行为准则,这种提法是非常令人吃惊的!一个代表新兴地主阶级利益的兵家代表人物,竟然能够要求统兵之将做到"进不求名,退不避罪,唯人是保,而利合于主",这种思想境界之高,也是令人赞叹的!我们应该看到,自从孙子在《孙子兵法》中提出这种行为准则之后,两千多年以来,这种行为准则实际上已经成为优秀的中国军人"武德"的最高信条,同时也构成了中国优秀传统文化中一个不可分割的有机组成部分。因此,应该充分肯定,孙子提出的这个行为准则也是他对世界军事科学做出的一个重大的理论贡献。

【中西比较】

在西方著名的军事著作中,很少有类似孙子这样的论述。虽然克劳塞维茨在《战争论》中也曾专门论述过"军队的武德"问题,可是,他在论述"军队的武德"时,却一而再、再而三地肯定军人的"荣誉心"和军队的"团体精神",并且说"保持军人荣誉"是军人"唯一的简短信条",甚至说荣誉心"确实可以算是人的最高尚的感情之一,它是在战争中使巨大的躯体〔指军队〕获得灵魂的真正的生命力"[1],等等。诸如此类的说法,就足以说明克劳塞维茨的思想境界不如孙子了。

---

[1]克劳塞维茨著,军事科学院译:《战争论》,第193页、第75页,商务印书馆1978年版。

四、统兵之将管理部下，必须使用"厚爱"和"惩治"两手

【原文】

视卒①如婴儿，故可与之赴深谿；视卒如爱子，故可与之俱死。厚而不能使，爱而不能令，乱而不能治，譬若骄子，不可用也。

【述评】

因为统兵之将在战争中要按照战争规律办事，离不开下属的积极配合，所以，孙子又论述了统兵之将管理下属的正确态度和方法。在《地形》篇的第四段话中，他说：

统兵之将如果能够把下属当作婴孩那样看待，体贴爱护，那么，下属就能够在关键时刻心甘情愿地与统兵之将一起奔赴深谷，毫不畏惧；统兵之将如果能够把下属当作亲儿子那样看待，关爱有加，那么，在困难时期，下属也就能够与统兵之将一起赴汤蹈火，视死如归。可是，统兵之将如果只知关爱下属，而不知用规章制度严格地要求他们，那么，到了关键时刻就不能役使他们，不能指挥他们，不能制止他们乱来，他们就会像被家长纵容、溺爱的孩子那样，难以使用。

孙子在这段话中所说的管理下属使用的"厚爱""惩治"两手，实际上还是在《行军》篇中所说的"文""武"两手。

【中西比较】

在西方著名的军事著作中，也很少见类似孙子这样的论述。

----

①卒：这里指统兵之将的下属。

五、统兵之将在战争中既要做到"知彼知己"，又要做到
"知天知地"

【原文】

知吾卒之可以击，而不知敌之不可击，胜之半也；知敌之可击，而不知吾卒之不可以击，胜之半也；知敌之可击，知吾卒之可以击，而不知地形之不可以战，胜之半也。故知兵者，动而不迷①，举而不穷②。故曰："知彼知己，胜乃不殆；知天知地，胜乃不穷③。"

【述评】

孙子在《孙子兵法》的第三篇《谋攻》中，曾经论述过"知彼知己"的重要性；而在《地形》篇结尾的这段话中，他又开始论述"知天知地"的重要性，并且把"知天知地"和"知彼知己"放在同等重要的地位。所以，《地形》篇第五段话的意思就是，孙子认为：

在战争中，统兵之将假如只知道我军具备攻打敌人的能力，却不知道敌情，不知道敌人是不可以攻打的，那么，去攻打敌人只有一半的胜利可能；假如已经知道敌情、知道敌人是可以攻打的，却不知道（由于治军不严）我军不具备攻打敌人的能力，那么，去攻打敌人，也只会有一半的胜利可能。然而，即使统兵之将既掌握了敌情、知道敌人可以攻打，又知道（由于治军有方）我军具有攻打敌人的能力，但却不了解地形的

①动而不迷：不盲动。
②举而不穷：军事行动不断变化，让敌人捉摸不透。
③胜乃不穷：不断赢得胜利。

情况不允许我军去攻打敌人而我军却硬要去攻打敌人，那么攻打的结果，也只会有一半的胜利可能。所以，真正会打仗的统兵之将，既能够做到准确掌握敌情，又能够做到掌握本军的军情，还能够准确掌握地形的情况，三种情况全都掌握而采取军事行动，其军事行动又灵活机动，不落俗套，才能让敌人无法应付（容易赢得胜利）。所以说："只有既知敌情，又知我军军情，而采取军事行动，每次作战才能取得胜利；只有既掌握了天情，又掌握了地情，而采取对我军有利的军事举措，才能不断赢得作战的胜利。"

我们如果能够仔细捉摸、推敲一番孙子所说的这些话，就会发现，孙子在这段话里说的实际上是军事领域中的认识论问题，说的是统兵之将在战争中必须摸清全部军情（包括敌情、我情、天情、地情）的重要性，说的是统兵之将对战争的主观指导必须符合战争的客观实际和客观规律。

毛泽东在《中国革命战争的战略问题》一文中曾经指出："为什么主观上会犯错误呢？就是因为战争或战斗的部署和指挥不适合当时当地的情况，主观的指导和客观的实在情况不相符合，不对头，或者叫做没有解决主观和客观之间的矛盾。人办一切事情都难免这种情形，有比较地会办和比较地不会办之分罢了。事情要求比较地会办，军事上就要求比较地多打胜仗，反面地说，要求比较地少打败仗。这里的关键，就在于把主观和客观二者之间好好地符合起来。"[1]如果指挥员

---

[1]毛泽东：《中国革命战争的战略问题》，见《毛泽东选集》第一卷，第179页，人民出版社1990年版。

"摸熟了自己的部队(指挥员、战斗员、武器、给养等等及其总体)的脾气,又摸熟了敌人的部队(同样,指挥员、战斗员、武器、给养等等及其总体)的脾气,摸熟了一切和战争有关的其他的条件如政治、经济、地理、气候等等,这样的军人指导战争或作战,就比较地有把握,比较地能打胜仗。这是在长时间内认识了敌我双方的情况,找出了行动的规律,解决了主观和客观的矛盾的结果。这一认识过程是非常重要的,没有这一种长时间的经验,要了解和把握整个战争的规律是困难的。"[1]而孙子在《地形》篇中,以论述在六种不同地形条件下的作战指导规律始,以统兵之将在战争中必须做到不仅"知彼知己",而且要做到"知天知地"终,他始终强调统兵之将的主观战争指导必须符合战争的客观规律,所以,我认为他的这些论述是相当深刻的,他在战争指导上的唯物主义认识论色彩也很鲜明,是应当给予充分肯定的。

【中西比较】

在西方著名的军事著作中,很少见类似孙子这样的论述。

【《地形》篇内容提要】

综上所述,孙子在《孙子兵法》的第十篇《地形》中,先后论述了五个方面问题:(1)统兵之将遇到六种不同的地形时,应该使用六种不同的作战指导规律。(2)军队在复杂的地形条件下,容易导致失败的六种规律。(3)尊重"战道"即战争的客观规律是统兵之将的最高行为准则。(4)统兵之将管理

---

[1] 毛泽东:《中国革命战争的战略问题》,见《毛泽东选集》第一卷,第180—181页,人民出版社1990年版。

部下，必须使用"厚爱"和"惩治"两手。(5)统兵之将在战争中既要做到"知彼知己"，又要做到"知天知地"。

可以这样概括《地形》篇的内容：

"本篇论述了统兵之将在战争中遇到不同的地形时，应该使用的六种不同的战术指导规律，以及在作战、治军中，容易导致军队作战失败的六种规律；进而提出了统兵之将在战争中，应当把尊重战争的客观规律作为最高的行为准则，并且要求统兵之将在战争中既要做到'知彼知己'，又要做到'知天知地'。本篇充分表现出了孙子战争指导的唯物主义认识论色彩。"

第三节 《九地》十一：军队由本国进入 敌国途中的作战、治军原则

《九地》是《孙子兵法》后五篇中文字最多、段落最多、内容最重要的一篇，同时也是整个一部《孙子兵法》中文字最多、内容颇值得认真研究的一篇。因为孙子在这一篇中所说的"九地"，并不是一般的九种地区或地形，而是指一支庞大的远征军从本国的国土出发，通过与邻近的其他诸侯国的交界地，再进一步开进敌国，进入敌国的境内深处，一路上进行大规模的战略进攻或大规模战略反攻时，所经过的那些自然环境和社会环境都相当复杂、多变的"战略地区"。孙子把这些自然和社会环境都相当复杂、多变的"战略地区"划分为九大类，先后论述了统兵之将率领军队通过这九类地区时，所必须遵循的一系列重要的作战原则、治军原则、利用间谍破坏

敌军内部团结的"待敌之法"和"全面战争"的原则；同时，也正是在《九地》篇中，孙子赤裸裸地、毫不掩饰地阐明了他那著名的"愚兵之术"，通过武力威胁或武力兼并的手段吞并敌国的"霸王之兵"的政治诉求，以及在即将与敌国进行一场生死存亡的大决战之前，所必须采取的几个重大的战略性战术举措。

由于孙子在《九地》篇中论述的主要内容，乃是一支庞大的远征军从本国出发，途中经过多种复杂多变的战略地区，最后进入敌国境内深处的全过程，一场大规模的暴力战就要发生，敌对两国的军队已经处在决战前的最后关头，战争已经到了白热化的程度，所以，《九地》篇自始至终有一种紧张、肃杀而恐怖的气氛，许多内容显得杀气腾腾，真可谓"图穷匕首见"，研读起来令人感到惊心动魄、不寒而栗。这或许可以说就是《九地》篇的一个突出特点。

研读完《孙子兵法》的第十一篇《九地》之后，我断定绝大多数读者都不会赞同我国当代某些《孙子兵法》研究者的这样一些意见，他们竟然说孙子在《孙子兵法》中所阐述的战争与战略理论并不是追求战争，不是追求战争的胜利，相反，是追求"善""和平主义"和"人道主义"，是为了追求建立一个"和谐世界"[①]……

下面，我还是先简单讲一讲这一篇的篇名。

[①] 请参见中国孙子兵法研究会编《孙子兵法与和谐世界》里的一些文章，军事科学出版社2010年版。

【篇名】

《孙子兵法》第十一篇《九地》中的"九",与第八篇《九变》中"九"的含义不同。《九变》中的"九"我已说过,是"多"的意思,而《九地》中的"九"就是一个数目字,即"八"加"一"。所谓"九地",指的就是九类不同的"地形""地区",可是,孙子在《九地》篇中所讲的九类地形、地区,指的不仅仅是他在《行军》篇中所说的山地、江河、沼泽地、平原等纯地理地区,也不仅仅指他在《地形》篇中所说的地表、地貌、地势的高低起伏、广狭、险易;而是指外延更大、内容更复杂,包括纯地理的地形、地表、地貌、地势等内容在内的,自然环境及物产、交通、居民点等社会经济因素在内的九类"人文地理"地区。孙子把这些"人文地理"地区划分为九大类,从军事斗争的角度论述了统兵之将率领一支庞大的远征军通过这九类地区时,应该遵循的一系列作战、治军原则。

有一些《孙子兵法》的研究者认为,孙子在《九地》篇中所论述的地区、地形特点以及作战、治军原则与孙子在《行军》篇和《地形》篇中所论述"内容重复"。我认为实则不然。如果我们稍加细心研读就会发现,孙子在《九地》篇中所论述的这些地区、地形特点以及作战、治军原则颇有新意,因为孙子在《九地》篇里所论述的统兵之将在通过这九大类地区时所应遵循的作战、治军原则,已经包含有一系列重要的"大战争""大战略"的战术内容。

《九地》篇的文字可以划分为七个段落,我便分七个小专题讲解这一篇的内容。

一、统兵之将在通过九类不同的地区时，应当掌握的九种不同的军事原则

【原文】

孙子曰：用兵之法，有"散"地，有"轻"地，有"争"地，有"交"地，有"衢"地，有"重"地，有"圮"地，有"围"地，有"死"地。诸侯自战其地，为"散"地；入人之地而不深者，为"轻"地；我得则利，彼得亦利者，为"争"地；我可以往，彼可以来者，为"交"地；诸侯之地三属①，先至而得天下之众者，为"衢"地；入人之地深，背城邑多者，为"重"地；行山林、险阻、沮泽，凡难行之道者，为"圮"地；所由入者隘，所从归者迂，彼寡可以击吾之众者，为"围"地；疾战则存，不疾战则亡者，为"死"地。是故"散"地则无战，"轻"地则无止，"争"地则无攻，"交"地则无绝②，"衢"地则合交，"重"地则掠③，"圮"地则行，"围"地则谋，"死"地则战。

【述评】

以上所引《九地》篇第一段话的意思很清楚：

孙子说：统兵之将率领军队打仗，在通过九种不同的地区时，要掌握九种不同的军事原则。这九种不同的地区就是"散地""轻地""争地""交地""衢地""重地""圮地""围地""死地"。

---

①诸侯之地三属：敌国、我国、其他国家国土交壤的地区。

②无绝：军队各部分之间的联系不能被截断。

③掠：抢夺敌国的粮草物资。

1."散地"，就是军队在本国的国土上，（因为当时多数士兵都是强征入伍，无心恋战，遇到危险往往会四散开来，逃回自己的家里，所以）军队在"散地"，不适合与敌人作战。

2."轻地"，就是军队在刚刚进入敌国境内不深的地区，（因为这种地区距本国较近，士兵们也无心恋战，遇到危险时往往会轻易地逃回本国，所以）军队在"轻地"不要多停留。

3."争地"是那种我军抢先争夺到对我军有利，而敌人抢先争夺到对敌人也有利的地区，所以，遇到"争地"，我军就要抢先去占领；而如果敌人已经抢先占领的话，我军就不要再去攻取了。

4."交地"是交通便利，我军容易进去、敌人也容易过来的地区。到了"交地"，我军要注意各部队之间保持联系（防止一部分军队被敌人分割、包围）。

5."衢地"是我国、敌国和其他国家国土交界的地区。（因为到了"衢地"，我军和敌人谁先到达谁就可多争取更多国家的支持和帮助，所以，）我军到了"衢地"，就要注意军事外交，搞好同这些国家的关系。

6."重地"是我军已经深入到敌国境内的深处，越过了敌人国内许多城邑的地区。到了"重地"，我军则要注意掠夺敌国的粮草物资（解决我军的后勤补给）。

7."圮地"是那些山林多、地势险，到处是沼泽地、道路难以通行的地区；遇到这些地区，我军要迅速通过（不要多停留）。

8."围地"是那种我军开进时，道路狭窄，退出时，曲折难行，而敌人只用少量兵力便可以击败我军众多兵力的地区。一旦到了"围地"，统兵之将要多动脑筋，注意用智谋取胜于敌。

9."死地"就是我军只有同敌人奋战，才有生存的可能，不同敌人奋战，就容易被敌人消灭的地区。一旦到了"死地"，我军就只能和敌人拼死一战了。

由此看来，孙子在《九地》篇第一段话中对"九地"特点和应该使用的九种军事原则的论述，完全是从军事利害的高度、从怎样通过这些地区对我军有利的角度分析问题的。他所提出的通过这些地区时统兵之将应当掌握的军事原则，既涉及统兵之将使用谋略、外交、军事、暴力等各种手段，涉及防御和进攻的作战形式，也涉及治理军队以及军事后勤工作，等等。我们如果能够细心地推敲他所论述的这些统兵之将通过这些地区时应该使用的军事原则，就很容易联想起他在《孙子兵法》第三篇《谋攻》中所说的"上兵伐谋，其次伐交，其次伐兵，其下攻城"，以及"十则围之，五则攻之，倍则分之，敌则能战之，少则能逃之，不若则能避之"等精彩论述。我以前讲过，《孙子兵法》中的一些概念、范畴、原理既有整体性、综合性，又有开放性、模糊性，有些概念、范畴、原理不仅适用于"大战争""大战略"的领域，也适用于"军事战略"和"战术"领域，孙子在《九地》篇第一段话中所论述的统兵之将在通过"九地"时应该使用的这些军事原则、作战手段、作战形式、作战方法，再次证明了这一点。而贯穿在孙子这些论述中的军事原则的"灵魂"，就是统兵之将在率领军队通过这九种不同的地区时，必须做到具体问题具体分析，根据地区的不同和敌我情况的不同，采用不同的作战方法和对策。

再者,从孙子在这段话中对"九地"排列的先后顺序来看,我们还可以发现,从"散地""轻地""争地""交地""衢地",一直到"重地""圮地""围地",最后到达"死地",孙子实际上勾画、描述了一支远征军怎样从本国国土出发,经过和其他诸侯国、敌国的国土交界处,直至开进敌国、深入敌国国内的腹地,马上就要"攻城"即在敌人的国都城下进行一场生死存亡大血战的全过程。当统兵之将带领这支军队到达"九地"中的最后一个地区"死地"(即只有同敌军拼死一战,才有生存的可能,不同敌人拼死一战,就只能被消灭)的时候,也正是孙子在《孙子兵法》的第三篇《谋攻》中所说的"全争"即同敌国展开"大战争"的最后阶段,同时也是整个"大战争"即将进入最艰难、最惨烈、敌我双方"不顾一切、不惜流血地使用暴力"[1]、战争暴力就要发挥到极致、不是你死就是我活的阶段。而在这个阶段,是根本谈不上什么"和平主义""人道主义"和"和谐世界"的!

【中西比较】

在西方著名的军事著作中,未见类似孙子这样的论述。

二、在战争中瓦解敌军、破坏敌军团结的"待敌之法"和"全面战争"的原则

【原文】

所谓古之善用兵者,能使敌人前后不相及,众寡不相

---

① 克劳塞维茨著,军事科学院译:《战争论》,第24页,商务印书馆1978年版。

恃^①,贵贱^②不相救,上下不相收^③,卒离而不集,兵合而不齐,合于利而动,不合于利而止。敢问:"敌众整而将来,待之若何?"曰:"先夺其所爱,则听矣^④。"兵之情主速,乘人之不及,由不虞之道^⑤,攻其所不戒也。

【述评】

以上所引《九地》篇中第二段话的文字虽然不多,但是分量很重,内容很重要。孙子在这段话中,实际上讲的是在战争中如何瓦解敌军、破坏敌军内部团结的"待敌之法",特别讲的是最后一定要"打垮敌人"的"全面战争"的战术原则。

这段话包括三层意思:

第一层意思,孙子说,古代善于打仗的统兵之将,能够做到让敌人前面的部队和后面的部队失去联系;能够做到让敌人人数众多的大部队和人数少的小部队不能相互照顾;能够做到让敌人的上级军官和下级军官以及士兵们不能相互救助;能够做到让敌人的小军官们离心离德、不团结;能够做到让敌人的将士们即使集合在一起,也是一盘散沙,没有战斗力(这都是善于打仗的统兵之将能够做到的)。凡是对我军有利的事情,就要去做;凡是对我军不利的事,就不要去做。

第二层意思是,(这时)有人冒昧地问道:"那么,如果敌

①众寡不相恃:人数多的大部队和人数少的小部队之间不能相互照顾。
②贵贱:将官与士兵。
③上下不相收:上级军官和下级军官以及士兵们不能相互联系。
④先夺其所爱,则听矣:首先攻取敌人的要害之处,敌人便会听从我军的摆布。
⑤由不虞之道:走敌人预料不到之路。

人众多，又团结一致、齐心合力地前来对付我军，我军又应该怎么办呢？"（孙子的）回答是："那就首先攻击，夺取敌人的要害之处，敌人就会听从我军的摆布了。"

第三层意思，孙子说，用兵贵在神速，要乘敌人的行动还来不及的时机，走敌人意料之外的道路，进攻敌人不加戒备的地方。

显然，孙子所说的第一层意思，就是在战争中要注意瓦解敌人，注意分割敌军的兵力，破坏敌军内部的团结，力求使敌人的组织系统全部瘫痪、失去战斗力。而要做到这些，仅仅靠统兵之将巧妙地使用兵力还不够，还要靠潜伏在敌军内部的我军间谍发挥独特的作用，想方设法在敌军内部制造各种各样的矛盾，离间敌人。也正因为如此，孙子才说，凡是对我军有利的事，就要去做；凡是对我军不利的事，就不要去做。由此可知，在中国古代战争中，打入敌军内部的间谍不但要承担搜集敌人情报的任务，还要起到破坏敌人内部团结的作用。而统兵之将的责任也不轻松，不但要将打仗、治军的工作双肩挑，还要抓好使用间谍、破坏敌军团结的领导工作。

孙子在上文第二层意思中所说的"先夺其所爱"，实际上是说统兵之将要善于抓住战争中敌人的要害即主要矛盾，因为只有抓住了敌人的要害之处，解决了主要矛盾，其他的矛盾才能迎刃而解。

孙子在上文第三层意思中说的"兵之情主速"，实际上就是在《孙子兵法》产生两千多年后，西方军事学家克劳塞维茨在《战争论》中所论述的"打垮敌人"的"全面战争"的战术原则;只不过,与克劳塞维茨"全面战争"的战术原则不同的是,孙子认为,即便是在"打垮敌人"的"全面战争"中,统兵之将也要讲策略,行"诡道",欺骗敌人。我在进行"中西比较"时,就要分析这个问题。

【中西比较】

在西方著名的军事著作中,很少见类似《孙子兵法》中关于使用间谍、瓦解敌军、破坏敌人内部团结的论述。但是,克劳塞维茨在《战争论》中,曾经专门论述过打击敌人"整体所依赖的重心"和"全面战争"的特点问题。克劳塞维茨的有关论述和孙子的有关论述相一致。

在《战争论》中,克劳塞维茨自始至终把战争划分为两大类,一类是"仅仅占领敌国边境的一些地区为目的的战争",也就是今天我们说的"局部战争"或者"有限战争";另一类则是"以打垮敌人为目的战争",也就是今天我们说的"全面战争"或者"无限战争"[①]。克劳塞维茨认为,军事统帅在指导这两类不同的战争时,必须使用不同的原则;而指导"全面战争"的原则主要有三条,第一,"所有力量的集中打击"必须指向敌人"整体所依赖的重心";第二,"速战速决是进攻战的一个重要特点";第三,"次要行动应该尽可能地保持在从属地位"[②]。拿克劳塞维茨的这些论述和孙子的论述相比较,孙子所说的"先夺其所爱",也就相当于克劳塞维茨说的"全面

---

①克劳塞维茨著,军事科学院译:《战争论》,第11页,商务印书馆1978年版。
②克劳塞维茨著,军事科学院译:《战争论》,第879、884、923页,商务印书馆1978
　年版。

战争"的第一个特点、第一个原则，即"所有力量的集中打击"必须指向"敌人整体所依赖的重心"；孙子所说的"兵之情主速"，则相当于克劳塞维茨说的"全面战争"的第二个特点、第二个原则，即"速战速决是进攻战的一个重要特点"。由此可见，孙子在《九地》篇里所说的"先夺其所爱"和"兵之情主速"，正是克劳塞维茨在《孙子兵法》产生两千多年后，在《战争论》中所说的"全面战争"之"打垮敌人"的原则。而且，按照克劳塞维茨的说法，在以"打垮敌人为目的"的"全面战争"中，"暴力的使用是没有限度的"①。我们从孙子在《九地》篇中后面的一些论述中，会很清楚地看到，孙子持有与克劳塞维茨相一致的观点，孙子也认为，他所肯定的"霸王之兵"，在讨伐敌国时使用的战争暴力也是没有限度的。

三、军队进入敌国以后出现的一些有规律的现象，以及统兵之将的治军原则

【原文】

凡为客②之道，深入则专③，主人不克④；掠于饶野，三军足食；谨养而勿劳，并气积力；运兵计谋，为不可测。投之无所往，死且不北，死焉不得⑤，士人尽力；兵士甚陷则不

①克劳塞维茨著，军事科学院译：《战争论》，第26页，商务印书馆1978年版。
②为客：进入敌国的军队。
③专：专心致志。
④主人不克：敌国的军队无法取胜。
⑤死焉不得：不怕死。

惧,无所往则固,深入则拘①,不得已则斗。是故其兵不修
而戒,不求而得,不约而亲,不令而信②。禁祥去疑③,至死
无所之。吾士无余财,非恶货也;无余命,非恶寿也。令发
之日,士卒坐者涕沾襟,偃卧者涕交颐,投之无所往者,诸、
刿之勇也④。故善用兵者,譬如"率然","率然"者,常山之
蛇也,击其首则尾至,击其尾则首至,击其中则首尾俱至。
敢问:"兵可使如'率然'乎?"曰:"可。夫吴人与越人相恶
也,当其同舟而济,遇风,其相救也如左右手。"是故方马埋
轮⑤,未足恃也;齐勇若一,政之道也⑥;刚柔皆得,地之理
也⑦。故善用兵者,携手若使一人,不得已也。

【述评】

孙子认为,当统兵之将带领一支庞大的远征军从本国出
发,长途跋涉,经历了千辛万苦,进入了敌国之后,环境就会
变得越来越险恶,一场大规模的流血决战不可避免,而敌我
双方究竟最后谁胜谁负,毕竟取决于军事实力的大小。所以,
进入敌国以后,为了削弱敌人的军事实力,同时保持和增强我
军的军事实力,统兵之将必须一方面切实领导好瓦解敌军、破
坏敌军内部团结的工作,以便不断地削弱敌军的战斗力,而另

①拘:受约束,指军心稳固。
②不令而信:不待严令就信守军纪。
③禁祥去疑:禁止迷信活动和散布谣言。
④诸、刿:中国春秋时的勇士专诸、曹刿。
⑤方马埋轮:把战马系在一起,把战车轮子埋在地下。
⑥政之道:正确的管理方法。
⑦刚柔皆得,地之理也:要让强的和弱的部队都发挥战斗作用,靠用好地形、地势。

一方面又要切实抓好管理军队的工作，加强部队的团结，千万不可麻痹大意，要在加强部队的团结和增强部队战斗力的问题上采取一系列得力的措施。

以上所引《九地》篇的第三段话，孙子讲的就是当军队进入敌国以后，所出现的一些有规律的现象，以及统兵之将的治军原则。在这段话中，孙子主要讲了三层意思：

首先，孙子说：当军队进入敌国以后，因为将士们越是深入敌境就越发感到危险，所以，自然会专心致志、一心一意地作战，也就越难被敌人战胜。又因为不断地掠夺敌国境内富饶的粮食物资，所以，全军将士们的给养需要都可以得到满足。这时，统兵之将就要注意，让将士们小心地保养身体，不要过分劳累，要养精蓄锐，还要注意把兵力调动和作战计划的保密工作做好，不能让敌人探测到。

其次，孙子说：当将士们深入敌国以后，除了拼死作战，已无其他路可走。士卒宁死也不败退，既然死都不怕，还怕什么呢？所以，个个儿都尽职尽力。将士们愈是深入敌国，就愈不畏惧；愈是无他路可走，军心就愈不涣散，愈发团结一致，不得已时，无非是拼死一战罢了。因此，当军队深入敌国以后，就会出现不加督促就会加强戒备，不去要求就会完成任务，不必商议就会相互亲近团结，不下命令就信守军纪的有规律的现象。这时，统兵之将要注意的是，在军内禁止搞迷信活动，禁止散布谣言，让将士们明确认识到除了拼死一战，确实无其他出路。也就在这时，将士们的身上都没有多余的财物，这倒不是因为他们厌恶财物（而是因为财物现在对他们来说已毫无

意义）；将士们对自己的生命也不再留恋，这并不是因为他们
厌恶长寿（而是因为他们知道这时只有拼死作战，才有继续活
命的可能）。（因此，可以看到）当决定生死存亡的战斗命令下
达之日，（在军营里）凡是坐在地上的战士们都痛哭流涕，泪
水把胸前的衣襟打湿一片；凡是仰面躺着的战士也都泪流满
面。正因为知道除了死战再无其他路可走，所以，这样的战士
才能奋不顾身地投入战斗，个个儿发挥出像勇士专诸和曹刿
那样的勇敢。

再次，孙子说：善于治理军队的统兵之将，能够把军队整
治得像"率然"那样。"率然"是常山里的一条蛇（这条蛇的
身体在受到打击时，身体的各个部分能够相互救助），打它
的头部时，它的尾部能转过来救蛇头；打它的尾部时，它的头
会转过来救蛇尾；打它的蛇身中部，它的头、尾会一起救助
蛇身。（这时）有人冒昧地问道："那么，治理军队，能够做到
像'率然'那样全军团结一致、齐心合力吗？"（孙子的）回答
是："可以。（齐心合力是客观形势决定的）就像吴国人和越
国人，原来相互之间总是彼此厌恶，可是，当他们一旦乘坐在
同一条船上渡河，遇到大风大浪时，就在危急时刻能够相互
救助，就如同生长在同一个人身上的左右手。"因此，要想把一
支军队的军心稳定住，即使把军马全都用绳子拴在一起，把战
车的车轮全都埋在地下，也是办不到的；要想让军队真正地齐
心合力，勇猛作战，像一个人行动一样，靠的是实施正确的治
军规律；要想让战斗力强和战斗力弱的部队都发挥出作用，靠
的是根据不同的地形、地势，合理地调动、使用兵力。（总之）善

于治理军队、打仗的统兵之将，与全军将士共同作战，要做到像一个人同敌人打仗一样那样团结一致、齐心合力，这是不得已而为之的客观形势和客观规律的要求。

【中西比较】

在西方著名的军事著作中，很少见类似孙子这样生动而精彩的论述。

四、统兵之将必须使用的"愚兵之术"

【原文】

将军之事，静以幽，正以治，能愚士卒之耳目，使之无知。易其事，革其谋①，使人无识；易其居，迂其途，使人不得虑；帅与之期②，如登高而去其梯。帅与之深入诸侯之地，而发其机③，焚舟破釜，若驱群羊，驱而往，驱而来，莫知所之。聚三军之众，投之于险，此谓将军之事也。九地之变，屈伸之利④，人情之理，不可不察。

【述评】

今天看来，孙子在《孙子兵法》中提出的许多治军原则都是正确的，也是西方军事著作中所缺乏的内容，值得我们借鉴。但是，孙子论述的有些治军原则和管理军队的措施却是错误的，例如，他在以上所引《九地》篇第四段话中所讲的

---

①革其谋：改变计划。
②帅与之期：将帅与士卒约定作战任务。
③发其机：击发弩机。
④屈伸之利：根据不同的情况，伸缩进退要对我军有利。

"愚兵之术"，就是明显的封建糟粕。在我国春秋时期，奴隶和农奴是军队的主体，他们在平时遭受奴隶主和新兴地主阶级的残酷剥削压迫，在战争时期，只不过是统兵之将手中使用的工具，他们在军队中没有丝毫的自由和民主权利。道家的创始人老子早就说过："非以明民，将以愚之。"儒家的创始人孔子也说过："民可使由之，不可使知之。"孙子则把这一套"愚民之术"运用到了军事领域，在《孙子兵法》中赤裸裸地提出了像使唤牲口那样使唤士兵群众的"愚兵之术"。他在《九地》篇的第四段话中，明白无误地道出了统兵之将在战争中必须使用的"愚兵之术"的具体内容，他说的意思是：

统兵之将在战争中要做到沉着冷静，让别人感到自己幽深莫测，治军态度严肃端正；统兵之将要做到能够愚蒙住士卒们的眼睛和耳朵，不可以让他们知道战争进展的真实情况；要不断地改变他们承担的军事任务，不断迫使他们改变思路，让他们无法正常地思考问题；要不停地命令他们转移居住地，不停地命令他们走更费周折的道路，让他们来不及考虑这样做是为什么。给他们布置那些必须完成的军事任务，要像让他们使用梯子爬到高处之后，又把梯子搬去，让他们无法从高处下来，只能义无反顾地去拼命完成一样。当统兵之将率领他们深入到其他诸侯国和敌国时，全军就应当像一支扣发弩机飞出的利箭，只能一往无前；一旦渡过了江河，就必须把渡河的船只焚毁，只要吃过饭，就要把军锅摔破（要让他们知道，决无回头之路）。在战争中使用他们要像驱赶羊群一样，一会儿把他们往前赶，一会儿又把他们往后赶，叫他们摸不清头脑，不知道究竟要被赶到哪里去。所有这些，就是统兵之将集聚全军，投身于战争这条凶险之路所应该做的事情。由此看来，军队在通过"九地"时怎样使用不同的军事原则才对军队更有利，怎样使用士卒才更符合人情道理，是统兵之将不可以不认真考察研究的。

以上孙子说的这些"愚兵之术"，无疑都是一些封建糟粕，决不能予以肯定！

【中西比较】

在西方著名的军事著作中，很少见类似孙子这样的论述。这是因为，西方近现代著名的军事理论著作基本上都产生于资本主义时期。欧洲文艺复兴以后，当时欧洲新兴的资产阶级倡导人道主义，尤其是1789年法国大革命发生之后，欧洲各国的农民和小生产者陆续得到了解放，并且构成了各国军队的主体，他们在一定程度上的确获得了自由和民主权利，这在西方近现代著名军事著作中多多少少地体现了出来。例如，虽然克劳塞维茨在《战争论》中有时也把"军队"叫作战争"工具"，然而，他是把"统帅及其军队"合并起来称为战争"工具"的[1]。在《战争论》全书中，克劳塞维茨从来没有像孙子在《九地》篇中那样赤裸裸地、系统地论述"愚兵之术"。

---

[1]克劳塞维茨著，军事科学院译：《战争论》，第290页，商务印书馆1978年版。

五、军队深入敌国境内后，统兵之将遇到九种不同的作战地区时的注意事项

【原文】

凡为客之道，深则专，浅则散。去国越境而师者，"绝"地也^①；四达者，"衢"地也；入深者，"重"地也；入浅者，"轻"地也；背固前隘者^②，"围"地也；无所往者，"死"地也。是故"散"地，吾将一其志；"轻"地，吾将使之属^③；"争"地，吾将趋其后^④；"交"地，吾将谨其守；"衢"地，吾将固其结^⑤；"重"地，吾将继其食；"圮"地，吾将进其涂^⑥；"围"地，吾将塞其阙^⑦；"死"地，吾将示之以不活。故兵之情，围则御，不得已则斗，过则从^⑧。

【述评】

以上引文是孙子在《九地》篇第五段中讲的原话。

我国有些《孙子兵法》的研究者，认为孙子讲的这段话有问题，有人认为，这段话与孙子在《孙子兵法》第八篇《九变》中所讲的"圮地无舍，衢地交合，绝地无留，围地则谋，死地则战"的内容相重复；有人认为，孙子在这里讲的话，与孙子在

---

①绝地：指下列军队进入敌国之后的所有难以生存的九类地区。

②背固前隘：背后地势险要，前面道路狭隘。

③使之属：让部队之间加强联系。

④趋其后：指让后续部队迅速跟上。

⑤固其结：加强与其他诸侯的联盟。

⑥进其涂：迅速通过。

⑦塞其阙：堵住缺口。

⑧过则从：指陷入危险境地之时，士兵容易指挥。

《九地》篇本身第一段中所讲的九种"用兵之法"的内容相重复;还有人认为,这段话之所以看上去显得零乱,是因为孙子的门徒在记录孙子的话时有失误,或者是后人在整理《孙子兵法》时,发生了"错简"所致①。

但是,我个人认为,孙子讲的这段话,既和他在《九变》篇第一段话中所讲的内容不重复,也和他在《九地》篇第一段话中所讲的内容不重复。这是因为,孙子在上面这段话中有一个大前提,亦即他明明白白地首先说了"凡为客之道",也就是说,他现在所讲的九种地区,全都是统兵之将率领军队已经"去国越境而师者",即都是已经进入敌国以后"为客"、遇到敌国境内的九种不同的"作战地区";他在这段话中,讲的都是军队深入敌国境内以后,统兵之将遇到九种不同的"作战地区"时的注意事项,而他提出的这些注意事项又有新意,因此也值得我们仔细研读和品味。

现在,就让我们看一看孙子在《九地》篇的第五段中都说了些什么。孙子的意思是:

当统兵之将率领军队进入敌国的境内以后,进入敌国的境内越浅,军心就越不稳定,军队就越不恋战;而进入敌国的国土越深,军心就越稳定,军队就越发团结,专心致志地作战。这是进入敌国以后的规律。(还要看到)凡是离开本国越

---

① 参见李零:《兵以诈立:我读〈孙子〉》,第295页、第314—315页,中华书局2006年版。李零说:"《九地》篇,前半篇和后半篇,彼此重复。"他还说:"《九变》篇的内容,不过是《九地》篇的一部分","我很怀疑,《九地》是全书整理的尾巴,最后没有加工好。《九变》就是从《九地》割裂,用该篇草稿中的剩余资料拼凑而成",等等。

出国境而进入敌国的军队，在敌国国土上遇到的都是难以生存的"绝"地；而在敌国这些难以生存的"绝"地中，(A) 道路四通八达的是"衢"地；(B) 深入敌国境内的是"重"地；(C) 进入敌境尚浅的是"轻"地；(D) 背后地势险要而前面道路狭窄、只有一个出口的是"围"地；(E) 无出路可走的是"死"地。

所以，统兵之将率领军队进入敌国以后，遇到下述九种不同的地区时，必须使用不同的作战和治军方法：

1.在刚刚进入敌国，军心还不稳定，军队还无心恋战的"散"地时，统兵之将要注意稳定军心，鼓舞将士们的作战士气和斗志。

2.在进入敌国境内较浅的"轻"地时，统兵之将要注意加强各部队之间的组织联系。

3.当遇到敌我双方必争的"争"地时，统兵之将要注意让军队迅速地去争夺，后续部队要快速跟进。

4.到了交通便利的"交"地时，要注意谨慎地去防守。

5.到了道路四通八达的"衢"地时，要注意加强与其他诸侯的联盟关系。

6.当进入敌境更深的"重"地时，要注意解决好部队的吃饭等问题。

7.遇到山林多、地势恶劣、难以生存的"圮"地时，部队要迅速通过，不要多停留。

8.到了背后地势险要，前面道路狭窄，只有一个出口的"围"地时，要自己堵塞住那个出口。

9.到了无路可走的"死"地时，那就只能同敌人拼死一战，向敌人展示军队不怕死的决心了。

总之，军队进入敌国以后作战的规律是，越是被敌人包围，就越会奋力抵抗；万不得已时，只能拼死战斗；陷入危局时，反而利于指挥（过则从）。

总而言之，孙子在《九地》篇第五段话中所说的这九种地区，是指一支远征军已经进入敌国国土以后的九种"作战地区"，而不再是孙子在《孙子兵法》第八篇《九变》中所说的和《九地》篇一开始说的那些地区。正因为如此，孙子在《九地》篇第五段话里所论述的统兵之将在进入敌国国土以后应该注意的事项，也就和他在以前论述过的作战、治军的注意事项不同了。而值得我们特别注意的是，孙子在《九地》篇第五段话中，所论述的统兵之将带领军队进入敌国境内的最后一个地区是"死"地；而到了"死"地，孙子说，统兵之将的注意事项即作战指导规律，乃是"吾将示之以不活"，也就是只能同敌人拼死一战，向敌人展示军队不怕死的决心了。至于同敌人拼死一战的最后结果如何，孙子的回答则是"过则从"，也就是不可知，只能听从命运的摆布。这就是一支庞大的远征军"去国越境而师"在最后面临的前景，实际上，也是整个《孙子兵法》的战争和战略理论的最后落脚点。孙子的这些说法，说明在这位伟大的中国古代兵学家的思想中，还有一些战争不可知论的因素，在他的朴素的战争和战略理论中，还多多少少有一些战争"赌博"论的色彩……

【中西比较】

在西方著名的军事著作中，很少见类似孙子这样的论述。

六、"霸王之兵"讨伐敌国的几个原则

【原文】

是故不知诸侯之谋者,不能预①交;不知山林、险阻、沮泽之形者,不能行军;不用乡导者,不能得地利。四五者,不知一,非霸王之兵也。夫霸王之兵,伐大国,则其众不得聚;威加于敌,则其交不得合。是故不争天下之交,不养天下之权②,信己之私③,威加于敌,故其城可拔,其国可隳。施无法之赏,悬无政之令,犯④三军之众,若使一人;犯之以事,勿告以言⑤,犯之以利,勿告以害;投之亡地然后存,陷之死地然后生。夫众陷于害,然后能为胜败。故为兵之事,在于顺详敌之意⑥,并敌一向⑦,千里杀将,此谓巧能成事者也。

【述评】

以上所引《九地》篇中的第六段话很重要。因为当孙子说到这段话时,整个《孙子兵法》已经接近了尾声,"图穷匕首见",孙子终于朗如白昼地道出了他的全部战争和战略理论的真正政治诉求,而这种政治诉求并不是什么"和平主义""人道主义"和建立一个"和谐世界",而是通过"大战争""大战

---

①预:与。
②权:权势。
③信己之私:只信靠自己的力量。
④犯:使用。
⑤犯之以事,勿告以言:只叫其做事,不告其规划谋略。
⑥顺详敌之意:假装顺从敌人的意图(一说谨慎审查敌人意图)。
⑦并敌一向:集中我军兵力,指向敌人一点。

略"和最后使用暴力战争的手段，兼并其他诸侯大国，以成就称王称霸的大国事业。

中国儒家的代表人物孟子说过："以力假仁者霸""以德行仁者王"①孙子在《九地》篇第六段话中所说的，实际上就是春秋时期一个想要在中国称王称霸、成就霸主事业的大国军队怎样去讨伐其他国家。在这段话中，孙子主要讲了成就"霸王之兵"的四个原则：

第一，必须摸透其他国家的全部情况。

孙子认为，不摸透各个诸侯国的国家战略，就不可以同它们打交道；不全面了解这些国家的山林、险阻、沼泽地等各种地形、地势、地貌等情况，就不可以派军队去这些国家行军；不使用带路人即间谍，统兵之将率领军队进入这些国家后，就不能得到地形的帮助。应该了解清楚的上述四、五类敌情，只要有一类没有了解清楚，就称不上是称王称霸的军队。

第二，必须依靠强大的军事实力，威吓、讨伐其他大国。

孙子认为，称王称霸的大国军队在讨伐其他大国时，要做到让这些国家的军民集聚不起来，要做到用强大的军事威吓敌对国家，让它们无法结交，形不成合力。而称王称霸的国家本身不必争抢着与其他国家结交，也不必通过与它们结交而试图壮大本国的实力；而只是凭借自己国家的努力，发展壮大本国的国力、军力来威逼或实施于敌国，就可以夺取敌国的国都，把敌国毁灭掉。

---

① 《孟子·公孙丑上》。

第三，对本国军队，必须使用与平时不一样的非常手段，逼迫军队拼死作战。

孙子认为，为了让称王称霸的军队拼死作战，必须在军内实施超出军法之外的奖励制度，颁布打破常规的军事命令，只有使用非常手段，才能像使唤一个人那样任意使唤全军。当命令将士们完成任务时，不要告诉他们完成任务所要达到的目的；而且只告诉这样做对他们怎样有利，而不要告诉他们这样做对他们有什么危害。只有把他们推入死亡之地，他们反倒有存活的可能；只有让他们陷入死亡之地，他们反倒会有生存的机会；只有让将士们落入危害的境地，逼迫他们奋勇作战，才能打败敌人。

第四，同敌人作战必须行"诡道"，欺骗敌人，集中优势兵力，才能取得胜利。

孙子认为，统兵之将率顾军队同敌人作战时，一要注意假装顺从敌人的作战意图，麻痹敌人（然后，再收拾敌人），二要集中优势兵力，打击敌人力量薄弱之处。这样做，即使我军行军千里，也可达到杀敌将、败其军的胜利结果。这就叫作只有巧战才能成就"霸王之兵"的大事业啊！

由此看来，孙子在《九地》篇的第六段话中，主要讲的是"什么是'霸王之兵'"和"怎么做才能成就称王称霸的大业"的问题。换言之，这种成就"霸王之兵"和称王称霸的大业，才是孙子真正的军事理想和政治理想！孙子在这段话中提出的"霸王之兵"讨伐敌国的几个原则，第一是必须重视间谍的侦察工作，全面掌握所有国家的情况。第二是必须发展、壮大本国的国力、军力，用实力解决称王称霸的大业；对付敌国要使用战争威慑和战争暴力两个手段，如果"不战而屈人之兵"那种理想不能实现，就坚决使用暴力决战的手段解决问题。第三，一旦确定要用军事暴力的手段解决问题，实现称王称霸的理想，则必须使用非常手段和"愚兵之术"，逼迫本国将士拼死决战。第四，必须同敌人巧战，而不是硬碰硬，也就是在作战时要搞欺骗，行"诡道"，灵活机动地使用优势兵力……

因此，我认为孙子关于"霸王之兵"的这些论述，有对《孙子兵法》全书内容做总结的意思。他一方面强调打仗必须首先做到全面地"知彼"，不"知彼"就无法打仗，另一方面强调要打好仗，自己必须有实力，和平时期不发展本国的国力、军力不行。他一方面强调一旦打起仗来要对自己的军队用非常手段，必须使用"愚兵之术"；另一方面又强调在战争中必须凭借强大的军事实力行"诡道"，要讲究策略，集中优势兵力攻击敌人的要害之处，而最后还是要使用暴力解决问题，以成就称王称霸的大业。由此可见，孙子所强调的"霸王之兵"讨伐敌国的几个原则，都是他在《孙子兵法》中反复论述的几个重点问题。

虽然孙子在《九地》篇中有关"霸王之兵"的这些论述，在中国古代春秋时期对中国的国家统一有积极意义，在当时有一定的进步性，在历史上也曾的确有合理作用，但是到了今天，我们对这种"霸王之兵"理论必须采取分析的态度，其中有些内容是应当予以否定的。例如，在当今世界上，在现代国际关系中，任何一个大国如果想在世界上称王称霸，则都是不合时宜的、反动的，一定会碰得头破血流！关于这个方面问题已有许多论者论述，本书不赘述。

【中西比较】

在西方著名的军事著作中，很少见类似孙子这样的论述。我在以前讲课时多次讲过，即便是西方军事思想的集大成者克劳塞维茨，他在《战争论》中也只强调在战争中集中兵力的重要性，却轻视在战争搞"诡道"。克劳塞维茨的战争和战略理论是有很大片面性的。

七、"霸王之兵"在两军决战前夕必须采取的几大举措和作战方针

【原文】

是故政举之日①，夷关折符②，无通其使；厉于廊庙之上③，以诛④其事；敌人开阖⑤，必亟入之；先其所爱，微与之期⑥；践墨随敌⑦，以决战事。是故始如处女，敌人开户⑧；后如脱兔⑨，故不及拒。

────────────────

①政举之日：决战前夕，确定政治和军事举措的那些日子。

②夷关折符：封锁住关口，废除来往的通行证。

③厉于廊庙之上：在朝堂上反复商议、计划。

④诛：研究，确定。

⑤敌人开阖：趁敌人露出破绽。

⑥微与之期：不与其约定日期。

⑦践墨随敌：随着敌情的变化而实施战争计划。

⑧敌人开户：敌人的计划、行动出现漏洞。

⑨脱兔：脱逃的兔子。

【述评】

孙子在《孙子兵法》中所论述的"全争"即"大战争"的胜负,毕竟取决于敌对两个国家综合实力和军事实力的大小,最后又取决于两军在决战中的胜负,其中两军在决战前的军事举措和作战方针对于作战的结局会起到重要作用。孙子在《九地》篇的第七段话中,讲的就是"霸王之兵"在决战之前必须采取的几大举措和作战方针,他说一旦要与敌军展开决战,必须采取下述几个军事行动和作战方针:

其一,必须派军队封锁住所有通往敌国道路上的关口,废除所有的通行证,断绝与敌国的外交关系,杜绝与敌国使节的往来(让敌人侦察不到我国我军的一点儿消息)。

其二,统兵之将必须在决定国家大事的祖宗庙里与国君和文武百官反复商讨作战计划,以确定作战的方法、步骤。

其三,一旦发现敌人露出破绽,我军要迅速采取相应的军事行动。

其四,首先抓主要矛盾,攻击敌军的要害之处,事先无需和敌人打招呼。

其五,我军的作战方针要随着敌情的变化而改变,随着战情的变化而调整我军的军事行动。

其六,总的作战方针是:决战前夕,我军要像处女那样稳静矜持,沉得住气,等待敌人的计划、行动出现差错;一旦发现敌人出现差错,就要像脱兔那样,迅速采取军事行动,让敌军反应不过来,无法应付。

【中西比较】

在西方著名的军事著作中，很少见类似孙子这样的论述。

【《九地》篇内容提要】

综上所述，孙子在《九地》篇中论述了七个方面问题：(1) 统兵之将在通过九类不同的地区时，应当掌握的九种不同的军事原则。(2) 在战争中瓦解敌军、破坏敌军团结的"待敌之法"和"全面战争"的原则。(3) 军队开进敌国以后出现的一些有规律的现象，以及统兵之将的治军原则。(4) 统兵之将必须使用的"愚兵之术"。(5) 军队深入敌国境内以后，统兵之将遇到敌人境内九种不同的作战地区时的注意事项。(6) "霸王之兵"讨伐敌国的几个原则。(7) "霸王之兵"在两军决战前夕必须采取的几大举措和作战方针。

以下是《九地》篇的内容提要：

"本篇论述了'霸王之兵'从本国出发，进入敌国，进行战略进攻或战略反攻，通过不同的战略地区和作战地区时，应该注意的一些军事原则、治军原则和注意事项，以及为将之道（'先夺其所爱''兵之情主速'），还论述了讨伐敌国的几个原则和同敌军进行决战时的几大举措和作战方针。

"孙子在本篇中论述的'愚兵之术'和'霸王之兵'里，有明显的理论糟粕。"

第四节　《火攻》十二：用火器进攻敌军的方法

《火攻》和《用间》是《孙子兵法》十三篇里的最后两

篇。这两篇的内容简明扼要，都有相对的独立性，方法论的专题性较强，孙子分别阐述了在战斗中怎样使用"火"这种武器进攻敌军和使用间谍、获取敌人情报的方法。本节我先讲《火攻》。

孙子把《火攻》列为《孙子兵法》中的独立一篇，专门加以论述，说明了以下三个问题：

第一，他非常重视古代的军事技术和武器在战争中的作用，因为在中国古代战争中，"火"是一种最先进、最可怕的作战武器，对杀伤敌人最有效，敌人很难对付。而且，在古代"火"这种武器往往在大规模的战斗、战役中才使用。过去，有些《孙子兵法》的研究者认为，《孙子兵法》的一个缺点是孙子不大注意军事技术和武器在战争中的重要作用。《火攻》篇的内容有力地驳斥了这种意见。

第二，西方军事学家克劳塞维茨不仅重视"战略"，而且非常重视"战斗"。他在《战争论》中的第四篇专门论述过"战斗"问题，他认为战斗才是"真正的军事活动，战争中的一切活动都是为它服务的"，"在战略范围内，我们可以把一切军事活动都归结到战斗上"，战斗是"整个战争的缩影"即战争的"实体"①。而孙子在《孙子兵法》的前十一篇中，论述了有关战争中的许多军事活动，但却一直没有论述"战斗"。可是到了《孙子兵法》的第十二篇，他终于开始专题论述《火攻》，这就意味着他已经开始论述火攻型的"战斗"了，他的全部战争

①克劳塞维茨著，军事科学院译：《战争论》，第250—251页、第265页，商务印书馆1978年版。

和战略理论的逻辑,也已经进入战争的"实体"。

过去,有个别《孙子兵法》的研究者认为孙子不重视战争暴力,认为孙子在《孙子兵法》中玩的不过是"花拳绣腿"。孙子在《火攻》中论述的内容也粉碎了这种错误意见。

第三,孙子在《孙子兵法》的第一篇《计》中,曾经把"天"("阴阳、寒暑、时制也")列为构成整个战争五大战略要素中的一个要素。他在第十篇《地形》中,还说过"知天知地,胜乃不穷",但是,他在《孙子兵法》的前十一篇中,一直没有具体论述过"天"的问题。可是,到了第十二篇《火攻》,他终于论述了对敌军实施"火攻"时,必须要看"天"即气象条件。这就说明孙子对"天"即军事气象学的高度重视,他实际上认为不仅"地形者,兵之助也","天"也可以成为"兵之助"。

【篇名】

《说文解字》把"火"诠释为"毁也",即认为"火"有"烧毁"东西的作用,又把"攻"诠释为"击也"。故"火攻"二字连用,指的就是用"火"作为武器进攻敌人,烧毁、破坏敌人的战斗力。

《火攻》是《孙子兵法》中文字较少的一篇,全篇可以划分为四个段落。在第一段中,孙子论述了火攻的对象即火攻的具体目标,以及实施火攻的气象条件;在第二段中,孙子论述了火攻的方法;在第三段中,孙子论述了火攻优于"水攻";在第四段中,孙子论述了战斗一旦取得胜利,必须乘胜追击,扩大战斗成果,以及"慎战"(国君和统兵之将必须慎重对待战争)的思想。

以下,我就分四个小专题,讲解《火攻》篇的内容。

一、"火攻"的攻击目标和天气条件

【原文】

孙子曰：凡火攻有五，一曰火人，二曰火积，三曰火辎①，四曰火库，五曰火队②。行火必有因③，烟火必素具④；发火有时，起火有日。时者，天之燥也；日者，月在箕、壁、翼、轸也，凡此四宿者⑤，风起之日也。

【述评】

以上所引《火攻》篇第一段话的意思是：

孙子说：用火攻击敌军有五个具体目标，一是用火攻击敌人的人马，二是用火攻击敌人积蓄起来的粮草，三是用火攻击敌人的辎重物资，四是用火攻击敌人的仓库，五是用火攻击敌人的运输队。用火进攻敌军必须具备一些条件，（这些条件是）火攻的器具必须在平时就准备好，对敌军发起火攻必须选择有利的时机，还要选择有利于火攻的日子。有利于火攻的时机是天气干燥的时候，有利于火攻的日子是月亮运行到"箕""壁""翼""轸"四个星宿的那些天，只要看到夜空上月亮运行到这四个星宿的位置，那就是起风的日子。

在以上这段话中，值得注意有两个问题。第一，孙子说的是火攻时的具体攻击目标，即对敌人发动火攻型的战斗，要从

①火辎：用火焚烧敌人的辎重设备。

②火队：用火焚烧敌人的粮道或运输队。

③因：指条件。

④素具：火攻的器具在平时要准备好。

⑤四宿：中国古代天文学中所说的四个星宿。

攻击敌人的人马、或者粮草、辎重物资、仓库、运输队开始,他并没有论述火攻型战斗、战役的全貌、全过程;实际上,火攻型战斗、战役的全貌、全过程十分残酷和惨烈,战争暴力会达到极端的地步。例如,208年三国时期著名的赤壁之战等。第二,孙子在这段话中所说的"天"是"自然之天",是指气象条件,而不是"天命"。孙子所说的"天"毫无神秘主义的成分、色彩。

【中西比较】

在西方著名的军事著作中,很少见类似孙子这样的论述。

克劳塞维茨在《战争论》中是不重视气象条件的,他对"天"未做什么研究。他只是简单地提到"在战术上使用手段时离不开的各种条件"中有"天候",但是,他认为"天候对战斗发生决定性影响的情况更为少见,通常,只有雾发生一定的影响"[1]。克劳塞维茨在《战争论》中还说:"时间有昼夜之分,所以对战斗发生影响。"可是他又认为:"确实有许多战斗不受时间的影响,一般说来,时间对战斗的影响是很有限的。"[2]至于"火攻"的问题,克劳塞维茨在《战争论》中根本就没有涉及,这是因为在他所处的那个时代,已经有了比"火"更先进的军事技术武器。

---

[1]克劳塞维茨著,军事科学院译:《战争论》,第126页,商务印书馆1978年版。
[2]克劳塞维茨著,军事科学院译:《战争论》,第125页,商务印书馆1978年版。

二、"火"只是一种武器，"火攻"型的战斗能否获得胜利，还要靠人，靠军队根据具体情况采取正确的军事行动

【原文】

凡火攻，必因五火之变而应之①。火发于内，则早应之于外；火发兵静者，待而勿攻，极其火力②，可从而从之，不可从而止；火可发于外，无待于内，以时发之；火发上风，无攻下风；昼风久，夜风止。凡军必知有五火之变，以数守之③。

【述评】

这段话的意思是，孙子认为：在火攻型的战斗中，无论是以火进攻敌人的人马、粮草、辎重物资还是仓库、运输队为具体目标，我军都要根据当时的具体情况来采取不同的军事行动，具体情况有五种：如果（我军派人去放火）火势从敌人的内部发作起来，我军必须从敌人的外部及早地发起进攻；如果火势已经发作起来，而敌人内部却安静不乱，我军便要暂时等待一段时间，先不要攻击敌人，等到火势燃烧到最旺盛的时候，根据那时的具体情况，应该发起进攻就进攻，不应该发起进攻就不要进攻；我军也可以从敌军的外面放火，不必考虑敌军内部发生了什么情况，只要时机成熟就可以放；（还要注意风向）当火势顺着上风冲向敌人时，我军不要在下风逆着火势发起进攻；（还要注意）如果白天风刮得久了，到了夜间往往就会停止（那时，我军就不要再进攻敌人了）。（总之，在火攻

①应之：军队要根据不同的火攻情况，采取相应的军事行动。
②极其火力：火势达到最旺盛之时。
③以数守之：等候具备相应的火攻条件。

型的战斗中）我军必须根据这五种不同的具体情况而采取不同的军事行动。

应该注意，在孙子以上说的这段话里，隐含着一种很可贵的军事思想，那就是孙子认为"火"毕竟只是一种武器，而武器要靠人来掌握；"火攻"并不是放一把火就万事大吉了，"火攻"型的战斗能否获得成功、赢得胜利，关键还要靠使用火的人，要靠军队根据实施"火攻"时的具体气候条件、风向、发起火攻的地点、敌人的不同反应而采取不同的军事行动。换句话说，孙子认为在人和武器的关系中，关键的因素还是人，武器要由人来掌握，人是第一重要的。孙子的这种思想后来也形成了中国兵学优秀传统思想中的一部分内容。毛泽东在新中国成立前后，曾经多次阐述过人和武器之间的关系[1]。

【中西比较】

在西方著名的军事著作中，不见类似孙子这样的论述。

三、"火攻"优于"水攻"

【原文】

故以火佐攻者明[2]，以水佐攻者强。水可以绝[3]，不可以夺[4]。

---

[1] 例如，毛泽东在《论持久战》中说："武器是战争的重要因素，但不是决定的因素，决定的因素是人不是物。"

[2] 明：效果明显。

[3] 绝：隔绝，指分隔敌军。

[4] 夺：夺取，指夺取敌人物资。

【述评】

孙子认为，"火"和"水"这两种武器，在古代战争中都是为了辅佐人发动进攻战而使用的，都是很厉害的武器，但是两相比较，还是"火"这种武器更厉害。在《火攻》篇的第三段话里，他讲的就是"火攻"型的战斗为什么优于"水攻"型的战斗。这段话的意思是：

以"火"辅佐人力的"火攻"型战斗，杀伤敌人、破坏敌军战斗力的效果明显；而以"水"辅佐人力的"水攻"型战斗，冲击敌人兵马、破坏敌军战斗力的威力也很强大。（但是，两相比较还是"火攻"优于"水攻"，因为）用"水"只能分割、截断敌人的兵力，不像"火"那样，能够大量地杀伤敌人，剥夺敌人的抵抗力。

【中西比较】

在西方著名的军事著作中，也不见类似孙子这样的论述。

四、军队赢得战斗胜利之后，必须乘胜追击。可是，国君和统兵之将在发动战争时一定要慎重

【原文】

夫战胜攻取，而不修其功者凶①，命曰"费留"②。故曰明主虑之，良将修之。非利不动，非得不用，非危不战。主不可以怒而兴师，将不可以愠③而致战，合于利而动，不合于

---

①不修其功者凶：战斗胜利后，不巩固胜利的成果会很危险。
②费留：白费劲儿。
③愠：恼怒。

利而止。怒可以复喜，愠可以复悦，亡国不可以复存，死者不可以复生。故明君慎之，良将警之，此安国全军之道也。

【述评】

这是《火攻》篇的第四段话，也是最后一段话。孙子在这段话中讲了两层意思，一层是正面的积极意思，另一层是反面的警告意思，两层意思都很重要，也都带有为《孙子兵法》全书内容作一次总结的意思。

1.这段话的第一层意思是讲，军队在赢得战斗胜利之后，必须乘胜追击，迅速巩固胜利成果。

孙子认为，当军队在一场进攻型的战斗中取得胜利，达到预定的战斗目标之后，一定要趁热打铁，对失败的敌人乘胜追击，迅速巩固这场战斗的胜利成果，如果不乘胜追击、巩固胜利成果，军队的前景和命运是凶险的，就会使我军以前付出的所有努力和获得的成果"付之东流"（因为敌人虽然在一次战斗中失利了，但是还保存了一定的军事实力，他们以后还可以东山再起）。所以说，明智的国君要认真地考虑这个问题，优秀的统兵之将必须处理好这个问题。

2.第二层意思是讲，战争是国家大事，国君和统兵之将在发动一场战争时一定要慎重。

孙子认为，（国君和统兵之将在处理战争问题时，要掌握三个原则）如果战争对国家不利，就不要发动；如果不能达到预定目标，就不要使用战争手段；如果不到最危险的时候，就不要开战。国君不可以只因一时的恼怒而发动战争，统兵之将不可以一发火就开战，（因为）发动战争是为了国家利益，对国家不利时，战争必须停止；而国君一时恼怒之后，过一会儿可能变得欢喜，统兵之将一时发火之后，过一会儿可能变得高兴，（可是，战争一旦发动起来）国家一旦灭亡就不可能存在，将士们一旦战死就不可能生还。所以，明智的国君一定要慎重地考虑这些问题，优秀的统兵之将一定要警惕这些问题，（因为）这些问题都是关系到国家和军队安全的关键问题啊！

由此看来，孙子讲的这段话第一层意思的确是正面的、积极的，他讲的是军队在一场战斗特别是在一场像"火攻"型的大规模战斗中取得胜利之后，必须乘胜追击，迅速巩固胜利成果，把战争进行到底，争取赢得更大的胜利。就像两千多年后毛泽东在解放战争中所写的诗词那样："宜将剩勇追穷寇，不可沽名学霸王。"可是，孙子讲的这段话的第二层意思就不然了，第二层是反面的、警告的意思。孙子是在警告国君和统兵之将，战争有利也有弊，战争一旦发动起来，不是只有赢得胜利的一种可能，还有失败和亡军亡国的危险。因此，一国之君和统兵之将一定要对战争采取慎重的态度，一定要始终从整个国家、将士、民众的根本利益出发，认真地思考战争问题，切不可以只凭一时的感情冲动随便发动战争。

所以，我认为孙子在《火攻》篇最后一段讲的话，带有为《孙子兵法》全书作一次总结的意思，这段话与他在《孙子兵法》第一篇《计》中讲的第一句话"兵者，国之大事，死生之地，存亡之道，不可不察也"遥相呼应。这种呼应，说明孙子著述《孙子兵法》时颇具匠心，考虑问题深刻、周密。《孙子兵法》这部中国古代兵学经典著作确实很讲究内在的理论逻辑，我们决不可以轻视和低估《孙子兵法》的理论深度和价值!

【中西比较】

在西方著名的军事著作中，很少见类似孙子的这样论述。在西方的军事著作里，一般只是讲打仗多么好，赢得战争胜利是多么妙，很少像孙子那样既看到战争之利，又看到战争之弊，看到战争一旦失败给国家和军队带来的危害，更很少讲对发动战争要采取慎重的态度。在世界军事学术史上，大概只有中国传统兵学中才有"慎战"的理论传统。

但是，西方的克劳塞维茨在《战争论》中论述过在"主力会战"赢得胜利以后的"追击"，以及"主力会战"遭到失败后的"退却"的问题，而且他对"追击"和"退却"这两个问题的论述，比孙子都系统而深刻。

例如"追击"，克劳塞维茨在《战争论》中说："胜利不仅是指占领地区，而且也指破坏军队的物质力量和精神力量，后者在多数情况下只有在会战胜利后的追击中才能实现"；"不进行追击，任何胜利都不能取得巨大的效果"；"只有利用了已经取得的胜利，战略才显得光彩和荣耀"；"追击是取得胜利的第二个步骤，在许多情况下，甚至比第一个步骤更为重要"[1]，等等。

又如"退却"，孙子在《孙子兵法》中并没有明确论述过战斗失败后的"退却"问题，他只是在《孙子兵法》第三篇《谋

[1]克劳塞维茨著，军事科学院译：《战争论》，第14页、第305页，商务印书馆1978年版。

攻》的"用兵之法"中，很简单地说了一句话："少则能逃之，不若则能避之。"但是，克劳塞维茨在《战争论》中特别论述过"退却"，而且是"积极后退"问题。克劳塞维茨说：军队一旦在主力会战中失利、遭到失败，军事统帅决不可以在兵力虚弱的情况下组织军队同敌人展开第二次会战，而应该"像一只受了伤的狮子退去一样，率领这支军队进行有秩序的、缓慢的、积极的退却"；"积极退却"的目的，一是为了保存自己的实力，二是为了利用各种机会和条件，适当地打击敌人，重新恢复敌我间的力量"均势"，以利以后再战[①]，等等。

只要比较一下孙子在《孙子兵法》里的《火攻》篇和克劳塞维茨在《战争论》中分别对"追击"和"退却"的论述，便会发现，在这两位世界闻名的军事理论家的军事思想中，既有共同点，也有不同点。其共同点是两个人都强调军队在取得战斗胜利之后，必须趁热打铁，及时地对敌实施"追击"，以迅速巩固胜利的成果。其不同点则是孙子所说的"逃之""避之"有消极性，不像克劳塞维茨的"退却"理论那样积极……

【《火攻》篇内容提要】

总而言之，孙子在《孙子兵法》的第十二篇《火攻》中，先后论述了四个问题：(1)"火攻"的攻击目标和天气条件。(2)"火"只是一种武器，"火攻"型的战斗能否获得胜利，还要靠人，靠军队根据具体情况采取正确的军事行动。(3)"火攻"优于"水攻"。(4)军队赢得战斗胜利之后，必须乘胜追击。

[①]克劳塞维茨著，军事科学院译：《战争论》，第317页，商务印书馆1978年版。

可是，国君和统兵之将在发动战争时一定要慎重。

我想用下面的话概括《火攻》篇的内容：

"'火'是古代战争中的一种先进武器。用火器进攻敌人是中国古代战争中最残酷的作战手段，是战争暴力的突出表现。'火攻'型战斗的发生，一般意味着敌我双方之间发生了大规模的战斗、战役。

"孙子在本篇中论述了'火攻'的五个具体目标；军队用'火'作为武器进攻敌人的实施条件和作战方法；进而论述了在战斗取得胜利以后，必须乘胜追击；最后，还提出了'非利不动，非得不用，非危不战'的'慎战'理论。'慎战'是中国兵学的优良传统。"

第五节　《用间》十三：使用间谍，全面掌握敌情的方法

《用间》是《孙子兵法》十三篇中的最后一篇。作为《孙子兵法》的"压轴戏"，孙子在《用间》篇中，系统地论述了使用间谍、全面掌握敌情对于赢得"大战争"胜利的重要性，以及使用间谍的方法。

有《孙子兵法》的研究者发表过这样一种意见，他们说，孙子把国君和统兵之将使用间谍、全面掌握敌情的问题放在《孙子兵法》的最后一篇，专题加以论述，说明孙子在写作《孙子兵法》时颇具匠心。因为《孙子兵法》的最后一篇《用间》和第一篇《计》有内在的联系：孙子在第一篇《计》中，主要论述的是"庙算"即制定战争计划的问题，没有制定出一

个符合敌我双方实际情况的战争计划，就无法取得战争的胜利；而孙子在《孙子兵法》的最后一篇《用间》中，论述的是使用间谍、全面掌握敌情的重要性和方法，所以，孙子在《用间》篇中所论述的使用间谍、全面掌握敌情的主题，恰恰构成了他在《计》篇中所论述的"庙算"即制定战争计划的前提。没有全面掌握敌情，不"知彼"，如何制定出一个符合敌我两国、两军实际情况的战争计划呢？

我本人基本同意这种意见，可是，我认为孙子在《孙子兵法》的最后一篇之所以专题论述使用间谍、全面掌握敌情的问题，不仅仅与他在《计》篇中所论述的制定战争计划问题有内在的逻辑关系，而且还和他在《孙子兵法》的前十二篇中所论述的几乎全部内容都有内在的逻辑关系。因为孙子在《用间》篇中论述的使用间谍、全面了解敌情，也就是要解决在战争中"知彼知己者，百战不殆"中的"知彼"问题；而孙子所说的"知彼"，决不只是指在进行"庙算"、制定战争计划之前要做到"知彼"，而是指无论在"国家战略""军事战略"还是"战术"领域，为了赢得战争的胜利，在各个斗争领域都要无例外地首先掌握敌情，做到"知彼"。在孙子心目中，首先做到掌握敌情，真可谓采取每一步战争行动之前最重要的前提条件。

例如，在《孙子兵法》的第一篇《计》中，不"知彼"就无法制定出一个正确的战争计划。

在《孙子兵法》的第三篇《谋攻》中，不"知彼"就无法"伐谋""伐交""伐兵""攻城"，就无法做到"不战而屈人之兵"或"百战百胜",就无法"全争于天下"。

在《孙子兵法》的第六篇《虚实》中,更是不"知彼",就不可能做到"攻而必取者,攻其所不守","守而必固者,守其所不攻"。因为事先不侦察清楚,怎么知道敌人不想好好地防守?事先不侦察清楚,怎么知道敌人不想好好地进攻呢?

在《孙子兵法》的第七篇《军争》中,孙子明明白白地说道:"不知诸侯之谋者,不能豫交;不知山林、险阻、沮泽之形者,不能行军;不用乡导者,不能得地利。"

在《孙子兵法》的第十篇《地形》中,孙子也说过"料敌制胜"乃是"上将之道",只有做到"知彼知己"才能做到"胜乃不殆"。

在《孙子兵法》的第十一篇里,孙子更加明确地说道:"四五者,不知一,非霸王之兵也。"

由此可见,孙子非常重视全面掌握敌情的问题。必须首先了解敌情才能采取行动的思想,早已像一条红线那样贯穿在《孙子兵法》前十二篇的始终。而到了《孙子兵法》的第十三篇即最后一篇,孙子又把使用间谍、全面掌握敌情的问题特别提出来,作为一个专题加以论述,这就充分说明,他对掌握敌情的问题是多么重视!

《孙子兵法》的最后一篇《用间》也是很有特点的。在《用间》篇中,虽然表面上看来孙子只是一般性地论述全面掌握敌情的重要性和使用间谍的方法,但实际上,他在这一篇中是"暗示"或者"提示"在使用间谍、掌握敌情的工作中,要特别注意以下几个问题:

第一，为了全面地了解、掌握敌情，必须使用各种各样的间谍。

第二，领导间谍工作、领导搜集敌人情报工作的人，必须具有极高的政治素质和过人的才智。

第三，情报工作是一种特殊的工作，对于搞情报工作的间谍，既要善待他们，又要叫他们严格遵守保密的纪律；如果情报工作失密，间谍有被杀头的危险！

第四，搜集敌人的情报要形成一个从大到小、从高到低、从"国家战略""军事战略"一直到"战术"的庞大、立体式、动态性的大网络。而这个大网络最后都要集中在一国之君那里，要由国君亲自掌握。

第五，在各种各样的间谍中，"反间"即由敌人方面打入我国，又被我国收买、策反、利用，反过来对付敌国、为我国服务的间谍最重要；而在各种各样的间谍中，深藏在敌国国君身旁，已经成为敌国国君左右手的、全面掌握敌国国情的"国家战略"大间谍会起到举足轻重的效果；如果我国国君和统兵之将能够获得这样的大间谍的帮助，使用好这样的间谍，实乃我国、我三军之幸……

下面，我还是从《用间》篇的篇名开始讲起。

【篇名】

《说文解字》对"用"的解释是"可施行也"，而对"间"的解释是"隙也"，即"缝隙""漏洞"，转义为"间谍"。所以，"用间"就是使用间谍、搜集情报的意思。

在《用间》篇中，孙子首先论述了使用间谍、了解敌情的重要性；接着，他把间谍大体上划分为五类，论述了使用间谍的方法；最后，论述了使用好"反间"、特别是使用好"国家战略"间谍的重要性。

《用间》篇的文字不多，可以划分为五个段落，我就分五个小专题进行讲解。

一、使用间谍、了解敌情的重要性

【原文】

孙子曰：凡兴师十万，出征千里，百姓之费，公家之奉①，日费千金；内外骚动，怠②于道路，不得操事者，七十万家；相守数年，以争一日之胜，而爱爵禄③百金，不知敌之情者，不仁之至也！非人之将也，非主之佐也，非胜之主也！故明君贤将，所以动而胜人④，成功出于众者，先知也。先知者不可取于鬼神，不可象于事⑤，不可验于度⑥，必取于人，知敌之情者也。

【述评】

这段话的意思是，孙子说：只要发动一场战争，就要出动军队十万人，长途征战一千里，全国老百姓付出的费用，加上国家的开支，每天高达一千金。战争扰乱了国内外民众的正常生活，使得服徭役、为军队服务的大批民众的精力，消耗在了

①奉：供应，指军费开支。
②怠：懈怠，消磨精力。
③爱爵禄：指国君或将领不舍爵位利禄而对间谍进行重赏。
④动而胜人：每采取一个行动，就能胜过敌人。
⑤不可象于事：不可以使用类比其他事物的方法来推理。
⑥不可验于度：不可以靠观看星辰运行来进行判断。

道路上，不能正常劳动和生活的家庭有七十万家。战争双方要相持几年之久，只为在一天之内战斗取胜。而那种不舍得爵位、利禄，而不给间谍重赏的君王或将领，都是一些缺乏仁爱之心的人啊！不懂得使用间谍、了解敌情的统兵之将，就不配当统兵之将，不能够辅佐国君！不懂得重用间谍、了解敌情的国君，就不是能够领导军民赢得战争胜利的国君！由英明的国君和优秀的统兵之将领导的军队，之所以采取每一步军事行动都能够胜过敌人，获得成功，战功超出一般的多数军队，就是因为在每采取一步军事行动之前，他们都能够做到预先掌握敌情。而要做到预先掌握敌情，并不是靠占卜、靠推理、靠观星吉凶，而是要靠人，靠了解敌情的间谍们。

由这段话可知，孙子把使用间谍、了解敌情的事看得十分重要，认为这件事非同小可。他所说的"爱爵禄百金，不知敌之情者，不仁之至也"这句话，在中国古代社会实际上是一句咒骂人的狠话，所谓"不仁之至也"，也就相当于今天人们所说的"这种人简直就不是人""这种人根本就不配做人"！

为什么不懂得使用间谍、了解敌情的统兵之将，甚至这样的国君，在孙子看来不是合格的国君和统兵之将呢？就是因为一场战争的花销太大了，劳民伤财，使得国内外普通民众不得安宁，扰乱了民众的正常生活，大大伤害了民众的切身利益；而不懂使用间谍、了解敌情，又必然会导致持续数年之久、日费千金的战争失败；一场战争的失败，又有亡国亡军、灭国灭种的危险。因此，孙子实际上是把能否使用好间谍、全面掌握敌情的情报工作，提高到"国之大事"的战略高度看待的。高度重视情报工作不仅是孙子一贯的思想，也是中国兵学的优良传统，是中国兵学的特色。这种传统和特色一直保持到中国革命战争中和当代中国的军事实践中，我在这里不赘述。

此外，孙子关于"先知者，不可取于鬼神，不可象于事，不可验于度，必取于人"的论述，乃是这位伟大的军事思想家军事思想中朴素的唯物主义和无神论思想的鲜明表现。由于不少《孙子兵法》的研究者已就此发表过肯定意见，我就不在这里论说了。

【中西比较】

西方古代和近现代的许多军事家和军事理论家们也很重视使用间谍、搜集敌人情报的问题。但是，他们都不像孙子对这个问题论述得那样系统、深刻。

克劳塞维茨在《战争论》中根本没有论述过使用间谍的问题；关于情报问题，他倒是有一些论述，但是，他在论述情报问题时，重点不是论述如何搜集情报，而是论述军事统帅对搜集来的敌人情报不可全信，因为情报有"概然性"，必须仔细加以甄别，要去伪存真（这是克劳塞维茨的情报思想比孙子情报思想的深刻和高明之处）。可是，克劳塞维茨同时认为，正是由于敌人的情报有"概然性"，除了有确实的一面还有不确实的另一面，所以，军队在战争中往往不得不"冒险"（克劳塞维茨的这类思想就不如孙子了）。此外，克劳塞维茨一贯主张，越到战争全局，战争的确实性就越多；越到战争局部，战争的确实性就越少，因此，战争的确实性只能在"政治"即"国家战略"中去寻找，而克服战斗、战役中不确实性的方法，就是多在战场上投入大量兵力。所以，总的来说，在情报问题上，克劳塞维茨的有些观点比孙子的观点更深刻，但有的观点又不如孙子，不可笼统地一概而论。

二、间谍有五类，五类间谍都是国君的手中"宝"，也都要充分发动起来使用

【原文】

故用间有五：有"因间"，有"内间"，有"反间"，有"死间"，有"生间"。五间俱起，莫知其道①，是谓"神纪"②，人君之宝也。"因间"者，因其乡人③而用之；"内间"者，因其官人④而用之；"反间"者，因其敌间而用之；"死间"者，为诳事于外⑤，令吾间知之，而传于敌间也；"生间"者，反报也⑥。

【述评】

这段话的意思是，孙子说可供使用的间谍，可以划分为五类：一类是"因间"，一类是"内间"，一类是"反间"，一类是"死间"，一类是"生间"。这五类间谍如果都能发动起来，充分发挥搜集侦察情报的作用，那么，敌人就不会晓得自己国家的各种情况是怎么被我国掌握的，摸不到其中的门道，这就叫

①五间俱起，莫知其道：五类间谍都发动起来，充分地使用，敌人就摸不到其中的规律。
②神纪：神秘莫测之道。
③乡人：指敌国乡野之人。
④官人：指敌国官吏。
⑤诳事于外：故意向外面散布假情报。
⑥反报：到敌国刺探到情报，又能安全返回自己国家的人。

作"神秘莫测之道";而这五类间谍和"神秘莫测之道",其实都是我国国君手中掌握的宝贝。

所谓"因间",指的是就地取才,吸收生活在敌国的普通人,作为为我国服务的间谍。

所谓"内间",指的是敌国的一部分官吏,这些官吏已经打入敌国的国家机关内部,却为我国服务。

"反间",指的是那些本来是敌人派到我方的间谍,但被我方策反或利用,不再为敌国服务而为我国提供敌人情报的间谍。

"死间",指的是那种我国故意制造假情报,让隐藏在敌国的我国间谍把这些假情报提供给敌人,而敌人的反间谍机关一旦发现这些情报是假的,提供给敌人假情报的人就会被敌人处死的间谍。

"生间",就是我国派他们直接去敌国搜集情报,他们又能够安全返回我国报告敌情的间谍。

在以上这段话中,孙子论述的重点并不是间谍有五类、五类间谍的来源和情报工作的特点,而是"五间俱起",也就是这五类间谍都要发动起来,充分使用,搞好情报工作,以便形成一个庞大的、立体式的、动态的情报网络,让我国国君能够随时随地地掌握敌国国家机器的运转情况、敌国对内对外的战略,甚至敌国老百姓的日常生活动态;而另一方面,又利用潜伏在敌国内部的我国间谍,向敌人散布假情报,把我国、我军的真实情况尽可能地封锁起来,让敌人摸不着头脑,无法对我国实施正确的决策,无法对我国采取正确的行动。

毛泽东在《中国革命战争的战略问题》中论述过侦察敌人情报工作的重要性，他说："指挥员的正确的部署来源于正确的决心，正确的决心来源于正确的判断，正确的判断来源于周到的和必要的侦察，和对于各种侦察材料的联贯起来的思索。"

同样，在中国古代战争中，只有首先使用各种类型的间谍，对敌国各方面的情况进行周到且必要的侦察，才能对敌我两国的政治、经济、外交、军事、文化各方面的情况，通过联贯的思索做出正确的判断，制定出正确的战争计划，并且实施正确的战争计划，最后赢得战争的胜利。因此，孙子把使用各类间谍、掌握敌国国情说成是"神纪"和国君的手中"宝"，这是完全正确的。由一国之君亲自掌握国家间谍情报机关的工作，亲自掌握国家庞大的情报网络，也是中国历代中央集权的重要表现之一。

【中西比较】

在西方著名的军事著作中，很少见类似孙子这样的论述。

三、使用间谍的方法

【原文】

故三军之事，莫亲于间，赏莫厚于间，事莫密于间，非圣智①不能用间，非仁义不能使间，非微妙不能得间之实②。微哉！微哉！无所不用间也。间事未发而先闻者，间与所告者皆

①圣智：才智过人的人。
②得间之实：从间谍的口中得到确实的情报。

死。凡军之所欲击，城之所欲攻，人之所欲杀，必先知其守将、左右、谒者①、门者、舍人之姓名，令吾间必索知之。

【述评】

孙子在《用间》篇的第一段话中，讲的是使用间谍、掌握敌情的重要性；在第二段话中，讲的是国君要把五类间谍都发动起来，充分使用；而在以上所引《用间》篇的第三段话中，是讲统兵之将和领导军事情报工作的人，在军事工作中使用间谍的正确态度和方法。当然，孙子认为在军事工作中使用间谍的态度和方法，在军事以外的其他情报工作领域也普遍适用。

以上所引这段话的意思是，孙子认为在军队里，没有比间谍更亲密的人了；没有比间谍更应该给予优厚待遇的人了；没有比间谍、情报工作更应该加以保密的事情了。才智不高的人，就不能使用间谍；没有仁义之心的人，也不能使用间谍；待人处事不细心、不灵活的人，就不能从间谍的口中得到真实情报。真是微妙啊！微妙啊！凡是关系到战争的所有事情，都离不开间谍们所提供的情报；而凡是根据间谍们提供的情报而要采取的军事行动，如果在还没有实施之前，军事行动计划就被泄露出去，那么，提供情报的间谍和揭发这件事的人，则必须一律处死。凡是我军计划要进攻的目标、要进攻的城市、要杀的人，在采取军事行动之前，必须命令间谍们前去侦察清楚敌军的守将、其身边的亲信、接待人员和门客、幕僚的姓名。

---

①谒者：指负责通报或把门的警卫。

由此可见，孙子认为对待间谍的方法，必须使用厚奖和严罚两种手段，既要用非同一般的仁爱之心厚待他们，又要用特殊的纪律从严要求他们，因为他们从事的都是十分重要又非常细致、危险且需要高度保密的特殊工作。

【中西比较】

在西方著名的军事著作中，也很少有类似孙子这样的论述。

四、在所有类型的间谍中，最有用的是被我国策反过来的"反间"

【原文】

必索敌人之间来间我者，因而利之，导而舍之①，故"反间"可得而用也；因是而知之②，故"乡间""内间"可得而使之也；因是而知之，故"死间"为诳事，可使告敌；因是而知之，故"生间"可使如期。五间之事，主必知之，知之必在于"反间"，故"反间"不可不厚也。

【述评】

在这段话中，孙子强调（在所有类型的间谍之中，最有用的是被我国策反过来、为我国服务的"反间"）我国的间谍情报机关必须清查出敌人派到我国工作的敌国间谍，然后做他们的策反工作，给他们以优厚的待遇，给他们布置回到敌国所要完成的情报任务，这样，敌国的间谍就会成为"反间"为我国服务了。因为"反间"提供了有关情报，我国就可以收买、

---

① 导而舍之：诱导收买，又给他任务，放他回去。
② 因是而知之：因为从"反间"那里知道了有关情报。

获得敌国的普通人和官吏成为为我国服务的"乡间"和"内间";因为"反间"提供了有关情报,我国就可以制造假情报,通过"死间"传播到敌人那里;也是因为"反间"提供了情报,使我国派到敌国去搜集情报的"生间"才会得以生还。(虽然)"因间""内间""反间""死间""生间"这五类间谍的事情,国君必须都要了解、掌握,(但是)了解和掌握间谍情报工作的关键还在于"反间",所以对"反间"不可不给予特殊优厚的待遇。

孙子在这段话里所说的"反间",实际上就是中国古代社会中的"双面间谍""多面间谍",这类间谍在间谍群中的确是出类拔萃之辈,在情报战中能够起到特殊的作用,最重要,也最危险!就是到了今天,在现代国际关系中和当代战争中,这种"双面间谍"和"多面间谍"也在起着特殊作用。

【中西比较】

在西方著名的军事著作中,很少见类似孙子这样的论述。

五、使用好"国家战略"间谍的重要性

【原文】

昔殷①之兴也,伊挚②在夏;周③之兴也,吕牙④在殷。故惟明君贤将,能以上智⑤为间者,必成大功。此兵之要,三

---

①殷:即中国古代的商朝。
②伊挚:即伊尹,曾做过夏桀的大臣。
③周:即周朝。
④吕牙:即姜子牙、姜太公,曾经做过商汤的大臣。
⑤上智:智谋很高的人。

军所恃而动也①。

【述评】

在《用间》篇、也是整个《孙子兵法》的最后一段话里，孙子的战略理论又返回到"国家战略"的最大战争全局。他总结了历史经验，论述了使用好身在敌国国君的左右、隐藏在敌国国家领导集团核心之内，并且掌握了敌国"国家战略"和"军事战略"的秘密，却为我国服务的"国家战略"间谍的重要性。他这样说：

中国历史上的商朝之所以兴起，取代了夏朝，是因为后来商朝的国君商汤，重用了为商汤提供了夏朝"国家战略"情报的重臣伊尹；后来，周朝之所兴起，又取代了商朝，是因为周武王重用了为自己提供商朝"国家战略"情报的姜子牙。所以，能够使用好像伊尹、姜子牙这样具有很高智谋的大间谍，才是英明的国君和优秀的统兵之将一定能够成就大功业的必要条件。使用好"国家战略"大间谍，才是赢得战争胜利的关键，全军都必须根据这样的间谍所提供的情报而采取军事行动。

【中西比较】

在西方著名的军事著作中，不见类似孙子这样的论述。

【《用间》篇内容提要】

综上所述，孙子在《用间》篇中论述了五个问题：(1) 使用间谍、了解敌情的重要性。(2) 间谍有五类，五类间谍都是国君的手中"宝"，也都要充分发动起来使用。(3) 使用间谍

---

①所恃而动：依靠"国家战略"间谍提供的情报，采取相应的行动。

的方法。(4) 在所有类型的间谍中，最有用的是被我国策反过来的"反间"。(5) 使用好"国家战略"间谍的重要性。

可以这样概括《用间》篇的内容：

"本篇首先论述了使用间谍、了解敌情的重要性；接着，把间谍划分为五类，强调一国之君一定要把这五类间谍都发动起来，充分使用，亲自掌握全国性的侦察、反侦察的情报网络，还说明了使用间谍的态度和方法；最后，强调了使用'反间'，特别是使用好'国家战略'间谍对于赢得'大战争'胜利的极其重要性。"

主要参考文献

1.《马克思恩格斯选集》，人民出版社1966年版。

2. [俄] 列宁：《哲学笔记》，《列宁全集》，人民出版社1974年版。

3.《毛泽东选集》，人民出版社1991年版。

4. 曹操等注，杨丙安校理：《十一家注孙子校理》，中华书局2004年版。

5. 骈宇骞等注：《武经七书》，中华书局2007年版。

6. 谢详皓等辑：《孙子集成》，齐鲁书社1993年版。

7. [古希腊] 亚里士多德著，吴寿彭译：《政治学》，商务印书馆1965年版。

8. [普鲁士] 克劳塞维茨著，军事科学院译：《战争论》，商务印书馆1978年版。

9. [德] 威廉·冯·施拉姆著，王庆余等译：《克劳塞维茨传》，商务印书馆1984年版。

10. [瑞士] 若米尼著，刘聪等译：《战争艺术概论》，解放军出版社1986年版。

11. [英] 富勒著，绽旭译：《战争指导》，解放军出版社1985年版。

12. [英] 利德尔·哈特著，军事科学院译：《战略论》，战士出版社1981年版。

13.［法］安德烈·博弗尔著,军事科学院外军部译:《战略入门》,军事科学出版社1989年版。

14.［苏联］米尔施泰因等著,黄良羽等译:《论资产阶级军事科学》,军事科学出版社1985年版。

15.［美］美国陆军军事学院编,军事科学院外军部译:《军事战略》,军事科学出版社1986年版。

16.［苏联］索科洛夫斯基主编:《军事战略》,战士出版社1980年版。

17.［美］约翰·柯林斯著,军事科学院译:《大战略》,战士出版社1978年版。

18.［英］保罗·肯尼迪著,王保存等译:《大国的兴衰》,求实出版社1988年版。

19.［英］保罗·肯尼迪编,时殷宏等译:《战争与和平的大战略》,世界知识出版社2005年版。

20.李浴日编:《东西兵学代表作之研究》,世界兵学编译社1943年版。

21.冯友兰:《中国哲学简史》,北京大学出版社1996年版。

22.吴如嵩:《徜徉兵学长河》,解放军出版社2002年版。

23.军事科学院战争理论研究部《孙子》注释小组:《孙子兵法新注》,中华书局2005年版。

24.李零:《兵以诈立:我读孙子》,中华书局2006年版。

25.于汝波主编:《孙子兵法研究史》,军事科学出版社

2001年版。

26.薛国安:《世界兵学双璧〈孙子兵法〉与〈战争论〉比较》,解放军出版社2017年版。

27.谢龙编:《中西哲学与文化比较新论——北京大学名教授演讲录》,人民出版社1995年版。

28. Carl Von Clausewitz, Vom Kreige (Ullstein Gmbr.H, Frankfurt/M−Berlin, 1994).

29. Carl Von Clausewitz, On War, Edited and Translated by Michael Howard and Peter Paret (Princeton N.J., 1976).

30.Basil Henry Liddel Hart, Strategy, 2nd revised Edition (Penguin, New York, 1974).

31. Paul Kennedy, The Rise and Fall of the Great Powers Economic Change and Military Conflict from 1500 to 2000 (Random House, New York, 1987).

32. Paul Kennedy, ed, Grand Strategies in War and Peace (New Haren: Yale University. Press, 1991).

重要内容索引

区分出了"广义的战争艺术"(即"大战略")和"狭义的战争艺术";首次联系战斗和战术给"战略"下了一个定义,可是,他在《战争论》中所讲的战略,其实只是一种在战争时期、战场上实施的"作战战略",而不是"军事战略",更不是"国家战略"。

下编

的一部战争和战略理论经典著作。

察判断敌情的方法。

以及治军原则。

第526—529页　使用间谍、了解敌情的重要性〔与克劳塞维茨比较〕。

第529—531页　间谍有五类，都是国君的手中"宝"，都要充分发动起来使用。

第531—533页　使用间谍的方法。

第533—534页　最有用的是"反间"——被我国策反过来、为我国服务之敌国派来的间谍。

第534—535页　使用好"国家战略"大间谍的极其重要性。

后 记

本书以辨析西方"战略"最早的词源含义开始，而以述评《孙子兵法》的最后一篇《用间》为止，其全部内容到此就结束了。

我在《作者自序》中说过，撰写本书的目的有三个：第一，概述西方战略理论产生和发展的来龙去脉；第二，用中西战略理论比较的方法，揭示《孙子兵法》的战略理论真相；第三，从逻辑与历史一致的角度，论述战略学的基础理论，以便读者掌握科学的战略方法论——至于本书的目的能不能达到，就只能交由读者去评判了。

在本书付梓之际，我想对在本书的著述前后，曾经指导过我的学业和帮助过我的人，表示衷心的感谢。他们是北京大学哲学系的张岱年、邓艾民、汤一介、朱德生先生，原《人民日报》社的肖航先生，原《中国社会科学》杂志社的何燕凌先生，原中国人民解放军南京政治学院的滕云起先生——这些先生们都已经去世了，我现在非常想念他们。

还要感谢本书的责任编辑、中华书局的傅可先生。

我要特别感谢本科生和研究生时期的同窗好友、北京大学哲学系的李中华教授。他多年来一直关心和支持我的研究工作，催促我尽快完成本书的撰写，这次又帮助我审阅书稿，并且为本书作序。

　　"西方战略与《孙子兵法》"是一个涉及中西文化的多学科、比较复杂的研究课题。前人留下的大量研究成果，给了我很多有益的启发和帮助。由于自己的学识有限，本书会有一些不足之处，希望学界同仁和读者们批评指正。

吴琼
2021年春
于北京胜古家园